ZHILIANG KONGZHI GUOCHENG
ZHONG DE TONGJI JISHU

质量控制过程中的统计技术

杨 鑫　刘文长　主编

张绍周　主审

化学工业出版社

·北京·

本书内容共分十章：①统计技术基本知识；②试验误差与数据处理；③从样本推断批产品质量示例；④过程控制中的统计技术；⑤质量管理统计工具；⑥显著性检验；⑦方差分析与试验设计；⑧回归分析；⑨统计抽样检验；⑩计算机在统计工作中的应用。读者可以根据工作需要，阅读其中有关章节。

本书适用于产品制造企业工程技术人员、质量检验人员、质量管理人员和质量统计人员阅读使用，也可供各级产品质量监督检验机构技术人员参考，是适用于各种产品制造企业检验人员和质量管理、统计人员的通用参考书籍。高校学生学习数理统计课程时也可参阅。

图书在版编目（CIP）数据

质量控制过程中的统计技术/杨鑫，刘文长主编.
—北京：化学工业出版社，2014.2（2021.1重印）
ISBN 978-7-122-19484-8

Ⅰ.①质… Ⅱ.①杨… ②刘… Ⅲ.①质量控制-统计方法 Ⅳ.①F273.2

中国版本图书馆 CIP 数据核字（2014）第 002578 号

责任编辑：吕佳丽　　　　　　　　　　文字编辑：郑　直
责任校对：边　涛　　　　　　　　　　装帧设计：史利平

出版发行：化学工业出版社（北京市东城区青年湖南街 13 号　邮政编码 100011）
印　　装：北京虎彩文化传播有限公司
787mm×1092mm　1/16　印张 17　字数 427 千字　2021 年 1 月北京第 1 版第 6 次印刷

购书咨询：010-64518888　　售后服务：010-64518899
网　　址：http://www.cip.com.cn
凡购买本书，如有缺损质量问题，本社销售中心负责调换。

定　价：58.00 元

本书编写人员

主　　编	杨　鑫　刘文长
副 主 编	张丽军　赵艳茹　冉维民　张凤元
参编人员	刘　莉　戴　平　于克孝　覃爱平
	张瑞艳　刘卫英　吕　洁　李长江
	刘亚斌　李中书　丁新淼　刘亚民
主　　审	张绍周

前 言

在质量管理体系的建设中，数理统计方法是提高企业产品质量和经济效益非常重要的一项基本工具。在 ISO 9000 族标准中，对数理统计方法的应用提出了明确而严格的要求，将统计技术从质量管理的"一个要素"提升为"质量管理体系的基础"，强调"过程策划应能确保各过程按规定的方法和顺序在受控状态下进行"。

近年来，我国标准化管理部门积极采用国际标准，陆续制定了一系列关于数理统计技术的基础国家标准。在企业中贯彻实施这些标准，通过正确、科学的数理统计方法对产品生产过程自始至终进行必要的监测和控制，可以及时调整生产工艺，保证最终产品的质量，提高企业的经济效益。特别是在现代化的大生产企业中，统计技术的应用日益显得迫切而重要。

为了提高我国产品制造企业质量管理和质量统计人员的数理统计知识水平，编者依据国家标准，参阅了若干文献资料，结合我国产品制造产业的实际情况，编写了本书。为便于读者理解和应用，编写此书时，对统计学中繁杂的数学公式不作过多的介绍和推导，而将重点放在对产品生产过程中各环节质量控制指标的数理统计技术的具体应用上，以帮助质量管理人员尽快掌握一些最基本的数理统计技术和统计方法，并能尽快在生产实践中予以应用。

本书内容共分十章：①统计技术基本知识；②试验误差与数据处理；③从样本推断批产品质量示例；④过程控制中的统计技术；⑤质量管理统计工具；⑥显著性检验；⑦方差分析与试验设计；⑧回归分析；⑨统计抽样检验；⑩计算机在统计工作中的应用。读者可以根据工作需要，阅读其中有关章节。

第一章至第五章，是产品制造企业工程技术人员、质量检验人员、质量管理人员和质量统计人员应该掌握的基本数理统计知识、统计技术和统计方法。

第六章、第七章和第八章，可供工程技术人员、质量管理人员进行技术改造和研制新产品、新工艺、新方法时参阅。

统计抽样检验，是区别于以往按百分比抽样检验的一种抽样检验方法，正在我国各行业中推广应用。为更好地贯彻实施近年来颁布的一系列有关国家标准，掌握各项标准的实施方法，本书第九章对这方面的内容进行了归纳和简要介绍。

计算机的广泛应用，使以前统计过程中诸如标准偏差、方差分析、回归分析等的复杂计算可以非常便捷地完成，大大节省了统计工作的步骤和时间。本书第十章对计算机在统计工作中的一些应用方法进行了介绍。

本书层次分明，图文并茂，列有大量实例。产品制造行业门类繁多，有的实例虽限于某一行业，但其基本原理和过程是相通的，各行业的统计人员可以举一反三，将所举实例转化到自己行业的统计工作中。

本书适用于产品制造企业工程技术人员、质量检验人员、质量管理人员和质量统计人员阅读使用，也可供各级产品质量监督检验机构技术人员参考，是适用于各种产品制造企业检验人员和质量管理、统计人员的通用参考书籍。高校学生学习数理统计课程时也可参阅。

限于编者的水平，本书所述内容难免存在疏漏和不当之处，敬请读者个各指正。

编　者
2014 年 1 月于北京

目 录

第一章 统计技术基本知识

第一节 ▶▶ 统计技术和质量管理

一、统计技术的创立和发展

客观世界是十分复杂的，事物是互相联系、互相依存的，同时也是不断变化、不断运动、不断革新、不断发展的。人们在认识和改造客观世界的实践中，必须研究事物的数量关系，做到心中有数。对数量关系的研究，开始人们只知道数量的四则运算和其他简单的代数运算，这是常量间的数量关系。后来数学家创立了微分学，人们开始可以研究变量之间的数量关系。自变量与因变量之间有完全确定的关系，称之为函数关系。在客观世界中还有一类数量关系，变量之间虽然也存在依存关系，但并不完全确定，它们之间只存在某种大致的数量关系，这就是相关关系。客观世界中，具有这种相关关系的事物是随处可见的。实际上，许多存在函数关系的变量，由于试验或测定的误差，即使对同一自变量的值，其因变量也常常呈现微小的波动。这是因为有许多偶然的微小因素在起作用。有时，微小的偶然因素还能给人以假象。人们为了正确地认识世界，必然要从偶然的因素中辨认出主要的系统因素。这就是统计技术所要解决的问题。

反过来说，统计技术也是人们在长期不断地从偶然现象中揭示客观规律而逐渐形成的。统计技术的创立和发展是与数学的另一分支——概率论密切联系在一起的。自然科学发展到一定的高度，生产进入到机械化大生产时代，由于需要解决大量的技术问题，推动了早期概率论的发展，使它逐步成为一门独立的数学分支，体现了其真正的价值。20世纪30年代以来，工业生产高速化、自动化，更加促进了作为概率论的应用科学——数理统计的迅速发展。另一方面，科学试验在这个时期也成为人们认识世界的重要手段，与以往就生产管理方面所做的简单试验不同，人们很自然地要求提高试验效率，用较少的试验次数获得较多的试验信息，于是就发展了试验设计的理论与方法。目前，统计技术已在科学和生产的各个方面得到广泛的应用，特别是在质量管理方面的应用更为引人瞩目。

二、统计技术在产品生产质量管理中的应用及本书内容的安排

在产品生产的各道工序都可看到原材料、中间产品及最终产品质量变异的存在。统计技术有助于对变异进行测量、表述、分析、解释和建模，甚至使用相对有限的数据也能做到这一点。而对数据进行统计分析则有助于更好地理解变异的性质、程度和原因，从而有助于解决甚至预防由这些变异所可能引发的问题。并且，统计技术能使企业更好地利用可获得的数据做出决策，因而有助于企业在质量管理各过程包括产品实现过程中改进产品、过程的质

量，持续提高质量管理体系的有效性。下述内容就是统计技术在产品生产质量管理中的一些主要应用。

(1) 对产品原材料、中间产品及最终产品的质量进行估计　产品生产所用原材料、中间产品及最终产品的量是非常大的，对其化学成分和物理性质不可能全部加以测定，只能是测定总体中的一部分，即样本。数理统计技术就是指导人们如何通过样本的质量对总体的质量进行推断。如对出磨生料质量的控制，是通过每小时取一个样品测定氧化钙的含量，每班生料中氧化钙的含量即可由 8 个样品的测定值的平均值进行推断，然后与控制值进行比较，以确定该班生料氧化钙的含量是否合格。本书第三章主要介绍如何应用统计技术从样本的测定结果推断中间产品以及最终产品质量的方法。

(2) 预测生产过程中出现的不合格趋势，以便采取有效的措施加以预防　在产品生产过程中不合格品的出现一般都会有先兆。为了使在岗人员能及时发现潜在的不合格因素，统计技术可以提供一套科学的方法，就是从生产过程中取一定容量的样本进行观测分析，通过计算画出质量控制图，将这种质量控制图贴在车间里，再将日常生产检验数据点在图上。如果点靠近警戒线或上下限定线，就显示快出不合格品了，必须立即采取措施克服这种不良苗头。目前这种质量控制图已广泛地应用在生产第一线，成为保证生产处于受控状态、保证产品质量的有力工具。本书第四章主要介绍产品生产过程中各种质量控制图的使用方法。

(3) 分析影响生产过程的主要因素　产品生产中各道工序互相之间是紧密联系的，下一道工序的产品受到前一道工序许多因素的影响。通常这些因素分为两类，一类是系统因素，另一类是随机因素。人们要知道的是系统因素是否存在以及它的作用大小，但由于随机因素的干扰，往往分不清什么是系统因素，什么是随机因素。数理统计中的方差分析能指导人们如何找出影响显著的系统因素以及影响不显著的随机因素，并估计它们的大小。本书第五章介绍分析影响生产过程的各种因素的统计方法。

(4) 比较两个数量之间的真正差异　在产品生产过程中常需对两个不同的量进行比较。例如，按某种生料配比生产出来的水泥熟料的强度与另一种生料配比生产出来的熟料强度是否有显著性差异。为了进行这种比较，需要取若干样品进行测定。人们真正需要比较的是两者总体的性质，但因为不可能对所有熟料都进行测定，两批熟料总体的强度平均值都是不可知的。人们能做到的只是从两批熟料中各抽取一部分熟料进行测量。数理统计的显著性检验可通过这两个样本数据的比较，对总体的性质做出正确的结论，从而使人们不会因为个别的现象、个别的数据做出有关总体的错误结论。本书第六章主要介绍数理统计的显著性检验方法。

(5) 试验设计与方差分析　进行科学试验是任何工业取得技术进步不可缺少的手段。采用合理的试验设计，可用较少的试验代价获得较多的试验信息。同时因为有了比较科学的试验设计，还可寻求各因素最优的组合以获得最佳的工艺效果，结合方差分析还可找出各因素之间的相互关系。本书第七章介绍数理统计中方差分析与试验设计的方法。

(6) 建立因变量与自变量之间的回归关系　在事物的许多相关变量中，一类变量是可以调整和控制的，与之相关的另一类变量则随之变化，而且还受随机因素的影响而有微小的波动。在数理统计中，一个变量随着另一个或多个自变量的变化而变化的定量关系称为回归关系。例如水泥的 28d 抗压强度随 3d 抗压强度而变化。统计技术可以提供一套完整的回归分析方法，建立 28d 抗压强度对 3d 抗压强度的依存关系式，即回归方程。有了这种回归方程，即可以用 3d 强度来对 28d 强度进行预测或控制。本书第八章主要介绍数理统计中的回归分析方法。

（7）产品的验收和质量考核　上一道工序生产出来的中间产品，经检验部门检验合格后要验收入库，转给下一道工序，以保证最终的出厂产品质量全部合格；质检部门要定期对企业产品的质量进行考核；原材料采购部门购进一批原料后也要验收入库，因此产品的验收和考核是产品生产中重要的一环。对于一批产品的验收，一般的做法是从产品中抽取一定数量的样品进行检验，根据检验的结果及规定的标准确定接收还是拒收这批产品。由于产品生产的批量十分大，而且物理、化学性能的测定又是破坏性的，只能抽取少量样品进行检验，用样本的检验结果对总体进行推断。既然是推断就有推断的误差。一个简单的抽样验收方案，包括样本大小（所需抽取样品进行检验的数量）和接受界限。这种抽样方案既可减少合格批的产品因推断误差而被拒收，也可减少不合格批的产品因推断误差而被接收，从而减少生产方和使用方的风险。本书第九章介绍统计抽样检验方法。

（8）计算机在产品质量控制中的应用　现在开发的一些计算机应用程序使得以前让人望而生畏的复杂计算变得十分简单快捷，这就为统计技术在产品生产控制中的应用提供了极为实用而有力的工具。本书第十章介绍统计技术中一些常用的计算机程序的使用方法。

第二节 ▶▶ 统计技术基本概念

统计技术是以概率论为基础的应用数学的一个分支。统计技术是研究随机现象中存在的统计规律的学科，是指应用有关的统计方法，收集、整理、分析和解释统计数据，并对其所反映的问题的性质、程度和原因做出一定结论的科学技术。

统计技术包括统计推断和统计控制两大内容。统计推断是指通过对样本数据的统计计算和分析，提供表示事物特征的数据，比较两个事物之间的差异，分析影响事物变化的原因，找出产品形成全过程中质量变化的规律，对总体质量水平进行推断，预测尚未发生的事件；统计控制是指通过对样本数据的统计计算和分析，采取措施消除过程中的异常因素，以保证产品质量特性的分布基本保持在设定值附近，使生产过程达到稳定受控状态。

一、统计数据

数据是统计的对象。习惯上把由数字组成的数字数据称为数据。

（1）数字数据　数字数据指由数字（0、1、2、3、4、5、6、7、8、9）和小数点组成的数据。数字数据是对可定量描述的特性的表达，可以通过抽样、测量、记录获得。任何数字数据又都可以形成（服从）一定的分布（统计规律）。

（2）数据的分类

① 计量值数据。计量值数据是指可以连续取值，在有限的区间内可以无限取值的数据。长度、面积、体积、质量、密度、电压、电流、强度等，大部分质量特性的数值都属于计量值数据。

② 计数值数据。计数值数据是只能间断取值，在有限的区间内只能取有限数值的数据，如到会的人数、某天生产的产品件数、水泥安定性不合格品数、产品表面的缺陷数等。计数值数据是以正整数（自然数）的方式表现的。计数值数据又分为计件值数据和计点值数据。

二、统计技术、统计方法和统计工具

数理统计中常使用三个名词：统计技术、统计方法和统计工具。这三种提法有其共性，即均是研究随机现象中确定的数字规律，但也有其各自的特点。

(1) 统计技术　统计技术是一个大的概念，是就整个学科而言的，指的是一门技术的总概括。

(2) 统计方法　统计方法是指统计技术中的具体方法，如控制图、直方图、散布图等各是统计技术中的一种方法。原则上应称控制图、直方图、散布图等为统计方法。

(3) 统计工具　统计工具指简化的统计方法。统计技术的理论基础是概率论，但对这一理论，初级技术人员难以掌握，因此妨碍了统计技术的推广应用。为此，针对基层工人和初级技术人员的特点，质量管理专家开发了因果图、排列图、调查表、直方图、散布图、控制图和分层法，称为质量管理七种工具。随着质量管理的不断深化，20 世纪 70 年代质量管理专家又开发出了系统图、关联图、矩阵图、矢线图、KJ 法、PDPC 法和矩阵数据解析法，称为质量管理新七种工具。所谓工具，指不讲统计方法的原理和设计，也不讲对统计结果的分析，只讲操作步骤。

第三节 ▶▶ 总体和样本

一、总体

研究或统计分析对象的全体元素组成的集合称为总体。总体具有完整性的内涵，是由某一相同性质的许多个别单位（元素或个体）组成的集合体。当总体内所含个体个数有限时，称为有限总体；当总体内所含个体个数无限时，称为无限总体。在统计工作中，可以根据产品的质量管理规程或实际工作需要，选定总体的范围，例如每个月出厂的建材产品、某一批进厂煤或原材料，都可视为一个总体。

总体的性质取决于其中各个个体的性质，要了解总体的性质，理论上必须对全部个体的性质进行测定，但在实际中往往是不可能的。一是在多数情况下总体中的个体数目特别多，可以说接近于无穷多，例如出厂的水泥，即使按袋计数，也不可能对所有的袋进行测定；二是组成总体的个体数是无限的，例如对一种新分析方法的评价分析，每次测定结果即为一个个体，可以一直测定下去永无终止；三是有些产品质量的检测是破坏性的，不允许对其全部总体都进行检测。基于总体的这种种情况，在实际工作中只能从总体中抽取一定数量的、有代表性的个体组成样本，通过对样本的测量求出其分布中心和标准差，借助于数理统计手段，对总体的分布中心 μ 和标准差 σ 进行推断，从而掌握总体的性质。

二、样本

来自总体的部分个体的集合，称为样本。从总体获得样本的过程称为抽样。样本中的每个个体称为样品。样本中所含样品的个数，称为样本容量或样本大小。若样本容量适当地大，并且抽样的代表性强，则通过样本检测得到的分布特征值，就能很好地代表总体的分布特征值。总体和样本的关系如图 1-1 所示。

例如，在水泥生料配制过程中，为控制生料的质量，每小时从生料生产线上采取一个样

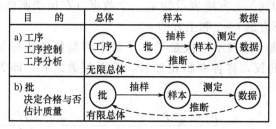

图 1-1　总体和样本的关系

品，进行硅、铁、铝、钙含量的测定。每天共采取 24 个样品，构成该日配制的生料总体的一个样本。对该样本中的 24 个样品的化学成分进行测定，可计算出该日配制的生料三率值的平均值。还可推广到整个生料库，将该生料库容纳的全部生料作为一个总体，其中每小时采取的样品之和作为样本，根据样本中所有样品的分析结果，计算该生料库中全部生料的三率值。

三、样本分布的特征值

　　总体的分布特征值一般是很难得到的，数理统计中往往通过样本的分布特征值来推断总体的分布特征值。在实际应用中，为了对总体情况有一个概括的全面了解，需要用几个数字表达出总体的情况。这少数几个数字在数理统计中称为特征值。因此，在进行统计推断前确定样本分布的特征值，具有重要的实用价值。

　　常用的样本分布特征值分为两类：一类是位置特征值；另一类是离散特征值。

　　位置特征值一般是指平均值，它是分析计量数据的基本指标。在测量中所获得的检测数据都是分散的，必须通过平均值将它们集中起来，反映其共同趋向的平均水平，也就是说平均值表达了数据的集中位置，所以对一组测定值而言，平均值具有代表性和典型性。位置特征值一般包括算术平均值、几何平均值、加权平均值、中位数、众数等。

　　离散特征值用以表示一组测定数据波动程度或离散性质，是表示一组测定值中各测定值相对于某一确定的数值而言的偏差程度。一般是把各测定值相对于平均值的差异作为出发点进行分析。常用的离散特征值有平均差、极差、方差、标准（偏）差、变异系数等。

　　1. 表示样本分布位置的特征值（样本分布中心）

　　（1）算术平均值 $\bar{x}$　算术平均值的计算十分简单。它利用了全部数据的信息，具有优良的数学性质，是实际中应用最为广泛的反映样本集中趋势的度量值。

　　将一组测定值相加和，除以该组样本的容量（测定所得到的测定数据的个数），所得的商即为算术平均值。设有一组测定数据，以 x_1，x_2，…，x_n 表示。这组数据共由 n 个数据组成，其算术平均值为：

$$\bar{x} = (x_1 + x_2 + \cdots + x_n)/n$$

或表示为：

$$\bar{x} = \sum_{i=1}^{n} x_i / n \tag{1-1}$$

式中　n——样本的容量；

　　$\sum_{i=1}^{n}$——在数理统计中，大写希腊字母 $\sum$ 表示加和；$\sum$ 下方的 $i=1$，表示从第一个数据开始加和，一直加和到 $\sum$ 上方所表示的第 n 个数据（在所指明确时，为了简化，有时只用 $\sum$ 表示，而不注出下方的 $i=1$ 和上方的 n）。

（2）加权平均值　加权平均值是考虑了每个测量值的相应权的算术平均值。将各测量值乘以与其相应的权，将各乘积相加后，除以权数之和，即为加权平均值。其计算公式如下：

$$\bar{x}_w=\frac{p_1x_1+p_2x_2+\cdots+p_nx_n}{p_1+p_2+\cdots+p_n}=\frac{\sum p_ix_i}{\sum p_i}\qquad(1\text{-}2)$$

式中　$x_1,x_2,\cdots,x_n$——各测量值；

$\bar{x}_w$——加权平均值；

$p_1,p_2,\cdots,p_n$——各测量值相应的权；

$\sum p_i$——各相应权的总和；

$\sum p_ix_i$——各测量值与相应权乘积之和。

根据实际情况，加权平均值有以下几种计算方法。

① 数量上的加权平均值。

【例1-1】水泥企业计算某一时期内熟料的综合抗压强度时，应采用加权平均值。某水泥厂有三台煅烧窑。其中1号窑年产50万吨熟料，抗压强度为58.5MPa；2号窑年产60万吨熟料，抗压强度为57.8MPa；3号窑年产80万吨熟料，抗压强度为59.2MPa。

【解】该厂全年水泥熟料综合抗压强度的加权平均值为：

$(50\times58.5+60\times57.8+80\times59.2)/(50+60+80)=11129/190=58.57(\text{MPa})$

②"重要程度"的加权平均值。对于重要程度较高的特性，可以赋予较高的权；对于一般的特性，可以赋予较低的权。

③ 不同精度的加权平均值。不等精度测量时，由于获得各个测量结果的条件有所不同，各个测量结果的可靠性不一样，因而不能简单地取各测量结果的算术平均值作为最后的测量结果，应让可靠程度高的测量结果在最后的结果中占的比率大一些，可靠性低的占的比率小一些。

权的大小取决于测量值的可靠程度，而测量值的可靠程度又取决于它们各自的方差。方差愈小，可靠程度越高，权也就越大。因此，在不等精度测量列 $x_1,x_2,\cdots,x_m$ 中，测量值的权与其相对应的方差成反比，即：

$$p_1:p_2:\cdots:p_m=\frac{1}{\sigma_1^2}:\frac{1}{\sigma_2^2}:\cdots\frac{1}{\sigma_m^2}\qquad(1\text{-}3)$$

式中　p_i——各测量值的权；

σ_i——各测量值的标准差，$i=1,2,\cdots,m$。

【例1-2】有两个实验室用精度不同的量具测量同一物体的厚度，分别得到下述结果。欲得出其平均值，采用加权平均的办法。

【解】　　　　$\bar{x}_1=1.53\text{mm}$，$\sigma_1=0.06\text{mm}$

$\bar{x}_2=1.47\text{mm}$，$\sigma_2=0.02\text{mm}$

显然，第二个实验室的测定精度较高，其权数亦应大。两次测量的权数分别为：

$$p_1=1/(0.06)^2=300$$
$$p_2=1/(0.02)^2=2500$$

两个实验室测量结果的加权平均值为：

$$(1.53 \times 300 + 1.47 \times 2500)/(300 + 2500) = 1.48(\text{mm})$$

（3）中位数 $\tilde{x}$ 　中位数也是表示数值分布集中位置的一种特征值。其意义是将一批测量数据按大小顺序排列，居于中间位置的测量值即这批测量值的中位数。当测量值的个数 n 为奇数时，第 $\frac{1}{2}(n+1)$ 项为中位数；当测量值的个数 n 为偶数时，位居中央的两数之算术平均值即为中位数。

【例 1-3】对出磨水泥每 2 小时测定一次三氧化硫的质量分数，某日共得 12 个测量值（％）：2.86、2.91、2.65、2.70、2.82、2.73、2.88、2.92、2.75、2.84、2.77、2.85。求这组测量值的中位数。

【解】将 12 个测量值从小到大（或从大到小）依次排列为：

2.65、2.70、2.73、2.75、2.77、2.82、2.84、2.85、2.86、2.88、2.91、2.92

测量值个数 12 为偶数，中位数是居于中间位置的两个测量值的算术平均值，中位数为：

$$\tilde{x} = \frac{2.82 + 2.84}{2} = 2.83$$

中位数不受极端测量值的影响，计算方法比较简便，但准确度不高，多在数理统计和生产过程控制图中使用。有时几次平行测定的最后结果也用中位数报出。

（4）众数 　众数是指在一组测量数据中出现次数最多的测量值。

【例 1-4】某水泥企业控制出磨水泥的细度（筛余）范围为 $(7.0 \pm 1.0)\%$。每小时测定一次，某日早班的测量数据如下（％）：7.4、7.1、7.8、7.4、7.5、7.4、7.6、7.5。

在这组数据中 7.4 共出现三次，多于其他任何数，故 7.4 即为这组测量数据的众数。

众数不受检测数据中所出现的极大值或极小值的影响，因此在检测值数列两端的数值不太明确时，宜于用众数表示检测结果的位置特征。特别是在社会学的统计工作中，众数可以反映大多数统计对象的实际情况。但其缺点是当数据未呈现明显的集中趋势时，其数列不一定存在众数；众数没有明显的数学特征，一般不能用数学方法进行处理。

（5）均方根平均值 　均方根平均值是各测量值平方之和除以测量值个数所得商值的平方根，计算公式如下：

$$u = \sqrt{\frac{x_1^2 + x_2^2 + \cdots + x_n^2}{n}} = \sqrt{\frac{\sum x_i^2}{n}} \tag{1-4}$$

式中　$x_1, x_2, \cdots, x_n$ ——各测量值；

　　　　n ——测量值的个数；

　　　　$\sum x_i^2$ ——各测量值的平方之和。

均方根平均值能较为灵敏地反映测量值的波动。

【例 1-5】某班对出磨水泥细度的测量值（筛余，％）为：7.2、7.3、7.4、8.8、7.9、7.6、7.4、7.5。求该班出磨水泥的平均细度。

【解】用均方根平均值计算平均细度为：

$$u = \sqrt{\frac{7.2^2 + 7.3^2 + 7.4^2 + 8.8^2 + 7.9^2 + 7.6^2 + 7.4^2 + 7.5^2}{8}} = \sqrt{\frac{468.5}{8}} = 7.7$$

如用算术平均值计算，平均细度为 7.6％，均方根平均值大于算术平均值，反映出该班测量值中出现了一个波动较大的值，即 8.8％。

2. 表示测量值离散性质的特征值

（1）极差 R 极差是最简单最易了解的表示测量值离散性质的一个特征值。极差又称全距，即在一组测量数据中最大值 $x_{\max}$ 与最小值 $x_{\min}$ 之差：

$$R = x_{\max} - x_{\min} \tag{1-5}$$

【例 1-6】测得六块试体的抗压强度（MPa）为：58.7、57.8、59.2、59.8、58.4、58.8，求此组试体抗压强度值的极差。

【解】极差为：

$$R = x_{\max} - x_{\min} = 59.8 - 57.8 = 2.0(\text{MPa})$$

极差是位置特征值，极易受到数列两端异常值的影响。测量次数 n 越多，其中出现异常值的可能性越大，极差就可能越大，因而极差对样本容量的大小具有敏感性。另外，极差只能表示数列两端的差异，不能反映数列内部数值的分布状况，不能充分利用数列内的所有数据。尽管如此，极差在不少场合还是用来表示数列的离散程度。在正常情况下，只希望得知产品品质的波动情况时，经常使用极差；在对称型分布中，使用极差表示数列的离散程度更为便捷，这时两极端的平均值非常接近于整个数列的平均值。在生产质量控制图中，还经常利用极差快捷地计算标准差的近似值。

（2）平均绝对偏差 一组测量数据中各测量值与该组数据平均值之偏差的绝对值的平均数，称为平均绝对偏差。其计算公式如下：

$$\bar{d} = \frac{\sum |x_i - \bar{x}|}{n} = \frac{\sum |d_i|}{n} \tag{1-6}$$

式中 $\bar{d}$——平均绝对偏差；

d_i——某一测量值 x_i 与平均值 $\bar{x}$ 之差，$d_i = x_i - \bar{x}$。

【例 1-7】以氟硅酸钾容量法测定某水泥熟料样品中二氧化硅的质量分数（%），所得结果为：21.50、21.53、21.48、21.57、21.52。求该组测量结果的平均绝对偏差。

【解】该组测量值的平均值为：

$$\bar{x} = \frac{1}{5} \times (21.50 + 21.53 + 21.48 + 21.57 + 21.52) = 21.52$$

平均绝对偏差为：

$$\bar{d} = \frac{1}{5} \times (0.02 + 0.01 + 0.04 + 0.05 + 0) = 0.024$$

平均绝对偏差是衡量数列离散程度大小的特征值之一，比较适合于处理小样本，且不需精密分析的情况。与极差相比，平均绝对偏差比较充分地利用了数列提供的信息，但因其计算比较繁琐，在大样本中很少应用。与标准差相比，平均绝对偏差反映测量数据离散性的灵敏度不如标准差高。

（3）方差 方差是指各测量值与平均值的偏差平方和除以测量值个数而得的结果。采用平方的方法可以消除正负号对差值的影响。

如以 σ^2 代表总体方差，其计算公式为：

$$\sigma^2 = \sum (x_i - \mu)^2 / N \tag{1-7}$$

式中 x_i——每个测量值（变量）；

μ——总体平均值；

N——总体所有变量的个数。

在实际工作中，总体方差很难得到，往往用样本的方差 s^2 来估计总体的方差。s^2 的计算公式如下：

$$s^2 = \frac{\sum (x_i - \bar{x})^2}{n-1} \tag{1-8}$$

式中　x_i——样本中每个测量值（变量）；

　　　$\bar{x}$——样本平均值；

　　　n——样本容量。

利用方差这一特征值可以比较平均值大致相同而离散度不同的几组测量值的离散情况。

【例 1-8】某厂有两台水泥磨，在同一班里各自测定了出磨水泥的细度（筛余，%），数据如下，求各自的平均值和方差。

　　　　1 号磨：7.4、7.5、7.6、8.0、7.9、7.6、7.6、7.5

　　　　2 号磨：6.0、6.4、6.8、7.8、8.0、8.2、8.9、9.0

【解】1 号磨，平均值

$$\bar{x}_1 = \frac{1}{8} \times (7.4 + 7.5 + 7.6 + 8.0 + 7.9 + 7.6 + 7.6 + 7.5) = 7.64$$

各次测量值与平均值之差依次为：

　　　-0.24、-0.14、-0.04、0.36、0.26、-0.04、-0.04、-0.14

方差：$s_1^2 = \dfrac{1}{8-1}(0.24^2 + 2 \times 0.14^2 + 3 \times 0.04^2 + 0.36^2 + 0.26^2)$

$$= \frac{1}{7} \times 0.2988 = 0.043$$

2 号磨，平均值

$$\bar{x}_2 = \frac{1}{8} \times (6.0 + 6.4 + 6.8 + 7.8 + 8.0 + 8.2 + 8.9 + 9.0) = 7.64$$

各次测量值与平均值之差依次为：

　　　-1.64、-1.24、-0.84、0.16、0.36、0.56、1.26、1.36

方差：$s_2^2 = \dfrac{1}{8-1}(1.64^2 + 1.24^2 + 0.84^2 + 0.16^2 + 0.36^2 + 0.56^2 + 1.26^2 + 1.36^2)$

$$= \frac{1}{7} \times 8.84 = 1.26$$

两台磨出磨水泥的细度平均值相等，$\bar{x}_1 = \bar{x}_2$，但方差却相差很大，$s_1^2 = 0.043$，$s_2^2 = 1.26$，显然，1 号磨出磨水泥的细度质量指标要优于 2 号磨。

（4）标准差　标准差又称"标准偏差"或"均方根差"。在描述测量值离散程度的各特征值中，标准差是一项最重要的特征值，一般将平均值和标准差二者结合起来即能全面地表明一组测量值的分布情况。

① 总体的标准差 σ 的计算公式如下：

$$\sigma = \sqrt{\frac{\sum (x_i - \mu)^2}{N}} \tag{1-9}$$

式中　x_i——单个变量（测量值）；

　　　μ——总体平均值；

　　　σ——总体标准差；

N——总体变量数；N 应趋向于无穷大（$N \rightarrow \infty$），至少要$\geqslant 20$。

② 样本的标准差 s。一般情况下是难以得到总体标准差 σ 的，通常用样本的标准差 s 来估计总体的标准差 σ。样本的标准差 s 又称为"实验标准差"。

a. 通常用贝塞尔公式计算样本的标准差 s：

$$s = \sqrt{\frac{\sum (x_i - \bar{x})^2}{n-1}} \tag{1-10}$$

式中　s——样本标准差；

　　　x_i——单个变量（测量值）；

　　　$\bar{x}$——样本平均值；

　　　$n-1$——样本自由度（记为英文字母 f，有时记为希腊字母 ν），n 为样本容量。

注：1."样本标准差"又称为"实验标准差"，有时可以简称为"标准差"，用英文字母小写斜体 s 表示，不要用正体，也不要用大写。

2. 在贝塞尔公式中，样本自由度为 f，自由度等于样本容量减去 1，$f = n-1$，这是与总体标准差计算公式的不同之处。所谓自由度，从物理意义出发可以理解为在有限的样本中，自由度等于样本总数减去处理这些样本时所外加的限制条件的数目。此处样本总数为 n，外加的限制条件是算术平均值 $\bar{x}$。如果已知 $(n-1)$ 个样本值，再求出算术平均值 $\bar{x}$，则第 n 个样本值也就可以确定下来，因此，在 n 个样本中真正独立的只有 $(n-1)$ 个。式（1-10）在数学上是可以得到证明的（此处从略）。

标准差对数据分布的离散程度反映得灵敏而客观，在统计推断、显著性检验、统计抽样检验、离群值的判断等数理统计工作中起着重要作用。标准差恒取正值，不取负值。标准差是有度量单位的特征值，例如，标准差的单位可以是兆帕（MPa）。标准差只与各测量值与平均值的离差大小有关，而与测量值本身大小无关。

【例 1-9】水泥熟料中二氧化硅质量分数的 10 次测定结果（%）为：21.50、21.53、21.48、21.57、21.52、21.56、21.52、21.53、21.46、21.48。计算该组数据的标准差。

【解】以前用列表法将该组数据列表进行计算，比较繁琐。利用袖珍式计算器或计算机中的 Office Excel 程序中的函数计算功能计算标准差，十分方便（见本书第十章）。经过计算，得到该组数据的标准差为 0.0354%。

b. 利用样本的极差 R 估计样本的标准差 s。当样本量 n 足够大时，可以用极差近似求得符合正态分布规律的一组数据的标准差 s：

$$s = R/d_2 \tag{1-11}$$

以例 1-9 为例，10 次测定结果的极差为 $R = 21.57\% - 21.46\% = 0.11\%$，测定次数 $n = 10$。查表 1-1 可得 $1/d_2 = 0.3249$，则标准差 $s = R/d_2 = 0.11\% \times 0.3249 = 0.0357\%$，与用贝塞尔公式计算得到的结果 0.0354% 非常接近。

表 1-1　由极差 R 求标准差的换算系数 $1/d_2$

n	2	3	4	5	6	7	8	9	10	11	12	13
$1/d_2$	0.8865	0.5907	0.4857	0.4299	0.3946	0.3698	0.3512	0.3367	0.3249	0.3152	0.3069	0.2998
n	14	15	16	17	18	19	20	21	22	23	24	25
$1/d_2$	0.2935	0.2880	0.2831	0.2787	0.2747	0.2711	0.2677	0.2647	0.2618	0.2592	0.2567	0.2544

《评定水泥强度匀质性试验方法》（JC/T 578—2009）中的式（4）：$s_e=0.886\bar{R}$，即是根据式（1-11）得来的。计算各组重复试验和试验结果之间的极差 R，然后计算 10 组极差的平均值 $\bar{R}$，因为每组数据为 $n=2$，由表 1-1 查得 $1/d_2=0.886$，所以 $s=\bar{R}/d_2=0.886\bar{R}$。

不过这样近似计算的条件是样本量 n 足够大，而该标准中 n 仅等于 2，计算得到的结果只能是近似的。

数据比较多时，可将数据分组，先计算各组内的极差，然后求其平均极差，利用式（1-11）近似计算标准差。

【例 1-10】某水泥厂每 2h 测定一次出磨生料 $80\mu m$ 筛余，某月共有 360 个检测数据。以每班检测数据进行分组，每组 4 个数据，不够 4 个的班次合并，最后不够 4 个的舍弃。360 个数据可以分成 90 组，其测定数据之一部分如表 1-2 所示。

表 1-2　出磨生料 $80\mu m$ 筛余测定数据　　　　　　　　　　　　　　单位：%

组号	每 2h 的检测数据				组内极差 R
1	5.60	5.90	5.42	5.24	0.66
2	5.81	5.64	6.15	6.01	0.51
3	5.46	5.87	6.03	5.97	0.57
⋮	⋮	⋮	⋮	⋮	⋮
90	5.87	6.00	6.16	5.84	0.32
合计					46.9

样本平均极差：

$$\bar{R}=46.9/90=0.52\ (\%)$$

查表 1-1，得 $n=4$ 时，$1/d_2=0.4857$。所以，该厂该月出磨生料 $80\mu m$ 筛余测定值的标准差为：$s=0.4857\times 0.52=0.25\ (\%)$。

（5）变异系数　当两个或两个以上测量值数列平均值相同而且单位也相同时，直接用标准差比较其离散程度是非常适宜的，但如果平均值不同，或单位不同，仅用标准差就不能比较其离散程度了。为了将平均值的因素考虑进去进行定量比较，引入"相对标准差"的概念，即相对于平均值的标准差，又称为"变异系数"，其表达式为：

$$C_V=\frac{s}{\bar{x}}\times 100\% \tag{1-12}$$

【例 1-11】A 组水泥抗压强度测量值（MPa）为：58.8、58.7、58.6、58.5、58.4、58.3；B 组水泥抗压强度测量值（MPa）为：48.8、48.7、48.6、48.5、48.4、48.3。试求两组的平均值、标准差和变异系数。

【解】A 组平均值 $\bar{x}_A=58.6$，标准差 $s_A=0.187$；B 组平均值 $\bar{x}_B=48.6$，标准差 $s_B=0.187$。

$$A\ 组的变异系数\ C_V=\frac{0.187}{58.6}\times 100\%=0.32\%$$

$$B\ 组的变异系数\ C_V=\frac{0.187}{48.6}\times 100\%=0.38\%$$

两组测量值各自的平均值不同，但标准差 s 却相等。但从变异系数看，显然 A 组的离散程度小于 B 组，其抗压强度的波动较小。

变异系数不受平均值不同的影响，可用来比较平均值不同的几组测定值数列的离散情况。变异系数没有单位，可用于比较不同度量单位的测定值数列的离散情况。在检查某计量检测方法或产品质量的稳定性时，常用变异系数表示重复测定结果的变异程度。例如，《水泥企业质量管理规程》（2011 年 1 月 1 日起实施）中对出厂水泥的质量要求之一是，28d 抗压强度月（或一统计期）平均变异系数（C_V）目标值，根据产品的质量等级，分别不大于 4.5%（强度等级 32.5）、3.5%（强度等级 42.5）和 3.0%（强度等级 52.5 及以上）；均匀性试验的 28d 抗压强度变异系数（C_V）目标值不大于 3.0%。

综上所述，在统计技术中最为有用的特征值是算术平均值 $\bar{x}$ 和实验标准差 s，以及变异系数 C_V，有时用到极差 R 和方差 s^2。在报出平行测定结果，或制作控制图时，还经常用到中位数 $\tilde{x}$。

第四节 ▶▶ 随机变量的分布

一、随机变量

量可分为常量和变量。常量是取固定数值的量，如圆周率 $\pi = 3.1416$、自然常数 $e = 2.718$ 等。变量是数值可以变化的量，它是相对于常量而言的。随机变量是变量的一种类型，随机变量的数值变化是由随机因素的作用而引起的。随机变量在相继取值的过程中，下一个数值的大小是不可能预测的。建材产品的质量是一种随机现象，反映质量的数字数据即是一种随机变量。数字数据又有计量值数据、计数值数据（又分为计件值数据和计点值数据）之分，各自服从一定的分布规律。计量值数据一般服从正态分布（及由此而导出的 χ^2 分布、t 分布和 F 分布）；计数值数据一般服从二项分布、泊松分布等。

二、分布的概念

人们经过长期的生产实践和科学试验，发现产品的质量服从一定的统计规律。

（1）产品质量具有变异性（不一致性）　由于影响产品质量的因素（人员、机械、原料、方法、环境）无时无刻不在变化着，所以，产品的质量（或试验结果）都是在一定程度上波动的。例如，水泥企业要求出磨生料中氧化钙的质量分数为 38.0%，但不管采取何种措施，都不可能使其恰好为 38.0%，而是在一定范围内波动。

（2）产品质量的变异具有规律性（分布）　产品质量的变异不是漫无边际的，而是在一定范围内服从一定规律的变异。例如，水泥企业对出磨生料中氧化钙的质量分数进行定时检测，则会发现数据的分布是有一定规律的，在设定值 38.0% 附近出现的数据最多，远离 38.0% 的数据出现得少，大大远离 38.0% 的数据出现得极少。质量数据（随机变量）的分布情况如图 1-2 所示。

三、计量值数据的正态分布

对一组计量值试验数据而言，那些有大有小的测定值的出现次数（频数）与总数之比——频率，随测定值的大小而呈现一定的规律，这种规律在统计学上叫做频率分布。

产品的质量数据，以及大多数物理化学试验中的测定值（或由此推演得到的数值，如偏差）的频率分布，一般都符合或近似符合于一种叫做"正态分布"的规律。按照这种分布，可以很方便地处理很多问题，所以在测定结果的处理中，正态分布的概念起着十分重要的作用。

1. 正态分布的图形

正态分布曲线的形状如图 1-3 所示。从图可见：

① 正态分布曲线如同扣放的一口钟，所以又称为钟形曲线；

② 正态分布曲线以 x 轴为渐近线，向两个方向无限延伸，在 $x=\mu$ 处有对称轴，μ 称为分布中心；

③ 频数 $f(x)$ 永远为正值；频数 $f(x)$ 在 $x=\mu$ 处有最大值（最大频数）；

④ 正态分布曲线的拐点（凸曲线与凹曲线交点）到对称轴的距离为 σ，称为标准差。

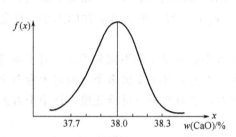

图 1-2　出磨生料中氧化钙含量的分布图

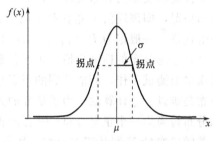

图 1-3　正态分布曲线图

2. 正态分布的密度函数及图像

在平面直角坐标系中的曲线是某一函数的图像。正态分布曲线是正态分布密度函数的图像，二者是一一对应的。

在正态分布密度函数中，μ 和 σ 为变量，会影响频数与随机变量之间的关系。这种影响反映在正态分布曲线的形状及其在平面直角坐标系中的位置。

分布中心 μ 的影响如图 1-4 所示。分布中心 μ 表征了质量特性分布中心的位置。

标准差 σ 的影响如图 1-5 所示。标准差 σ 表征了质量特性值的离散程度。标准差越小，曲线越窄，表明数据的集中程度越高；反之，标准差越大，曲线越宽，表明数据的分散程度越高。

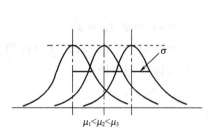

图 1-4　μ 值不同、σ 值相同时的正态分布曲线

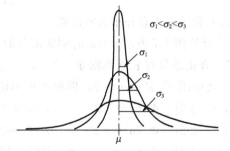

图 1-5　μ 值相同、σ 值不同时的正态分布曲线

3. 正态分布的概率分布

（1）概率分布　在相同条件下，大量重复进行同一试验时，事件 A 发生的频率 m/n（其中，n 为重复试验的次数，m 为事件 A 发生的次数）总是接近于某个常数，并且在此值

的附近摆动，这时把这个常数称为事件 A 的概率，记作 P (A)。

理论上正态分布曲线是向两个方向无限延伸的。但在实际工作中，质量特性值的取值总是在一个有限的范围内。在质量保证、测试工作中，必须了解其变异的幅度及发生该幅度变异的概率。例如，在 [x_1, x_2] 区间内的质量数占全部质量数的比率，实际就是在 [x_1, x_2] 区间内的正态分布的概率。

正态分布的密度函数永远取正值，f (x) >0。测定值的相对频率的总和等于 1（也可以表示为 100%），而正态分布曲线同 x 轴所围成的面积即代表各种测定值出现的概率的总和，所以也等于 1。

因为正态分布曲线的范围是从 $-\infty$ 到 $+\infty$，故任一测定值落在某一有限区间内的概率总是小于 1。

掌握随机变量的分布规律，目的不是要了解个别试验的具体数值，而是要了解这种变量的分布情况，即测定值 x 落在某区间（例如 [x_1, x_2] 区间）里的可能性的大小，即通常所说的概率，一般记为 P ($x_1<x<x_2$)。

(2) 正态分布的标准变换　正态分布曲线随分布中心 μ 和 σ 的不同而不同，对于不同的产品质量或测试工作，所能见到的正态分布会有千千万万，甚至无穷多个。面对无穷多个正态分布是难以一一计算的。为了研究的方便，需要对正态分布进行标准变换，把千千万万个正态分布转换为一个正态分布——标准正态分布。

若随机变量 X 服从正态分布，其分布中心为 μ，标准差为 σ，可记为 $X \sim N$ (μ, σ^2)。对随机变量 X 的每一个数值 x_i 做如下变换：

$$u=\frac{x_i-\mu}{\sigma} \tag{1-13}$$

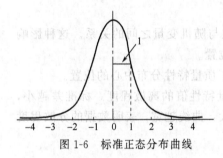

图 1-6　标准正态分布曲线

则随机变量 u 服从正态分布，可记为 $u \sim N$ (0, 1)。标准正态分布的分布中心为 "0"，标准差为 "1"，其分布曲线图形如图 1-6 所示。

对于标准正态分布的概率，数学家们已经通过计算机将其做成数学用表——正态分布表（见附录一）。使用时可以直接查正态分布表，而不必再进行具体的计算，大大简化了计算过程。

查正态分布表的操作用符号 Φ 表示。

(3) 利用查正态分布表的计算

① 计算图 1-7 所示 $x=u$ 时阴影部分的概率：P ($x=u$) $=\Phi$ ($x=u$)。

1) 查正态分布表（见附录一）。$u=-4$ 时，Φ ($u=-4$) $=0.0^43167$（为排版方便，附录一表中用 0^n 表示 n 个 0，例如 0.0^43167 表示 0.00003167，下同）；

$u=-3$ 时，Φ ($u=-3$) $=0.0^21350=0.001350=0.1350\%$；

$u=-2$ 时，Φ ($u=-2$) $=0.02275=2.275\%$；

$u=-1$ 时，Φ ($u=-1$) $=0.1587=15.87\%$；

$u=0$ 时，　Φ ($u=0$) $=0.5000=50.00\%$。

2) 有的参考书只有 u 为正值情况的正态分布表（见附录一附表 2-2），这时如 u 为负值，先取其相反数 $-u$，由正态分布表（附录一附表 2-1）查得其概率 Φ ($x=-u$)，再从 1 中减去此值，即得所求 u 为负值时的概率。其公式为：P ($x=u$) $=\Phi$ ($x=u$) $=1-\Phi$

$(x=-u)$。其原因是标准正态分布曲线以 $x=0$ 的轴为对称轴左右对称。

例如，如图 1-7 所示，求 $u=-2$ 时的概率。

由正态分布表查得 $\Phi(u=2)=0.97725$，所以，$\Phi(u=-2)=1-\Phi(u=2)=1-0.97725=2.275\%$。

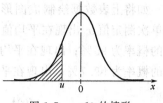

图 1-7 $u<0$ 的情形

② 计算图 1-8 所示阴影部分的概率。查正态分布表：

$u=1$ 时，$\Phi(u=1)=0.8413=84.13\%$；

$u=2$ 时，$\Phi(u=2)=0.97725=97.725\%$；

$u=3$ 时，$\Phi(u=3)=0.9^28650=99.8650\%$；

$u=4$ 时，$\Phi(u=4)=0.9^46833=99.996833\%$；

③ 计算图 1-9 所示 $u_1 \sim u_2$ 之间阴影部分的概率。

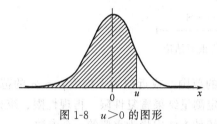 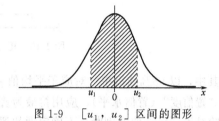

图 1-8 $u>0$ 的图形　　　　　　图 1-9 $[u_1，u_2]$ 区间的图形

$u_1 \sim u_2$ 之间阴影部分的概率为：$P(u_1 \leqslant x \leqslant u_2)=\Phi(u_1 \leqslant x \leqslant u_2)=\Phi(x=u_2)-\Phi(x=u_1)$。

$u_1=-1, u_2=1$ 时，$\Phi(-1 \leqslant x \leqslant 1)=\Phi(x=1)-\Phi(x=-1)=0.8413-0.1587=0.6826$；

$u_1=-2, u_2=2$ 时，$\Phi(-2 \leqslant x \leqslant 2)=\Phi(x=2)-\Phi(x=-2)=0.97725-0.02275=0.9545$；

$u_1=-3, u_2=3$ 时，$\Phi(-3 \leqslant x \leqslant 3)=\Phi(x=3)-\Phi(x=-3)=0.998650-0.001350=0.9973$；

$u_1=-4, u_2=4$ 时，$\Phi(-4 \leqslant x \leqslant 4)=\Phi(x=4)-\Phi(x=-4)=0.9^46833-0.0^43167=0.9999$。

对任何正态分布而言，一定区间内的概率均可从正态分布表中查出或计算。

设 $K=(x-\mu)/\sigma$，则 $x=\mu+K\sigma$；以 $\mu=0$ 为对称轴，其左方的 x 值为 $x=\mu-K\sigma$。

经过查表计算，可以得到任一单次测定值 x 在 $(\mu-K\sigma，\mu+K\sigma)$ 区间内出现的概率 $P(\mu-K\sigma<x<\mu+K\sigma)$，如表 1-3 所示。

表 1-3 任一单次测定值在各区间内出现的概率 P

$K=\dfrac{x-\mu}{\sigma}$	$P(\mu-K\sigma<x<\mu+K\sigma)$	$K=\dfrac{x-\mu}{\sigma}$	$P(\mu-K\sigma<x<\mu+K\sigma)$
0.67	0.4972	2.00	0.9545
1.00	0.6826	2.58	0.9901
1.28	0.7994	3.00	0.9973
1.65	0.9011	3.29	0.9990
1.96	0.9500	4.00	0.9999

如将上表数据绘制成图形，则如图 1-10 所示，从而可得到正态分布的一个重要结论：即单次测定值 x 出现在平均值 $\mu \pm 1\sigma$ 范围内的概率为 68.3%；出现在平均值 $\mu \pm 1.96\sigma$ 范围内的概率为 95%；出现在平均值 $\mu \pm 2\sigma$ 范围内的概率为 95.4%；出现在平均值 $\mu \pm 3\sigma$ 范围内的概率为 99.7%；出现在平均值 $\mu \pm 4\sigma$ 范围内的概率为 99.99%。

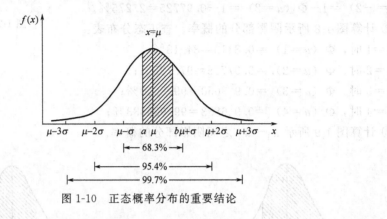

图 1-10　正态概率分布的重要结论

其中，以 95% 的概率（对应于平均值 $\mu \pm 1.96\sigma$ 的范围，或近似为平均值 $\mu \pm 2\sigma$ 的范围）作为"置信度"（置信水平），应用得最为普遍，是确定测量结果重复性限、再现性限、统计抽样检验结论、离群值的判断、不确定度的评定等数理统计方法中最为重要的一个参数。

四、几种特征值的分布

统计特征值，如平均值 $\bar{x}$、标准差 s、极差 R、中位数 $\tilde{x}$ 等是由样本的检测数据计算得出的。检测数据是随机变量，因而这些统计特征值也必然具有随机性，各有各的概率分布。

（1）样本平均值 $\bar{x}$ 的分布　如果将一个容量较大（例如 500 个样品）的样本，按检测顺序每 5 个数据（$n=5$）分为一组，求各组的平均值 $\bar{x}_i$（$i=1\sim100$），则可求得 100 个平均值 $\bar{x}$。这 100 个平均值的大小并不完全相同，其分布是有随机性的，但是其分布大体呈现正态分布。

如果按检测顺序每 10 个数据（$n=10$）分为一组，求各组的平均值，可得到 50 个平均值 $\bar{x}$。这 50 个平均值的大小也不完全相同，其分布也呈现正态分布，而且其离散程度要比 $n=5$ 时要小，亦即其分布曲线变陡且窄。

如果每 25 个数据（$n=25$）分为一组，求各组的平均值，可求得 20 个平均值 $\bar{x}$。这 20 个平均值的分布为正态分布，其离散程度比 $n=10$ 还要小，如图 1-11 所示。

根据上述现象可知，平均值 $\bar{x}$ 的分布具有下述特点：如果随机变量 x 服从正态分布 $N \sim (\mu, \sigma^2)$，则从中抽取的若干样本的各自平均值 $\bar{x}$ 也呈现正态分布，各样本总平均值为 μ，标准差为 $\sigma_{\bar{x}} = \sigma/\sqrt{n}$，如图 1-12 所示。这是因为在每个组内已经对数据进行了平均，各组间的离散程度会减小。各组内的数据越多，经过平均后，各组之间的离散程度就越小，因此，随着样本容量 n 的增大，平均值 $\bar{x}$ 的正态分布的标准差 $\sigma_{\bar{x}} = \sigma/\sqrt{n}$ 也就越小。

如果变量 x 本身并不完全呈现正态分布，但只要样本容量足够大（一般大于等于 4），即可认为其平均值 $\bar{x}$ 的分布接近于正态分布。

样本平均值 $\bar{x}$ 的标准化变量为：

$$u = \frac{\bar{x} - \mu}{\sigma/\sqrt{n}}$$

(1-14)

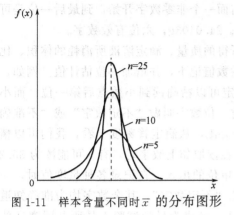

图 1-11 样本含量不同时 $\bar{x}$ 的分布图形

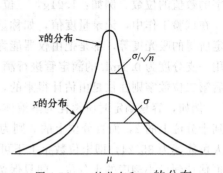

图 1-12 x 的分布和 $\bar{x}$ 的分布

则变量 u 服从标准正态分布 $u \sim N$ （0，1）。

（2）中位数的分布　从呈现正态分布的随机变量的总体 N （μ，σ^2）中抽取若干样本，则这些样本的中位数 $\tilde{x}$ 的分布服从正态分布，总体平均值为 μ，标准差为 $m_3 \sigma / \sqrt{n}$。m_3 可由表 4-2 "控制图系数表" 中查得，n 为抽取样本的容量。在制作中位数和极差控制图时要用到中位数的这一分布。

（3）极差 R 的分布　从呈现正态分布的随机变量的总体 N （μ，σ^2）中抽取若干样本，则这些样本的极差 R 的分布与总体平均值 μ 无关，而与总体标准差 σ 有关。极差 R 总体的均值为 $d_2 \sigma$，总体标准差为 $d_3 \sigma$。d_2、d_3 都是由样本容量 n 决定的系数。一般用 R/d_2 作为极差 R 分布的标准差 s，用其来估计 R 分布总体的 σ，即 $s = R/d_2$。系数 $1/d_2$ 的值可由表 1-1 查得。

（4）其他分布　由正态分布可以导出其他的分布，主要有 t 分布、χ^2 分布和 F 分布，具体内容见第六章 "显著性检验"。

第五节 ▶▶ 有效数字与计算法则

在产品质量的检验中，记录各量度值或计算试验结果时，该用几位数字必须有一个合乎实际的准则。不能认为在记录某一量度值时小数点后面的位数愈多就愈精确，或在计算结果时保留的位数愈多精确度便愈高。小数点的位置不是决定精确度的标准，首先，它与所取量度单位的大小有关，例如记质量为 0.0520g 与 52.0mg 的精确度完全相同；其次，在所有测定中，由于仪器精度和人的视觉的分辨能力所限，只能达到一定的精确度。所记数值的位数再多，也绝不可能把精确度提高到超越测定所及的允许范围。反之，如所记数值的位数过少，则不能客观地反映测定所能达到的实际精度，这同样是不正确的。在根据各量度值进行试验结果的运算时，保留几位小数或确定几位有效数字，应以能保持各量度值中的最低精度或相同的准确度为限。为了弄清如上问题，现就有效数字的确定及其计算法则讨论如下。

一、有效数字的位数

1. 有效数字位数的含义

有效数字的位数，是指在一个表示量值大小的数值中，含有的对表示量值大小起作用的数字位数，也就是试验中实际测定的数字，从最前面一个非零数字开始，到最后一位是可疑数字的数值的位数。例如：1.21g，三位有效数字；24.0403g，六位有效数字。

在试验工作中，记录量度值，如称量某物体所得的质量、滴定溶液所消耗的体积、比色测定所得的吸光度等，都是把由仪器能肯定读出的数值记下，并增加一位估计值。例如，当使用一支分度为 0.1mL 的滴定管进行滴定时，肯定可以精确读到小数点后第一位，而小数点后第二位数字则往往是由估计得来的，通常把这一位数字叫做"不定数字"或"不准确数字"。例如，容量滴定时所消耗的溶液体积为 35.25mL，从滴定管刻度上看，我们可以精确读到十分位上的 2，而百分位上的 5 则为估计值。在读取如上数字时，有人可能读为 35.26，有人可能读为 35.24，即末位数字上下可能有一个单位的出入。在记录各种量度值时，一般均可估计到最小刻度的十分位，即只保留最后一位"不定数字"，其余数字均为准确知道的数字，称此时所记数字为有效数字。上述记录方法，已成为科学试验人员所共同遵守的准则。总之，有效数字是指试验中实际测定的数字，一般情况下是指只含有一位可疑数字的数值。

2. 有效数字的位数性质

有效数字的位数和小数点的位置无关，或者说与量值所选单位无关。例如，下述 3 个数值的有效位数均为两位：12g，0.012g，12×10^3mg。

3. 有效数字位数的作用

① 有效数字的位数标志着实际可测得数值的可靠程度，反映了数值相对误差的大小，也反映了所使用的量具的精度。

例如，称量某样品的质量得到 $m_1 = 0.5100$g，是四位有效数字，其相对误差 $E_r = (\pm 0.0001)/0.5100 \approx \pm 0.02\%$，表示是用感量为 0.1mg 的分析天平称量得到的数值。

而称量另一样品的质量得到 $m_2 = 5.1$g，是两位有效数字，其相对误差 $E_r = (\pm 0.1)/5.1 \approx \pm 2\%$，表示是用感量为 0.1g 的台秤称量得到的数值。

② 有效数字在分析实践中有着重要的应用。此处仅举几例加以说明。

1）称取试样量与有效数字。按公式：

$$称样的精确度 = \frac{天平灵敏度}{试样的质量}$$

如所用分析天平的灵敏度为 0.0001g，要求称样的精确度为 0.1%，则：

$$试样的质量 = \frac{0.0001g}{0.001} = 0.1000g（记四位有效数字）$$

即称样量不得少于 0.1000g。如用此天平称取 1g 以上的试样，要求称样的精确度仍为 0.1%，则此时称量精确至 1g × 0.1% = 0.001g 即能符合要求。

在水泥生产检验的实际工作中，对某些低含量组分的单项测定（如三氧化硫、游离氧化钙等），对称样精确度的要求还可放宽。如，水泥中的三氧化硫的质量分数一般在 3% 左右，要求测定的绝对误差为 0.1%，即相对误差为 3.3%，在此情况下，如不考虑其他操作环节的误差，若称样量为 0.5g，则称样量精确至 0.5g × 3.3% = 0.0165g 即可。而通常称样量如精确至 5mg，则完全能够满足测定准确度的要求。

2）滴定需用标准滴定溶液的最小体积与有效数字。

$$滴定相对误差 = \frac{滴定的最大误差（mL）}{标准滴定溶液需用的最小体积（mL）}$$

在滴定过程中，标准滴定溶液不可避免地会有半滴（0.02mL）的误差，假如要求滴定相对误差为 0.1%，则滴定所需用的标准滴定溶液的最小体积为：

$$V = \frac{0.02\text{mL}}{0.001} = 20.00\text{mL（记四位有效数字）}$$

因此，供滴定的试样量应保证标准滴定溶液的消耗量大于 20mL。如果要求滴定相对误差为 0.2%，滴定的最大误差为 0.04mL，则滴定所需的试样量也应保证标准滴定溶液的消耗量大于 20mL。

所以，在一般容量分析中，根据滴定管刻度所能达到的精确度，滴定时标准滴定溶液的用量在不小于 20mL 的情况下，就可满足于一般常量分析对准确度的要求。

4. 有效数字位数的判断方法

① 数字 1~9 不论处于数值中什么位置，都是有效数字，都计位数。

② 数字 0：要根据具体情况予以判断。

1）在数值中间都计位数。如 12.01：四位；10804：五位。

2）在数值前面都不计位数。如 0.143：三位；0.024：两位。

3）在小数数值右侧都计位数。如 6.5000：五位；0.0240：三位。

4）在整数右侧，按规范化写法都应计位数，否则应以指数形式表示。如 35000：五位；350×10^2（或 3.50×10^4）：三位；35×10^3（或 3.5×10^4）：两位。

③ 特殊情况：若一个数值的首位数字等于或大于 8，则该数值的有效位数应多计一位。如 8.35，以四位有效数字计；9.8%，以三位有效数字计。因为 8.35 的相对误差为：$E_r = (\pm 0.01)/8.35 = \pm 1/835$，更接近于 $\pm 1/1000$（四位），而非 $1/100$（三位）。

二、近似数的运算规则

在处理数据时，常常会遇到一些精确度不同的数据（即有效数字位数不同的数据）。对于这些数据，要按照一定的法则进行数学运算，以避免计算过繁而导致错误，还可节约计算时间，使结果能真正反映实际测量的精确度。

（1）加减法　以小数位数最少的数为准（绝对误差最大），其余各数均修约成比该数多一位，运算结果的数值的位数与小数位数最少的数相同。例如：

$$60.4 + 2.02 + 0.212 + 0.0367 = ?$$

其中 60.4 小数位数最少，只 1 位，其最后一位数字有 ±1 的绝对误差，即绝对误差为 0.1，是四个数据中绝对误差最大者。以它为准，其余数字修约成小数点后两位，再进行运算。最后结果保留小数位数一位（运算式中下加横线的数字为不准确的数字）。

$$
\begin{array}{r}
60.\underline{4} \\
2.0\,\underline{2} \\
0.2\,1 \\
+\quad 0.0\,\underline{4} \\
\hline
62.\underline{6}\,\underline{7} \approx 62.\underline{7}
\end{array}
$$

从计算式可以看出，结果中第三位的 0.6 这一位已不准确，其后的 7 更无保留意义。

（2）乘除法　以有效数字位数最少的数为准（相对误差最大），其余各数均修约成比该数多一位，运算结果的数值的位数与有效数字位数最少的数相同。例如：

$$12.72 \times 0.045 = ?$$

12.72 的最后一位有 ±1 的绝对误差，即 0.01，其相对误差为 $E_r = 0.01/12.72 = 0.000786$。

0.045 的最后一位有 ±1 的绝对误差，即 0.001，其相对误差为 $E_r = 0.001/0.045 = 0.0222$。

显然，有效数字位数为两位的 0.045 的相对误差最大。以它为准，将 12.72 修约成比两位多一位即三位，再进行运算。最后结果保留有效数字位数两位（运算式中下加横线的数字为不准确的数字）。

$$
\begin{array}{r}
12.7 \\
\times\ \ 0.04\underline{5} \\
\hline
0.0\underline{635} \\
0.50\underline{8} \\
\hline
0.5\underline{715} \approx 0.57
\end{array}
$$

从计算式可以看出，结果中第二位的 0.07 已不准确，其后的 15 更无保留意义。

(3) 乘方或开方　结果与原数字有效位数相同，而与小数点的位置无关。例如：$\sqrt{95.8} = 9.79$；$61.3^3 = 230 \times 10^3$（61.3 为三位，运算结果 230 也取三位）。

(4) 对数运算　所取对数有效数字位数只算小数部分，与真数的有效位数相同（真数两位）。例如：pH=6.18（只算小数部分，两位）。

若 $[H^+] = \underline{9.6} \times 10^{-12}$，则 pH$= -\lg [H^+] = -\lg (9.6 \times 10^{-12}) = 11.\underline{02}$（真数 9.6 两位，其对数 11.02 中，11 是由方次决定，对数部分是 0.02，取两位）。

(5) 其他情况
① 常数、倍数、分数等非检测所得数字，有效位数可视需要取。
② 如有 4 个以上的数值进行平均，则平均值的有效数字位数可以增加一位。

三、数值修约规则

1. 定义

按照《数值修约规则与极限数值的表示和判定》（GB/T 8170—2008），数值修约是指通过省略原数值的最后若干位数字，调整所保留的末位数字，使所得到的值最接近原数值的过程。

2. 数值修约规则

(1) 确定修约间隔　修约间隔系指修约值的最小数值单位。修约间隔的数值一经确定，修约值即应为该数值的整数倍。

① 指定修约间隔为 10^{-n}（n 为正整数），或指明将数值修约到 n 位小数；

② 指定修约间隔为 1，或指明将数值修约到"个"数位；

③ 指定修约间隔为 10^n（n 为正整数），或指明将数值修约到 10^n 数位，或指明将数值修约到"十"、"百"、"千"……数位。

(2) 进舍规则

① 拟舍弃数字的最左一位数字小于 5 时，则舍去，保留其余各位数字不变。

例如：将 12.1498 修约到个数位，得 12；

　　将 12.1498 修约到一位小数，得 12.1。

　　② 拟舍弃数字的最左一位数字大于 5，则进一，即保留数字的末位数字加 1。

　　例如：将 1268 修约到"百"数位，得 $13×10^2$（特定场合可写为 1300）。

　　　　　将 1268 修约成三位有效数位，得 $127×10$（特定场合可写为 1270）。

注："特定场合"系指修约间隔明确时。

　　③ 拟舍弃数字的最左一位数字为 5，且其后有非 0 数字时进一，即保留数字的末位数字加 1。

　　例如：将 10.5002 修约到"个"数位，得 11。

　　　　　将 10.850001 修约到一位小数，得 10.9。

　　④ 拟舍弃数字的最左一位数字为 5，且其后无数值或皆为 0 时，若所保留的末位数字为奇数（1、3、5、7、9）则进一，即保留数字的末位数字加 1；若所保留的末位数字为偶数（0、2、4、6、8），则舍去。

　　例如：a. 修约间隔为 0.1（或 10^{-1}）

　　　　　拟修约数值　　　　　　　　修约值

　　　　　1.050　　　　　　　　　　$10×10^{-1}$（特定场合可写为 1.0）

　　　　　0.35　　　　　　　　　　$4×10^{-1}$（特定场合可写为 0.4）

　　　　　b. 修约间隔为 1000（或 10^3）

　　　　　拟修约数值　　　　　　　　修约值

　　　　　2500　　　　　　　　　　$2×10^3$（特定场合可写为 2000）

　　　　　3500　　　　　　　　　　$4×10^3$（特定场合可写为 4000）

　　⑤ 负数修约时，先将它的绝对值按上述规定进行修约，然后在所得值前面加上负号。

　　例如：a. 将下列数字修约到"十"数位：

　　　　　拟修约数值　　　　　　　　修约值

　　　　　−355　　　　　　　　　　$−36×10$（特定场合可写为 −360）

　　　　　−325　　　　　　　　　　$−32×10$（特定场合可写为 −320）

　　　　　b. 将下列数字修约到三位小数，即修约间隔为 10^{-3}：

　　　　　拟修约数值　　　　　　　　修约值

　　　　　−0.0365　　　　　　　　　$−36×10^{-3}$（特定场合可写为 −0.036）

　　（3）不允许连续修约　拟修约数字应在确定修约间隔或指定修约位数后一次修约获得结果，不得多次连续修约。

　　例如：a. 修约 97.46，修约间隔为 1。

　　　　　正确的做法：97.46→97；

　　　　　不正确的做法：97.46→97.5→98。

　　　　　b. 修约 15.4546，修约间隔为 1。

　　　　　正确的做法：15.4546→15；

　　　　　不正确的做法：15.4546→15.455→15.46→15.5→16。

第六节 ▶▶ 实验室样品的采取

"实验室样品"是指按照科学的方法选取的能代表全部物料或某一矿山地段的平均组成

的样品;将实验室样品经过破碎、筛分、混匀、缩分至一定量,制得的样品称为"分析试样"(简称"试样")。从试样中称取一定量,用以进行有关成分或性能的具体测定,这部分试样称为"试料"。通常"试料"只有零点几克或几克,要用这么小量的试料的测定结果代表大批物料的平均组成,显然对试样的代表性有严格的要求。否则,不但大量的分析工作会毫无意义,而且,还会对生产和实验造成错误的判断,产生严重的后果。因此,正确地采取实验室样品是分析工作的首要环节,必须给予高度重视。

一、在不同地点采取样品的方法

1. 在矿山上采取实验室样品

从矿山上采取实验室样品进行化学分析的目的,是为了掌握整个矿山的化学成分的变化情况,为编制矿山网和制订开采计划提供必要和充分的化学分析数据。

由于各个矿山的生成条件不同,各水泥厂的矿山取样方法也不可能一致,应根据矿层分布的情况、矿层不均匀性以及矿山的大小来制定采样方法。

矿山采样一般采用刻槽、钻孔或沿矿山开采面分格取样等方法。

① 刻槽法取样应垂直于矿层的延伸方向,沟间距离视矿层成分的均匀程度而定,一般在 50~80m 之间。在沟槽中取样,一般每隔 1m 取一个样品。槽的断面一般为长方形,断面面积为 3cm×2cm 至 10cm×5cm。将刻槽凿下的碎屑混合作为实验室样品。刻槽前应将岩石表面刮平扫净。

② 钻孔取样,主要是为了了解矿山内部结构和化学成分的变化情况,将各孔钻出的细屑混合作为实验室样品。

③ 当矿山各矿层化学成分变化不大时,可采用沿矿山开采面分格取样法。沿矿山的开采面,每平方米面积上用铁锤砸取 1 小块样品,混合后作为实验室样品。采取黏土实验室样品时,要特别注意原料的均匀性,据此确定取样的沟道及方法。当有夹层砂时,应在矿层走向的垂直方向每隔 1m 左右取 1 个样品(约 50g)。在一般情况下,应根据黏土层的厚度进行分层取样。取样沟道之间的距离为 10~25m。

采取实验室样品的质量与样品颗粒大小之间存在下述经验公式:通常所选取的实验室样品的质量都很大,必须经过逐次破碎和缩分。原始样品的最低可靠质量 Q(单位:kg)大体上与其最大颗粒直径 d(单位:mm)的平方成正比关系(缩分公式)。

$$Q = Kd^2 \tag{1-15}$$

式中 K——根据矿石特性而确定的经验系数。

表 1-4 为根据矿石均匀程度而列出的 K 的经验值。表中的 K 值未能概括所有情况,必要时可用试验方法确定。

表 1-4 K 的经验值

矿石均匀程度	K 值
较均匀的	0.1~0.3
不均匀的	0.4~0.6
很不均匀的	0.7~1.0

【例 1-12】选取某较均匀的矿石样品时,其中最大颗粒直径约 50mm,设 K 值为 0.2,

问原始样品应选取多少千克？送实验室的样品约需 0.1kg，问此样品最粗颗粒的直径应不超过多少毫米？

【解】 原始样品的最低可靠质量为：

$$Q = 0.2 \times 50^2 = 500 \text{（kg）}$$

送往化验室的样品最大直径为：

$$d = \sqrt{\frac{Q}{K}} = \sqrt{\frac{0.1}{0.2}} = 0.7(\text{mm})$$

2. 在原料堆场上取样

已进厂的成批原材料（如石灰石、白云石、黏土、砂子等），如果在运输过程中没有取样，进厂后可在分批堆放的料堆上取样。在料堆的周围，从地面起，每隔 0.5m 左右用铁铲划一横线，每隔 1~2m 划一竖线，间隔选取横竖线的交叉点作为取样点。用铁铲将表面物刮去，深入 0.3~0.5m 挖取 100~200g 矿样，作为实验室样品。如遇块状物料，取出用铁锤砸取一小块。一般是每 100t 原料、燃料堆取出 5~10kg 样品，送往化验室制备试样。

3. 破碎后的石质原料的采取

破碎后的石质原料如石英、长石、石灰石等，在破碎机出口皮带上用宽 150mm 的槽形长柄铁铲每 5min 截取石质样品一次，将 30min 内采取的样品合并为一个样品，现场用四分法缩分至 2kg。截取时，铁铲应紧贴传送皮带而不得悬空，一次横切物料流的断面采取一个样品。

4. 水泥熟料样品的采取

通常水泥厂熟料样品由人工采取。

（1）在熟料链板机上定时采取 新型干法水泥企业采取熟料的地点，大多是在熟料出窑后经破碎、冷却（篦冷机）向熟料库输送的链板机上定时采取，每隔 5~10min 取样一次，每次使用铁铲随机挖取 3~5kg，不少于 20 次。

（2）在熟料储存库取样

① 在熟料堆场取样。从地面向上每隔 1m 左右用铁铲划一横线，再在横线上每隔 2~3m 划一条竖线，选取横竖线的交点处作为取样点，挖取 3~5kg，不少于 20 点。

② 在库侧/底取样。在熟料出口处，每间隔 5~10min 取 3~5kg，不少于 20 次。

然后将各次（处）取得的样品混合，组成某段时间内的实验室样品。将所取熟料样品倒在清洁的水泥地面，用铁铲将样品堆成锥形，堆锥时必须从锥中心倒下，以便使样品从锥顶大致等量地流向各个方向。然后用铁铲从这一堆一铲一铲地移向另一堆，如此反复 3~5 次。最后用四分法将样品缩分到 30kg。

5. 出厂水泥样品的采取

出厂水泥物理性能检验样品的采取，应按照国家标准 GB/T 12573—2008《水泥取样方法》进行。水泥出厂前，按同品种、同强度等级进行编号，每一编号为一取样单位。GB 175—2007/XG1—2009 规定：出厂水泥编号按水泥厂年生产能力确定：120 万吨以上的，不超过 1200t 为一编号；60 万~120 万吨的，不超过 1000t 为一编号；30 万~60 万吨的，不超过 600t 为一编号；10 万~30 万吨的，不超过 400t 为一编号；10 万吨以下的，不超过 200t 为一编号。取样应有代表性，可连续取样，也可从 20 个以上不同部位取等量样品，总量至少 12kg。进行单一编号水泥强度均匀性试验的样品，是从每个品种水泥产品中随机抽取一个编号，按 GB/T 12573—2008 规定的方法采取 10 个分割样。

6. 从包装成桶或袋的物料中抽取样品的方法

统计学的第一类问题即是如何从总体中抽取样本。抽样分为不放回抽样和放回抽样两种情况。当逐个地从总体中抽取个体时，如果每次抽取的个体不再放回总体，称为不放回抽样；如果每次抽取一个个体后，把它放回总体，然后再抽取下一个个体，称为放回抽样。很显然，放回抽样的特点是在抽样过程中，总体里所含个体情况始终未发生变化。这里主要介绍不放回抽样的方法。

抽样方案是在随机抽样基础上建立起来的，为了使样本对批质量具有充分的代表性，样本必须从整批产品中随机抽取，即应采取概率抽样方法，而不能人为主观地随意抽取。在确定抽样方法时，要考虑随机性和经济性。从总体中抽取样品常用的方法有简单随机抽样法、系统随机抽样、分层抽样方法等。

二、随机取样和系统取样

1. 简单的随机抽样法

设一个总体（批）中有 N 个不同的单位产品，如果通过逐个抽取的方法从中抽取一个样本，且每次抽取时各个个体在该次抽取中被抽到的概率相等，这样的抽样方法称为简单随机抽样。简单随机抽样法体现了抽样的客观性与公平性，且方法比较简单，因而成为其他较复杂抽样方法的基础。此法适用于批内产品质量比较均匀一致的情况。

【例 1-13】 从批量 $N=1000$ 的产品中用简单随机抽样法抽取一个大小为 $n=8$ 的样本。

【解】 将产品从 1～1000 编号。

（1）抽签、抓阄法　用纸卡写出 1～1000 的号码，摇匀后从中任意抽出 8 个签，即为应抽取的样品编号。抽签法简便易行，当总体中的个数 N 不多时，易于做到使总体处于"混合均匀"的状态，使每个个体有均等的机会被抽中。

（2）扑克牌法　一副扑克牌的四组 A、2、…、9、10 共 40 张。A 作为 1，10 作为 0。每次彻底洗牌、切牌后，翻开最上面的一张，即可以得到一个数码。如果需要 n 位数的数列，就把 n 次洗牌、切牌后得到的数码组成一组。这种方法简便易行，但每次必须把抽出的牌放回。

（3）利用计算机随机数发生器抽样　在许多计算机的高级语言中都设有随机数发生器，利用它可以产生随机数。按照出现的随机数字抽取样品。

（4）随机数表抽样法　随机数表是将 0～9 十个数字由计算机随机生成（见本书附录一附表 10），在表中每个位置 0～9 十个数字出现的概率是相等的。有的资料仅列出一页随机数表（有的书给出 2 页或 4 页或 6 页），每页横排（行）为 50 个数字，竖排（列）亦为 50 个数字，每页共有 2500 个数字，但每行中的 50 个数字排成了 25 个两位数。使用随机数表的步骤各种书籍不尽相同，其中一种方法的步骤如下。

① 决定页码：将圆珠笔横着投向任一页随机数表，笔尖所指向的数字若为奇数，则选用第一页表；若指向偶数，则用第二页表。

② 确定起点：将圆珠笔横着投向所选定的随机数表，以笔尖所指向的两位数字作为起点所在的行数；再投一次，以笔尖所指向的两位数字作为起点所在的列数。若笔尖所指向的数字大于 50，则将该数字减去 50，用余数确定起点的行数或列数；若笔尖所指向的数字为 00，则将该数字加上 50，即用 50 确定起点的行数或列数。例如，经过投掷圆珠笔，确定使

用随机数表的第一页，第一次笔尖指向 26，第二次笔尖指向 20，则起点为"第一页的第 26 行第 20 列"，该数字为"2"。

③ 确定抽样样品的编号：因为批量 $N=1000$，故所抽取的样品号应小于等于 1000，即最多为 3 位数。从起点开始，自左至右依次取 8 个 3 位数字，如果达到最右端尚未取足，则转移到下一行继续取。本例取出的数字为：267、190、071、746、047、212、968、020。按照从小到大的顺序排列，所应抽取的 8 个样品编号为：20、47、71、190、212、267、746、968。

2. 系统随机抽样方法

当产品可按某个顺序排列时，给 $1\sim N$ 的产品编号码，用记号 $[N/n]$ 表示这个数的整数部分，以 $[N/n]$ 为抽样间隔，并用简单随机抽样法在 $1\sim[N/n]$ 之间随机抽取一个整数作为样本的第一个单位产品的号码。往后，每隔 $[N/n]-1$ 个单位产品抽取一个样品，一直抽取 n 个单位产品即为所求样本。这种样本叫做系统样本。

【例 1-14】有一批产品 $N=200$，可排成一线，试用系统抽样法抽取一个 $n=10$ 的样本。

【解】抽样间隔为 $[N/n]=200/10=20$，在 $1\sim20$ 之间用简单随机抽样法先选取首数，假定选 15，则第一个样品为排在第 15 号的产品，接着应抽取第 35 号（$=15+20$），55 号（$=15+40$），…，一直到 195 号，即得到一个 $n=10$ 的样本。

在生产流水线上，总体可以看作是无限的，在总体中每个个体的排列是随机的。可以按确定的产品数量（如每 1000t）或确定的时间间隔（如每 1h）进行取样。

大块的钢板、玻璃、装饰装修材料堆码后不易做到随机抽样，可在产品移动过程中按预先确定的随机数码抽取相应的产品。

3. 分层抽样方法

有时为了取得有代表性的样本，可将整批产品按某些特征（不同的班组，不同的设备，不同的生产时间等）划分成若干层。同一层内的产品质量应尽可能均匀一致。在各层内按比例分别随机抽取一定数量的单位产品，然后合在一起组成一个样本，称为分层抽样。

使用分层抽样的前提是总体可以分层，层与层之间有明显的差异，而每层内个体之间的差异较小，每层所抽取的个体数按各层个体数在总体中所占比例抽取，而每层又可以按简单随机抽样和系统抽样方法进行抽取。只要分层恰当，一般来说，抽样结果比简单随机抽样和系统抽样更能反映总体的情况。

【例 1-15】一批产品共计 38100 件，来自五个不同的班组，分为 5 层，各层的件数分别为 30000、4000、3000、1000、100。为了检验批的质量水平，从各班组中分别抽取样品，按照统计抽样的标准计算（详见本书第九章），样品量为 500。折算系数为 $500/38100=0.01312$。各层的抽取样品数按比例分别为：$30000\times0.01312=394$，$4000\times0.01312=53$，$3000\times0.01312=39$，$1000\times0.01312=13$，$100\times0.01312=1$。

在上例中，如果各个班组的质量有明显差异，一致性不能保证，为了避免混批后由于拒收频率增大需要查找原因所造成的困难，可以把每一层当成独立的批，分别检验，但样本量、检验费用将增加。所以，只要各层质量没有明显差异，就应该做整批处理，分层随机抽取各层所需样本。

4. 几种抽样方法之间的关系

在解决实际问题时，各种抽样方法经常是交叉使用。几种抽样方法之间的关系见表 1-5。

表 1-5　三种抽样方法的比较

类别	共同点	各自特点	相互关系	适用范围	操作要点
简单随机抽样	抽样过程中每个个体被抽取的概率相等	从总体中逐个抽取	在起始部分抽样时，采用简单随机抽样	总体中的个数较少	个体编号，随机抽取
系统抽样		将总体均分成几部分，按事先确定的规则在各部分抽取		总体中的个数较多	个体编号，平均分组，确定首号，按规则抽样
分层抽样		将总体均分成几层，分层进行抽取	各层抽样时，采用简单随机抽样或系统抽样	总体由差异明显的几部分组成	差异分组，个体编号，按比例抽样

5. 统计抽样

统计抽样检验是从一批交验的产品（总体）中，随机抽取适量的产品样品进行质量检验，然后把检验结果与判定标准进行比较，从而确定该产品是否合格或需再进行抽检后裁决的一种质量检验方法。统计抽样检验的内容详见本书第九章。

第二章 试验误差与数据处理

第一节 ▶▶ 误差及其表示方法

一、误差与偏差

通常一个物理量的真值是不知道的，需要采用适当的方法进行测量。测量值并不是被检测对象的真值，只是真值的近似结果。真值虽然通常是不知道的，但是可以通过恰当的方法估计测量值与真值相差的程度。通常将测量值与真值之间的差异称为测量值的观测误差，简称为误差。

误差（error）和偏差（deviation）是两个不同的概念。偏差是测量值相对于平均值的差异（绝对偏差等），或两个测量值彼此之间的差异（极差等）；而误差是测量值与真值之间的差异。由于实际中真值往往是不知道的，习惯上常将平均值作为真值看待，因此有些人常将误差与偏差两个不同的概念相混淆。在把平均值当作真值看待时，实际上是包含了一个假设条件，即在测量过程中不存在系统误差。如果实际情况并非如此，即在测量过程中存在较大的系统误差时，其测量值的算术平均值则不能代表真值，因此，在数理统计和测量过程中，要注意误差和偏差这两个概念之间的区别。

二、误差类型与产生误差的原因

通常把误差分为系统误差和随机误差两种类型。

在测量试样的操作过程中，由于工作上的粗枝大叶或某种意外事故所造成的差错属于过失误差或称粗大误差，不在此处所讨论的误差范围之内。

1. 系统误差

在一定试验条件下，系统误差是一种有规律的、重复出现的误差。在每次测量中，此种误差总是偏向于某一个方向，或总是偏高，或总是偏低，其大小几乎是一个恒定的数值，所以系统误差也叫做恒定误差。在测量过程中产生这种误差的主要原因大体有如下几个方面。

（1）由于分析方法本身所造成的系统误差 例如，用氯化铵称量法测定普通水泥熟料中的二氧化硅时，由于沉淀中吸附了铁、铝、钛等杂质和混有不溶物而使测量结果偏高，并且当试样中不溶物的含量增高时，偏高的幅度亦随之相应增大。如采用酸溶解试样的方法，将给测量结果造成可观的正误差。另一方面，用氟硅酸钾容量法测定二氧化硅时，当样品中不溶物的含量高时，用酸溶解试样会使测量结果产生较大的负误差。此外，在各类试样成分的配位滴定中，溶液的 pH 值、温度、指示剂等的选择若不恰当，都将使测量结果产生一定的系统误差。

（2）由于使用的仪器不合乎规格而引起的系统误差　例如，一些要求准确刻度的量器，如移液管与容量瓶彼此之间的体积比不准确；滴定管本身刻度不准确或不均匀；天平的灵敏度不能满足称量精确度的需要，或砝码的质量不够准确等，都会给测量结果带来一定的正的或负的系统误差。

（3）由于试剂或蒸馏水中含有杂质所引起的系统误差　例如，用以标定 EDTA 标准滴定溶液浓度的基准试剂的纯度不够或未烘去吸附水，使所标定的标准滴定溶液浓度值偏高；在蒸馏水中含有某些杂质，也常常使测量结果产生一定的系统误差。

（4）由于检测人员个人的习惯与偏向所引起的系统误差　例如，读取滴定管的读数时有的人习惯于偏高或偏低；判断滴定终点时有的人习惯于颜色深一些或浅一些等。

在实际工作中，应根据具体的操作条件进行具体分析，以便找出产生系统误差的根本原因，并采取相应的措施避免或减小系统误差。

2. 随机误差

随机误差是在测量过程中由一些不定的、偶然的外因（如实验室温度、湿度的微小变化，电压的微小波动，外界对仪器设备的扰动等）所引起的误差。它与系统误差不同，反映在几次同样的测量结果中，误差的数值有时大、有时小，有时正、有时负。

如果测量的次数不是太多，看上去这种不定的可大可小、可正可负的误差好像没有什么规律性。但如果在同样的条件下，对同一个样品中的某一组分进行足够多次的测量时，就不难看出随机误差的出现具有如下规律：

① 正误差和负误差出现的概率大体相同，也就是产生同样大小的正误差和负误差的概率大体相等；

② 较小误差出现的概率大，较大误差出现的概率小；

③ 很大的误差出现的概率极小。

经过长期的科学实验和理论分析，证明上述随机误差的规律性完全服从统计规律，因此可用数理统计方法来处理随机误差的问题。

三、误差的表示方法

1. 真误差 E

真误差为测量值与真值之差。

单次测量值误差：

$$E = x - \mu_0 \tag{2-1}$$

多次测量值误差：

$$E = \bar{x} - \mu_0 \tag{2-2}$$

式中　x——单次测量值；

　　　$\bar{x}$——多次测量值的算术平均值；

　　　μ_0——真值（标准值）。

相对误差 H：

$$H = \frac{E}{\mu_0} \times 100\% \tag{2-3}$$

由于真值一般难以求得，故可以认为真误差只在理论上是存在的，常在数理统计推导中使用。

2. 残余误差 d

残余误差 d 又称为"残差"、"剩余误差"。某一测量值 x_i 与用有限次测量得出的算术平均值 $\bar{x}$ 之差称为残差：

$$d = x_i - \bar{x} \tag{2-4}$$

残差可以通过一组测量值计算得出，因而在误差计算中经常使用。例如标准样品的证书值、质检机构的测量值、某一参数的目标值，经常被当作标准值用来估计测量值的残差。

3. 引用误差

引用误差为仪器的示值绝对误差与仪器的量程或标称范围的上限之比值。

引用误差 $\gamma = \Delta Y / Y_N$；ΔY 为绝对误差；Y_N 为特定值，一般称之为引用值，它可以是计量器具的量程、标称范围的最高值或中间值，也可以是其他某个明确规定的值。引用误差一般用百分数表示，有正负号。

对于同样的绝对误差，随着被测量 Y 的增大，相对误差会减小。被测量越接近于特定值，测量的准确度越高。所以，使用以引用误差确定准确度级别的仪表时，应尽可能地使被测量的示值落在量程的 $2/3$ 以上。

引用误差是一种简便实用的相对误差，一般只在评定多挡和连续分度的计量器具的误差时使用。电学计量仪表的级就是用引用误差来确定的，分别规定为 0.1、0.2、0.5、1.0、1.5、2.5、5.0 七级，例如仪表为 1.0 级，则说明该仪表最大引用误差不会超过 1.0%。

很多书籍中经常使用标准差、极差等方式表示误差，这几种表示方法在第一章中已经述及，此处不再重复。实际上按照严格的定义，这几种方法均为"偏差"的表示方法，使用时应注意其与"误差"的区别，慎用"误差"一词。当真值未知，或不与真值（标准值）进行比较时，其所得各次测量值之间的差别均应称之为"偏差"，而非"误差"。

四、误差的合成

一个过程的总方差是由各个阶段各因素的方差分量合成的。如果因素有数个，则总方差 s_t^2 等于各因素方差之和：

$$s_t^2 = s_1^2 + s_2^2 + s_3^2 + \cdots \tag{2-5}$$

例如，按照 JC/T 578—2009《评定水泥强度匀质性试验方法》，测定某一时期单一品种、单一强度等级水泥 28d 抗压强度的均匀性，是从某一编号的水泥产品中随机抽取 10 个分割样，测定结果的总方差 s_t^2 是由 10 个分割样之间的非匀质性误差 s_c^2 和测定过程中的随机误差 s_e^2 合成的，其关系为：$s_t^2 = s_c^2 + s_e^2$。

五、误差的正态分布

在大多数材料的物理性能或化学成分的测量中，测量结果总是在一定程度上波动，其波动情况一般都符合或近似符合正态分布的规律。按照这种分布，可以很方便地处理测量中或测量完毕后整理数据时所遇到的很多问题，所以，在建筑材料的测量中多以此为依据处理有关误差的问题。第一章所述有关正态分布的规律可以用到误差的正态分布中。

因为正态分布曲线中的分布中心 μ 是无限多次测量值的平均值（理论值），所以单次测量值 x_i 的随机误差为 $x_i - \mu$。如果以 ε 表示随机误差，则误差的标准正态分布曲线如图 2-1 所示。

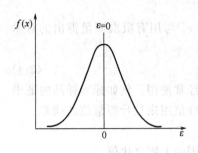

图 2-1　误差的标准正态分布曲线

从图 2-1 可以看出，当误差 $\varepsilon=0$ 时，纵坐标 $f(x)$ 达到最大值，也就是说误差为 0 的测量值出现的概率最大。当 $\varepsilon\neq0$ 时，出现的概率 $f(x)$ 则按指数函数下降，其下降的幅度取决于 σ 的大小。其规律如同第一章图 1-4 所示，σ 越小，概率曲线下降的幅度越大，曲线就越窄，表明数据越集中在平均值的附近，误差越小，测量的精度越高；相反，σ 越大，概率曲线下降的幅度越小，曲线就越宽，表明数据越分散，误差越大，测量的精度越低。

从第一章表 1-3 所列结果可以看出，测量值 x 落在 $(\mu-3\sigma)$ 到 $(\mu+3\sigma)$ 区间里的概率为 99.73%，即误差出现在 $\mu\pm3\sigma$ 范围以外的概率仅有 0.27%，或者说在 370 次测量中，误差超出 $\mu\pm3\sigma$ 范围以外的机会只有 1 次。假如认为在有限测量次数中（通常为 5 次、10 次或 20 次）某一测量值出现的概率为 0.3% 已属极小，则可认为超出 $\pm3\sigma$ 的误差一定不属于随机误差，而为过失误差。当然，选择 $\mu\pm3\sigma$ 完全是任意的，在不同情况下，完全可以另行规定，例如，在很多统计方法中选择 $\mu\pm2\sigma$。在实际应用中，根据具体条件以及不同的目的和要求，可以定出一个合理的误差范围，凡超出此范围的，即可认为不属于随机误差，此时便应引起注意，查找原因以便及时纠正。

六、准确度与精密度

准确度与精密度在误差理论中是完全不同的两个概念。

1. 准确度

准确度（accuracy）是指"测试结果与接受参照值间的一致程度"。

注：由大量测试结果得到的平均值与接受参照值间的一致程度，称作正确度（trueness）。

根据系统误差的概念，可以用系统误差度量测试结果的准确度。系统误差大，准确度就低；反之，系统误差小，准确度就高。另外，随机误差的大小也影响准确度，因此，测试结果的准确度是反映系统误差和随机误差合成值大小的程度，用测试结果的最大可能误差来表示。

为了定义和认识准确度，《测量方法与结果的准确度　第 1 部分：总则与定义》（GB/T 6379.1—2004）引入"接受参照值"的概念。接受参照值是指"用作比较的经协商同意的标准值"，它来自于：

① 基于科学原理的理论值或确定值；

② 基于一些国家或国际组织的实验工作的指定值或认证值；例如，由科学家们准确测定的物理量，如光在真空中的传播速度，元素的相对原子质量；

③ 基于科学或工程组织赞助下合作实验工作中的同意值或认证值；例如，化学成分分析中使用的国家级标准样品的证书值；

④ 当①、②、③不能获得时，则用（可测）量的期望，即规定测量总体的均值。

另外，回收试验中准确加入的某物质的质量，也可视为"参照值"。这样，如果"接受参照值"能够准确地知道，就可以对测量值的准确度进行定量描述。

2. 精密度

精密度（precision）是指"在规定条件下，独立测试结果间的一致程度"。

精密度仅仅依赖于随机误差的分布，而与真值或规定值无关。

精密度的度量通常以不精密度表达。在不同的场合，可以用不同的偏差形式表示精密度。常用的有：绝对偏差、相对偏差、算术平均偏差、相对平均偏差、实验标准差 s、变异系数（相对标准偏差）C_V、极差 R 或置信区间 $\pm ts/\sqrt{n}$。有时也用"允许差"表示精密度。其中，能更好地表示精密度的是实验标准差 s，精密度越低，标准差 s 越大。还有就是通过标准差引申出来的重复性标准差和再现性标准差。在测量方法标准中均应给出重复性标准差和再现性标准差（通常是给出由标准差推导出来的重复性限和再现性限），以便分析人员以其为根据，判断平行测试结果的精密度是否符合要求。

（1）重复性　重复性（repeatability）是"在重复性条件下的精密度"。

① 重复性条件，是指"在同一实验室，由同一操作员使用相同的设备，按相同的测试方法，在短时间内对同一被测对象相互独立进行的测试条件"。

② 重复性标准差，是指"在重复性条件下所得测试结果的标准差"，用 σ_r 表示。重复性标准差是重复性条件下测试结果分布的分散性的度量。

（2）再现性　再现性（reproducibility）是指"在再现性条件下的精密度"。

① 再现性条件，是指"在不同的实验室，由不同的操作员使用不同的设备，按相同的测试方法，对同一被测对象相互独立进行的测试条件"。

② 再现性标准差，是指"在再现性条件下所得测试结果的标准差"，用 σ_R 表示。再现性标准差是再现性条件下测试结果分布的分散性的度量。

3. 准确度与精密度的关系

精密度高是准确度高的必要前提。如果在一组测量值中不存在系统误差，但每次测量时的随机误差却很大，因为测量次数有限，所得测量值的算术平均值会与真值相差较大，这时测量结果的精密度不高，准确度也是不高的。

精密度的高低取决于随机误差的大小，与系统误差的大小无关；而准确度的高低既取决于系统误差的大小，也与随机误差的大小有关。

可以用打靶的例子说明精密度与准确度的关系，如图 2-2 所示。

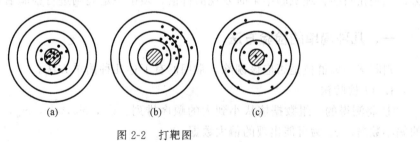

图 2-2　打靶图

图 2-2 中（a）、（b）、（c）表示三个射击手的射击成绩。网纹处表示靶心，是每个射击者的射击目标。由图可见，（a）的精密度与准确度都很好；（b）只射中一边，精密度很好，但准确度不高；（c）的各点分散，准确度与精密度都不好。在科学测量中，没有靶心，只有设想的"真值"。平时进行测量，就是想测得此真值。

真值（接受参照值）、测量值、总体均值、样本均值、误差、随机误差、系统误差、残差之间的关系，如图 2-3 所示。

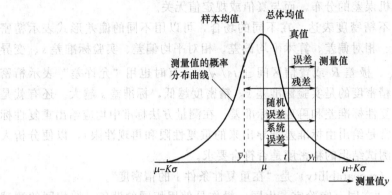

图 2-3　测量误差的示意图

第二节 ▶▶ 正态样本离群值的判断和处理

在测试工作中，由于测试方法、仪器、操作及环境等方面的原因，测试结果总是带有误差。如何正确表达这种带有误差的测试结果，对测试数据进行分析和处理非常重要。通过数理统计，将确实离群的非正常值舍弃，是保证测试结果准确度的重要措施之一。

在相同条件下进行多次重复测试，可以得出一组平行数据。在这组数据中有时会发现个别的数据明显偏离其他大多数数据，但又找不到产生偏差的确切原因，这类个别数据就称为离群值。

对离群值的取舍一定要慎重，因为该离群值如不属于统计离群值，若将它舍去，则表观上提高了精密度，而实质上降低了平均值的准确度；如该离群值是统计离群值，但没有将它舍去，则会降低测量的精密度，同时所求得的结果也不可靠。

从误差理论的角度考虑，所谓离群值只有在下述两种情况下才能考虑予以剔除：一是在测试过程中确实是由于粗枝大叶或某种意外事故造成差错所出现的结果，这种结果应立即舍去；二是在归纳整理试验结果时发现离群值，须按一定规则进行检验后再决定取舍。

一、几种简单的检验方法

判断某一离群值是否应该剔除，常用的有下述几种简单方法。

1. $4d$ 检验法

① 将测得的一组数据按从小到大的顺序排列：x_1，x_2，…，x_n，其中 x_1 为可能出现的偏小数据，x_n 为可能出现的偏大数据。

② 假设 x_n 为离群值，将其除去后，计算 $(n-1)$ 个数据的算术平均值 $\overline{x}'$。

③ 按式 (1-6) 计算 $(n-1)$ 个数据的平均绝对偏差 $\overline{d}$。

④ 计算离群值与 $\overline{x}'$ 之差的绝对值 D

$$D = |\,离群值 - \overline{x}'\,| \tag{2-6}$$

⑤ 将 D 值与 $\overline{d}$ 比较，如 D 大于 $\overline{d}$ 的 4 倍，则该离群值可弃去。

【**例 2-1**】今有 11 次平行测定数据（%）：30.18、30.23、30.21、30.15、30.28、30.31、30.56、30.32、30.38、30.35、30.19，问其中 30.56 这一数据是否应该舍去？

【解】 ① 除去离群值 30.56 这一数据后，求其余 10 个数据的平均值：

$$\bar{x'} = \frac{30.18+30.23+30.21+30.15+30.28+30.31+30.32+30.38+30.35+30.19}{11-1}$$

$$= 30.26 \ (\%)$$

② 求平均绝对偏差：

$$\bar{d} = \frac{0.08+0.03+0.05+0.11+0.02+0.05+0.06+0.12+0.09+0.07}{11-1}$$

$$= 0.068 \ (\%)$$

③ 求 D：

$$D = |\text{离群值} - \bar{x'}| = |30.56 - 30.26| = 0.30 \ (\%)$$

④ 将 D 与 $4\bar{d}$ 比较：

$$0.30 > 4 \times 0.068 = 0.27$$

故可确定 30.56 这一数据是离群值，应舍去。

$4d$ 检验法的优点是简单易记，不需要计算标准偏差，也不需要查表。但该法只适用测量次数较多（$n > 10$）的情况。如测量次数较少（$n = 5 \sim 10$），可改为当 $D > 2.5\bar{d}$ 时，将离群值舍去。本法的缺点是当测量次数较少（如 $n < 10$，使用 $4d$ 检验法，或 $n < 5$，使用 $2.5d$ 检验法）时，即使存在显著离群的数据，应该剔除的却无法剔除。

2. Q 检验法

① 先将数据按大小顺序排列，计算最大值与最小值之差（极差）。

② 求出离群值与其近邻值之差。

③ 求 Q 值。

$$Q = \frac{|\text{离群值} - \text{与离群值最接近的值}|}{x_{\max} - x_{\min}} \tag{2-7}$$

式中　$x_{\max}$——最大值；

$x_{\min}$——最小值。

④ 将 Q 值与从 Q 检验临界值表（表 2-1）中查得的 $Q(n, \alpha)$ 值进行比较，若 $Q > Q(n, \alpha)$，则舍去该离群值。

表 2-1　Q 检验临界值表

测定次数 n ＼ 显著性水平 α	0.10	0.05	0.01	0.005
3	0.886	0.941	0.988	0.997
4	0.679	0.765	0.889	0.926
5	0.557	0.642	0.780	0.821
6	0.482	0.560	0.698	0.740
7	0.434	0.507	0.637	0.680

此处 α 值为显著性水平，可以看成是由于舍去该离群值而犯错误的概率，故应适当选取。如 α 取得太小，有可能使应该剔除的离群值被保留下来；如 α 取得太大，则有可能把不应剔除的数据也舍去。在一般测试中检验离群值时，不管用哪种检验方法，通常取 $\alpha = 0.01$，只有在测试方法很成熟或对测量结果要求较高时，对 α 值可选用 0.05。

Q 检验法只适用于测量次数较少（$n<10$）的情况。

【例 2-2】 为确定水泥标样中钛含量的标准值，由同一试验室分析 7 次，得到以下结果（%，按从小到大的顺序排列）：0.22、0.23、0.24、0.28、0.30、0.31、0.48，问偏差较大的 0.48 这一数据是否应舍去？

【解】 ① 计算极差：

$$极差 = x_{max} - x_{min} = 0.48 - 0.22 = 0.26$$

② 计算离群值与其近邻值之差：

$$离群值 - 近邻值 = 0.48 - 0.31 = 0.17$$

③ 计算 Q 值：

$$Q = \frac{|离群值 - 与离群值最接近的值|}{x_{max} - x_{min}} = \frac{0.17}{0.26} = 0.654$$

④ 取 $\alpha=0.01$，查 Q 值表：$Q(7, 0.01)=0.637$。

⑤ 将计算得的 Q 值与 $Q(n, \alpha)$ 值比较：$0.654>0.637$，$Q>Q(n, \alpha)$，故在显著性水平 α 为 0.01 时，0.48% 这一数据应该舍去。

二、 GB/T 4883—2008 推荐的方法

《数据的统计处理和解释 正态样本离群值的判断和处理》（GB/T 4883—2008）中，对离群值的判断和处理给出了规范性的指导。

1. 术语

（1）离群值 样本中的一个或几个观测值，它们离开其他观测值较远，暗示它们可能来自不同的总体。离群值按显著性的程度分为歧离值和统计离群值。

（2）歧离值 在检出水平下显著，但在剔除水平下不显著的离群值。

（3）统计离群值 在剔除水平下统计检验为显著的离群值。

（4）检出水平 为检出离群值而指定的统计检验的显著性水平。除根据 GB/T 4883—2008 达成协议的各方另有约定外，α 值应为 0.05。

（5）剔除水平 为确定检出离群值是否为高度离群而指定的统计检验的显著性水平。剔除水平 α^* 的值应不超过检出水平 α 的值。除根据 GB/T 4883—2008 达成协议的各方另有约定外，α^* 值应为 0.01。

2. 离群值的判断

（1）离群值的来源与判断 第一类离群值是总体固有变异性的极端表现，这类离群值与样本中其余观测值属于同一总体。

第二类离群值是由于试验条件和试验方法的偶然偏离所产生的结果，或产生于观测、记录、计算中的失误。这类离群值与样本中其余观测值不属于同一总体。

对离群值的判定可根据技术上或物理上的理由直接进行，例如当试验者已经知道试验偏离了规定的试验方法，或测试仪器发生问题等。当上述理由不明确时，可用 GB/T 4883—2008 规定的方法进行判断。

（2）离群值的两种情形 单侧情形：根据实际情况或以往经验，离群值均为高端值或均为低端值。

双侧情形：根据实际情况或以往经验，离群值可为高端值，也可为低端值。

若无法认定为单侧情形，则按双侧情形处理。

（3）检出离群值个数的上限　应规定在样本中检出离群值个数的上限（与样本量相比应较小），当检出离群值个数超过此上限值时，对此样本应作慎重的研究和处理。

（4）单个离群值的情形　依实际情况或以往经验，选定适宜的离群值检验规则。

（5）判定多个离群值的检验规则　在允许检出离群值的个数大于1的情况下，重复使用所选定的检验规则进行检验。若没有检出离群值，则整个检验停止；若检出离群值，当检出的离群值总数超过上限时，检验停止，对此样本应慎重处理，否则，采用相同的检出水平和相同的规则，对除去已检出的离群值后余下的观测值继续进行检验。

3. 离群值的检验与判定

（1）已知总体标准偏差 σ。　当已知 σ 时，使用奈尔（Nair）检验法。奈尔检验法的样本量 $3 \leqslant n \leqslant 100$。

其原理是：离群值与平均值之差，用总体标准偏差 σ 衡量，不应太大。

该检验方法适用于测量值较多，或测量值比较稳定的情况。其检验步骤如下：

① 将测量值由小到大排列：$x_{(1)} \leqslant x_{(2)} \leqslant \cdots x_{(n-1)} \leqslant x_{(n)}$；计算平均值 $\bar{x}$，标准差已知为 σ。

② 单侧情形。

1）计算出统计量 R_n 或 R'_n 的值：

上侧情形 $$R_n = (x_{(n)} - \bar{x})/\sigma \tag{2-8}$$
下侧情形 $$R'_n = (\bar{x} - x_{(1)})/\sigma \tag{2-9}$$

2）确定检出水平 α（一般为5%），在 GB/T 4883—2008 附录 A 的表 A.1 奈尔检验的临界值表中查出临界值 $R_{1-\alpha}(n)$。

3）当上侧情形 $R_n > R_{1-\alpha}(n)$ 或下侧情形 $R'_n > R_{1-\alpha}(n)$ 时，判定 $x_{(n)}$ 或 $x_{(1)}$ 是离群值；否则判未发现 $x_{(n)}$ 或 $x_{(1)}$ 是离群值。

4）对于检出的离群值 $x_{(n)}$ 或 $x_{(1)}$，确定剔除水平 α^*（一般为1%），在 GB/T 4883—2008 附录 A 的表 A.1 奈尔检验的临界值表中查出临界值 $R_{1-\alpha^*}(n)$；当上侧情形 $R_n > R_{1-\alpha^*}(n)$ 或下侧情形 $R'_n > R_{1-\alpha^*}(n)$ 时，判定 $x_{(n)}$ 或 $x_{(1)}$ 是统计离群值，否则判未发现 $x_{(n)}$ 或 $x_{(1)}$ 是统计离群值（即 $x_{(n)}$ 或 $x_{(1)}$ 为歧离值）。

③ 双侧情形。

1）计算出统计量 R_n 与 R'_n 的值。

2）确定检出水平 α（一般为5%），在 GB/T 4883—2008 附录 A 的表 A.1 奈尔检验的临界值表中查出临界值 $R_{1-\alpha/2}(n)$。

3）当 $R_n > R'_n$ 且 $R_n > R_{1-\alpha/2}(n)$ 时，判定最大值 $x_{(n)}$ 为离群值；当 $R'_n > R_n$，且 $R'_n > R_{1-\alpha/2}(n)$ 时，判定最小值 $x_{(1)}$ 为离群值；否则判未发现离群值；当 $R_n = R'_n$ 时，同时对最大值和最小值进行检验。

4）对于检出的离群值 $x_{(1)}$ 或 $x_{(n)}$，确定剔除水平 α^*（一般为1%），在 GB/T 4883—2008 附录 A 的表 A.1 奈尔检验的临界值表中查出临界值 $R_{1-\alpha^*/2}(n)$；当 $R'_n > R_{1-\alpha^*/2}(n)$ 时，判定 $x_{(1)}$ 为统计离群值，否则判未发现 $x_{(1)}$ 为统计离群值（即 $x_{(1)}$ 为歧离值）；当 $R_n > R_{1-\alpha^*/2}(n)$ 时，判定 $x_{(n)}$ 为统计离群值，否则判未发现 $x_{(n)}$ 为统计离群值（即 $x_{(n)}$ 为歧离值）。

【例 2-3】检验如下 16 个混凝土抗压强度回弹测量值（MPa）中的最小值 25.4 是否为离群值。标准差已知为 $\sigma = 8.4$。

【解】将回弹值（MPa）由小到大排列：25.4、28.4、33.7、39.9、40.1、42.7、43.9、

44.5、46.8、48.1、49.6、49.9、50.0、51.2、52.3、53.0。

求得其平均值 $\bar{x}=43.7$；确定检出水平为 $\alpha=0.05$。

计算 R_n'：

$$R_n'=\frac{(\bar{x}-x_{(1)})}{\sigma}=\frac{43.7-25.4}{8.4}=2.179$$

以 $n=16$、$\alpha=0.05$，查 GB/T 4883—2008 附录 A 的表 A.1 奈尔检验的临界值表，得 $R_{1-\alpha}(16)=R_{0.95}(16)=2.644$。

因 $R_n'<R_{1-\alpha}$，故判定最小值 25.4 不是离群值。

如判定是离群值，则再用 $R_{1-\alpha^*}$ 检验（α^* 一般为 0.01）是否为统计离群值。

（2）未知标准差情形离群值的判断规则（限定检出离群值的个数不超过 1 时）　在未知标准差的情形下，可根据实际要求，选用格拉布斯（Grubbs）检验法或狄克逊（Dixon）检验法。

① 格拉布斯（Grubbs）检验法。

1）将测量值由小到大排列：$x_{(1)} \leqslant x_{(2)} \leqslant \cdots \leqslant x_{(n-1)} \leqslant x_{(n)}$，计算平均值 $\bar{x}$，按式（1-10）计算标准差 s。

2）单侧情形。

a. 计算出统计量 G_n 或 G_n' 的值：

上侧情形 $\qquad\qquad\qquad\qquad G_n=(x_{(n)}-\bar{x})/s \qquad\qquad\qquad\qquad$ (2-10)

下侧情形 $\qquad\qquad\qquad\qquad G_n'=(\bar{x}-x_{(1)})/s \qquad\qquad\qquad\qquad$ (2-11)

b. 确定检出水平 α（一般为 0.05），在 GB/T 4883—2008 附录 A 的表 A.2 格拉布斯检验的临界值表中查出临界值 $G_{1-\alpha}(n)$（表 2-2）。

表 2-2　格拉布斯检验临界值简表

n \ α	0.01	0.05	n \ α	0.01	0.05	n \ α	0.01	0.05
3	1.155	1.153	13	2.607	2.331	23	2.963	2.624
4	1.492	1.463	14	2.659	2.371	24	2.987	2.644
5	1.749	1.672	15	2.705	2.409	25	3.009	2.663
6	1.944	1.822	16	2.747	2.443	30	3.103	2.745
7	2.097	1.938	17	2.785	2.475	35	3.178	2.811
8	2.221	2.032	18	2.821	2.504	40	3.240	2.866
9	2.323	2.110	19	2.854	2.532	45	3.292	2.914
10	2.410	2.176	20	2.884	2.557	50	3.336	2.956
11	2.485	2.234	21	2.912	2.580	60	3.411	3.025
12	2.550	2.285	22	2.939	2.603	100	3.600	3.207

c. 当上侧情形 $G_n>G_{1-\alpha}(n)$ 或下侧情形 $G_n'>G_{1-\alpha}(n)$ 时，判定 $x_{(n)}$ 或 $x_{(1)}$ 是离群值；否则判未发现 $x_{(n)}$ 或 $x_{(1)}$ 是离群值。

d. 对于检出的离群值 $x_{(n)}$ 或 $x_{(1)}$，确定剔除水平 α^*（一般为 0.01），在 GB/T 4883—2008 附录 A 的表 A.2 格拉布斯检验的临界值表中查出临界值 $G_{1-\alpha^*}(n)$；当上侧情形 $G_n>G_{1-\alpha^*}(n)$ 或下侧情形 $G_n'>G_{1-\alpha^*}(n)$ 时，判定 $x_{(n)}$ 或 $x_{(1)}$ 是统计离群值，否则判未发现 $x_{(n)}$ 或 $x_{(1)}$ 是统计离群值（即 $x_{(n)}$ 或 $x_{(1)}$ 为歧离值）。

3）双侧情形。

a. 计算出统计量 G_n 与 G'_n 的值。

b. 确定检出水平 α （一般为 0.05），在 GB/T 4883—2008 附录 A 的表 A.2 格拉布斯检验的临界值表中查出临界值 $G_{1-\alpha/2}(n)$。

c. 当 $G_n > G'_n$ 且 $G_n > G_{1-\alpha/2}(n)$ 时，判定最大值 $x_{(n)}$ 为离群值；当 $G'_n > G_n$ 且 $G'_n > G_{1-\alpha/2}(n)$ 时，判定最小值 $x_{(1)}$ 为离群值；否则判未发现离群值。当 $G_n = G'_n$ 时，应重新考虑限定检出值的个数。

4）对于检出的离群值 $x_{(1)}$ 或 $x_{(n)}$，确定剔除水平 α^*（一般为0.01），在 GB/T 4883—2008 附录 A 的表 A.2 格拉布斯检验的临界值表中查出临界值 $G_{1-\alpha*/2}(n)$；当 $G'_n > G_{1-\alpha*/2}(n)$ 时，判定 $x_{(1)}$ 为统计离群值，否则判未发现 $x_{(1)}$ 为统计离群值（即 $x_{(1)}$ 为歧离值）；当 $G_n > G_{1-\alpha*/2}(n)$ 时，判定 $x_{(n)}$ 为统计离群值，否则判未发现 $x_{(n)}$ 为统计离群值（即 $x_{(n)}$ 为歧离值）。

【例 2-4】对某样品中的锰的质量分数（%）的 8 次测定数据，从小到大依次排列为：0.1029、0.1033、0.1038、0.1040、0.1043、0.1046、0.1056、0.1082。检验这些数据中是否存在上侧离群值。

【解】经计算，上述 8 个数据的平均值 $\bar{x} = 0.1046$，标准差 $s = 0.001675$。

上侧情形：$G_8 = (x_{(8)} - \bar{x})/s = (0.1082 - 0.1046)/0.001675 = 2.149$。

确定检出水平 α （一般为 0.05），在 GB/T 4883—2008 附录 A 的表 A.2 格拉布斯检验的临界值表中查出临界值 $G_{1-\alpha}(n) = G_{0.95}(8) = 2.032$。

因为 $G_8 = 2.149 > 2.032 = G_{0.95}(8)$，判定 $x_{(8)}$ 为离群值。

对于检出的离群值 $x_{(8)}$，确定剔除水平 $\alpha^* = 0.01$，在 GB/T 4883—2008 附录 A 的表 A.2 格拉布斯检验的临界值表中查出临界值 $G_{0.99}(8) = 2.221$，因 $G_8 = 2.149 < 2.221 = G_{0.99}(8)$，故判定未发现 $x_{(8)}$ 是统计离群值（即 $x_{(8)}$ 是歧离值）。

② 狄克逊（Dixon）检验法。

当使用狄克逊检验法时，若样本量 $3 \leqslant n \leqslant 30$，其临界值见 GB/T 4883—2008 附录 A 中的表 A.3 或表 A.3′；若样本量 $31 \leqslant n \leqslant 100$，其临界值见 GB/T 4883—2008 附录 C 中的表 C.1 和表 C.2。

1）单侧情形。

a. 按表 2-3 计算相应统计量的值。

表 2-3 狄克逊(Dixon)系数 $f(\alpha,n)$ 与 f_0 计算公式表

样本量 n	$f(\alpha,n)$		f_0 计算公式	
	$\alpha = 0.01$	$\alpha = 0.05$	高端 $x_{(n)}$ 可疑时	低端 $x_{(1)}$ 可疑时
3	0.988	0.941		
4	0.889	0.765		
5	0.782	0.642	$D_n = r_{10} = \dfrac{x_{(n)} - x_{(n-1)}}{x_{(n)} - x_{(1)}}$	$D'_n = r'_{10} = \dfrac{x_{(2)} - x_{(1)}}{x_{(n)} - x_{(1)}}$
6	0.698	0.562		
7	0.637	0.507		
8	0.681	0.554		
9	0.635	0.512	$D_n = r_{11} = \dfrac{x_{(n)} - x_{(n-1)}}{x_{(n)} - x_{(2)}}$	$D'_n = r'_{11} = \dfrac{x_{(2)} - x_{(1)}}{x_{(n-1)} - x_{(1)}}$
10	0.597	0.477		

样本量 n	$f(\alpha,n)$		f_0 计算公式	
	$\alpha=0.01$	$\alpha=0.05$	高端 $x_{(n)}$ 可疑时	低端 $x_{(1)}$ 可疑时
11	0.674	0.575		
12	0.642	0.546	$D_n=r_{21}=\dfrac{x_{(n)}-x_{(n-2)}}{x_{(n)}-x_{(2)}}$	$D'_n=r'_{21}=\dfrac{x_{(3)}-x_{(1)}}{x_{(n-1)}-x_{(1)}}$
13	0.617	0.521		
14	0.640	0.546		
15	0.618	0.524		
16	0.597	0.505		
17	0.580	0.489		
18	0.564	0.475		
19	0.550	0.462		
20	0.538	0.450		
21	0.526	0.440		
22	0.516	0.431	$D_n=r_{22}=\dfrac{x_{(n)}-x_{(n-2)}}{x_{(n)}-x_{(3)}}$	$D'_n=r'_{22}=\dfrac{x_{(3)}-x_{(1)}}{x_{(n-2)}-x_{(1)}}$
23	0.507	0.422		
24	0.497	0.413		
25	0.489	0.406		
26	0.482	0.399		
27	0.474	0.393		
28	0.468	0.387		
29	0.462	0.381		
30	0.456	0.376		

b. 确定检出水平 α，在 GB/T 4883—2008 附录 A 中的表 A.3 中查出临界值 $D_{1-\alpha}(n)$。

c. 检验高端值，当 $D_n>D_{1-\alpha}(n)$ 时，判定 $x_{(n)}$ 为离群值；检验低端值，当 $D'_n>D_{1-\alpha}(n)$ 时，判定 $x_{(1)}$ 为离群值；否则，判未发现离群值。

d. 对于检出的离群值 $x_{(1)}$ 或 $x_{(n)}$，确定剔除水平 α^*，在 GB/T 4883—2008 附录 A 中的表 A.3 中查出临界值 $D_{1-\alpha^*}(n)$。检验高端值，当 $D_n>D_{1-\alpha^*}(n)$ 时，判定 $x_{(n)}$ 为统计离群值，否则，判未发现 $x_{(n)}$ 是统计离群值（即 $x_{(n)}$ 为歧离值）；检验低端值，当 $D'_n>D_{1-\alpha^*}(n)$ 时，判定 $x_{(1)}$ 为统计离群值，否则，判未发现 $x_{(1)}$ 是统计离群值（即 $x_{(1)}$ 为歧离值）。

2）双侧情形。

a. 按照表 2-3 计算出统计量 D_n 与 D'_n 的值。

b. 确定检出水平 α，在 GB/T 4883—2008 附录 A 中的表 A.3′中查出临界值 $\widetilde{D}_{1-\alpha}(n)$。

c. 当 $D_n>D'_n$ 且 $D_n>\widetilde{D}_{1-\alpha}(n)$ 时，判定 $x_{(n)}$ 为离群值；当 $D'_n>D_n$ 且 $D'_n>\widetilde{D}_{1-\alpha}(n)$ 时，判定 $x_{(1)}$ 为离群值；否则，判未发现离群值。

d. 对于检出的离群值 $x_{(1)}$ 或 $x_{(n)}$，确定剔除水平 α^*，在 GB/T 4883—2008 附录 A 中的表 A.3′中查出临界值 $\widetilde{D}_{1-\alpha^*}(n)$。当 $D_n>D'_n$ 且 $D_n>\widetilde{D}_{1-\alpha^*}(n)$ 时，判定 $x_{(n)}$ 为统计离群值，否则判未发现 $x_{(n)}$ 是统计离群值（即 $x_{(n)}$ 为歧离值）；当 $D'_n>D_n$ 且 $D'_n>\widetilde{D}_{1-\alpha^*}(n)$ 时，判定 $x_{(1)}$ 为统计离群值，否则，判未发现 $x_{(1)}$ 是统计离群值（即 $x_{(1)}$ 为歧离值）。

【例 2-5】测定某钢铁样品中的磷的质量分数，其 13 次结果（%）从小到大排列依次为：
1.535、1.566、1.567、1.568、1.575、1.576、1.578、1.580、1.587、1.587、1.588、

1.591、1.603。其中 $x_{(1)}$ =1.535 明显偏低，检验其是否为离群值。

【解】样本量 $n=13$，用下述公式计算 D'_n：

$$D'_n=r'_{21}=\frac{x_{(3)}-x_{(1)}}{x_{(n-1)}-x_{(1)}}=\frac{1.567-1.535}{1.591-1.535}=\frac{0.032}{0.056}=0.571$$

选定检出水平 $\alpha=0.05$，在 GB/T 4883—2008 附录 A 中的表 A.3 中查出临界值 $D_{0.95}$ (13)=0.521。因为 $D'_n>D_{0.95}$ (13)，判定 $x_{(1)}$ 为离群值。

确定剔除水平 $\alpha^*=0.01$，在 GB/T 4883—2008 附录 A 中的表 A.3 中查出临界值 $D_{0.99}$ (13)=0.617。因为 $D'_n<D_{0.99}$ (13)，判定未发现 $x_{(1)}$ 为统计离群值，即 $x_{(1)}$ 为歧离值。

（3）未知标准差情形离群值的判断规则（限定检出离群值的个数大于 1 时）

① 偏度-峰度检验法（此处从略，详情可参见 GB/T 4883—2008）。

② 狄克逊检验法。

（4）对各种检验方法的选择　对各种检验方法的选择见表 2-4。

表 2-4　各种检验方法的选择

限定检出离群值个数	样本量较小时	样本量较大 服从正态分布时	样本量较大 不太服从正态分布时
不超过 1 个	格拉布斯法或狄克逊法 （二者效果相差无几），建议 使用格拉布斯法	偏度-峰度检验法	格拉布斯法
1 个以上	重复使用狄克逊法	重复使用偏度-峰度检验法	重复使用格拉布斯法

4. 离群值的处理

（1）处理方式　按下列方式之一处理离群值：

① 保留离群值并用于后续数据处理；

② 在找到实际原因时修正离群值，否则予以保留；

③ 剔除离群值，不追加观测值；

④ 剔除离群值，并追加新的观测值或用适宜的插补值代替。

（2）处理规则　对检出的离群值，应尽可能寻找其技术上和物理上的原因，作为处理离群值的依据。应根据实际问题的性质，权衡寻找和判定产生离群值的原因所需代价、正确判定离群值的得益及错误剔除正常观测值的风险，以确定实施下述三个规则之一：

① 若在技术上或物理上找到了产生离群值的原因，则应剔除或修正；若未找到产生它的物理上和技术上的原因，则不得剔除或修正。

② 若在技术上或物理上找到产生离群值的原因，则应剔除或修正；否则，保留歧离值，剔除或修正统计离群值；在重复使用同一检验规则检验多个离群值的情形，每次检出离群值后，都要再检验它是否为统计离群值。若某次检出的离群值为统计离群值，则此离群值及在它前面检出的离群值（含歧离值）都应被剔除或修正。

③ 检出的离群值（含歧离值）都应被剔除或进行修正。

被剔除或修正的观测值及其理由应予以记录，以备查询。

（3）注意事项

① 离群值每次只能剔除一个，然后按剩下的数据重新计算，做第二次判断。不允许一次同时剔除多个测量值。

② 检验方法不同，结论有时不同。

第三节 ▶▶ 试验数据的正态检验

在对大量数据（如标准样品的定值、新分析方法的验证等）进行统计处理时，往往是基于该组数据服从正态分布。因此对原始独立测定的一组数据进行正态分布检验是十分必要的。在第五章中将介绍定性判断数据分布正态性的方法，如频数分布直方图、正态概率纸等方法。此处介绍比较常用的一种定量检验数据分布正态性的方法，即用偏态系数和峰态系数检验数据分布的正态性。

设对某一成分进行测定，得到一组彼此独立的几个测量结果，将数据按由小到大的顺序排列，计算下列四个数值：

$$\bar{x} = \sum_{i=1}^{n} x_i / n \tag{2-12}$$

$$m_2 = \sum_{i=1}^{n} (x_i - \bar{x})^2 / n \tag{2-13}$$

$$m_3 = \sum_{i=1}^{n} (x_i - \bar{x})^3 / n \tag{2-14}$$

$$m_4 = \sum_{i=1}^{n} (x_i - \bar{x})^4 / n \tag{2-15}$$

称 $A = |m_3| / \sqrt{(m_2)^3}$ 为偏态系数，它用于检验分布的不对称性；

称 $B = m_4 / (m_2)^2$ 为峰态系数，它用于检验分布的峰态。

对于服从正态分布的测量数据，A 和 B 应分别小于相应的临界值 A_1 并落入区间 $B_1 - B_1'$ 中。A_1 和 $B_1 - B_1'$ 的值与要求的置信概率 P 和测量次数 n 有关，其值分别见表 2-5、表 2-6。

【例 2-6】在制备粉煤灰硅酸盐水泥标准样品时，由 10 个单位参与定值。其氧化钙测定结果（％）为：46.40、46.41、46.50、46.52、46.52、46.56、46.56、46.57、46.69、46.84。经格拉布斯检验法检验，剔除异常值 46.84 后，对余下 9 个数据进行计算，得下述结果：

$$\bar{x} = 46.526$$
$$m_2 = 6.8 \times 10^{-3}$$
$$m_3 = 1.1 \times 10^{-4}$$
$$m_4 = 1.3 \times 10^{-4}$$

$$A = m_3 / \sqrt{(m_2)^3} = 1.1 \times 10^{-4} / \sqrt{(6.8 \times 10^{-3})^3} = 0.20$$
$$B = m_4 / (m_2)^2 = 1.3 \times 10^{-4} / (6.8 \times 10^{-3})^2 = 2.83$$

选择置信概率 $P = 0.95$，$n = 9$，查表 2-5 得 $A_1 = 0.97$，查表 2-6 得区间 $B_1 - B_1'$ 为 1.53～3.86。

因为 $A = 0.20 < 0.97 = A_1$，$1.53 < B = 2.83 < 3.86$，故此组数据服从正态分布。

表 2-5 不对称性检验的临界值 A_1

n	P		n	P	
	0.95	0.99		0.95	0.99
8	0.99	1.42	400	0.20	0.28
9	0.97	1.41	450	0.19	0.27
10	0.95	1.39	500	0.18	0.26
12	0.91	1.34	550	0.17	0.24
15	0.85	1.26	600	0.16	0.23
20	0.77	1.15	650	0.16	0.22
25	0.71	1.06	700	0.15	0.22
30	0.66	0.98	750	0.15	0.21
35	0.62	0.92	800	0.14	0.20
40	0.59	0.87	850	0.14	0.20
45	0.56	0.82	900	0.13	0.19
50	0.53	0.79	950	0.13	0.18
60	0.49	0.72	1000	0.13	0.18
70	0.46	0.67	1200	0.12	0.16
80	0.43	0.63	1400	0.11	0.15
90	0.41	0.60	1600	0.10	0.14
100	0.39	0.57	1800	0.10	0.13
125	0.35	0.51	2000	0.09	0.13
150	0.32	0.46	2500	0.08	0.11
175	0.30	0.43	3000	0.07	0.10
200	0.28	0.40	3500	0.07	0.10
250	0.25	0.36	4000	0.06	0.09
300	0.23	0.33	4500	0.06	0.08
350	0.21	0.30	5000	0.06	0.08

表 2-6 峰态检验的临界值 $B_1 - B_1'$

n	P		n	P	
	0.95	0.99		0.95	0.99
7	1.41~3.55	1.25~4.23	15	1.72~4.13	1.55~5.30
8	1.46~3.70	1.31~4.53	20	1.82~4.17	1.65~5.36
9	1.53~3.86	1.35~4.82	25	1.91~4.16	1.72~5.30
10	1.56~3.95	1.39~5.00	30	1.98~4.11	1.79~5.21
12	1.64~4.05	1.46~5.20	35	2.03~4.10	1.84~5.13

n	P		n	P	
	0.95	0.99		0.95	0.99
40	2.07～4.06	1.89～5.04	450	2.66～3.49	2.55～3.63
45	2.11～4.00	1.93～4.94	500	2.67～3.37	2.57～3.60
50	2.15～3.99	1.95～4.88	550	2.69～3.35	2.58～3.57
75	2.27～3.87	2.08～4.59	600	2.70～3.34	2.60～3.54
100	2.35～3.77	2.18～4.39	650	2.71～3.33	2.61～3.52
125	2.40～3.71	2.24～4.24	700	2.72～3.31	2.62～3.50
150	2.45～3.65	2.29～4.13	750	2.73～3.30	2.64～3.48
200	2.51～3.57	2.37～3.98	800	2.74～3.29	2.65～3.46
250	2.55～3.52	2.42～3.87	850	2.74～3.28	2.66～3.45
300	2.59～3.47	2.46～3.79	900	2.75～3.28	2.66～3.43
350	2.62～3.44	2.50～3.72	950	2.76～3.27	2.67～3.42
400	2.64～3.41	2.52～3.67	1000	2.76～3.26	2.68～3.41

第四节 ▶▶ 测试结果的报告

在对试样进行平行测试得出两个结果后，不能简单地取其平均值作为最后结果报出。为防止出现意外差错以保证分析结果的可靠性，在报出最后的结果前，应根据测试方法标准中规定的重复性限和再现性限，对同一实验室两个平行测试结果或不同实验室间所得两个分析结果之间是否有显著差别进行判断。

一、重复性限和再现性限

进行平行测试结果可接收性检验的前提条件是：测量方法已标准化，重复性限 r 和再现性限 R 已按照《测量方法与结果的准确度（正确度与精密度）　第1部分：总则与定义》（GB/T 6379.1—2004）规定的方法予以确定。当 N 个测试结果的极差超过了重复性限或再现性限，就认为 N 个结果中的一个、两个或者所有测试结果异常，需对测试结果进行处理。计算中所使用的概率水平为95%。

（1）重复性限　"一个数值，在重复性条件下，两个测试结果的绝对差小于或等于此数的概率为95%。"重复性限用 r 表示。重复性限为重复性标准差 σ_r 的2.8倍，即 $r=2.8\sigma_r$。在同一实验室的日常分析工作中，对两个测定结果的可接收性应采用重复性限进行判断。

（2）再现性限　"一个数值，在再现性条件下，两个测试结果的绝对差小于或等于此数的概率为95%。"再现性限用 R 表示。再现性限为再现性标准差 σ_R 的2.8倍，即 $R=2.8\sigma_R$。在不同试验室的日常分析工作中，对两个测定结果的可接收性应采用再现性限进行判断。

二、平行测试结果精密度的检查方法

1. 只有单一测试结果的情形

在商检中仅仅取一个测试结果的情形是不多见的。当仅有一个测试结果时，要立即对特定的重复性度量进行可接受性的统计检验是不可能的。若对测试结果的准确性有任何疑问，都应取得第二个测试结果。下面介绍较常见的有两个测试结果的情形。

2. 有两个测试结果的情形

两个测试结果都应在重复性条件下取得，两个测试结果之差的绝对值应与重复性限 r 进行比较。

（1）测试费用较低的情形

① 如果两个测试结果之差的绝对值不大于 r，这两个测试结果可以接收。最终报告结果为两个测试结果之算术平均值。

② 如果两个测试结果之差的绝对值大于 r，实验室应再取两个测试结果，然后用临界极差判断。

1）若 4 个测试结果的极差（$x_{\max}-x_{\min}$）等于或小于 $n=4$ 时概率水平为 95% 的临界极差 $CR_{0.95}$（4），则取这 4 个结果的算术平均值作为最终结果。

4 个数据的临界极差按下式计算：

$$CR_{0.95}（4）=f（4）\sigma_r=3.6\times r/2.8=1.286r\approx1.3r$$

式中，$f(n)$ 称为临界极差系数。GB/T 6379.6—2009《测量方法与结果的准确度（正确度与精密度）第 6 部分：准确度值的实际应用》的表 1 中列出了 n 从 2～40 的临界极差系数的值。$n=3$ 时，$f(3)=3.3$；$n=4$ 时，$f(4)=3.6$。表 2-7 为 n 从 2～20 的临界极差系数值 $f(n)$。

表 2-7 临界极差系数 $f(n)$

n	2	3	4	5	6	7	8	9	10	11	12	13	14	15	16	17	18	19	20
$f(n)$	2.8	3.3	3.6	3.9	4.0	4.2	4.3	4.4	4.5	4.6	4.6	4.7	4.7	4.8	4.8	4.9	4.9	5.0	5.0

2）若 4 个测试结果的极差大于重复性临界极差 $CR_{0.95}(4)$，则取 4 个测试结果的中位数 $\tilde{x}$（见本书第一章）作为最终报告结果。

（2）测试费用较高的情况

① 如果两个测试结果之差的绝对值不大于 r，这两个测试结果可以接收。最终报告结果为两个测试结果之算术平均值。

② 如果两个测试结果之差的绝对值大于 r，实验室应再取一个测试结果。

1）若 3 个测试结果的极差（$x_{\max}-x_{\min}$）等于或小于 $n=3$ 时概率水平为 95% 的临界极差 $CR_{0.95}(3)$（约等于 $1.179r$，可近似取为 $1.2r$），则取 3 个测试结果的算术平均值作为最终报告结果。

2）若 3 个测试结果的极差大于临界极差 $CR_{0.95}(3)$，则由下面两种情形之一来确定最终报告结果。

a. 不可能取得第 4 个测试结果的情形：该实验室宜取中位数作为最终报告结果。

b. 有可能取得第 4 个测试结果的情形：该实验室应取第 4 个测试结果。

（a）如果 4 个测试结果的极差（$x_{\max}-x_{\min}$）等于或小于 $n=4$ 时概率水平为 95% 的临界极差 $CR_{0.95}$（4）（约等于 $1.3r$），则取这 4 个测试结果的算术平均值作为最终结果。

（b）如果 4 个测试结果的极差大于重复性临界极差 $CR_{0.95}$（4），则取 4 个测试结果的中位数作为最终报告结果。

【例 2-7】 某分析人员对某水泥试样中二氧化硅的两次测试结果分别为 60.00%、60.23%。如何报出最终结果？

【解】 如图 2-4 所示，按照"平行测试结果精密度的检验流程图"判断分析结果的精密度。

《水泥化学分析方法》（GB/T 176—2008）中给出二氧化硅测定结果的重复性限 $r=0.20\%$。

因为 $|x_1-x_2|=|60.00\%-60.23\%|=0.23\%$，大于重复性限 0.20%，而小于 $1.2r=1.2\times0.20\%$ 即 0.24%，因此需进行第三次测定。

① 设第三次测定结果为 60.22%。三次测定结果从小到大依次为 60.00%、60.22%、60.23%，极差为 0.23%，小于 $1.2\times0.20\%=0.24\%$，则取三次测定结果的算术平均值作为最后结果：$\bar{x}=(x_1+x_2+x_3)/3=(60.00\%+60.22\%+60.23\%)/3=60.15\%$。

② 设第三次测定结果为 60.25%，三次测定结果从小到大依次为 60.00%、60.23%、60.25%，极差为 0.25%，大于 $1.2\times0.20\%$，则需进行第四次测定。

a. 若第四次测定结果为 60.20%。四次测定结果从小到大依次为 60.00%、60.20%、60.23%、60.25%，极差为 0.25%，小于 $1.3\times0.20\%$ 即 0.26%，则取四次测定结果的算术平均值作为最后结果：$\bar{x}=(x_1+x_2+x_3+x_4)/4=(60.00\%+60.20\%+60.23\%+60.25\%)/4=60.17\%$。

b. 若第四次测定结果为 60.40%。四次测定结果从小到大依次为 60.00%、60.23%、60.25%、60.40%，极差为 0.40%，大于 $1.3\times0.20\%$ 即 0.36%，则取四次测定结果的中位数，即中间两个数值的平均值 $\tilde{x}=(60.23\%+60.25\%)/2=60.24\%$ 作为最后结果。

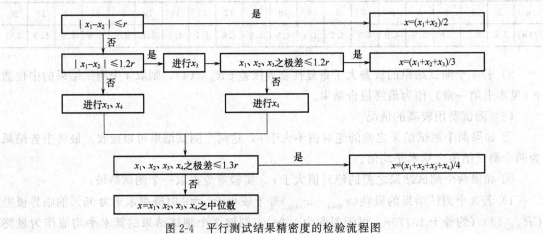

图 2-4　平行测试结果精密度的检验流程图

3. 有两个以上初始结果的情形

实际工作中常有初始结果数大于 2 的情形。在重复性条件下，$n>2$ 时确定最终报告结果的方法与 $n=2$ 时的方法相类似。

将 n 个结果的极差（$x_{\max}-x_{\min}$）与按 GB/T 6379.6—2009 的表 1（本书表 2-7）查得

的临界极差系数 $f(n)$ 计算得到的临界极差 $CR_{0.95}(n)$ 进行比较，若极差等于或小于该临界极差，则取 n 个测试结果的算术平均值作为最终报告结果。

若极差大于该临界极差，则由下面三种情形之一来确定最终报告结果。

情形 A：对应于测定费用较低的情形。再测量 n 个结果，若 $2n$ 个结果的极差 $\leqslant CR_{0.95}(2n)$，则取这 $2n$ 个测试结果的算术平均值作为最终结果；否则取这 $2n$ 个结果的中位数作为最终结果。

情形 B：对应于测定费用较高的情形。若 n 个结果的极差 $\leqslant CR_{0.95}(n)$，则取这 n 个测试结果的算术平均值作为最终结果；否则取这 n 个结果的中位数作为最终结果。

情形 C：是可供选择的，推荐用于 $n \geqslant 5$ 且测试费用较低或 $n \geqslant 4$ 且测试费用较高的情形。再测 m 个结果（m 应是满足条件 $n/3 \leqslant m \leqslant n/2$ 的整数）。若 $(n+m)$ 个结果的极差 $\leqslant CR_{0.95}(n+m)$，则取这 $(n+m)$ 个测试结果的算术平均值作为最终结果；否则取这 $(n+m)$ 个结果的中位数作为最终结果。

三、多次平行测定结果的报出

测量过程涉及很多步骤，测量结果的波动是客观存在的。在科学研究和要求准确度较高的测定中，只给出测定结果的平均值是不够的，还应该给出测定结果的可靠性和可信度，用以说明真实结果所在的范围以及测量值落在此范围内的概率，通常用置信区间表示。

置信区间是指在一定的置信度（置信概率，一般为 95%）下，以测定结果的平均值 $\bar{x}$ 为中心，包括总体平均值 μ 在内，所有测试结果落在置信区间内的概率，或者说真实值在该范围内出现的概率。

如图 2-5 所示，在正态分布曲线上，置信度是指曲线与横坐标所围成的总面积减去阴影部分的面积，即 $1.0-\alpha$。阴影面积 α 称为显著性水平。α 大，则结果可靠性小。如果设定置信度为 95%，则由正态分布的重要结论可知，测定结果 (x) 落在 $\mu \pm 1.96\sigma$ 范围内的概率是 95%。这是指测定次数为无穷多次时的情况。

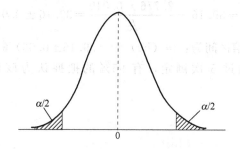

图 2-5　显著性水平 α 的意义

实际上，不可能也无必要对同一试样进行无穷多次测定，μ 和 σ 常常是未知的。一般分析中，平行测定 4~5 次已足够，因此，我们只能知道样本平均值 $\bar{x}$ 和实验标准差 s。如果用 $\bar{x}$ 代替 μ，用 s 代替 σ 表示置信区间，势必会引入误差。在数理统计中，根据同一试样平行测定次数 (n)，用 t 值来校正这种引入的误差。在消除了系统误差的前提下，对于有限次数的测定，平均值的置信区间用式（2-16）表示：

$$w(\mathrm{A}) = \bar{x} \pm t_{\alpha, f} \frac{s}{\sqrt{n}} \tag{2-16}$$

式中 $w(A)$ ——A 的测量结果平均值的置信区间；

　　　　$\bar{x}$ ——测量结果的平均值；

　　　　$t_{\alpha,f}$ ——置信因数；f 为自由度，$f=n-1$；α 为显著性水平；

　　　　s ——实验标准差；$\dfrac{s}{\sqrt{n}}$ 为平均值的标准差；

　　　　n ——测定次数。

式中的 t 称为置信因数。n 大，则 t 小，s 接近 σ；n 小，则 t 大，s 与 σ 差别大。t 值不仅与置信度有关，而且也与自由度 $f=n-1$ 有关。故表示 t 值时，要注明显著性水平 α 和自由度 f，写为 $t_{\alpha,f}$。t 值可根据要求的置信度和自由度，由表 2-8 查得。

表 2-8 t 检验临界值（部分）

自由度 $f=n-1$	置信度$(1-\alpha)$				自由度 $f=n-1$	置信度$(1-\alpha)$			
	0.90	0.95	0.99	0.995		0.90	0.95	0.99	0.995
2	2.920	4.303	9.925	14.089	8	1.860	2.306	3.355	3.833
3	2.353	3.182	5.841	7.453	9	1.833	2.262	3.250	3.690
4	2.132	2.776	4.604	5.598	10	1.812	2.228	3.169	3.581
5	2.015	2.571	4.032	4.773	20	1.724	2.086	2.845	3.153
6	1.943	2.447	3.707	4.317	30	1.697	2.042	2.750	3.030
7	1.895	2.365	3.499	4.029	40	1.684	2.021	2.704	2.971

【例 2-8】对某试样中铁的质量分数进行了五次平行测定，结果（%）为：39.10、39.12、39.19、39.17、39.22，平均值 $\bar{x}=39.16$，标准差 $s=0.049$。试求出分析结果的置信区间。

【解】由表 2-8 可查得当自由度 $f=5-1=4$、置信度 $1-\alpha$ 为 0.95（即显著性水平 $\alpha=0.05$）时 $t=2.776$，代入式（2-16），得：

$$w(\text{Fe})=39.16\pm\frac{2.776\times0.049}{\sqrt{5}}=39.16\pm0.06\,(\%)$$

所以，分析结果的置信区间为：$w(\text{Fe})=(39.16\pm0.06)\%$

从结果可以看出，通过 5 次测定，有 95% 的把握认为该试样中铁的质量分数在 39.10%~39.22% 之间。

第三章 从样本推断批产品质量示例

本章以水泥生产过程为例，先介绍质量控制指标合格率的计算方法，然后从数理统计的角度进一步介绍产品合格率与质量分散度（正态分布中的标准差）之间的关系，由此推断产品生产过程各环节是否稳定，为从根本上提高产品质量提供科学的依据。

第一节 ▶▶ 水泥生产过程质量控制指标合格率的计算

按照《水泥企业质量管理规程》的要求，水泥企业必须在生产过程中对原料、燃料、半成品及出厂水泥的质量定期进行检测，对照各工序规定的控制指标，计算该统计期所规定的质量指标的合格率。如合格率达不到要求，应立即查找原因，排除异常因素，确保达到规定的合格率。计算某一统计期（年、月、日），某项指标（如出磨生料碳酸钙滴定值或氧化钙、三氧化二铁、含煤量、细度，出磨水泥三氧化硫、细度、安定性、混合材掺加量等）合格率的公式如下：

$$合格率 = \frac{统计期合格次数}{统计期检测总次数} \times 100\% \tag{3-1}$$

一、水泥生料质量合格率的计算

【例 3-1】 《水泥企业质量管理规程》规定：出磨生料氧化钙的质量控制指标为 $K \pm 0.3\%$（K 为水泥企业配料方案确定的控制指标），合格率要求不低于 70%。某水泥企业出磨生料氧化钙控制指标确定为 $K = 39.00\%$。某月 1 号生料磨机共取样检测出磨生料氧化钙含量 720 次，其中有 510 次氧化钙含量在 $39.00\% \pm 0.3\%$ 之间。计算该月 1 号生料磨机出磨生料氧化钙合格率。

【解】

$$合格率 = \frac{510}{720} \times 100\% = 70.8\%$$

该厂出磨生料氧化钙合格率刚刚符合《水泥企业质量管理规程》的要求。

计算月过程质量控制指标合格率时，不能将当月每天的合格率相加和，然后除以开机天数，以其商值做为月合格率，因为当月各天的检验次数未必完全相同。某一天因故停机若干小时，其检验次数比正常值少，如把这一天的合格率作为完整的 1 天，则不能反映当月合格率的实际情况。

与月合格率的计算方法相同，计算年度过程质量控制指标合格率时，也是将全年合格数总和作为分子，除以全年检验总数，以其商值作为年合格率。

如有多台磨机，应先分别计算某一统计期的合格率，然后按各磨机检验次数占所有磨机检验次数之和的权数，加权计算其综合合格率。

【例 3-2】 某厂某月 1 号生料磨共检测出磨生料氧化钙含量 720 次，合格次数为 540 次；2 号生料磨检测 480 次，合格次数为 341 次。计算该月两台生料磨出磨生料氧化钙的综合合格率。

【解】 1 号磨月合格率为：

$$A = \frac{540}{720} \times 100\% = 75\%$$

2 号磨月合格率为：

$$B = \frac{341}{480} \times 100\% = 71\%$$

$$两台磨月综合合格率 = A \times \frac{720}{720+480} + B \times \frac{480}{720+480} = 0.6 \times A + 0.4 \times B$$
$$= 0.6 \times 75\% + 0.4 \times 71\% = 73.4\%$$

更简单的方法是将各台磨的检测次数相加作为分母，各台磨检测合格次数相加作为分子，按下式计算综合合格率：

$$综合合格率 = \frac{540+341}{720+480} \times 100\% = \frac{881}{1200} \times 100\% = 73.4\%$$

二、水泥熟料质量合格率的计算

1. 熟料三率值合格率的计算

熟料三率值 KH、n、p 值是根据各窑检测的熟料化学成分来计算的。窑型、规格相同、产量接近的可合并计算。其单窑月合格率的计算公式如下：

$$单窑月合格率 = \frac{单窑月合格总次数}{单窑全月检测总次数} \times 100\% \tag{3-2}$$

统计全月合格次数时，其依据是本厂化验室所确定的控制指标（可用 K 表示）及其波动范围，且波动范围必须符合《水泥企业质量管理规程》的要求：KH 值为 $K \pm 0.02$，n、p 值为 $K \pm 0.1$。如果确定的控制指标发生变动，则应分段计算。例如硅酸率 n 在某段时间内控制指标及波动范围为 2.0 ± 0.1，另一段时间内改为 2.1 ± 0.1，统计合格次数时应根据控制指标的变动分别计算 n 值的合格率。

多台窑月综合合格率按各台窑月合格率及产量加权平均计算：

$$月综合合格率 = \frac{1 号窑月合格率 \times 产量 + 2 号窑月合格率 \times 产量 + \cdots}{各窑月产量总和} \tag{3-3}$$

$$年度综合合格率 = \frac{1 月份综合合格率 \times 1 月产量 + \cdots + n 月份综合合格率 \times n 月份产量}{全年总产量}$$
$$\tag{3-4}$$

2. 熟料实际强度等级的计算

（1）单窑熟料某龄期强度对应的实际平均等级的计算　熟料某龄期强度一般处于某两个等级的指标之间。计算其所对应的强度等级时，采用在两个等级指标之间内插的方法。其计算公式如下：

$$R_x = \frac{P_x - P_d}{P_g - P_d} \times 10.0 + R_d \tag{3-5}$$

式中　R_x——熟料某龄期强度所对应的实际平均等级；

　　　P_x——实测熟料某一龄期强度；

　　　P_d——由表 3-1 查出比实测熟料强度低的等级某一龄期强度；

　　　P_g——由表 3-1 查出比实测熟料强度高的等级某一龄期强度；

　　　R_d——熟料强度处于两个等级之间时所对应的低的等级。

采用以上公式时，P_d、P_g 根据 GB 175—2007/XG 1—2009 中"硅酸盐水泥"的强度指标查取（表 3-1）。由公式计算（3d、28d）抗折、抗压强度所对应的等级 R_x，以其中的最低者作为该熟料的等级。如果熟料强度低于 52.5 级时，按相应品种水泥 42.5、32.5 级的强度指标计算。

熟料强度超过指标表 3-1 中 62.5 级所对应的强度值时，熟料实际平均等级按外推法计算，其计算公式为：

$$R_x = \frac{P_x - P_{62.5}}{P_{62.5} - P_{52.5}} \times 10.0 + R_{62.5} \tag{3-6}$$

式中　$P_{52.5}$、$P_{62.5}$——表 3-1 中 52.5、62.5 级所对应的各龄期强度。

表 3-1　通用硅酸盐水泥不同龄期的强度　　　　　　单位：MPa

品种	强度等级	抗压强度		抗折强度	
		3d	28d	3d	28d
硅酸盐水泥	42.5	≥17.0	≥42.5	≥3.5	≥6.5
	42.5R	≥22.0		≥4.0	
	52.5	≥23.0	≥52.5	≥4.0	≥7.0
	52.5R	≥27.0		≥5.0	
	62.5	≥28.0	≥62.5	≥5.0	≥8.0
	62.5R	≥32.0		≥5.5	
普通硅酸盐水泥	42.5	≥17.0	≥42.5	≥3.5	≥6.5
	42.5R	≥22.0		≥4.0	
	52.5	≥23.0	≥52.5	≥4.0	≥7.0
	52.5R	≥27.0		≥5.0	
矿渣硅酸盐水泥 火山灰质硅酸盐水泥 粉煤灰硅酸盐水泥 复合硅酸盐水泥	32.5	≥10.0	≥32.5	≥2.5	≥5.5
	32.5R	≥15.0		≥3.5	
	42.5	≥15.0	≥42.5	≥3.5	≥6.5
	42.5R	≥19.0		≥4.0	
	52.5	≥21.0	≥52.5	≥4.0	≥7.0
	52.5R	≥23.0		≥4.5	

【例 3-3】某编号硅酸盐水泥熟料各龄期强度值如表 3-2 所示。

表 3-2 某编号熟料各龄期强度值

抗折强度/MPa		抗压强度/MPa	
3d	28d	3d	28d
4.8	7.6	28.0	54.7

查指标表 3-1 得知，该熟料两个龄期的抗折、抗压强度均在 52.5～62.5 级所对应的指标之间，将各强度值分别代入式（3-5）：

3d 抗折强度对应的熟料等级 $R_x = \dfrac{4.8-4.0}{5.0-4.0} \times 10.0 + 52.5 = 60.5(\text{MPa})$

28d 抗折强度对应的熟料等级 $R_x = \dfrac{7.6-7.0}{8.0-7.0} \times 10.0 + 52.5 = 58.5(\text{MPa})$

3d 抗压强度对应的熟料等级 $R_x = \dfrac{28.0-23.0}{28.0-23.0} \times 10.0 + 52.5 = 62.5(\text{MPa})$

28d 抗压强度对应的熟料等级 $R_x = \dfrac{54.7-52.5}{62.5-52.5} \times 10.0 + 52.5 = 54.7(\text{MPa})$

根据以上计算结果，各龄期中以 28d 抗压强度所对应的 54.7MPa 为最低值，因此，该编号熟料的实际平均等级为 54.7 级。

关于内插法的原理，以例 3-3 的 3d 抗折强度（MPa）为例，可做如下解释：

画出内插法图，如图 3-1 所示。横坐标为熟料强度（MPa），纵坐标为熟料等级。已知某熟料两个龄期的抗折、抗压强度均在 52.5～62.5 级所对应的指标之间，则在纵坐标上标出 $R_g=62.5$，$R_d=52.5$；在横坐标上标出与该熟料等级相应的抗折强度 $P_g=5.0\text{MPa}$，$P_d=4.0\text{MPa}$。内插法即是已知某熟料的抗折强度 $P_x=4.8\text{MPa}$，通过图形求出与其相应的熟料等级 R_x。

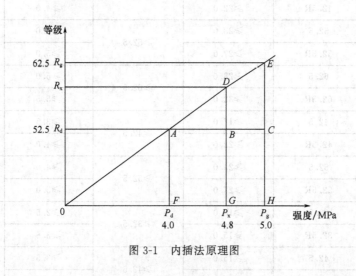

图 3-1 内插法原理图

从图中显然可以看出：ΔADB 与 ΔAEC 相似，于是可得出下述比例式：

$$\frac{AB}{DB} = \frac{AC}{EC}$$

$$DB = \frac{AB}{AC} \times EC = \frac{P_x-P_d}{P_g-P_d} \times (R_g-R_d) = \frac{P_x-P_d}{P_g-P_d} \times 10.0$$

所以
$$R_x = DG = DB + BG = \frac{P_x - P_d}{P_g - P_d} \times 10.0 + R_d$$

将 $P_x = 4.8$，$P_d = 4.0$，$P_g = 5.0$，$R_d = 52.5$ 代入上式中，得：

3d 抗折强度对应的熟料等级 $R_x = \dfrac{4.8 - 4.0}{5.0 - 4.0} \times 10.0 + 52.5 = 60.5(\text{MPa})$

（2）一台窑以上日、月、季、年度熟料实际平均等级　按以下方法计算。

① 计算一台窑以上日综合平均等级。如果各窑台时产量之间的差额在 20% 以下，其综合平均等级可采用算术平均值的方法进行计算，即不考虑产量因素，把每台窑熟料各个龄期的强度指标分别相加，除以窑的台数，得到各个龄期的综合平均强度指标，再按上述公式算出熟料的日综合平均等级。或先计算每台窑熟料的实际平均等级，然后求其算术平均值，即为日综合平均等级。

如果各窑台时产量之间的差额在 20% 以上，在计算其日综合平均等级时，应采用加权平均的方法进行计算，即将各台窑熟料的各龄期强度指标分别乘以各窑的日产量，并分别把每个龄期所得的乘积之和除以这几台窑的总产量，得到各个龄期的熟料综合强度指标，再按式（3-5）计算熟料的日综合平均等级。或先计算每台窑熟料的实际平均等级，然后按各窑日产量，求其各窑实际平均等级的加权平均值。

② 计算旬熟料平均等级时，将旬中分天的熟料各龄期强度指标分别相加，除以旬天数，再按式（3-5）计算旬熟料平均等级。

③ 计算月份熟料平均等级时，将月份中分天的熟料各龄期强度指标分别相加，除以当月的天数，再按式（3-5）计算月份熟料实际平均等级；或采取求每月各天（或各编号）熟料等级的算术平均值的办法，但应以前一种方法的结果为准。

④ 计算季度熟料实际平均等级时，将季度中分月的熟料实际平均等级分别乘以每月的熟料产量，然后加和，再除以该季度熟料的总产量，即得到该季度熟料实际平均等级。

⑤ 计算年熟料实际平均等级时，将每季度或每月的实际平均等级分别乘以每季度或每月熟料的实际产量，然后加和，再除以当年熟料的总产量，即得到年度熟料实际平均等级。

三、水泥质量指标的计算

1. 水泥实际等级的计算

水泥实际等级的计算按照熟料实际平均等级的计算方法进行，计算指标时应将与水泥品种相应的国家标准强度指标（见表 3-1）代入公式，求出各龄期强度所对应的等级，以其中最低龄期的等级作为该编号水泥的实际等级。

【例 3-4】某编号普通硅酸盐水泥，其实测各龄期强度值如表 3-3 所示，计算该水泥实际等级。

表 3-3　某编号普通硅酸盐水泥各龄期强度值

抗折强度/MPa		抗压强度/MPa	
3d	28d	3d	28d
4.2	6.7	20.5	48.5

【解】普通水泥的实际等级仍用式（3-5）进行计算，各强度指标使用表 3-1 中"普通硅酸盐水泥"的指标。因为该编号水泥各龄期的强度值均在 42.5～52.5 级对应的指标之间，所以：

3d 抗折强度对应的水泥等级 $R_x = \dfrac{4.2-4.0}{5.0-4.0} \times 10.0 + 42.5 = 44.5(\text{MPa})$

28d 抗折强度对应的水泥等级 $R_x = \dfrac{6.7-6.5}{7.0-6.5} \times 10.0 + 42.5 = 46.5(\text{MPa})$

3d 抗压强度对应的水泥等级 $R_x = \dfrac{20.5-16.0}{22.0-16.0} \times 10.0 + 42.5 = 50.0(\text{MPa})$

28d 抗压强度对应的水泥等级 $R_x = \dfrac{48.5-42.5}{52.5-42.5} \times 10.0 + 42.5 = 48.5(\text{MPa})$

根据以上计算结果，各龄期中以 3d 抗压强度所对应的 44.5MPa 为最低值，因此，该编号普通水泥的实际平均等级为 44.5 级。

月、年出厂水泥实际平均等级可按照计算月、年熟料实际平均等级的计算方法进行。即月实际平均等级的计算，可先计算每月各编号水泥的各龄期强度的算术平均值，然后按计算熟料实际等级的公式（3-5）进行计算。年度出厂水泥实际平均等级的计算，以各月份实际平均等级和产量进行加权平均。

如出厂水泥实际平均等级均由 28d 抗压强度决定，月水泥实际平均等级可采取求其各编号水泥实际等级算术平均值的方法进行计算。

2. 出厂水泥平均等级的计算

出厂水泥平均等级是根据水泥出厂时所预定的商品等级和数量进行加权平均计算的，而不是根据水泥的实际等级。如果某编号水泥出厂时预定等级为 42.5 级，而其实际等级超过 42.5 级，计算水泥平均等级时，亦只能按出厂时预定的 42.5 级（商品等级）计算。

计算水泥平均等级的公式为：

$$\text{水泥平均等级} = \frac{\text{甲等级}\times\text{甲等级数量}+\text{乙等级}\times\text{乙等级数量}+\cdots}{\text{各等级出厂水泥总量}} \tag{3-7}$$

填报水泥平均等级的范围应是合格品，不合格品不应当并入计算。如企业还生产特种水泥，应另外计算。

【例 3-5】某厂 7 月份出厂水泥各种产品及吨位如表 3-4 所示。

表 3-4 某厂 7 月份出厂水泥各种产品及吨位

出厂产品	P·O 52.5	P·O 52.5R	P·S 42.5	P·O 42.5	P·O 42.5R	P·S 32.5
产量/t	1200	800	600	1500	2300	400

将表 3-4 中的等级和数量代入式（3-7）中，求得出厂水泥平均等级 $\bar{x}$：

$$\bar{x} = \frac{42.5\times(600+1500+2300)+52.5\times(1200+800)+32.5\times400}{600+1500+2300+1200+800+400} = 44.9\text{级}$$

3. 出厂水泥强度等级和富余强度合格率的计算

（1）出厂水泥强度等级合格率

$$\text{出厂水泥强度等级合格率} = \frac{\text{出厂水泥强度等级合格品数量}}{\text{出厂水泥总数量}}\times100\% \tag{3-8}$$

（2）出厂水泥富余强度合格率

$$出厂水泥富余强度合格率 = \frac{出厂水泥富余强度合格品数量}{出厂水泥总数量} \times 100\% \qquad (3\text{-}9)$$

合格率计算公式（3-8）及公式（3-9）中的分子、分母均应以吨为单位，而不能以编号为单位。

各级水泥质检机构对企业的质量监督、抽查结果，如出现不合格品或富余强度不合格品，即使企业自检合格，在统计两个合格率时也应将质检机构的检验结果考虑进去。

4. 水泥 28d 抗压强度月（或一统计期）平均变异系数的计算

按照《水泥企业质量管理规程》的规定，28d 抗压强度月（或一统计期）平均变异系数 $C_{V1} \leqslant 4.5\%$（强度等级 32.5），$C_{V1} \leqslant 3.5\%$（强度等级 42.5），$C_{V1} \leqslant 3.0\%$（强度等级 52.5 及以上）。

（1）取样 按照《通用硅酸盐水泥》（GB 175—2007/XG 1—2009）中的规定，出厂水泥物理性能检验样品的采取，应按照国家标准《水泥取样方法》（GB/T 12573）进行。

（2）计算及结果表示

① 标准差 s 按式（3-10）计算：

$$s = \sqrt{\frac{\sum (R_i - \bar{R})^2}{n-1}} \qquad (3\text{-}10)$$

式中 R_i——每个试样 28d 的抗压强度，MPa；

       $\bar{R}$——全月（或全统计期）样品 28d 平均抗压强度，MPa；

       n——样品数，n 不小于 20。当 n 小于 20 时与下月合并计算。

② 变异系数 C_{V1} 按式（3-11）计算：

$$C_{V1} = \frac{s}{\bar{R}} \times 100\% \qquad (3\text{-}11)$$

式中 $\bar{R}$——全月（或全统计期）样品 28d 平均抗压强度，MPa；

       s——月（或一统计期）平均 28d 抗压强度标准差，MPa。

5. 出厂水泥 28d 抗压强度综合标准差的计算

出厂水泥 28d 抗压强度综合标准差 s 和出厂水泥强度等级、富余强度的合格率一样，是跨月填报，即下月计算上月的指标。

某水泥企业计算月综合标准差 s 时，应先分别计算该月各产品（即分品种、分等级）的标准差，R 型水泥和非 R 型水泥也应分别计算其 s 值，对同一品种、标号的散装水泥和袋装水泥应合并一起计算 s 值，然后按各产品的数量和月标准差求其加权平均值，即为所求月 s 值。

当某产品当月不足 10 个编号时，不应计算其 s 值，应移入下月和同一产品（相同品种及等级）一起计算 s 值，若与下月同产品编号数之和仍不足 10 个编号，则继续移入下月，最后月份不足 10 个编号或全年不足 10 个编号均略去不计。

计算某产品年 s 值时，可按该产品各月 s 值及出厂数量进行加权平均计算。

计算 s 值时，其等级应按出厂水泥商品等级（即通知出厂所预定的商品等级）分类。统计年综合标准差时，应根据各月综合标准差及出厂数量加权平均计算，但在计算各月出厂数量时，应按照当月计算 s 值时的编号数及吨位数进行统计，也就是说，应考虑当月某产品不足 10 个编号应移入下月计算这一因素。

统计年度综合 s，还可根据各产品年度 s 及各产品出厂数量加权平均计算。

【例 3-6】 某厂五月份出厂 19 个编号 42.5 级普通水泥（42.5 P•O）T_1 吨，12 个编

号 42.5 级 R 型普通水泥（42.5R P·O）T_2 吨，19 个编号 32.5 级矿渣水泥（32.5 P·S）T_3 吨，10 个编号 52.5 级普通水泥（52.5 P·O）T_4 吨，9 个编号 42.5 级火山灰水泥（42.5 P·P）T_5 吨，8 个编号 32.5 级粉煤灰水泥（32.5 P·F）T_6 吨。计算月标准差 s 值。

因 42.5P·P 和 32.5 P·F 均不足 10 个编号，应移入下月和同一产品一起计算 s 值。

先分别计算 42.5 P·O、42.5R P·O、32.5 P·S、52.5 P·O 的 s 值，计算结果分别以 $s_{4P·O}$、$s_{4RP·O}$、$s_{3P·S}$、$s_{5P·O}$ 表示，该厂五月份综合标准差按式（3-12）计算：

$$s = \frac{s_{4P·O} \times T_1 + s_{4RP·O} \times T_2 + s_{3P·S} \times T_3 + s_{5P·O} \times T_4}{T_1 + T_2 + T_3 + T_4} \tag{3-12}$$

6. 评定水泥强度匀质性试验方法

水泥强度匀质性是指单一品种、单一强度等级水泥 28d 抗压强度的稳定程度。匀质性试验包括两部分，一是匀质性测定，二是重复性试验。

（1）匀质性测定　按照《评定水泥强度匀质性试验方法》（JC/T 578—2009），以月为单位，单一品种的任一强度等级水泥，每月应不少于 30 个连续编号，按照 GB/T 12573 的规定进行取样。如不足 30 个编号，则与下月合并。以数理统计方法，统计水泥 28d 抗压强度的平均值、最高值、最低值、总标准差 s_t 和总变异系数 C_t。

（2）重复性试验　重复性试验的目的是找出测定过程中产生的随机偏差，将其从匀质性测定值的标准差中扣除，使得到的匀质性测定值更加准确。

在进行 28d 抗压强度月（或一统计期）平均变异系数的测定时，每 3 个（或 3d）连续编号中至少有一个应做重复性试验，直至有 10 个试样已重复试验为止。重复性试验应与最初试验不是同一天。将重复性试验的编号标记并记录结果，计算平均极差 $\overline{R}$，然后计算试验的标准差 s_e 和试验的变异系数 C_e。

当试验的变异系数 C_e 不大于 4.0% 时，则减少重复性试验的频率为每 10 个（或 10d）连续编号做一个重复性试验（每月至少做一次重复性试验）。当试验的变异系数 C_e 大于 4.0% 时，则恢复每 3 个（或 3d）连续编号做一个重复性试验（至少做 10 个编号）。当试验的变异系数 C_e 大于 5.5% 时，则应充分检验仪器和试验步骤是否符合规定要求。

①重复性试验标准差的计算。重复性试验的标准差 s_e 按式（3-13）计算，结果保留至小数点后两位：

$$s_e = 0.886\overline{R} \tag{3-13}$$

式中　s_e——根据重复性试验计算的试验的标准差，MPa；

$\overline{R}$——重复性试验强度值极差的平均值，MPa；

0.886——同一水泥试样重复性试验的极差系数。

注：这里是利用样本的平均极差近似计算样本的标准差，见第一章表 1-1 及式（1-11），此处 $n=2$，$1/d_2=0.886$。

②重复性试验变异系数的计算。重复性试验的变异系数 C_e 按式（3-14）计算，结果保留至小数点后两位：

$$C_e = \frac{s_e}{\overline{x}_e} \times 100\% \tag{3-14}$$

式中　C_e——重复性试验的变异系数，%；

s_e——根据重复性试验计算的试验的标准差，MPa；

$\overline{x}_e$——重复性试验抗压强度的平均值，MPa。

计算示例如表 3-5 所示。

表 3-5 重复性试验计算示例 单位:MPa

匀质性测定	54.7	53.2	54.2	52.1	54.2	53.1	52.3	52.4	55.4	53.0	…
重复性试验	53.9	53.6	54.7	52.6	54.8	54.3	53.4	52.1	54.9	52.2	…
极差 R	0.8	0.4	0.5	0.5	0.6	1.2	1.1	0.3	0.5	0.8	…

重复性试验的平均值 $\overline{x}_e = 53.7\text{MPa}$，极差的平均值 $\overline{R} = 0.67\text{MPa}$，重复性试验的标准差 $s_e = 0.886\overline{R} = 0.886 \times 0.67\text{MPa} = 0.59\text{MPa}$，重复性试验的变异系数 $C_e = \dfrac{s_e}{\overline{x}_e} \times 100\% = \dfrac{0.59}{53.7} \times 100\% = 1.10\%$。

（3）匀质性的确定 在匀质性测定中得到的总标准差 s_t 中包含了测定同一试样时产生的随机偏差（s_e）和各试样之间的不均匀性（s_c）。按照偏差的合成原理：$s_t^2 = s_e^2 + s_c^2$，或表示为：$s_c^2 = s_t^2 - s_e^2$，则有

$$s_c = \sqrt{s_t^2 - s_e^2} \tag{3-15}$$

相应地

$$C_V = \sqrt{C_t^2 - C_e^2} \tag{3-16}$$

式中 s_c——某一时期单一品种水泥的 28d 抗压强度标准差，MPa；

s_t——某一时期单一品种水泥的 28d 抗压强度总标准差，MPa；

s_e——根据重复试验计算的试验的标准差，MPa；

C_V——某一时期单一品种水泥的 28d 抗压强度变异系数，%；

C_t——某一时期单一品种水泥的 28d 抗压强度总变异系数，%；

C_e——根据重复性试验计算的试验的变异系数，%。

单一品种水泥以 28d 抗压强度的标准差 s_c 和变异系数 C_V 作为评定水泥强度匀质性的依据，同时参考其他品质指标的情况。

7. 水泥均匀性的测定

水泥的均匀性是指某一时期单一编号水泥 10 个分割样 28d 抗压强度的均匀程度。按照《水泥企业质量管理规程》的规定，均匀性试验的 28d 抗压强度变异系数 $C_{V2} \leqslant 3.0\%$。

（1）测定频率和取样 所有取样应由质量控制或检验人员进行。在正常生产情况下每季度取样一次，生产工艺或品种发生变化时，应改变取样周期。

每个品种水泥随机抽取一个编号，按 GB/T 12573 方法从中取 10 个分割样：袋装水泥，每 1/10 编号从一袋中取至少 6kg；散装水泥，每 1/10 编号在 5min 内取至少 6kg。每一编号所取水泥单样通过 0.9mm 方孔筛后充分混匀，一次或多次缩分到相关标准要求的量，均分为试验样和封存样。在 2～3d 内按 GB/T 17671 进行强度试验，并计算强度平均值、标准差和变异系数。

（2）测定结果的计算

①强度平均值。强度平均值 $\overline{x}_{分割样}$ 按式（3-17）计算，结果保留至小数点后一位。

$$\overline{x}_{分割样} = \frac{x_{分割样1} + x_{分割样2} + \cdots + x_{分割样i}}{n} \tag{3-17}$$

式中 $\overline{x}_{\text{分割样}}$——10 个分割样 28d 抗压强度的平均值，MPa；

　　　$x_{\text{分割样}i}$——每个分割样的 28d 抗压强度值，$i=1$，2，…，10，MPa；

　　　n——分割样数量，$n=10$。

②标准差。标准差 $s_{\text{分割样}}$ 按式（3-18）计算，结果保留至小数点后两位：

$$s_{\text{分割样}} = \sqrt{\frac{\sum\limits_{i=1}^{n}(x_{\text{分割样}i} - \overline{x}_{\text{分割样}})^2}{n-1}} \tag{3-18}$$

式中 $s_{\text{分割样}}$——分割样 28d 抗压强度标准差，MPa；

　　　$x_{\text{分割样}i}$——每个分割样的 28d 抗压强度值，$i=1$，2，…，10，MPa；

　　　$\overline{x}_{\text{分割样}}$——10 个分割样 28d 抗压强度的平均值，MPa；

　　　n——分割样数量，$n=10$。

分割样 28d 抗压强度标准差 $s_{\text{分割样}}$ 表示 10 个分割样彼此之间的不均匀性。

③变异系数。变异系数 $C_{\text{分割样}}$ 按式（3-19）计算，结果保留至小数点后两位：

$$C_{\text{分割样}} = \frac{s_{\text{分割样}}}{\overline{x}_{\text{分割样}}} \times 100\% \tag{3-19}$$

式中 $C_{\text{分割样}}$——分割样 28d 抗压强度变异系数，%；

　　　$s_{\text{分割样}}$——分割样 28d 抗压强度标准差，MPa；

　　　$\overline{x}_{\text{分割样}}$——10 个分割样 28d 抗压强度的平均值，MPa。

【例 3-7】强度等级为 42.5 的某编号水泥均匀性试验样及综合样 28d 抗压强度值（MPa）测定结果如表 3-6 所示。

表 3-6　10 个分割样的测定结果　　　　　　　　　　　　　　　　单位：MPa

综合样	分割样									
48.85	48.7	50.4	46.9	49.2	49.3	49.1	48.8	49.7	47.6	48.8

统计范围仅考虑分割样，即 $n=10$，其 28d 抗压强度各项指标测定情况计算如下。

算术平均值 $\overline{x}_{\text{分割样}} = \dfrac{48.7+50.4+\cdots+48.8}{10} = 48.8 (\text{MPa})$

极差 $R_{\text{分割样}} = 50.4 - 46.9 = 3.5 (\text{MPa})$

标准差 $s_{\text{分割样}} = \sqrt{\dfrac{\sum(x_{\text{分割样}i} - \overline{x}_{\text{分割样}})^2}{n-1}} = 0.99 (\text{MPa})$

变异系数 $C_{\text{分割样}} = \dfrac{s_{\text{分割样}}}{\overline{x}_{\text{分割样}}} \times 100\% = \dfrac{0.99}{48.85} \times 100\% = 2.03\%$

《水泥企业质量管理规程》附件 8 中第 8 项出厂水泥指标中规定：均匀性试验的 28d 抗压强度变异系数＜3.0%。本例变异系数为 2.03%＜3.0%，表明该水泥的匀质性达到《水泥企业质量管理规程》的要求。

8. 关于水泥抗压强度波动的规定

《通用水泥质量等级》（JC/T 452—2009）中规定：出厂水泥 28d 抗压强度值不大于 $1.1\overline{R}$，是指同品种同强度等级水泥 28d 抗压强度上月平均值的波动不能超过上月 28d 抗压强度平均值的 1.1 倍。这是对出厂水泥质量稳定性的最低限度要求。计算平均值时，至少以 20 个编号进行平均，不足 20 个编号时，可两个月或三个月合并计算。对于 62.5（含）以上水泥，28d 抗压强度不大于 $1.1\bar{R}$ 的要求不作规定。

其根据是《水泥企业质量管理规程》，其中规定：出厂水泥均匀性试验的 28d 抗压强度变异系数 $C_V \leqslant 3.0\%$。

$$水泥实物质量波动范围＝水泥平均强度＋3s＝\bar{R}＋3s$$

因为变异系数 $C_V = \dfrac{s}{\bar{R}}$，即 $s = C_V\bar{R}$，所以 $\bar{R}＋3s＝\bar{R}＋3C_V\bar{R}＝(1＋3C_V)\bar{R}$。

按照《水泥企业质量管理规程》的规定，$C_V \leqslant 3.0\%$，故

$$水泥实物质量的波动范围应 \leqslant (1＋3×3.0\%)\bar{R}＝1.09\bar{R} \approx 1.1\bar{R}$$

所以，规定出厂水泥 28d 抗压强度不大于 $1.1\bar{R}$，就是对 28d 抗压强度的变异系数 C_V 不大于 3.0% 的具体要求，这样便于对每一编号水泥的质量稳定情况进行判断。

9. 出厂水泥富余强度保证系数的计算

富余强度保证系数 t 与标准差 s 相关。应该分品种、分等级计算 t 值。通用水泥的计算公式为式（3-20）：

$$
\begin{aligned}
t &= \frac{出厂水泥月平均28d抗压强度值－标准规定值－富余强度值}{出厂水泥28d抗压强度月标准差} \\
&= \frac{\bar{R}_{28}－R_0－富余强度值}{s}
\end{aligned}
\tag{3-20}
$$

【例 3-8】某厂生产 42.5 级通用硅酸盐水泥，某月 28d 抗压强度平均值 $\bar{R}_{28}＝48.0$MPa，标准差 $s＝1.60$MPa，标准规定值 $R_0＝42.5$MPa，富余强度值＝2.0MPa，则：

$$t = \frac{48.0－42.5－2.0}{1.60} = 2.2$$

10. 企业与质检站强度对比试验误差的计算

【例 3-9】某水泥企业有一编号 42.5 P·S 水泥样，对各龄期强度企业自检和水泥质检机构的检测结果对比列于表 3-7。

表 3-7　企业自检和水泥质检机构的检测结果对比

性能 \\ 项目	抗折强度/MPa		抗压强度/MPa	
	3d	28d	3d	28d
企业自检值	5.8	8.6	27.8	50.4
质检机构检测值	5.5	8.7	27.2	49.1
相对误差/%	＋5.5	－1.1	＋2.2	＋2.6

《水泥企业质量管理规程》附件 6 规定不同实验室检验结果的允许相对误差为：抗折强度不大于 ±9%，抗压强度不大于 ±7%；强度对比合格率不小于 90%。相对误差按式（3-21）计算：

$$相对误差 = \frac{企业自检值－质检机构检测值}{质检机构检测值} × 100\% \tag{3-21}$$

计算结果列于表 3-7 最后一行。结果表明，该厂对比结果相对误差均在允许范围内。

11. 水泥包装袋质量合格率的计算

水泥企业化验室应建立袋质量抽查制度，袋装水泥除每袋质量不能少于标志质量的

98％以外，随机抽取的 20 袋总质量不得＜1000kg。其相应的袋质量合格率的考核方法为：以 20 袋为一抽样单位，在总质量（含包装袋质量）不少于 1000kg 的前提下，20 袋分别称量，计算袋质量合格率，净含量小于 49kg 者为不合格。当 20 袋总质量＜1000kg 时，即袋质量合格率为零。当 20 袋总质量≥1000kg 时，按式（3-22）计算每天或每编号单位净质量合格率：

$$每天或每编号袋质量合格率 = \frac{净质量大于等于 49kg 的袋数}{总的抽查袋数} \times 100\% \qquad (3\text{-}22)$$

按式（3-23）计算月平均袋质量合格率：

$$月袋质量合格率 = \frac{本月净质量大于等于 49kg 的袋数}{本月抽查总袋数} \times 100\% \qquad (3\text{-}23)$$

计算袋装净质量时，应先随机取 10 个包装袋称量并计算其平均值，然后由所称袋质量减去包装袋平均质量，即得单包净质量。

月袋质量合格率还可根据每日（每编号）合格率和产量（吨位）进行加权平均计算；同理，计算年度袋质量合格率即以每月平均袋质量合格率与月包装产量求其加权平均值。

第二节 ▶▶ 从正态分布参数推断质量合格率

一、正态分布特征参数与产品质量的关系

1. 用正态分布特征参数估计产品质量的必要性

单纯以合格率衡量产品质量有一定的片面性，有些产品的质量指标虽然在规定范围内，但大量数据靠近上限或下限，极差很大，不能说工序是稳定、理想的。

水泥是连续大规模生产的工业产品，绝大部分的工序、半成品、成品的质量指标都遵循正态分布，只要样本容量足够大，就能做出较规则的正态分布曲线。用样本正态分布的两个特征值即平均值 $\bar{x}$ 和标准差 s 推算产品质量合格率以综合推断工序质量是否稳定，是否符合要求，是更加科学的、合理的。

2. 用正态分布特征参数均值和标准差估计产品质量合格率的步骤

① 连续收集 50～100 个数据；

② 计算平均值 $\bar{x}$ 和标准差 s；

③ 将正态分布进行标准化；

④ 根据标准化后的 u 值查正态分布表，得出产品的合格率。

生产过程中，为控制成品或半成品的质量，总是根据需要给出指标上限 T_U，或下限 T_L，或同时给出上限 T_U 和下限 T_L。在界限之内的产品为合格产品，超出给定界限的产品则为不合格品。在某一统计期内产品的合格率可以通过前述的公式进行计算。但如何从成百上千的测定数据中得出质量数据的分布规律，就要借助于数理统计方法。其中最重要的一种统计方法是对数据进行正态分布的处理。产品的质量一般服从正态分布的规律，大多数质量数据出现在平均值的附近，离目标值远的质量值出现的概率很小。所有质量值总的出现概率为 1，亦即其质量值出现的概率涵盖了整条正态分布曲线与横坐标所围成的面积。

测定过程各不相同，每种测定得出的正态分布都不会一样，其特征值（真值，标准差）都不相同。即使真值相同，而标准差不同，其正态分布曲线的胖瘦也不相同，因此逐个处理具体的正态分布曲线，希望得出其内在规律是十分困难的。

数理统计学家们为使千千万万不同的正态分布都能遵从相同的规律，能从同一张表格中查到从－∞至某一临界点的数值出现的概率（临界点左侧正态分布曲线与横坐标围成的面积分数），提出了将正态分布进行标准化的方法，按式（3-24）计算：

$$u = \frac{x_i - \mu}{\sigma} \tag{3-24}$$

式中　μ——真值；

　　σ——测定值的标准差；

　　x_i——某次测定值。

经过这样处理后，得到标准正态分布，其分布中心为"0"，标准差为"1"。横坐标的单位由原来的具体测量单位（例如 MPa）变换为该组测量数据的标准差 σ，某一测量值 x_i 到分布中心的距离 $x_i - \mu$ 变换为标准差的倍数，常用 u 表示（有时也用 t 表示）。这样，不管原来的正态分布情况如何，均可化为具有统一特征的标准正态分布。数理统计学家已经将标准正态分布中由－∞（负无穷大）至某一 u 值之间曲线下的面积分数（测量值出现的概率）计算出来，制成"标准正态分布表"，计算得到 u 值后，即可从该表查出所对应的概率，然后再对此数据进行数学变换，还原为原来的具体测量情况，不但大大简化了计算过程，而且还能从标准正态分布的特征值方便地判断生产过程的状态。

3. 规定质量指标的上限或下限的作用

在产品质量的控制过程中，检测次数总是有限的，真值 μ 往往是不知道的，其标准差 σ 也是对应于无限次测定的。在有限次测定中，需用平均值 $\bar{x}$ 代替真值 μ，用有限次测定的标准差 s 代替 σ。标准化公式中，x_i 为任一测量值。在生产质量控制中，判断产品质量是否合格的标准是质量指标的上限或下限（单侧控制），或同时给出上下限（双侧控制），因而在计算产品合格率时，用给定的指标上限 T_U，或下限 T_L，或同时给出的上限 T_U 和下限 T_L 代替合格界限处的 x_i 计算产品合格率，更具有实际意义。由此得出下述标准化公式。

（1）只规定指标下限 T_L 的情况　例如，出厂水泥 28d 抗压强度值、28d 抗压强度富余值等。其正态分布标准化公式为：

$$t_L = \frac{T_L - \bar{x}}{s} \tag{3-25}$$

该组测量值中低于 T_L 的为不合格品，其出现的概率为不合格品率，如图 3-2 阴影部分所示，为：

$$p_L(x < T_L) = P(x < T_L) = \Phi(u = t_L) \tag{3-26}$$

式中　Φ——查正态分布表，为与表中 $u = t_L$ 处相对应的数值，即概率。

其合格品率：

$$q_L = P(x > T_L) = 1 - P(x < T_L) = 1 - \Phi(u = t_L) \tag{3-27}$$

（2）只规定指标上限 T_U 的情况　例如，水泥产品中游离氧化钙、氧化镁等有害杂质的含量。其正态分布标准化公式如下：

$$t_U = \frac{T_U - \bar{x}}{s} \tag{3-28}$$

该组测量值中高于 T_U 的为不合格品，其出现的概率为不合格品率，如图 3-3 中阴影部分所示，为：

$$p_U(x > T_L) = P(x > T_U) = 1 - \Phi(u = t_U) \tag{3-29}$$

式中　Φ——查正态分布表，为与表中 $u=t_U$ 处相对应的数值，即概率。

其合格品率：

$$q_U=P\ (x<T_U)\ =\Phi\ (u=t_U) \tag{3-30}$$

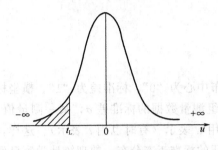 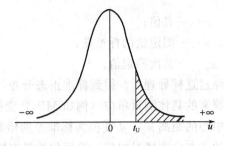

图 3-2　下侧不合格品率　　　　　　　　　　图 3-3　上侧不合格品率

（3）同时给出上限 T_U 和下限 T_L 的情况　按照式（3-25）、式（3-28）分别对下限侧和上限侧进行正态分布的标准化（因标准正态分布表只给出单测数据）。

该组测量值中低于 T_L 的为不合格品，其出现的概率为下限侧不合格品率（图 3-4 中左侧阴影部分）：$p_L(x<T_L)=P(x<T_L)=\Phi(u=t_L)$

该组测量值中高于 T_U 的为不合格品，其出现的概率为上限侧不合格品率（图 3-4 中右侧阴影部分）：$p_U(x>T_L)=P(x>T_U)=1-\Phi(u=t_U)$

该组测量值中低于 T_L 和高于 T_U 的均为不合格品，其出现概率为两端不合格品率之和：

不合格品率　$p=p_L(x<T_L)+p_U(x>T_U)=\Phi(u=t_L)+1-\Phi(u=t_U) \tag{3-31}$

合格品率　　$q=P(T_L<x<T_U)=P(x=T_U)-P(x<T_L)=\Phi(u=t_U)-\Phi(u=t_L)$

$$\tag{3-32}$$

$\Phi\ (u=t_U)$ 为 $-\infty$ 至 $u=t_U$ 之间曲线下部的面积分数，$\Phi\ (u=t_L)$ 为 $-\infty$ 至 $u=t_L$ 之间曲线下部的面积分数，故二者之差即为合格品率，如图 3-4 所示，为无阴影部分的面积分数。

如果该组测量值的平均值 $\bar{x}$ 与质量控制指标中心 M 相重合，即无偏情况，则：

$$|T_L-\bar{x}|=T_U-\bar{x}$$

左右两侧的阴影部分的面积相等：

图 3-4　双侧不合格品率

$$P(x<T_L)=P(x>T_U)$$

$$\Phi(u=t_L)=1-\Phi(u=t_U)$$

故式（3-31）、式（3-32）可化为：

不合格品率　　$p=1-\Phi(u=t_U)+\Phi(u=t_L)=2\Phi(u=t_L)=2[1-\Phi(u=t_U)] \tag{3-33}$

合格品率　　　$q=1-p=1-2\Phi(u=t_L)$

$$=\Phi(u=t_U)-\Phi(u=t_L)=2\Phi(u=t_U)-1 \tag{3-34}$$

将上述三种情况合并列入表 3-8 中。

为了方便查阅，将合格率与标准差 s、公差 T 的关系列入表 3-9 中（无偏情况）。关于表中所列出的工序能力 B 及工序能力指数 C_p 的含义可参阅第四章第二节。

表 3-8　正态分布标准化情况

项目	单侧控制:设下限 T_L	双侧控制:设下限 T_L 及上限 T_U	单侧控制:设上限 T_U
正态分布 标准化公式	$t_L = \dfrac{T_L - \bar{x}}{s}$	$t_L = \dfrac{T_L - \bar{x}}{s}$ $t_U = \dfrac{T_U - \bar{x}}{s}$	$t_U = \dfrac{T_U - \bar{x}}{s}$
标准正态 分布曲线			
不合格品率	$p_L = \Phi(u = t_L)$	$p = 2\Phi(u = t_L)$（无偏时） $= 2[1 - \Phi(u = t_U)]$（无偏时） $= 1 - \Phi(u = t_U) + \Phi(u = t_L)$	$p_U = 1 - \Phi(u = t_U)$
合格品率	$q_L = 1 - \Phi(u = t_L)$	$q = 1 - 2\Phi(u = t_L)$（无偏时） $= \Phi(u = t_U) - \Phi(u = t_L)$ $= 2\Phi(u = t_U) - 1$（无偏时）	$q_U = \Phi(u = t_U)$

表 3-9　合格率与标准差、公差的关系（无偏情况时）

工序能力 $B = 6s$

公差/标准差(T/s)	工序能力指数 $C_p = T/6s$	正态分布标准化后临界值 $u = T/2s = \mid T_L$ 或 $T_U - \bar{x} \mid /s$	单侧控制合格率/% $q = \Phi(u)$	双侧控制合格率/% $q = 2\Phi(u) - 1$
0.6	0.100	0.30	61.8	23.1
0.7	0.117	0.35	63.7	27.4
0.8	0.130	0.40	65.5	31.1
0.9	0.150	0.45	67.4	34.8
1.0	0.170	0.50	69.2	38.2
1.1	0.183	0.55	70.9	41.8
1.2	0.200	0.60	72.6	45.1
1.3	0.217	0.65	74.2	48.4
1.4	0.230	0.70	75.8	51.6
1.5	0.250	0.75	77.3	54.6
1.6	0.270	0.80	78.8	57.6
1.7	0.283	0.85	80.2	60.4
1.8	0.300	0.90	81.6	63.2
1.9	0.317	0.95	82.9	65.8
2.0	0.330	1.00	84.1	68.2

续表

公差/标准差(T/s)	工序能力指数 $C_p = T/6s$	正态分布标准化后临界值 $u = T/2s = \mid T_L$ 或 $T_U - \bar{x} \mid /s$	单侧控制合格率/% $q = \Phi(u)$	双侧控制合格率/% $q = 2\Phi(u) - 1$
2.1	0.350	1.05	85.3	70.6
2.2	0.370	1.10	86.4	72.9
2.3	0.383	1.15	87.5	75.0
2.4	0.400	1.20	88.5	77.0
2.5	0.417	1.25	89.4	78.8
2.6	0.430	1.30	90.3	80.6
2.7	0.450	1.35	91.1	82.2
2.8	0.470	1.40	91.9	83.8
2.9	0.483	1.45	92.6	85.2
3.0	0.500	1.50	93.3	86.6
3.1	0.517	1.55	93.9	87.8
3.2	0.533	1.60	94.5	89.0
3.3	0.550	1.65	95.1	90.2
3.4	0.567	1.70	95.5	91.0
3.5	0.583	1.75	96.0	92.0
3.6	0.600	1.80	96.4	92.8
3.7	0.617	1.85	96.8	93.6
3.8	0.633	1.90	97.1	94.2
3.9	0.650	1.95	97.4	94.8
4.0	0.670	2.00	97.7	95.4
4.2	0.700	2.10	98.21	96.42
4.4	0.733	2.20	98.61	97.22
4.6	0.767	2.30	98.93	97.86
4.8	0.800	2.40	99.18	98.36
5.0	0.830	2.50	99.38	98.76
5.2	0.867	2.60	99.53	99.06
5.4	0.900	2.70	99.65	99.30
5.6	0.933	2.80	99.74	99.48
5.8	0.967	2.90	99.81	99.62
6.0	1.000	3.00	99.865	99.73
7.0	1.170	3.50	99.977	99.95
8.0	1.330	4.00	99.997	99.994
9.0	1.500	4.50	99.999	99.998

4. 标准差在质量控制中的重要作用

其作用可以通过下面的对比更加直观观地显示出来。

现有两组出磨生料的氧化钙测定值：第一组平均值 $\bar{x}=38.00\%$，标准差 $s=0.30\%$；第二组平均值亦为 $\bar{x}=38.00\%$，但标准差 $s=0.60\%$。《水泥企业质量管理规程》规定出磨生料为双侧控制，控制指标为 $K\pm0.30\%$，K 为企业规定的控制值，设为 38.00%，即 $\bar{x}$，则控制上限 $T_U=38.00\%+0.30\%=38.30\%$；控制下限 $T_L=38.00\%-0.30\%=37.70\%$。分别将两组测定值的正态分布及其标准化后的正态分布进行对比，如图 3-5 所示。

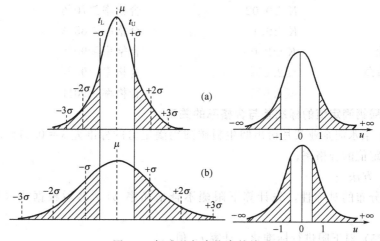

图 3-5　标准差与合格率的关系

图 3-5 左侧上下两个图形为两组测定值的实际正态分布曲线。第一组的标准差小于第二组的标准差，故第一组的正态分布曲线比第二组的曲线陡且窄，在控制指标上限 T_U 和下限 T_L 相同的情况下，第二组曲线落在控制范围之外部分（图 3-5 阴影部分）的比率明显地大于第一组曲线落在控制范围之外部分的比率，表明第二组的不合格品率要大于第一组。从图形上只能进行定性的判断，到底两组测定值不合格品率有多大，则需进行正态分布的标准化。

第一组测定值的正态分布标准化后，相应于控制上限 T_U 的 u 值为 $t_U=(T_U-\bar{x})/s=(38.30-38.00)/0.30=1$，相应于控制下限 T_L 的 u 值为 $t_L=(T_L-\bar{x})/s=(37.70-38.00)$ $1/0.30=-1$；第二组测定值的正态分布标准化后，相应于控制上限 T_U 的 u 值为 $t_U=(T_U-\bar{x})/s=(38.30-38.00)/0.60=0.50$，相应于控制下限 T_L 的 u 值为 $t_L=(T_L-\bar{x})/s=(37.70-38.00)/0.60=-0.50$。

根据式（3-33），第一组不合格品率：

$$p=2\Phi(u=t_L)=2\Phi(u=-1)=2\times0.1587=31.74\%$$

第二组不合格品率：

$$p=2\Phi(u=t_L)=2\Phi(u=-0.50)=2\times0.3085=61.70\%$$

这样就能对两组测定值的不合格品率进行定量比较。

需注意的是，正态分布表中间部分的数值是表示横坐标上从 $-\infty$（负无穷大）至表中最左边一栏某一 u 值之间曲线与横坐标所围的面积分数（总面积等于1）。计算任意两个 u 值面积分数之差时，一定要以 $-\infty$ 处为比较基点。查表时，也要注意 u 值的正负号。

使用正态分布表有两种方法，一是从 u 值查概率（面积分数），二是从概率反查最左一

列的 u 值。两种查表方法在具体实例的计算中都会用到。

二、出磨生料质量合格率与标准差的关系

《水泥企业质量管理规程》规定出磨生料各项质量指标的控制范围为:

氧化钙	$K\pm0.3\%$	合格率≥70%
碳酸钙滴定值	$K\pm0.5\%$	合格率≥70%
氧化铁	$K\pm0.2\%$	合格率≥80%
KH	$K\pm0.02$	合格率≥70%
n、p	$K\pm0.1$	合格率≥85%
80μm 筛余	$K\pm2.0\%$	合格率≥90%
0.2mm 筛余	≤2.0%	合格率≥90%
水分	≤1.0%	合格率≥90%

1. 生料碳酸钙滴定值的标准差与合格率的关系

【例 3-10】某水泥企业某月份出磨生料碳酸钙滴定值的标准差 $s=0.51\%$。计算该出磨生料碳酸钙滴定值的合格率。

【解】(1) 方法一

利用正态分布的对称性,先计算下限侧不合格品率 p_L,然后根据式 (3-27) 计算合格率。

按式 (3-25) 对下限进行标准化,计算 t_L 值:

$$t_L=\frac{T_L-\bar{x}}{s}=\frac{(\bar{x}-0.5)-\bar{x}}{s}=\frac{-0.50}{0.51}=-0.98$$

其结果如图 3-6 所示。查正态分布表:

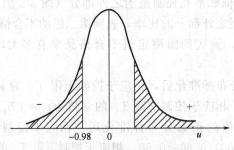

图 3-6 碳酸钙滴定值不合格率

下限侧不合格品率	$p_L=\Phi(u=t_L)=\Phi(u=-0.98)=0.1635$
双侧不合格品率	$p=2\Phi(u=-0.98)=2\times0.1635=0.327$
合格品率	$q=1-p=1-0.327=0.673=67.3\%$

不符合《水泥企业质量管理规程》规定的碳酸钙滴定值合格率≥70%的要求。

此例如改为 $s=0.45\%$,则

$$t_L=\frac{T_L-\bar{x}}{s}=\frac{(\bar{x}-0.5)-\bar{x}}{s}=\frac{-0.50}{0.45}=-1.11$$

查正态分布表 $\Phi(u=-1.11)=0.1335$,此为下限侧不合格品率 p_L,则合格品率 $q=1-2p_L=1-2\times0.1335=0.733=73.3\%$,符合《水泥企业质量管理规程》的要求。

（2）方法二

① 按式（3-25）对下限进行标准化，计算得 $t_L = -0.98$。

② 直接利用式（3-34）：

合格品率 $q = 1 - p = 1 - 2\Phi(u = t_L) = 1 - 2 \times 0.1635 = 67.3\%$

为了方便查阅，将出磨生料碳酸钙滴定值的公差 T、标准差 s 与合格率的关系列于表 3-10 中。关于表中所列出的工序能力指数 C_p 的含义可参阅第四章第二节。

表 3-10　出磨水泥生料碳酸钙滴定值标准差 s、公差 T 与合格率的关系

公差 $T = (K + 0.5\%) - (K - 0.5\%) = 1.0\%$

标准差 $s/\%$	公差/标准差(T/s)	工序能力指数 $C_p = T/6s$	临界点 $u = T/2s$	正态分布 $\Phi(u)$	双侧控制合格率/% $q = 2\Phi(u) - 1$
2.00	0.500	0.083	0.250	0.5987	19.74
1.90	0.526	0.088	0.263	0.6038	20.76
1.80	0.556	0.093	0.278	0.6095	21.90
1.70	0.588	0.098	0.294	0.6156	23.12
1.60	0.625	0.104	0.313	0.6227	24.54
1.50	0.667	0.111	0.333	0.6304	26.08
1.40	0.714	0.119	0.357	0.6395	27.90
1.30	0.769	0.128	0.385	0.6497	29.94
1.20	0.833	0.139	0.417	0.6616	32.32
1.15	0.870	0.145	0.435	0.6682	33.64
1.10	0.909	0.152	0.455	0.6752	35.04
1.00	1.000	0.167	0.500	0.6915	38.30
0.95	1.053	0.175	0.526	0.7006	40.12
0.90	1.111	0.185	0.556	0.7108	42.16
0.85	1.177	0.196	0.588	0.7218	44.36
0.80	1.250	0.208	0.625	0.7340	46.80
0.75	1.333	0.222	0.667	0.7477	49.54
0.70	1.429	0.238	0.714	0.7624	52.48
0.65	1.539	0.256	0.769	0.7794	55.88
0.60	1.667	0.278	0.833	0.7976	59.52
0.58	1.724	0.287	0.862	0.8056	61.12
0.55	1.818	0.303	0.909	0.8183	63.66
0.53	1.887	0.315	0.943	0.8273	65.46
0.50	2.000	0.333	1.000	0.8413	68.26
0.48	2.083	0.347	1.042	0.8512	70.24
0.45	2.222	0.370	1.111	0.8665	73.30
0.43	2.326	0.388	1.163	0.8776	75.52

标准差 $s/\%$	公差/标准差 (T/s)	工序能力指数 $C_p = T/6s$	临界点 $u = T/2s$	正态分布 $\Phi(u)$	双侧控制合格率/% $q = 2\Phi(u) - 1$
0.40	2.500	0.417	1.250	0.8944	78.88
0.38	2.632	0.439	1.316	0.9059	81.18
0.35	2.875	0.476	1.429	0.9235	84.70
0.33	3.030	0.505	1.515	0.9350	87.00
0.30	3.333	0.556	1.665	0.9520	90.40
0.28	3.571	0.595	1.786	0.9629	92.58
0.25	4.000	0.667	2.000	0.9773	95.45
0.20	5.000	0.833	2.500	0.9938	98.76
0.15	6.667	1.111	3.333	0.9996	99.92
0.10	10.000	1.667	5.000	0.9999	99.99

2. 生料氧化钙测定值的标准差与合格率的关系

【例 3-11】出磨生料 CaO 的标准差 s 应控制多大，才能满足合格率≥70％的要求？

【解】此例为反查正态分布表求得 u 值，再计算标准差 s。由式（3-34）得：

合格品率 $\qquad q = 70\% = 1 - 2\Phi(u = t_L) = 1 - 2p_L$

不合格品率 $\qquad p_L = (1/2)(1 - 70\%) = 15\% = 0.15$

反查正态分布表（附录一附表 2-1），表中数据最接近 0.15 的值为 0.1492，其对应的 u 值从表的最左侧及顶栏联合查找，其值即为 t_L，$t_L = -1.04$（如图 3-7 所示）：

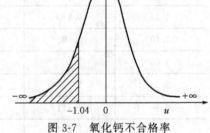

图 3-7 氧化钙不合格率

$$t_L = -1.04 = \frac{T_L - \bar{x}}{s} = \frac{(\bar{x} - 0.3\%) - \bar{x}}{s} = \frac{-0.3\%}{s}$$

$$s = \frac{-0.30\%}{-1.04} = 0.29\%$$

即控制 CaO 测定值的标准差 $s < 0.29\%$，才能保证 CaO 的合格率≥70％。

为了方便查阅，将出磨生料氧化钙测定值的公差 T、标准差 s 与合格率的关系列于表 3-11 中。关于表中所列出的工序能力指数 C_p 的含义可参阅第四章第二节。

表 3-11 出磨水泥生料氧化钙测定值标准差 s、公差 T 与合格率的关系

公差 $T = (K + 0.3\%) - (K - 0.3\%) = 0.6\%$

标准差 $s/\%$	公差/标准差 (T/s)	工序能力指数 $C_p = T/6s$	临界点 $u = T/2s$	正态分布 $\Phi(u)$	双侧控制合格率/% $q = 2\Phi(u) - 1$
1.50	0.400	0.067	0.200	0.5793	15.86
1.40	0.429	0.071	0.214	0.5848	16.96
1.30	0.462	0.077	0.231	0.5914	18.28
1.20	0.500	0.083	0.250	0.5987	19.74

标准差 $s\%$	公差/标准差(T/s)	工序能力指数 $C_p = T/6s$	临界点 $u = T/2s$	正态分布 $\Phi(u)$	双侧控制合格率/% $q = 2\Phi(u) - 1$
1.15	0.522	0.087	0.261	0.6030	20.60
1.10	0.545	0.091	0.273	0.6070	21.52
1.00	0.600	0.100	0.300	0.6179	23.58
0.95	0.632	0.105	0.316	0.6240	24.80
0.90	0.667	0.111	0.333	0.6304	26.08
0.85	0.706	0.118	0.353	0.6379	27.58
0.80	0.750	0.125	0.375	0.6462	29.24
0.75	0.800	0.133	0.400	0.6554	31.08
0.70	0.857	0.143	0.429	0.6660	33.20
0.65	0.923	0.154	0.462	0.6779	35.58
0.60	1.000	0.167	0.500	0.6915	38.30
0.58	1.034	0.172	0.517	0.6975	39.50
0.55	1.091	0.182	0.545	0.7071	41.42
0.53	1.132	0.189	0.566	0.7143	42.86
0.50	1.200	0.200	0.600	0.7257	45.14
0.48	1.250	0.208	0.625	0.7341	46.82
0.45	1.333	0.222	0.667	0.7478	49.56
0.43	1.395	0.233	0.698	0.7577	51.54
0.40	1.500	0.250	0.750	0.7734	54.68
0.39	1.538	0.256	0.769	0.7791	55.82
0.38	1.579	0.263	0.789	0.7849	56.98
0.37	1.622	0.270	0.811	0.7913	58.26
0.36	1.667	0.278	0.833	0.7975	59.48
0.35	1.714	0.286	0.857	0.8043	60.86
0.34	1.765	0.294	0.882	0.8111	62.22
0.33	1.818	0.303	0.909	0.8183	63.66
0.32	1.875	0.313	0.938	0.8259	65.18
0.31	1.935	0.323	0.968	0.8335	66.70
0.30	2.000	0.333	1.000	0.8413	68.26
0.29	2.069	0.345	1.034	0.8495	69.90
0.28	2.143	0.357	1.071	0.8579	71.58
0.27	2.222	0.370	1.111	0.8667	73.34
0.26	2.308	0.385	1.154	0.8757	75.14

标准差 s%	公差/标准差(T/s)	工序能力指数 $C_p=T/6s$	临界点 $u=T/2s$	正态分布 $\Phi(u)$	双侧控制合格率/% $q=2\Phi(u)-1$
0.25	2.400	0.400	1.200	0.8849	76.98
0.24	2.500	0.417	1.250	0.8944	78.88
0.23	2.609	0.435	1.304	0.9039	80.78
0.22	2.827	0.455	1.364	0.9136	82.72
0.21	2.857	0.476	1.429	0.9234	84.68
0.20	3.000	0.500	1.500	0.9332	86.64
0.18	3.333	0.556	1.667	0.9522	90.44
0.15	4.000	0.667	2.000	0.9773	95.46
0.13	4.615	0.769	2.308	0.9894	97.88
0.10	6.000	1.000	3.000	0.9987	99.74

3. 生料氧化铁测定值的标准差与合格率的关系

【例 3-12】 某水泥企业某月出磨生料 Fe_2O_3 含量的标准差 $s=0.15\%$，计算该月出磨生料 Fe_2O_3 的合格率。

【解】 出磨生料 Fe_2O_3 为双侧控制，控制指标为 $K\pm0.2\%$。

由式（3-25）计算 t_L 值，其结果如图 3-8 所示。

$$t_L=\frac{(K-0.2)-K}{s}=\frac{-0.2}{0.15}=-1.33$$

此例是用控制指标 K 代表测量结果的平均值 $\bar{x}$。

查正态分布表（附录一附表 2-1）得下限侧不合格品率为：$p_L=\Phi(u=-1.33)=0.0917$。

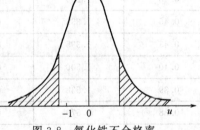

图 3-8 氧化铁不合格率

故合格率为 $q=1-2p_L=1-2\times0.0917=81.66\%\geq80\%$，符合《水泥企业质量管理规程》$Fe_2O_3$ 合格率≥80% 的要求。

此例如改为 $s=0.20\%$，则 t_L 值为：

$$t_L=\frac{(K-0.2)-K}{s}=\frac{-0.2}{0.20}=-1$$

查正态分布表得下限侧不合格品率为 $p_L=\Phi(u=-1)=0.1587$。

合格率 $q=1-2p_L=1-2\times0.1587=68.26\%<80\%$，不符合《水泥企业质量管理规程》的要求。

从上述实例可以看出，欲提高合格率，使之达到《水泥企业质量管理规程》的要求，必须采取措施，稳定生产工艺过程，合理减小标准差。

为了方便查阅，将出磨生料氧化铁测定值的公差 T、标准差 s 与合格率的关系列于表 3-12 中。关于表中所列出的工序能力指数 C_p 的含义可参阅第四章第二节。

表 3-12 出磨水泥生料氧化铁测定值标准差 s、公差 T 与合格率的关系

公差 $T=(K+0.2\%)-(K-0.2\%)=0.4\%$

标准差 $s/\%$	公差/标准差(T/s)	工序能力指数 $C_p=T/6s$	临界点 $u=T/2s$	正态分布 $\Phi(u)$	双侧控制合格率/% $q=2\Phi(u)-1$
1.00	0.400	0.067	0.200	0.5793	15.86
0.80	0.500	0.083	0.250	0.5987	19.74
0.60	0.667	0.111	0.333	0.6305	26.10
0.50	0.800	0.133	0.400	0.6554	31.08
0.45	0.889	0.148	0.444	0.6715	34.30
0.40	1.000	0.167	0.500	0.6915	38.30
0.35	1.143	0.190	0.571	0.7161	43.22
0.30	1.333	0.222	0.667	0.7478	49.56
0.29	1.379	0.230	0.690	0.7549	50.98
0.28	1.429	0.238	0.714	0.7623	52.46
0.27	1.481	0.247	0.741	0.7706	54.12
0.26	1.538	0.256	0.769	0.7791	55.82
0.25	1.600	0.267	0.800	0.7881	57.62
0.24	1.667	0.278	0.833	0.7975	59.50
0.23	1.739	0.290	0.870	0.8078	61.56
0.22	1.818	0.303	0.909	0.8183	63.66
0.21	1.905	0.317	0.952	0.8294	65.88
0.20	2.000	0.333	1.000	0.8413	68.26
0.19	2.105	0.351	1.053	0.8538	70.76
0.18	2.222	0.370	1.111	0.8667	73.34
0.17	2.353	0.392	1.176	0.8802	76.04
0.16	2.500	0.417	1.250	0.8944	78.88
0.15	2.667	0.444	1.333	0.9087	81.74
0.14	2.857	0.476	1.429	0.9235	84.70
0.13	3.077	0.513	1.538	0.9380	87.60
0.12	3.333	0.556	1.667	0.9522	90.44
0.11	3.636	0.606	1.818	0.9654	93.08
0.10	4.000	0.667	2.000	0.9773	95.46
0.09	4.444	0.741	2.222	0.9868	97.36
0.08	5.000	0.833	2.500	0.9938	98.76
0.07	5.714	0.952	2.857	0.9978	99.56
0.06	6.667	1.111	3.333	0.9996	99.92
0.05	8.000	1.333	4.000	0.9999	99.99
0.04	10.00	1.667	5.000	0.9999	99.99

三、出窑熟料质量合格率与标准差的关系

《水泥企业质量管理规程》对旋窑出窑水泥熟料规定的主要质量指标的控制范围为：

立升重	$K\pm75\text{g/L}$	合格率$\geqslant85\%$
$f\text{-CaO}$	$\leqslant1.5\%$	合格率$\geqslant85\%$
KH	$K\pm0.02$	合格率$\geqslant80\%$
n、p	$K\pm0.1$	合格率$\geqslant85\%$
28d抗压强度	$\geqslant50\text{MPa}$	

1. 熟料中 $f\text{-CaO}$ 含量合格率与标准差的关系

《水泥企业质量管理规程》对旋窑水泥熟料中游离氧化钙含量的要求是 $w(f\text{-CaO})\leqslant1.5\%$，合格率$\geqslant85\%$。此指标为单侧（上限）控制，$T_{\text{U}}=1.5\%$。

【例 3-13】 某水泥厂某月熟料中 $f\text{-CaO}$ 的统计平均值 $\bar{x}=1.0\%$，标准差 $s=0.50\%$，计算该月熟料中 $f\text{-CaO}$ 的合格率。

【解】 利用式（3-28）计算正态分布标准化后上限值临界点 t_{U} 值，结果如图 3-9 所示。

$$t_{\text{U}}=\frac{T_{\text{U}}-\bar{x}}{s}=\frac{1.5-1.00}{0.50}=1.0$$

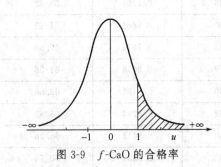

图 3-9 $f\text{-CaO}$ 的合格率

查附录一附表 2-2 正态分布表，得 $f\text{-CaO}$ 合格率：$q_{\text{U}}=\Phi(u=t_{\text{U}})=\Phi(u=1.0)=84.13\%<85\%$，未能达到合格率$\geqslant85\%$的要求。

为使熟料中游离氧化钙的含量达到《水泥企业质量管理规程》的要求，应采取下述措施。

措施一：减小平均值 $\bar{x}$，使其远离控制上限 T_{U}；例如，使 $\bar{x}$ 减小至 0.90%，标准差 s 仍为 0.50%，则 $f\text{-CaO}$ 合格率：$q_{\text{U}}=\Phi(u=t_{\text{U}})=\Phi(u=1.2)=88.5\%>85\%$。

措施二：减小标准差 s，即减小测定值的分散度，例如，将标准差 s 降至 0.45%，平均值 $\bar{x}=1.0\%$，则：

$$t_{\text{U}}=\frac{T_{\text{U}}-\bar{x}}{s}=\frac{1.5-1.0}{0.45}=1.11$$

$f\text{-CaO}$ 合格率：$q_{\text{U}}=\Phi(u=t_{\text{U}})=\Phi(u=1.11)=86.7\%>85\%$。

2. 熟料 KH 值的合格率与标准差的关系

回转窑水泥熟料 KH 值的控制范围为目标值 $K\pm0.02$，此为双侧控制。

【例 3-14】 某厂某月出磨熟料 KH 值的标准差 $s=0.025$，计算 KH 值的合格率。

【解】 先按式（3-25）计算正态分布标准化后下侧限临界点 t_{L} 值：

$$t_{\text{L}}=\frac{T_{\text{L}}-\bar{x}}{s}=\frac{(\bar{x}-0.02)-\bar{x}}{s}=\frac{-0.02}{0.025}=-0.8$$

再根据式（3-34）计算双侧控制的合格率：

$$q=1-2\Phi(u=-0.8)=1-2\times0.2119=57.62\%<70\%$$

结果表明未能达到 KH 值合格率$\geqslant80\%$的要求。

【例 3-15】 回转窑水泥熟料 KH 值合格率要达到 80%，计算其标准差 s 值的上限。

【解】KH 值的控制范围为 $K\pm0.02$。合格率$\geqslant80\%$时，其双侧不合格品率应小于 $1-80\%=20\%$，单指下限侧不合格品率则为其 $1/2$，即 10%（0.10）。

反查正态分布表（附录一附表 2-1）内的数值，找到与 0.10 最接近的数值是 0.1003，其对应的 u 值从表的最左侧和顶栏联合查找，得 $u=-1.28$（如图 3-10 所示），则：

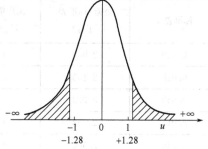

$$t_{\mathrm{L}}=\frac{-0.02}{s}=-1.28$$

所以，标准差 $s=\dfrac{-0.02}{-1.28}=0.016$。

图 3-10　熟料 KH 值的合格率

故欲使熟料 KH 值的合格率$\geqslant80\%$，其标准差 s 的上限为 0.016。

如果标准差 s 为 0.020，则：

$$t_{\mathrm{L}}=\frac{T_{\mathrm{L}}-\bar{x}}{s}=\frac{(\bar{x}-0.02)-\bar{x}}{s}=\frac{-0.02}{0.020}=-1.0$$

根据式（3-34）计算双侧控制的合格率：

$$q=1-2\Phi(u=-1.0)=1-2\times0.1587=68.26\%<80\%$$

远未达到合格率 80% 的要求。因此，必须采取有效措施，将 KH 值的标准差降低至 0.016 以下，方能保证 KH 的合格率达到 80% 以上。

为了方便查阅，将出窑熟料 KH 值合格率与标准差 s、公差 T 的关系列于表 3-13 中。

表 3-13　出窑熟料 KH 合格率与标准差 s、公差 T 的关系

公差 $T=(K+0.02)-(K-0.02)=0.04$

标准差 s	公差/标准差 （T/s）	工序能力指数 $C_{\mathrm{p}}=T/6s$	临界点 $u=T/2s$	正态分布 $\Phi(u)$	双侧控制合格率/% $q=2\Phi(u)-1$
0.060	0.667	0.111	0.333	0.6305	26.10
0.050	0.800	0.133	0.400	0.6554	31.08
0.045	0.889	0.148	0.444	0.6714	34.28
0.040	1.000	0.167	0.500	0.6915	38.30
0.035	1.143	0.190	0.571	0.7160	43.20
0.030	1.333	0.222	0.667	0.7476	49.52
0.029	1.379	0.230	0.690	0.7549	50.98
0.028	1.429	0.238	0.714	0.7623	52.46
0.027	1.481	0.247	0.741	0.7733	54.66
0.026	1.538	0.256	0.769	0.7791	55.82
0.025	1.600	0.267	0.800	0.7881	57.62
0.024	1.667	0.278	0.833	0.7975	59.50
0.023	1.739	0.290	0.870	0.8078	61.56
0.022	1.818	0.303	0.909	0.8183	63.66
0.021	1.905	0.317	0.952	0.8294	65.88

标准差 s	公差/标准差 (T/s)	工序能力指数 $C_p=T/6s$	临界点 $u=T/2s$	正态分布 $\Phi(u)$	双侧控制合格率/% $q=2\Phi(u)-1$
0.020	2.000	0.333	1.000	0.8413	68.26
0.019	2.105	0.351	1.052	0.8536	70.72
0.018	2.222	0.370	1.111	0.8667	73.34
0.017	2.353	0.392	1.176	0.8802	76.04
0.016	2.500	0.417	1.250	0.8944	78.88
0.015	2.667	0.444	1.333	0.9087	81.74
0.014	2.857	0.476	1.429	0.9235	84.70
0.013	3.077	0.513	1.538	0.9380	87.60
0.012	3.333	0.555	1.667	0.9522	90.44
0.011	3.636	0.606	1.818	0.9654	93.08
0.010	4.000	0.667	2.000	0.9773	95.46
0.009	4.444	0.741	2.222	0.9868	97.36
0.008	5.000	0.833	2.500	0.9938	98.76
0.007	5.714	0.952	2.857	0.9978	99.56
0.006	6.667	1.111	3.333	0.9996	99.92
0.005	8.000	1.333	4.000	0.9999	99.99

3. 熟料 n、p 值的合格率与标准差的关系

【例 3-16】《水泥企业质量管理规程》规定熟料 n、p 值的控制范围为 $(K\pm0.1)$，合格率 $\geqslant85\%$，计算其标准差应小于多少。

【解】n、p 值为双侧控制，上侧限为 $T_U=K+0.1$，下侧限为 $T_L=K-0.1$。

同例 3-12，此例是用控制指标 K 代表测定结果的平均值 $\bar{x}$。

由式（3-34）可得：

$$q=1-2\Phi(u=t_L)$$

结合式（3-25）可得：

$$0.85=1-2\Phi\left(u=\frac{T_L-\bar{x}}{s}\right)=1-2\Phi\left(u=\frac{K-0.1-K}{s}\right)=1-2\Phi\left(u=\frac{-0.1}{s}\right)$$

$$2\Phi\left(u=\frac{-0.1}{s}\right)=1-0.85=0.15$$

$$\Phi\left(u=\frac{-0.1}{s}\right)=0.075$$

反查正态分布表（附录一附表 2-1），在表中与 0.075 最接近的数值是 0.07493。对应于 0.07493 的表中最左侧与顶栏的 u 值 $=-1.44$（如图 3-11 所示），因而有：

$$\frac{-0.1}{s}=-1.44$$

故

$$s=\frac{-0.1}{-1.44}=0.069\approx0.07$$

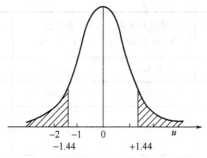

图 3-11 熟料 n、p 值的合格率

即熟料的 n、p 值的标准差应小于 0.07，才能保证其合格率≥85%。

为了方便查阅，将出窑熟料 n、p 值合格率与标准差 s、公差 T 的关系列于表 3-14 中。

表 3-14 出窑熟料 n、p 值合格率与标准差 s、公差 T 的关系

公差 $T=(K+0.10)-(K-0.10)=0.20$

标准差 s	公差/标准差 (T/s)	工序能力指数 $C_p=T/6s$	临界点 $u=T/2s$	正态分布 $\Phi(u)$	双侧控制合格率/% $q=2\Phi(u)-1$
0.20	1.000	0.167	0.500	0.6915	38.30
0.19	1.053	0.175	0.526	0.7001	40.02
0.18	1.111	0.185	0.556	0.7144	42.88
0.17	1.176	0.196	0.588	0.7217	44.34
0.16	1.250	0.208	0.625	0.7340	46.80
0.15	1.333	0.222	0.667	0.7478	49.56
0.14	1.429	0.238	0.714	0.7623	52.46
0.135	1.481	0.247	0.741	0.7706	54.12
0.130	1.538	0.256	0.769	0.7791	55.82
0.125	1.600	0.267	0.800	0.7881	57.62
0.120	1.667	0.278	0.833	0.7975	59.50
0.115	1.739	0.290	0.870	0.8078	61.56
0.110	1.818	0.303	0.909	0.8184	63.68
0.105	1.905	0.317	0.952	0.8294	65.88
0.100	2.000	0.333	1.000	0.8413	68.26
0.095	2.105	0.351	1.053	0.8538	70.76
0.090	2.222	0.370	1.111	0.8667	73.34
0.085	2.353	0.392	1.176	0.8802	76.04
0.080	2.500	0.417	1.250	0.8944	78.88
0.075	2.667	0.444	1.333	0.9087	81.74

标准差 s	公差/标准差 (T/s)	工序能力指数 $C_p = T/6s$	临界点 $u = T/2s$	正态分布 $\Phi(u)$	双侧控制合格率/% $q = 2\Phi(u) - 1$
0.070	2.857	0.476	1.429	0.9235	84.70
0.065	3.077	0.513	1.538	0.9380	87.60
0.060	3.333	0.556	1.667	0.9522	90.44
0.055	3.636	0.606	1.818	0.9655	93.10
0.050	4.000	0.667	2.000	0.9773	95.46
0.045	4.444	0.741	2.222	0.9868	97.36
0.040	5.000	0.833	2.500	0.9938	98.76
0.030	6.667	1.111	3.333	0.9996	99.92
0.020	10.000	1.667	5.000	100.00	100.00

四、出厂水泥质量合格率与标准差的关系

1. 出厂水泥不合格品率的计算

【例 3-17】某厂某月共出厂 80 个编号 42.5 级水泥。经检验，其 28d 抗压强度平均值 $\bar{x} = 48.10\text{MPa}$，标准差 $s = 2.50\text{MPa}$。计算出厂水泥不合格品率。

【解】此例为单侧（下限）控制，$T_L = 42.5\text{MPa}$。

由式（3-25）及式（3-26）计算出厂水泥 28d 抗压强度值小于 42.5MPa 的比率：

不合格品率
$$p_L = \Phi(u = t_L) = \Phi(u = \frac{T_L - \bar{x}}{s})$$

$$= \Phi(u = \frac{42.5 - 48.1}{2.50}) = \Phi(u = -2.24) = 1.25\%$$

不合格品编号数 $= 80 \times 1.25\% = 1$。

此例标准差 s 值较大，导致出厂水泥 28d 抗压强度的合格率未能达到 100%（如图 3-12 所示）。

2. 水泥 28d 抗压富余强度不合格品率的计算

水泥与一般的工业产品不同，是用于各种建筑物的主要建筑材料，其质量关系到国计民生。20 世纪 50 年代发生水利工程质量事故后，国家规定：出厂水泥 28d 抗压强度要留出 25～50kgf/cm² (1kgf/cm² = 98.0665kPa) 的富余强

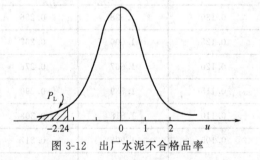

图 3-12　出厂水泥不合格品率

度。25kgf/cm² 折合 2.45MPa，由此，国家规定出厂水泥要有 2.45MPa 的富余强度。2011 年 1 月 1 日起实施的《水泥企业质量管理规程》中对出厂水泥的富余强度做了规定：通用硅酸盐水泥 28d 抗压富余强度不小于 2.0MPa，白水泥及中热、低热水泥不小于 1.0MPa，道路硅酸盐水泥、钢渣水泥不小于 2.5MPa。

《水泥企业质量管理规程》要求 28d 抗压富余强度合格率要达到 100%。因此，在质量控制工作中要对此项指标给予高度重视。如出现 28d 抗压富余强度不合格产品，要作为未遂

质量事故严肃处理。

现介绍 28d 抗压富余强度不合格品率的计算方法。

【例 3-18】 某厂某月共出厂 80 个编号 42.5 级水泥。经检验，其 28d 抗压强度平均值 $\bar{x}=48.10\mathrm{MPa}$，标准差 $s=2.50\mathrm{MPa}$。计算出厂水泥 28d 抗压富余强度不合格品率。

【解】 对通用硅酸盐水泥要求 28d 抗压富余强度不小于 2.0MPa。如果是 42.5 级水泥，则 28d 抗压强度合格品率的下限为：$T_\mathrm{L}=42.5+2.0=44.5\mathrm{MPa}$。标准化后：

$$t_\mathrm{L}=\frac{T_\mathrm{L}-\bar{x}}{s}$$

28d 抗压富余强度不合格品率：

$$p_\mathrm{L}=P(44.5>x)=\Phi\left(u=\frac{T_\mathrm{L}-\bar{x}}{s}\right)=\Phi\left(u=\frac{44.5-48.1}{2.50}\right)=\Phi(u=-1.44)=7.49\%$$

28d 抗压富余强度不合格编号数为 $80\times7.49\%=6$（如图 3-13 所示）。

通过此例及例 3-17 的计算结果可知，在出厂水泥 28d 抗压强度的标准差 $s=2.50\mathrm{MPa}$ 时，并不能保证出厂水泥 100% 合格，更不能保证抗压富余强度 100% 合格，根本原因是产品质量波动太大。要保证出厂水泥两个 100% 合格，且不出现超等级产品，必须设法降低出厂水泥 28d 抗压强度的标准差，使 $s\leqslant1.65\mathrm{MPa}$。$s=1.65\mathrm{MPa}$ 时，水泥生产过程能力适中。对于特殊工程用水泥，希望 s 尽可能小。

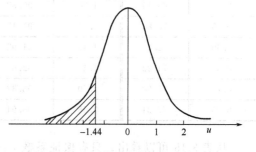

图 3-13　28d 抗压富余强度不合格率

3. 富余强度保证系数 t 的概念

《水泥企业质量管理规程》规定：出厂水泥 28d 抗压强度控制值 ≥ 规定的标准值 + 富余强度值 + $3s$。此处系数 3 为水泥富余强度保证系数，通常用 t 表示。可将上述规定用下述通式表示：

$$R_\mathrm{实}\geqslant R_\mathrm{标}+R_\mathrm{富}+ts \tag{3-35}$$

式中　$R_\mathrm{实}$——出厂水泥 28d 抗压强度控制值，MPa；

$R_\mathrm{标}$——国家标准规定的水泥 28d 抗压强度值，MPa；

$R_\mathrm{富}$——富余强度值，MPa，通用硅酸盐水泥 $R_\mathrm{富}=2.0\mathrm{MPa}$；

t——富余强度保证系数，《水泥企业质量管理规程》规定 $t=3$；

s——上月（或某一统计期）平均 28d 抗压强度标准差，MPa。

将上式进行变换可得：

$$t=\frac{R_\mathrm{实}-(R_\mathrm{标}+R_\mathrm{富})}{s} \tag{3-36}$$

此式相当于将 28d 抗压强度的正态分布进行了标准化，t 值相当于正态分布表（$u\geqslant0$）中的 u 值，表中间与 $u=t$ 相应的数值为从 $-\infty$ 至 $u=t$ 曲线与横坐标围成的面积分数，此处即相当于水泥富余强度保证率 P（%）。

为便于应用，现将水泥富余强度保证率 P 与保证系数 t 的关系从正态分布表中摘出，列于表 3-15，以供参考。

表 3-15 水泥富余强度保证率 P 与保证系数 t 的关系

t	$P/\%$	t	$P/\%$	t	$P/\%$	t	$P/\%$
0.00	50.00	0.80	78.81	1.60	94.52	2.35	99.06
0.05	51.99	0.85	80.23	1.65	95.05	2.40	99.18
0.10	53.98	0.90	81.59	1.70	95.54	2.45	99.29
0.15	55.96	0.95	82.89	1.75	95.99	2.50	99.38
0.20	57.93	1.00	84.13	1.80	96.41	2.55	99.46
0.25	59.87	1.05	85.31	1.85	96.78	2.58	99.51
0.30	61.79	1.10	86.43	1.90	97.13	2.60	99.53
0.35	63.68	1.15	87.49	1.95	97.44	2.65	99.60
0.40	65.54	1.20	88.49	1.96	97.50	2.70	99.65
0.45	67.36	1.25	89.44	2.00	97.72	2.75	99.70
0.50	69.15	1.30	90.32	2.05	97.98	2.80	99.74
0.55	70.88	1.35	91.15	2.10	98.21	2.85	99.78
0.60	72.57	1.40	91.92	2.15	98.42	2.90	99.81
0.65	74.22	1.45	92.65	2.20	98.61	2.95	99.84
0.70	75.80	1.50	93.32	2.25	98.78	3.00	99.87
0.75	77.34	1.55	93.94	2.30	98.93		

从表 3-15 可以看出，只有保证系数 $t \geqslant 3$，才能确保富余强度保证率达到 99.87%，接近 100%，富余强度不合格品率小于 0.13%。

但 t 值亦不宜过大，否则就会出现大量的超等级产品，影响企业的经济效益。一般保证系数以 3 为宜。重要的是要降低抗压强度的分散度，减小标准差。

【例 3-19】某厂全年共出厂通用水泥 600 个编号。质量报表上标明出厂水泥达到了两个 100% 合格，但查阅该厂富余强度保证系数仅为 1.50。据此判断该厂出厂水泥富余强度的合格率。

【解】该厂富余强度不合格率为：

$$p_L = \Phi\left[u = \frac{(Y+2.0)-(Y+2.0+1.5s)}{s}\right] = \Phi(u=-1.5) = 6.7\%$$

式中，Y 为该厂出厂水泥抗压强度标准规定值。该厂全年富余强度不合格编号数为 $600 \times 6.7\% = 40$。按照《水泥企业质量管理规程》的规定，该厂该年度发生未遂质量事故 40 起，可以断定该企业报表上的两个 100% 合格的数字是不真实的。

4. 水泥 28d 抗压强度超等级比率的计算

对于 42.5 级水泥，其控制上限 $T_U = 52.5\text{MPa}$（若等于或大于 52.5MPa，则认为是超等级水泥）。

仍以例 3-18 为例，某厂某月共出厂 80 个编号 42.5 级水泥。经检验，其 28d 抗压强度平均值 $\bar{x} = 48.10\text{MPa}$，标准差 $s = 2.50\text{MPa}$，则超等级水泥的比率为：

$$p_U = P(x \geqslant 52.5) = 1 - \Phi\left(u = \frac{T_U - \bar{x}}{s}\right)$$

$$= 1 - \Phi\left(u = \frac{52.5 - 48.1}{2.50}\right) = 1 - \Phi(u=1.76) = 1 - 0.9608 = 3.92\%$$

所以，超等级编号数 $= 80 \times 3.92\% = 3$。

第四章 过程控制中的统计技术

所谓"过程"，即为使用资源将输入转化为输出的活动的系统。对这一转化过程必须实施必要的控制手段，以保证过程的增值，即要求输出的价值一定要大于输入的价值。此时的过程称为有效过程。为实现过程的有效性，必须把产品的质量从事后检验改为事先预测。这就要求及时了解和控制生产过程，尽量少出或不出不合格产品，把不合格产品的件数控制在许可范围内。为此，需要解决两个方面的问题：一是如何保证产品在生产过程中的每一道工序的加工质量；二是如何保证使每道工序的加工质量保持稳定，并且一旦出现异常现象能及时发现，查明原因，采取针对性的措施，使生产迅速恢复正常。前者需要对过程能力进行分析和调整，后者则通过控制图对生产过程进行控制。

第一节 ▶▶ 质量波动的原因

产品质量产生波动的原因很多，通常可以归纳为以下五个方面：

(1) 人（man） 生产操作者对质量的认识、技术熟练程度和身体状况等。

(2) 机器（machine） 机器设备、工具精度和维修保养情况等。

(3) 材料（material） 材料的成分、物理性能和化学性能等。

(4) 方法（method） 加工工艺、操作规程和测量方法等。

(5) 环境（environment） 工作场地的温度、湿度、照明和清洁条件等。

从工序质量控制的角度来看，这五个方面的原因又可分为两类：正常原因和异常原因。

正常原因又称偶然性原因，类似于第二章所述及的随机误差，是一种在生产过程中大量存在，并且对产品质量经常起作用的影响因素，它们对产品质量特性值的影响比较小，并使产品质量特性值的波动呈典型分布。

异常原因又称系统性原因，这种原因是在非正常情况下产生的，类似于第二章所述及的系统误差，是一种对产品质量不经常起作用的影响因素，使产品质量发生显著的变化，使生产过程出现不正常状态，表现为周期性或倾向性的有规律性变化。

在生产过程中，区分由正常原因和异常原因造成的两种不同的产品质量波动，单靠经验分析往往缺乏可靠的科学依据，而用数理统计的方法，可以及时、准确地加以分析判断。根据数理统计的知识，如果产品质量的波动是由正常原因造成的，则产品质量的特性值的分布呈典型分布，例如在正常生产条件下，水泥熟料的抗压强度服从正态分布。如果产品质量特性值偏离典型分布很远，而又不属于个别情况，则可判断在产品质量波动中有异常原因存在，应立即采取措施加以消除。

第二节 ▶▶ 工序能力与工序能力指数

一、工序能力

工序（或过程）能力，是指在过程的对象、手段、方法、场所、时间等资源要素已经充分标准化（即受控）的条件下，实现过程目标的能力。

过程的目标，是指完成一个过程所预定达到的目标。任何一个过程均应在开始之前确定应实现的目标。

过程的对象，是指过程所针对的实体，如：材料、半成品、成品、工作项目或工程项目等。过程的手段，是指参与过程的硬件，如：机器、设施、仪器仪表、工模夹具、安全装置，也包括人和工作条件、环境条件等。

过程的方法，是指实现过程所采用的具体方法，包括工作方法（操作方法）、控制方法和验证方法等。

过程的场所，是指实现过程的所在地点，也包括管理场所等所应具备的条件。

过程的时间，是指完成过程所需要的具体时间以及预定的完成日期。

所谓处于标准化条件下的过程（或工序）是指：

① 原材料或上一道工序半成品按照标准要求供应；

② 本工序按作业标准实施，且影响工序质量的主要因素无异常情况；

③ 工序完成后，产品的检查按标准进行。

工序能力的测定必须在工序符合上述三条，即工序实施过程均应标准化的前提下进行，否则测得的工序能力是没有任何意义的。

在定量描述过程能力时，以过程实际的质量特性值的分散程度即标准差 σ 的 6 倍来表示：

$$B = 6\sigma \tag{4-1}$$

在正常生产的条件下，每道工序的实际加工能力是以该工序所加工产品的质量特性值的分散程度来衡量的。如果产品质量特性值的分散程度小，则工序能力强；如果产品质量特性值的分散程度大，则工序能力低。根据数理统计的知识，在正常生产的条件下，产品质量特性值的分布服从正态分布 $N(\mu, \sigma^2)$，μ 为分布中心，σ 为标准差。为了将工序能力定量化，用 3σ 原则衡量产品质量特性值的分散程度。按照 3σ 原则，当生产处于正常状态时，产品质量特性值出现在区间 $(\mu-3\sigma, \mu+3\sigma)$ 内的产品应占全部产品的 99.73%，因此，取这个区间的长度 6σ 衡量产品质量特性值的分散程度，亦即用 6σ 衡量工序能力的大小比较适宜。当然，区间长度还可以取得更长一些，如 8σ，但从 6σ 到 8σ，分散范围虽然增加了 2σ，但在 8σ 范围内所包括的产品只增加约 99.99%－99.73%＝0.26%，从经济效益看是不合适的，因此一般取 6σ。

公式中的标准差 σ 为总体的分布参数，而计算时需用样本的分布参数标准差 s 进行估计，这种估计必须在过程处于稳定状态时才有效。对于尚未推行统计过程控制的企业而言，本来是不具备条件计算过程能力（以及其后的过程能力指数 C_p）的，如果用户迫切需要，可暂时选择过程较为平稳的某一阶段的数据进行计算，作为临时性的措施。最根本的做法还是尽早创造条件实施统计过程控制。

二、工序能力指数

工序能力只是描述该工序所加工产品的质量特性值分散程度的一个量，而一件产品是否合格还需要用质量标准即公差范围去衡量。为了反映工序能力与公差范围的关系，引入"工序能力指数"的概念。工序能力指数用 C_p 表示，见式（4-2）。

$$C_p = \frac{T}{6\sigma} \tag{4-2}$$

式中　T——公差范围，$T = T_U - T_L$；

　　T_U——公差上限；

　　T_L——公差下限。

工序能力指数 C_p 表示工序能力满足产品质量标准的程度，反映了产品质量特性值的分布达到标准分布（典型分布）的能力大小。

下面按照不同的情况，分别介绍工序能力指数 C_p 的计算方法。

1. 产品质量受双侧控制时的 C_p 值

当设计标准规格同时给出规格的上、下限时（如出磨水泥生料氧化钙的含量），工序能力指数 C_p 按式（4-3）计算。

$$C_p = \frac{T}{6\sigma} = \frac{T_U - T_L}{6\sigma} \approx \frac{T_U - T_L}{6s} \tag{4-3}$$

（1）技术标准中心与质量特性值分布中心重合，即无偏的情况　这是一种比较理想的情况，如图 4-1 所示。此时，产品质量特性值的平均值 μ 与公差中心 $M = \frac{1}{2}(T_U + T_L)$ 相等，即：

$$\mu = M = \frac{1}{2}(T_U + T_L) \tag{4-4}$$

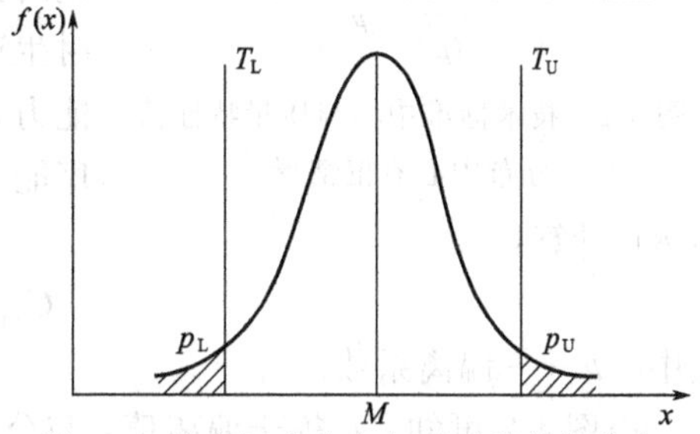

图 4-1　技术标准中心与质量特性值分布中心无偏情形

图 4-1 中 p_U 为超出规格上限的产品不合格品率，p_L 为低于规格下限的产品不合格品率。p_U 和 p_L 的计算方法如下（参见本书第三章表 3-8）。

以 x 表示产品质量特性值，由于 x 服从正态分布，即 $x \sim N(\mu, \sigma^2)$，故超出规格上限的不合格品率为：

$$p_U = P(x > T_U) = P\left(\frac{x - \mu}{\sigma} > \frac{T_U - \mu}{\sigma}\right)$$

$$= P\left(t > \frac{T}{2\sigma}\right) \left[\text{注：} t = \frac{x - \mu}{\sigma} \sim N(0, 1), T_U - \mu = \frac{T}{2}\right]$$

$$= P(t > 3C_p)$$

$$= 1 - \Phi(3C_p) \tag{4-5}$$

由对称性可知，低于规格下限不合格品率为：

$$p_L = 1 - \Phi(3C_p) \tag{4-6}$$

最后得到总的不合格品率 p 为：

$$p = p_U + p_L = 2[1 - \Phi(3C_p)] \tag{4-7}$$

由于无偏情况时上、下限对称，$p_U = p_L$，而 $p_L = \Phi(-3C_p)$，所以，总的不合格品率亦可按下式计算：$p = p_U + p_L = 2\Phi(-3C_p)$。

【例 4-1】某水泥厂规定出磨生料氧化钙含量为 38.0%，公差要求为 ±0.3%。现对 48 次测定结果进行统计计算，得平均值为 38.0%，标准差 $s = 0.15\%$。求生料磨制工艺的工序能力指数，并预计不合格品率。

【解】此例属于质量特性分布中心 $\bar{x}$ 与技术标准中心 M 重合，即无偏的情况。

控制上限 $T_U = 38.0\% + 0.3\% = 38.3\%$，控制下限 $T_L = 38.0\% - 0.3\% = 37.7\%$，$s = 0.15\%$，故得工序能力指数为：

$$C_p = \frac{T_U - T_L}{6s} = \frac{38.3 - 37.7}{6 \times 0.15} = 0.67$$

不合格品率为：

$$p = 2[1 - \Phi(3C_p)] = 2[1 - \Phi(3 \times 0.67)]$$
$$= 2[1 - \Phi(2.0)] = 2(1 - 0.978) = 4.4\ (\%)$$

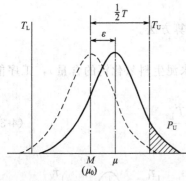

图 4-2　技术标准中心与质量特性值
分布中心有偏情形

（2）技术标准中心与质量特性值的分布中心偏离，即有偏的情况　生产过程总是有一定的波动，在多数情况下，技术标准中心与质量特性值的分布中心总会有一定的偏离：$\varepsilon = |\mu - M|$，如图 4-2 所示。

从图 4-2 中可以看出，在有偏的情况下，由于偏离量 ε 的存在，使得产品在一侧的不合格品率增大，而在另一侧的不合格品率减小，甚至不出现不合格品。显然，这时如仍用无偏情况下的工序能力指数 C_p 已不能反映此时生产能力的实际情况。为了保持这道工序原来的加工能力，必须根据偏离量 ε 对 C_p 值进行修正，修正后的工序能力指数用 C_{pk} 表示，以示与 C_p 的区别。C_{pk} 按式（4-8）计算：

$$C_{pk} = (1 - k)C_p \tag{4-8}$$

式中　k——偏离系数。

由图 4-2 可知，k 等于偏离值 ε 与公差的一半（$T/2$）之比：

$$k = \frac{\varepsilon}{T/2} = \frac{\left|\frac{1}{2}(T_U + T_L) - \mu\right|}{\frac{1}{2}(T_U - T_L)}$$

将 $k = \varepsilon/(T/2)$ 代入式（4-8）中得：

$$C_{pk} = \left(1 - \frac{2\varepsilon}{T}\right)C_p \approx \frac{T - 2\varepsilon}{T} \times \frac{T}{6s} = \frac{T - 2\varepsilon}{6s} \tag{4-9}$$

从式（4-9）可知，欲提高过程的工序能力，有两种途径。首选途径是最大限度地减小偏移量 ε；必要时进行技术改进以减小标准差 s。

在上述各式中，当 μ、σ 未知时，分别用 $\bar{x}$、s 进行估计。

从物理意义上说，当产品质量特性值的分布中心向规格上（下）限偏移时，规格下（上）限失去了作用，故在不同的偏离情况下，工序能力指数的计算应有所区别。

① 当产品质量特性值的分布中心向规格上限 T_U 偏移时，工序能力指数用右侧来衡量，并记右侧的工序能力指数为 C_{pU}。C_{pU} 按式（4-10）计算：

$$C_{pk} = C_{pU} = \frac{T_U - \mu}{3\sigma} \approx \frac{T_U - \bar{x}}{3s} \tag{4-10}$$

产品的不合格率为：

上限侧　　　　　　$p_U = 1 - \Phi[3C_p(1 - k)]$ $\tag{4-11}$

下限侧　　　　　　$p_L = 1 - \Phi[3C_p(1 + k)]$ $\tag{4-12}$

总计不合格品率为：

$$p=p_U+p_L=2-\Phi\left[3C_p\left(1-k\right)\right]-\Phi\left[3C_p\left(1+k\right)\right] \tag{4-13}$$

② 当产品质量特性值的分布中心向规格下限 T_L 偏移时，工序能力指数用左侧来衡量，并记左侧的工序能力指数为 C_{pL}。C_{pL} 按式（4-14）计算：

$$C_{pk}=C_{pL}=\frac{\mu-T_L}{3\sigma}\approx\frac{\bar{x}-T_L}{3s} \tag{4-14}$$

这时，产品总不合格率的计算公式与式（4-13）相同，但上、下限侧不合格品率的计算公式刚好相反：

上限侧 $\qquad\qquad p_U=1-\Phi\left[3C_p\left(1+k\right)\right]$

下限侧 $\qquad\qquad p_L=1-\Phi\left[3C_p\left(1-k\right)\right]$

总的不合格品率为： $\qquad p=p_U+p_L=2-\Phi\left[3C_p\left(1-k\right)\right]-\Phi\left[3C_p\left(1+k\right)\right]$

【例 4-2】某水泥企业设定出磨生料氧化钙控制指标为 38.2%，公差为 $T=T_U-T_L=38.5\%-37.9\%=0.6\%$。收集 140 个测定数据，经计算得平均值 $\bar{x}=38.3\%$，标准差 $s=0.2\%$。求不合格品率。

【解】氧化钙含量分布中心 $\bar{x}$ 与技术标准中心 M 不重合，向上限偏移，偏移量 $\varepsilon=38.3\%-38.2\%=0.1\%$。计算偏离系数 k：

$$k=\frac{\varepsilon}{T/2}=\frac{0.1}{0.6/2}=0.33$$

工序能力指数为：

无偏时 $\qquad\qquad C_p=\frac{T_U-T_L}{6s}=\frac{38.5-37.9}{6\times0.2}=0.50$

有偏时 $\qquad\qquad C_{pk}=C_{pU}=\frac{T_U-\bar{x}}{3s}=\frac{38.5-38.3}{3\times0.2}=0.33$

对比二者数据，可知有偏时的工序能力比无偏时的工序能力下降。

不合格品率为：

$$\begin{aligned}p&=2-\Phi\left[3C_p\left(1-k\right)\right]-\Phi\left[3C_p\left(1+k\right)\right]\\&=2-\Phi\left[3\times0.50\times\left(1-0.33\right)\right]-\Phi\left[3\times0.50\times\left(1+0.33\right)\right]\\&=2-\Phi\left(1.00\right)-\Phi\left(2.00\right)=2-0.8413-0.9773=0.1814=18.14\%\end{aligned}$$

合格品率为 $q=1-p=1-18.14\%=81.86\%$，符合《水泥企业质量管理规程》的要求。

2. 产品质量受单侧控制时的 C_{pk} 值

（1）当设计标准规格只给出规格上限时 工序能力指数 C_{pU} 按式（4-15）计算：

$$C_{pU}=\frac{T_U-\mu}{3\sigma}\approx\frac{T_U-\bar{x}}{3s} \tag{4-15}$$

不合格品率为：

$$p=p_U=1-\Phi\left(3C_{pU}\right) \tag{4-16}$$

（2）当设计标准规格只给出规格下限时 工序能力指数 C_{pL} 按式（4-16）计算：

$$C_{pL}=\frac{\mu-T_L}{3\sigma}\approx\frac{\bar{x}-T_L}{3s} \tag{4-17}$$

不合格品率为：

$$p=p_L=1-\Phi\left(3C_{pL}\right) \tag{4-18}$$

产品质量受单侧控制时的情形如图 4-3 所示。

【例 4-3】某水泥企业生产 42.5 级水泥。从该批产品中随机抽取 10 个样品进行测定，其

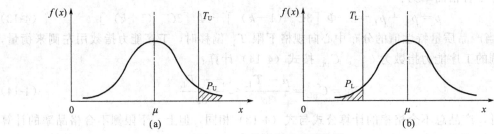

图 4-3　产品质量受单侧控制

(a) 给出上规格限；(b) 给出下规格限

28d 抗压强度平均值 $\bar{x} = 47.8\text{MPa}$，标准差 $s = 2.33\text{MPa}$。求工序能力指数，并预计产品不合格率。

【解】 本例只给出控制下限为 $T_L = 42.5\text{MPa}$，单侧控制。按式（4-17），工序能力指数为：

$$C_{pL} = \frac{\bar{x} - T_L}{3s} = \frac{47.8 - 42.5}{3 \times 2.33} = 0.76$$

不合格品率为：

$$p = p_L = 1 - \Phi(3C_{pL}) = 1 - \Phi(3 \times 0.76) = 1 - 0.9887 = 1.13\%$$

若按照富余强度计算：

$$C_{pL} = \frac{\bar{x} - (T_L + 2.0)}{3s} = \frac{47.8 - (42.5 + 2.0)}{3 \times 2.33} = 0.47$$

不合格品率为：

$$p = 1 - \Phi(3C_{pL}) = 1 - \Phi(3 \times 0.47) = 1 - 0.92 = 0.08 = 8\%$$

三、工序能力分析

工序能力指数求出后，即可根据它对工序能力进行分析和判定。分析和判定的标准如下：

① 当 $C_p = 1.33$ 时，认为工序能力较为理想；

② 当 $C_p > 1.33$ 时，认为工序能力充分满足要求，但应考虑是否经济；

③ 当 $1 \leqslant C_p < 1.33$ 时，认为工序能力尚可，但接近于 1 时（$C_p = 1$ 时，$T = 6\sigma$），应注意超差产品的发生；

④ 当 $C_p < 1$ 时，认为工序能力不足，应采取措施，对生产工艺加以改进。

根据以上标准，将工序能力指数分为五级，如表 4-1 所示。

表 4-1　工序能力指数的分级

类别 内容 项目	工序能力指数 C_p	不合格品率 p	过程能力分析	处置措施
特级加工	$C_p > 1.33$	$p < 0.00006\%$	过程能力过于充裕	即使有部分不大的外来波动也不必担心,可放宽检验; 可考虑采取降低成本措施和放宽些管理

类别＼内容＼项目	工序能力指数 C_p	不合格品率 p	过程能力分析	处置措施
一级加工	$1.67 \geqslant C_p > 1.33$	$0.006\% > p \geqslant 0.00006\%$	过程能力充裕	允许小的外来波动；如果不是重要过程，可放宽检验；过程控制抽样间隔可放宽些
二级加工	$1.33 \geqslant C_p > 1$	$0.27\% > p \geqslant 0.006\%$	过程能力勉强	过程需严密控制，否则易产生较多的不合格品；检验不能放宽
三级加工	$1 \geqslant C_p > 0.67$	$4.55\% > p \geqslant 0.27\%$	过程能力不足	必须采取措施提高过程能力；已出现一些不合格品，要加强检验，必要时全检
四级加工	$C_p \leqslant 0.67$	$p \geqslant 4.55\%$	过程能力严重不足	立即查找原因，采取措施；出现较多的不合格品，要加强检验，最好全检

四、用工序能力指数计算水泥质量指标

1. 出厂水泥 28d 抗压强度的标准差 $s \leqslant 1.65\mathrm{MPa}$

一般的工业产品的工序能力指数要求为 1.0，因此，作为水泥质量的主要指标 28d 抗压强度，它的标准差规定值由式（4-19）导出：

$$C_p = \frac{T}{B} = \frac{T}{6s} \tag{4-19}$$

式中　B——工序能力，取标准工序能力 $6s$；

　　　T——公差范围，对 42.5 级水泥而言，抗压强度超过 52.5MPa 即为超标号，故 $T = 52.4 - 42.5 = 9.9\mathrm{MPa}$；

　　　C_p——工序能力指数，按一般工业产品的要求，取 $C_p = 1.0$。

将有关数值代入式（4-19）可得标准差 s：

$$s = \frac{9.9}{6 \times 1.0} = 1.65 \text{（MPa）}$$

因此在水泥质量管理工作中，应控制出厂水泥 28d 抗压强度标准差 $s \leqslant 1.65\mathrm{MPa}$。

2. 干法回转窑水泥熟料 KH 值的标准差

《水泥企业质量管理规程》规定干法回转窑水泥熟料 KH 值的合格率 $\geqslant 80\%$，KH 值控制范围为 $K \pm 0.02$。用工序能力指数 C_p 计算，KH 值的标准差应小于多少？

KH 值为双侧控制，$T = 2 \times 0.02 = 0.04$。由式（4-7）根据不合格品率计算工序能力指数 C_p。

不合格品率 $p = 1 - $ 合格率 $= 1 - 80\% = 20\% = 0.20$。

由式（4-7）得：

$$p = 2[1 - \Phi(3C_p)] = 0.20$$
$$1 - \Phi(3C_p) = 0.10$$
$$\Phi(3C_p) = 0.90$$

反查正态分布表，表内最接近 0.90 的数字是 0.8997，其对应的 u 值为 1.28，即：

$$3C_p = 1.28$$
$$C_p = 0.427$$

根据 C_p 值和式 (4-2)，得：

$$s = \frac{T}{6C_p} = \frac{0.04}{6 \times 0.427} = 0.016$$

因此，KH 值的标准差 s 应不大于 0.016。如果规定 KH 值的标准差 s 不大于 0.02，则不能保证出窑熟料 KH 值的合格率大于 80%。

第三节 ▶▶ 统计过程控制图

传统的质量检验是事后的质量保证，是不经济的质量保证。20 世纪 20 年代，很多质量管理专家都在考虑如何改变这种状况，以预防不合格品的产生。美国的休哈特博士受到正态概率分布重要结论的启示，于 1927 年发明了控制图，为质量控制提供了有效的工具。

统计过程控制图又称质量管理图，是通过控制界限对生产过程进行分析和控制的一种重要方法，是在生产过程中分析产品质量是否稳定、有无异常原因的主要工具。控制图使用方便，效果显著，在质量管理方法中起着核心作用。

一、控制图原理

休哈特博士认为对 100% 的质量数据实施质量控制是不可能的，但根据概率的正态分布规律，在 $\mu \pm 3\sigma$ 范围内包含全部质量数据的 99.73%，是绝大部分。如果能够将这绝大部分质量数据控制住，过程就基本上实现了受控。休哈特博士将过程处于稳定受控状态时质量数据所形成的典型分布 $\mu \pm 3\sigma$ 范围内的正态分布曲线转换为控制图（如图 4-4 所示）。

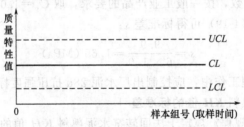

图 4-4　质量控制图

控制图是画有控制界限的一种图。在平面直角坐标系上取横坐标为样本组号或取样时间，取纵坐标为产品质量特性值，然后画三条平行直线（一般为等距）。这三条直线分别表示：

① 中心线 CL（control line）；

② 控制上限 UCL（upper control limit）；

③ 控制下限 LCL（lower control limit）。

由中心线 CL、控制上限 UCL 和控制下限 LCL 组成的图称为质量控制图。

控制图中的三条控制界限是判断生产过程中是否存在异常原因的依据，因此它们在平面上的位置以及相互之间的距离不是随意确定的，而是在生产过程中对某一工序在收集大量资料的基础上，用数理统计的原理按一定公式计算得出的。

在生产过程中定期抽取样本，把测得的被控制的质量特性值按取样时间顺序描绘在控制图上，如果这些点全部落在上、下控制限内，而且点的排列没有缺陷即随机排列，则表明生产过程处于正常状态或稳定状态，否则就认为生产过程中存在异常原因，必须及时查找，予以消除。

在生产处于正常状态下，产品质量特性值服从正态分布。如将正态分布图按逆时针方向旋转90°，即得到控制图（单值控制图），如图4-5所示。在控制图中补加 $\mu \pm \sigma$、$\mu \pm 2\sigma$ 四条线，将控制图划分为6个区域，有利于控制图的分析。

从图中可以看出，控制图的中心线 CL 表示产品质量特性值的平均值 μ；控制上限 UCL 为平均值 μ 加3倍标准差：$\mu + 3\sigma$；控制下限 LCL 为平均值 μ 减3倍标准差：$\mu - 3\sigma$。

根据 3σ 原则，在生产处于正常的情况下，应有99.73%的点（产品质量特性值所对应的点）落在范围 $(\mu - 3\sigma, \mu + 3\sigma)$ 之内，即上、下两条控制限之间，并且在中心线 CL 上、下随机排列，只有0.27%的点落在范围 $(\mu - 3\sigma, \mu + 3\sigma)$ 之外，即上、下两条控制限的外面。显然，点落在上、下两条控制限外面的可能性

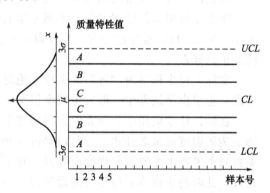

图 4-5　质量控制图原理示意图

是非常小的，属于小概率事件，在少量的观测中不可能出现，实际上在100次观测中出现的可能性不到1次。如果控制图上描出的点落在了上、下两条控制限之外，或者点虽然落在了上、下两条控制限之间，但排列有缺陷，都认为生产过程处于不正常状态，必须立即检查和处理。

关于控制界限的概念，需要注意以下两点。

① 控制图中的控制界限与公差界限是完全不同的两种概念，切不可混为一谈。

公差界限是产品设计的结果，属于技术、质量标准的范畴，是对产品作"合格"与"不合格"的符合性判断的依据。

控制界限是过程中质量数据的实际分布，是过程处于稳定受控状态时质量数据所形成的典型分布的 $\mu \pm 3\sigma$ 范围，是判断过程正常与异常的依据。

同一产品由不同厂家生产时，执行同样的国家质量标准，其公差界限应该是相同的。但不同厂家由于技术能力与管理水平不同，各厂的控制界限可能是不相同的（如图4-6所示）。

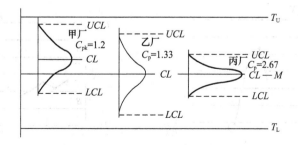

图 4-6　公差界限与控制界限的区别

② 控制图所控制的是过程处于稳定受控状态时质量数据形成的典型分布的 $\mu \pm 3\sigma$ 范围，强调过程稳定受控，是稳定在典型分布上。因此无论是望目值质量特性、望大值质量特性还是望小值质量特性，其控制图同样存在上、下控制界限和控制中心线。如果认为望大值质量特性的控制图不存在上控制界限、望小值质量特性的控制图不存在下控制界限，实际上是将控制界限的概念同公差的概念相混淆。

二、控制图的判断

1. 控制图判断的理论基础

控制图对过程异常的判断以小概率事件原理为理论依据。

所谓小概率事件原理又称为小概率事件不发生原理。其定义是：若事件 A 发生的概率很小（如 0.01），现经过一次（或少数次）试验，事件 A 居然发生了，就有理由认为事件 A 的发生是异常。

实际上发生概率为"零"的事件（绝对不发生的事件）是不可能的，是不存在的事件。所以，把很少可能发生（即发生概率很小）的事件定义为异常事件。

在统计技术应用中，首先应设置小概率 α，实际是允许判断错误的概率，所以又称小概率 α 为风险度或显著性水平。与风险度 α 相对应的是置信度 $(1-\alpha)$。小概率 α 的数值应根据被判断事物本身的重要程度而确定。对很重要的事物，一旦发生错判所造成的损失或影响很大，此时的小概率 α 应尽可能设置得小一些；而对于不太重要的事物，即使错判，所造成的损失或影响也不严重，此时的小概率 α 的数值可以设置得大一些。一般情况下大都设置 α 为 0.01，即置信度为 0.99。按照《常规控制图》(GB/T 4091—2001) 的规定，小概率统一设置为 $\alpha = 0.0027$。

2. 控制图判断准则的确定程序

首先，设置小概率 α。

然后，设想很多可能在过程中发生的事件，——计算每个事件的发生概率 P。

若 $P > \alpha$，该事件为正常事件；若 $P \leqslant \alpha$，该事件为异常事件。此时，事件本身即成为对异常判断的准则。当然，标准中所确定的异常判断准则是对大量异常事件归纳、整理后的结果。

3. 控制图的判断准则

按《常规控制图》(GB/T 4091—2001) 标准判断控制图内点子的排列有无异常。当发生以下情况时，认为生产过程异常：

① 1 点落在 A 区以外（点超出控制界限），如图 4-7 所示。

② 连续 9 点落在中心线同一侧，如图 4-8 所示。

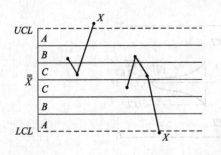

图 4-7 1 点落在 A 区外

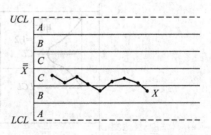

图 4-8 连续 9 点落在中心线同一侧

在控制图中心线某一侧连续出现的点称为链。出现链的现象表明质量特性值分布的均值 μ 向出现链的这一侧偏移。

出现这种现象的概率为 $P=0.0038$，与 $\alpha=0.0027$ 非常接近，因而为异常现象。

③ 连续 6 点递增或递减（趋势），如图 4-9 所示。出现这种现象的概率为 $P=0.00273$。

④ 连续 14 点中相邻点上下交替排列，如图 4-10 所示，可能存在两个总体。

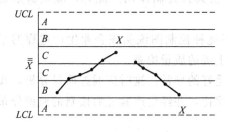

图 4-9　连续 6 点递增或递减

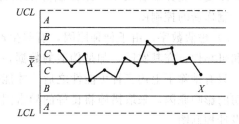

图 4-10　连续 14 点中相邻点上下交替排列

⑤ 连续 3 点中有 2 点落在中心线同一侧的 B 区以外，如图 4-11 所示。出现这种现象的概率为 $P=0.0006585$。

⑥ 连续 5 点中有 4 点落在中心线同一侧的 C 区以外，如图 4-12 所示。出现这种现象的概率为 $P=0.0021$。

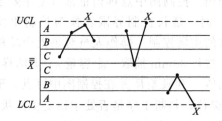

图 4-11　连续 3 点中 2 点落在
中心线同一侧的 B 区以外

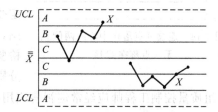

图 4-12　连续 5 点中有 4 点落在
中心线同一侧的 C 区以外

⑦ 连续 15 点落在中心线两侧 C 区之内（实际为旧标准中点过多地集中在中心线附近），如图 4-13 所示。

这也是一种异常现象，有可能是好的异常，也有很大的可能是坏的异常。从图形上来看，这种现象似乎表明质量特性值的标准差 σ 很小，生产过程应处于统计控制状态。但如果分析该模式的第一类错误的概率 P_{15}，可知情况并非如此。

15 个点落在 C 区（中心线两侧）的概率为：

$$P_{15}=0.6826^{15}=0.003255$$

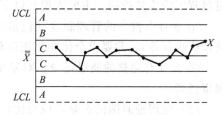

图 4-13　连续 15 点落在中心线 C 区之内

P_{15} 与休哈特图的 $\alpha=0.0027$ 接近。由此可知，这是一个小概率事件，点的排列出现非随机性，在一次试验中不会出现这种模式，如果出现，可确定此现象为一异常现象。故判断此生产过程处于非统计控制状态。出现此异常现象，可能有以下三种原因。

1）数据分组不当。合理的分组方式，应当使组内变差尽量小，组间变差尽量大。因为控制图的设计原理实际上是以组内变化作为试验误差，并以此检验组间变化是否显著。倘若分组不当，造成组内变差反而大于组间变差，结果将导致根据极差计算得出的控制界限太宽，出现点过多接近中心线的假象。

2）控制图本身使用过久。固定参数控制图不是永远不变的，使用一段时间后，若质量明显改变，变异显著减小，原控制界限显得太宽，会失去控制作用。此时，应重新采集数据，制作新的控制图。

3）虚假数字。由于种种原因，有些生产企业以此种控制图说明该企业生产过程的平稳性和可靠性。究其实质，却是伪造的数据，以应付上级的质量检查。

只有排除了上述三种可能性之后，才能确认为是好的异常。这时应通过质量分析，找出确切的影响原因，采取措施将良好的异常因素加以保持，并经生产验证后按新的典型分布重新设计控制图。

⑧ 连续 8 点落在中心线两侧且无一点落在 C 区内，如图 4-14 所示。出现这种现象的概率为 $P = (0.9973 - 0.6826)^8 = 0.000096$。

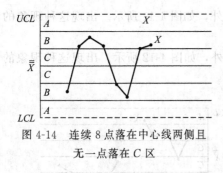

图 4-14　连续 8 点落在中心线两侧且无一点落在 C 区

控制图中点排列出现异常时，应查明原因后排除异常点。排除异常点后的数据组数若大于或等于 20 组，可利用排除异常点后的数据重新计算控制界限并打点判断。排除异常点后的数据若少于 20 组，应重新抽样，重新作图。控制图中点排列正常（工序处于稳定受控状态）时，延长控制界限转换为控制用控制图，实施日常的质量控制。操作人员对每批产品首件检验合格后，按每 30min 抽取一个容量 $n = 5$ 的样本，分别计算平均值 $\bar{x}$ 和极差 R 并在控制图中打点。车间技术组质量控制工程师应经常巡视各应用控制图的岗位，判断工序是否处于稳定受控状态。当控制图上点子排列发生异常时，应及时组织质量分析会，采取纠正和预防措施。

三、应用控制图前应当考虑的问题

1. 应用控制图的企业应具备的基本条件

（1）企业的基础管理工作应比较扎实　企业内部具有正常的管理秩序，方能应用控制图对过程实施质量控制。主要表现在以下两个方面。

① 企业有健全的管理制度（包括质量体系文件、各项规章制度、技术标准、工艺文件及操作规程等），并要求全体职工正确理解并执行。

② 企业有完整的质量记录，对发生的各种质量问题能通过质量记录及时追溯到发生源和责任者。

（2）应用控制图的企业，应有比较稳定的生产过程　企业的生产过程稳定，主要表现在影响生产的各方面因素（如人、机、料、法、环等）经过充分的标准化。

实现标准化作业：各方面因素经科学验证，制定出优化的规程。

实现作业标准化：各类人员坚决执行优化的规程，关键工序的工艺执行率达到 100%。

（3）有关统计技术方面的培训充分　企业应有计划、系统地安排各类职工接受有关统计技术的分层培训教育。

（4）具备统计技术应用所需要的技术和资源条件　若实施质量控制需要取得比较精确的数据，应配备精度高于生产用的测量装置；需要计算的岗位应配备计算器，甚至微机等；需要记录时应设计、印制规范化的质量记录表格。

2. 控制图的应用条件

控制图的控制对象可以是质量特性、质量指标、工艺参数，无论哪类控制对象，均应符合以下三个条件方能实施质量控制。

（1）定量化描述　控制对象必须是在能进行定量化描述、可以取得数字数据的情况下方可应用控制图。

（2）典型分布可重复性　在人、机、料、法、环等生产条件确定时，过程处于正常状态，其质量数据所形成的典型分布是可重复的情况下方可应用控制图。

（3）控制对象的单一性　一张控制图只能控制一个控制对象，若在某工序需对两个（或两个以上）质量特性进行控制，必须同时应用两张（或两张以上）的控制图分别实施质量控制。

3. 控制对象的选择

企业内质量特性、质量指标、工艺参数很多，不可能一一进行质量控制，应选择最重要、对最终产品质量有重大影响的关键项目实施质量控制。

4. 控制图图种的选择

确定控制对象后应根据所控制对象的数据性质及样本状况选择适宜的控制图图种。

图 4-15 给出的是控制图图种的选取原则。按产品质量特性值分类，有以下两种控制图。

（1）计量值控制图　有平均值和极差控制图（$\bar{x}$-R 图）、单值和移动极差控制图（x-R_s 图）、中位数和极差控制图（$\tilde{x}$-R 图）、平均值和标准差控制图（$\bar{x}$-s 图）四种。

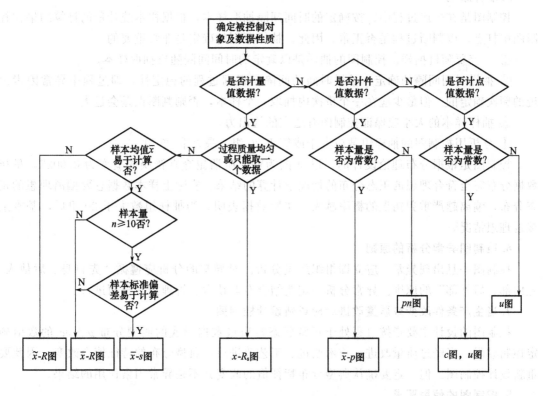

图 4-15　控制图图种的选择

（2）计数值控制图　包括计件值控制图和计点值控制图两种。计件值控制图有不合格品数控制图（pn 图）、不合格品率控制图（p 图）等；计点值控制图有缺陷数控制图（c 图）、平均缺陷数控制图（u 图）等。

常用的几种计量值控制图，就其功能而言，x、$\bar{x}$、$\tilde{x}$ 控制图都是用于控制和分析过程中质量分布集中趋势的变化，而 s、R、R_s 控制图则用于控制和分析生产过程中质量分布的离散程度的变化。通常是将两种图联合应用，以实现对生产过程的较全面的控制。在反映集中趋势的控制图上，若有点超出控制界限，往往表明机器、设备的调整或操作方法上存在问题。这时，应及时检查并对生产过程加以调整；在反映离散程度的控制图上，若有点超出控制界限，往往表明操作者技术不熟练、达不到操作标准的要求，或不遵守工艺制度，或设备严重损坏、性能达不到要求，或原材料的型号、规格、批次发生混乱。总之，后者的问题比较严重，影响因素是多方面的，不是过程调整所能解决的问题，应及时报告有关部门，进行综合质量分析，找出确切的影响因素，做出相应的处理。因此，反映集中趋势的控制图与反映离散程度的控制图联合应用时，首先应加强对反映离散程度的控制图的观察和分析，力求使过程波动幅度（分布的离散程度）处于稳定受控状态。

在 s、R、R_s 控制图中，以 s 图的检出力最强，控制的精确度较高，但因要求的样本大小要 $\geqslant 10$，并且计算比较复杂，因而其应用受到限制。在 x、$\bar{x}$、$\tilde{x}$ 控制图中，以 $\bar{x}$ 图的检出力最强，控制的精确度较高，而且由于 $\bar{x}$ 图具有较强的通用性，不受质量特性值是否服从正态分布的限制，并且敏感性较强，所以得到广泛的应用。

在计量值控制图中，$\bar{x}\text{-}R$、$\bar{x}\text{-}s$ 控制图是首选的图种，广泛应用于生产控制过程中。

5. 取样原则

控制图是在生产过程中，按确定的时间间隔抽取样本，根据样本统计量的计算结果在控制图中打点，以判断过程是否正常。因此，抽样原则的确定是非常重要的。

① 一定要随机抽样。控制图的抽样是以确定的时间间隔随机抽取样本。

② 抽样时间间隔的确定。抽样时间的间隔是根据过程的稳定性，即过程中异常因素出现的频次确定的。但最少应在一个班次内抽取一个样本，否则判断误差会过大。

③ 抽样样本的大小应保证控制图有适宜的检出力。

④ 分析用控制图的抽样组数应大于或等于 20 组，最好取 25 组。

控制图是根据分布理论设计的。以 $\bar{x}$ 图为例，所谓犯弃真错误的概率为 0.0027，是指数据分布完全符合理想的正态分布的情况下计算的结果。实际上样本数据总要偏离理想的正态分布，偏离越严重犯错误的概率越大。实验数据表明，当抽样组数大于 20 组后，基本上接近理想情况。

6. 控制图异常分析的原则

控制图一旦出现异常，应立即组织质量分析。对异常的分析应遵循"先自身、后他人、先内部、后外部"的原则。异常分析一定要结合专业技术、管理技术全面进行。

7. 当生产条件改变或质量改进后应重新设计控制图

控制图的设计主要指按过程处于正常状态时质量数据形成的典型分布 $\mu \pm 3\sigma$ 的数值确定控制界限。当经过质量改进、技术改进、工艺改进后，典型分布的特征值会改变，因此要重新设计控制图。但一定要确认典型分布特征值的改变并不是异常因素作用的结果。

8. 控制图的使用要求

计量值控制图必须两图联用，分别控制质量特性值分布的中心值和离散程度。计数值控制图是单图使用，只控制分布中心。

9. 控制图是企业管理的常备工具

控制图的应用体现的是预防为主的原理。控制图应作为报警装置，成为关键工序的常备工具。有些企业在控制图应用一段时间后并未发现过程异常，就轻率地撤掉控制图，是不可取的。控制图正常，说明过程正常，这是生产者和管理者的期望，但不能因此而撤掉控制图。因为撤掉控制图就是撤掉报警装置，过程一旦发生异常就难以发现，会给生产过程造成损失。

10. 控制图的保管

控制图是企业重要的质量记录，其不单反映了过程是否正常，在一定程度上还反映了体系运行的有效性。在有些情况下，用户（顾客）还要通过索取控制图来监督和考察生产方生产过程是否稳定。因此，应妥善保管控制图，在没有特殊说明的情况下至少应保存 5 年。

第四节 ▶▶ 常用计量值控制图

一、平均值和极差控制图（$\bar{x}$-R 图）

$\bar{x}$-R 图是平均值 $\bar{x}$ 和极差 R 联合使用的一种控制图。$\bar{x}$ 控制图主要观察分析产品质量特性平均值 $\bar{x}$ 的变化，R 控制图主要观察分析产品质量特性值的离散波动变化。$\bar{x}$-R 图常用于控制尺寸、质量、水灰比、强度、坍落度等计量值。

1. x 控制图控制线的计算

当产品质量特性值服从正态分布 N (μ, σ^2) 时，样本平均值 $\bar{x}$ 服从正态分布 N $(\mu, \sigma^2/n)$，故得控制线为：

$$\begin{cases} 中心线\ CL = \mu \\ 上控制限\ UCL = \mu + 3\sigma/\sqrt{n} \\ 下控制限\ LCL = \mu - 3\sigma/\sqrt{n} \end{cases} \tag{4-20}$$

μ、σ 未知时，分别用样本总平均值 $\bar{\bar{x}}$ 和极差平均值 $\bar{R}$ 的修正值估计，即：

$$\mu = \bar{\bar{x}}\ ,\ \sigma = \bar{R}/d_2$$

此时，控制线为：

$$\begin{cases} 中心线\ CL = \bar{\bar{x}} \\ 上控制限\ UCL = \bar{\bar{x}} + 3\bar{R}/\ (d_2\sqrt{n}) \\ 下控制限\ LCL = \bar{\bar{x}} - 3\bar{R}/\ (d_2\sqrt{n}) \end{cases} \tag{4-21}$$

令

$$A_2 = 3/(d_2\sqrt{n}) \tag{4-22}$$

则控制线为：

$$\begin{cases} 中心线\ CL = \bar{\bar{x}} \\ 上控制限\ UCL = \bar{\bar{x}} + A_2\bar{R} \\ 下控制限\ LCL = \bar{\bar{x}} - A_2\bar{R} \end{cases} \tag{4-23}$$

其中，A_2 的值由表 4-2 查得。

表 4-2 控制图系数表

系数 n	A_2	D_3	D_4	m_3A_2	E_2	$1/d_2$	d_2	d_3	m_3	A_3	B_3	B_4
2	1.880	—	3.267	1.880	2.660	0.8865	1.128	0.893	1.000	2.659	0	3.267
3	1.023	—	2.574	1.187	1.772	0.5907	1.693	0.888	1.160	1.954	0	2.568
4	0.729	—	2.282	0.796	1.457	0.4857	2.059	0.880	1.092	1.628	0	2.266
5	0.577	—	2.114	0.691	1.290	0.4299	2.326	0.864	1.198	1.427	0	2.089
6	0.483	—	2.004	0.549	1.184	0.3946	2.534	0.848	1.135	1.287	0.030	1.970
7	0.419	0.076	1.924	0.509	1.109	0.3698	2.704	0.833	1.214	1.182	0.118	1.882
8	0.373	0.136	1.864	0.432	1.054	0.3512	2.847	0.820	1.160	1.099	0.185	1.815
9	0.337	0.184	1.816	0.412	1.010	0.3367	2.970	0.808	1.223	1.032	0.239	1.761
10	0.308	0.223	1.777	0.363	0.975	0.3249	3.078	0.797	1.176	0.975	0.284	1.716

2. R 控制图控制线的计算

如果产品质量特性值服从正态分布 $N(\mu, \sigma^2)$，则当样本容量 n 足够大时，样本极差 R 服从正态分布 $N(\bar{R}, d_3^2\sigma^2)$。由此得控制线为：

$$\begin{cases} 中心线\ CL = \bar{R} \\ 上控制限\ UCL = \bar{R} + 3d_3\sigma \\ 下控制限\ LCL = \bar{R} - 3d_3\sigma \end{cases} \tag{4-24}$$

由于 $\sigma = \bar{R}/d_2$，又得：

$$\begin{cases} 中心线\ CL = \bar{R} \\ 上控制限\ UCL = \bar{R} + 3d_3\bar{R}/d_2 = (1 + 3d_3/d_2)\bar{R} \\ 下控制限\ LCL = \bar{R} - 3d_3\bar{R}/d_2 = (1 - 3d_3/d_2)\bar{R} \end{cases} \tag{4-25}$$

令

$$D_3 = 1 - 3d_3/d_2 \tag{4-26}$$

$$D_4 = 1 + 3d_3/d_2 \tag{4-27}$$

则得：

$$\begin{cases} 中心线\ CL = \bar{R} \\ 上控制限\ UCL = D_4\bar{R} \\ 下控制限\ LCL = D_3\bar{R} \end{cases} \tag{4-28}$$

式中 D_3、D_4 的值由表 4-2 中查得（表中 $n \le 6$ 时的 D_3 值未列出，因为这时 D_3 为负值，但 R 不可能为负值，这时可认为下控制限不存在）。

3. x-R 图作法

① 收集数据。收集近期数据 50～200 个，通常取 100 个左右。

② 数据分组。一般将数据分为 20～25 组，每组取 2～6 个数为宜，即组数 $K = 20$～25，每组的样本容量 $n = 2$～6，通常取 $n = 4$ 或 5。

数据分组时应将生产条件大致相同情况下收集的数据分在一组，不允许同一组中包括在生产条件差异较大的情况下收集的数据。

③ 填写数据表。数据表的形式及包括的项目如表 4-3 所示。

④ 计算各组数据的平均值 $\bar{x}$ 和极差 R，以及总平均值 $\bar{\bar{x}}$ 和极差平均值 $\bar{R}$。

⑤ 计算中心线和上、下控制限。

⑥ 画控制线。中心线用实线，上、下控制限用虚线。

⑦ 打点。将各组 $\bar{x}$ 和 R 值分别描绘在 $\bar{x}$ 控制图和 R 控制图中，即打点。正常点用圆实点"•"；对越出上、下控制限的点应圈以"○"，以便判断。

⑧ 记入必要的事项。一般注明查找原因的结果和处理意见等。

4. x-R 控制图在水泥质量控制中的应用

【例 4-4】 某水泥厂为考核出磨生料碳酸钙滴定值波动情况，每 1h 取样进行分析，共取得以下数据（见表 4-3）。试作 $\bar{x}$-R 控制图并判断生产过程是否处于受控状态。

【解】（1）分组及各参数计算结果 见表 4-3。每 4h 的 4 个样品分为一组，共得 20 组数据。

表 4-3 出磨生料碳酸钙滴定值 x-R 图数据表

组号（样本号）	测定数据/%				平均值 $\bar{x}$/%	极差 R/%
	x_1	x_2	x_3	x_4		
1	70.82	70.63	70.77	70.51	70.68	0.31
2	70.44	70.32	70.28	70.35	70.35	0.16
3	70.21	70.61	70.08	70.31	70.30	0.53
4	69.95	70.15	69.80	69.70	69.90	0.45
5	69.74	69.95	69.24	69.45	69.52	0.50
6	69.63	69.78	69.82	70.15	69.85	0.52
7	70.45	70.76	70.78	70.82	70.70	0.37
8	70.49	70.88	70.67	70.51	70.64	0.39
9	70.86	70.92	71.13	71.02	70.98	0.27
10	70.95	70.65	70.41	70.26	70.57	0.69
11	70.13	70.08	69.80	69.70	69.93	0.43
12	69.90	69.40	69.72	69.88	69.73	0.50
13	70.27	70.45	70.68	70.30	70.43	0.41
14	70.45	70.71	70.26	70.38	70.45	0.45
15	69.87	69.86	70.15	70.65	70.13	0.78
16	70.23	70.78	70.38	70.42	70.45	0.55
17	70.19	70.28	70.01	69.82	70.08	0.46
18	69.72	69.89	69.73	69.32	69.67	0.57
19	70.38	70.77	70.54	70.15	70.46	0.62
20	70.46	70.13	70.76	70.54	70.47	0.63

$\bar{x}$ 控制图	R 控制图	数据		
$CL = \bar{\bar{x}} = 70.26\%$	$CL = \bar{R} = 0.48\%$	$\bar{\bar{x}} = 70.26\%$		$\bar{R} = 0.48\%$
$UCL = \bar{\bar{x}} + A_2\bar{R} = 70.61\%$	$UCL = D_4\bar{R} = 1.10\%$	n	A_2	D_4 D_3
$LCL = \bar{\bar{x}} - A_2\bar{R} = 69.91\%$	$LCL = D_3\bar{R} = -$	4	0.729	2.282 —

（2）计算中心线及控制上、下限

① $\bar{x}$ 控制图：

中心线 $CL = \bar{\bar{x}} = 70.26\%$；

控制上限 $UCL=\overline{x}+A_2\overline{R}=70.26\%+0.729\times0.48\%=70.61\%$；

控制下限 $LCL=\overline{x}-A_2\overline{R}=70.26\%-0.729\times0.48\%=69.91\%$。

此处的控制上、下限近似于均值 $\overline{x}\pm3\sigma$。

② R 控制图：

中心线 $CL=\overline{R}=0.48\%$；

控制上限 $UCL=D_4\overline{R}=2.282\times0.48\%=1.10\%$；

控制下限 LCL，此处因 $n<6$，故不考虑。

(3) 控制状态的分析判断　画好的 $\overline{x}$-R 控制图如图 4-16 所示。按照《常规控制图》(GB/T 4091—2001) 中的方法对控制图内点子的排列有无异常进行检验，很明显 $\overline{x}$ 点上下波动十分严重，有 4 个点超出控制上限，有 5 个点超出控制下限，表明生料的配制工艺很不稳定。应及时查找原因，使生产过程达到受控状态。

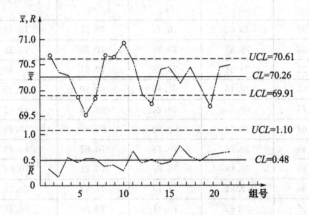

图 4-16　出磨生料碳酸钙滴定值 $\overline{x}$-R 控制图

二、单值和移动极差控制图（x-R_s 图）

x-R_s 图是单值 x 和移动极差 R_s 联合使用的一种控制图。

采用 x 控制图时，对数据不进行分组和计算平均值，可直接用测得的数据在控制图上打点，所以简便省事。一般当产品小批量生产，无法使用 $\overline{x}$-R 图时，或产品批量较大，虽然可以使用 $\overline{x}$-R 图进行控制，但想尽快发现并消除生产过程中的异常因素时，可采用 x 控制图。另外，如果产品加工时间长，检测费用高，需要半天或一天才能得到一个数据，这时也适宜采用 x 控制图。

使用 x 控制图的缺点，是在正常生产的条件下，会由于偶然原因出现个别的点越过上、下控制限，因而对生产状况做出错误的判断。为了避免这种错误的发生，使用 x 控制图时应与移动极差 R_s 控制图联合使用。

移动极差 R_s 是测得的相邻两个数据的大值与小值之差。由于使用 x 控制图时每次只能取一个数值，不可能计算极差 R，所以只能用移动极差 R_s 来衡量数据的分散程度。

1. x 控制图的控制线计算

由于产品质量特性值服从正态分布 N（μ，σ^2），故控制线为：

$$\begin{cases}\text{中心线 } CL=\mu \\ \text{上控制限 } UCL=\mu+3\sigma \\ \text{下控制限 } LCL=\mu-3\sigma\end{cases} \quad (4\text{-}29)$$

当 μ、σ 未知时，以样本平均值 $\bar{x}$ 和移动极差值 $\bar{R}_s$ 的修正值进行估计，即

$$\mu=\bar{x}$$

$$\sigma=\bar{R}_s/d_2$$

于是得控制线为：

$$\begin{cases}\text{中心线 } CL=\bar{x} \\ \text{上控制限 } UCL=\bar{x}+3\bar{R}_s/d_2=\bar{x}+E_2\bar{R}_s \\ \text{下控制限 } LCL=\bar{x}-3\bar{R}_s/d_2=\bar{x}-E_2\bar{R}_s\end{cases} \quad (4\text{-}30)$$

其中

$$E_2=3/d_2 \quad (4\text{-}31)$$

E_2 的值由表 4-2 中查得。

2. R_s 控制图的控制线计算

R_s 控制图与 R 控制图类似，控制线为：

$$\begin{cases}\text{中心线 } CL=\bar{R}_s \\ \text{上控制限 } UCL=D_4\bar{R}_s \\ \text{下控制限 } LCL=D_3\bar{R}_s\end{cases} \quad (4\text{-}32)$$

3. $x\text{-}R_s$ 图的作法

作图步骤与 $\bar{x}\text{-}R$ 图基本相同，现举例说明。

【**例 4-5**】水泥细度（筛余法）的控制。

【**解**】（1）收集数据，将数据填入表中　本例收集 26 个数据（单位为%），如表 4-4 所示。

表 4-4　$x\text{-}R_s$ 控制图数据表

组号（样本号）	样本值/%	R_s/%	组号（样本号）	样本值/%	R_s/%
1	7.8	—	14	6.8	0.3
2	7.4	0.4	15	7.0	0.2
3	7.7	0.3	16	7.2	0.2
4	7.0	0.7	17	7.5	0.3
5	6.8	0.2	18	7.1	0.4
6	7.3	0.5	19	6.3	0.8
7	7.7	0.4	20	6.8	0.5
8	7.2	0.5	21	7.8	1.0
9	6.9	0.3	22	9.0	1.2
10	7.3	0.4	23	7.2	1.8
11	6.7	0.6	24	7.6	0.4
12	6.4	0.3	25	7.1	0.5
13	7.1	0.7	26	7.8	0.7

x 控制图	R_s 控制图	数　据			
$CL=\bar{x}=7.25\%$	$CL=\bar{R}_s=0.54\%$	$\bar{x}=7.25\%$			
$UCL=\bar{x}+E_2\bar{R}_s=8.70\%$	$UCL=D_4\bar{R}_s=1.78\%$	n	E_2	D_4	D_3
$LCL=\bar{x}-E_2\bar{R}_s=5.80\%$	$LCL=D_3\bar{R}_s=-$	2	2.660	3.267	—

（2）计算中心线和上下控制限

① x 控制图：

中心线 $CL = \bar{x} = 7.25\%$；

上控制限 $UCL = \bar{x} + E_2\bar{R}_s = 7.25\% + 2.660 \times$
$0.54\% = 8.70\%$；

下控制限 $LCL = \bar{x} - E_2\bar{R}_s = 7.25\% - 2.660 \times$
$0.54\% = 5.80\%$。

② R_s 控制图：

中心线 $CL = \bar{R}_s = 0.54\%$；

上控制限 $UCL = D_4\bar{R}_s = 3.27 \times$
$0.54\% = 1.78\%$；

下控制限 LCL，$n < 6$，故不考虑。

注：E_2、D_4 系数的值根据移动极差理论推导而得，
在数值上等于 $n = 2$ 时的 E_2、D_4 值。

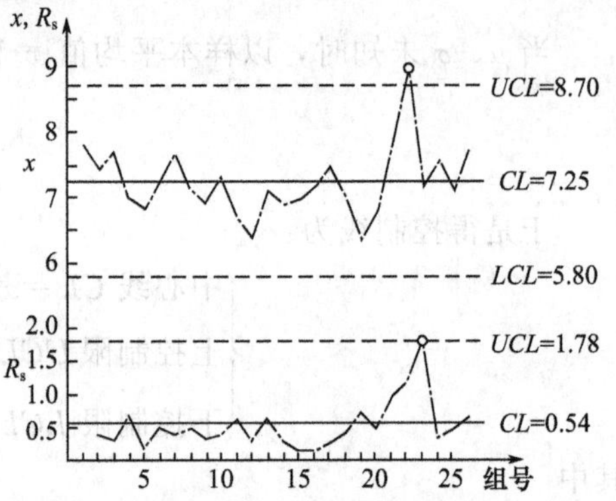

图 4-17　水泥细度（筛析法）x-R_s 控制图

（3）画出控制图　将 x 控制图放在上方，R_s 控制图放在下方，如图 4-17 所示。从控制
图可见，除 1 个点超出控制上限外，其余基本处于受控状态。

三、中位数和极差控制图（$\tilde{x}$-R 图）

$\tilde{x}$-R 图是中位数 $\tilde{x}$ 和极差 R 联合使用的一种控制图。由于中位数 $\tilde{x}$ 和平均值 $\bar{x}$ 一样，
反映了数据分布的集中趋势，所以 $\tilde{x}$-R 图和 $\bar{x}$-R 图的作用基本相同。

$\tilde{x}$-R 图的优点在于计算简便，有利于普及推广，但在判断生产过程是否稳定的能力上比
$\bar{x}$-R 图差。

1. $\tilde{x}$ 控制图控制线的计算

在产品质量特性值服从正态分布 $N(\mu, \sigma^2)$ 时，容量为 n 的样本中位数 $\tilde{x}$ 服从正态分
布 $N(\mu, m_3^2 \dfrac{\sigma^2}{n})$，其中 m_3 的值按以下方式确定：

当 $n = 2 \sim 10$ 时，m_3 的值由表 4-2 中查得；

当 $n > 10$，且为奇数时，$m_3 \approx 1.2533 - 0.2691/n$；

当 $n > 10$，且为偶数时，$m_3 \approx 1.2533 - 0.8956/(n+1)$。由此得控制线为：

$$\left\{ \begin{array}{l} \text{中心线 } CL = \mu \\ \text{上控制限 } UCL = \mu + 3m_3\sigma/\sqrt{n} \\ \text{下控制限 } LCL = \mu - 3m_3\sigma/\sqrt{n} \end{array} \right. \tag{4-33}$$

当 μ、σ 未知时，用样本值 $\bar{\tilde{x}}$ 及 R 进行估计：

$$\mu = \bar{\tilde{x}} \qquad\qquad \sigma = R/d_2$$

于是有：

$$\left\{ \begin{array}{l} \text{中心线 } CL = \bar{\tilde{x}} \\ \text{上控制限 } UCL = \bar{\tilde{x}} + 3m_3\bar{R}/\sqrt{n} = \bar{\tilde{x}} + m_3A_2\bar{R} \\ \text{下控制限 } LCL = \bar{\tilde{x}} - 3m_3\bar{R}/\sqrt{n} = \bar{\tilde{x}} - m_3A_2\bar{R} \end{array} \right. \tag{4-34}$$

式中 m_3A_2 的值由表 4-2 中查得。

2. R 控制图的控制线计算

R 控制图的控制线计算与 $\bar{x}$-R 图中 R 控制图相同。

3. $\tilde{x}$-R 图的作法

作图步骤与 $\bar{x}$-R 图基本相同，现举例说明。

【例 4-6】 水泥生料中三氧化二铁含量的控制。

【解】（1）收集数据、进行数据分组，并填写数据表　本例中分组数 $k=20$，每组的样本容量 $n=5$，数据表如表 4-5 所示。

（2）计算中位数 $\tilde{x}$ 和极差 R　例如在表 4-5 中，第一组数据的中位数 $\tilde{x}$ 和极差 R 为：

$$\tilde{x}=2.68（\%）$$
$$R=2.78-2.55=0.23（\%）$$

（3）求 $\tilde{x}$ 的平均值 $\bar{\tilde{x}}$ 和极差平均值 $\bar{R}$　如下。

表 4-5　$\tilde{x}$-R 控制图数据表

组号（样本号）	样本测定值/%					中位数 $\tilde{x}$/%	极差 R/%
	x_1	x_2	x_3	x_4	x_5		
1	2.55	2.68	2.65	2.78	2.71	2.68	0.23
2	2.65	2.72	2.75	2.67	2.62	2.67	0.13
3	2.78	2.64	2.62	2.79	2.80	2.78	0.18
4	2.70	2.88	2.65	2.87	2.92	2.87	0.27
5	2.72	2.73	2.68	2.75	2.78	2.73	0.10
6	2.66	2.60	2.58	2.72	2.75	2.66	0.17
7	2.58	2.60	2.70	2.62	2.65	2.62	0.12
8	2.61	2.65	2.55	2.70	2.78	2.65	0.23
9	2.60	2.70	2.82	2.72	2.78	2.72	0.18
10	2.72	2.62	2.70	2.58	2.54	2.62	0.18
11	2.68	2.70	2.79	2.74	2.78	2.74	0.11
12	2.91	2.90	2.98	2.82	2.76	2.90	0.22
13	2.77	2.80	2.90	2.81	2.88	2.81	0.13
14	2.78	2.71	2.82	2.70	2.68	2.71	0.10
15	2.62	2.58	2.70	2.63	2.65	2.63	0.12
16	2.45	2.48	2.50	2.60	2.71	2.50	0.26
17	2.79	2.60	2.68	2.75	2.63	2.68	0.19
18	2.70	2.68	2.75	2.72	2.78	2.72	0.10
19	2.75	2.70	2.90	2.80	2.88	2.80	0.20
20	2.66	2.60	2.70	2.75	2.85	2.70	0.15

$\tilde{x}$ 控制图	R 控制图	数据			
$CL=\bar{\tilde{x}}=2.71\%$	$CL=\bar{R}=0.17\%$	$\bar{\tilde{x}}=2.71\%$		$\bar{R}=0.17\%$	
$UCL=\bar{\tilde{x}}+m_3A_2\bar{R}=2.83\%$	$UCL=D_4\bar{R}=0.36\%$	n	m_3A_2	D_4	D_3
$LCL=\bar{\tilde{x}}-m_3A_2\bar{R}=2.59\%$	$LCL=D_3\bar{R}=—$	5	0.691	2.114	—

对表 4-5 中的数据，有：

$$\overline{\overline{x}} = (2.68 + 2.67 + \cdots + 2.70)/20 = 2.71（\%）$$

极差 R 的平均值 $\overline{R}$ 的计算方法与 $\overline{x}\text{-}R$ 图中求极差平均值的方法相同，对表 4-5 中的数据，有：

$$\overline{R} = （0.23 + 0.13 + \cdots + 0.15）/20 = 0.17（\%）$$

（4）计算中心线及控制限

① $\widetilde{x}$ 控制图：

中心线 $CL = \overline{\overline{x}} = 2.71\%$；

上控制限 $UCL = \overline{\overline{x}} + m_3 A_2 \overline{R} = 2.71\% + 0.691 \times 0.17\% = 2.83\%$；

下控制限 $LCL = \overline{\overline{x}} - m_3 A_2 \overline{R} = 2.71\% - 0.691 \times 0.17\% = 2.59\%$。

② R 控制图：

中心线 $CL = \overline{R} = 0.17\%$；

上控制限 $UCL = D_4 \overline{R} = 2.114 \times 0.17\% = 0.36\%$；

下控制限 LCL，$n < 6$，故不考虑。

（5）画出控制图　所得控制图如图 4-18 所示。由 $\widetilde{x}$ 图所见，有 2 个点超出控制上限，有 1 个点超出控制下限，生产过程未达到受控状态，应查找原因，予以改进。

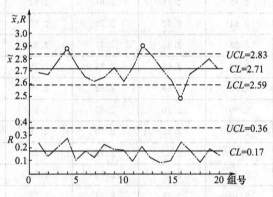

图 4-18　水泥生料三氧化二铁含量 $\widetilde{x}\text{-}R$ 控制图

四、均值与标准差控制图（$\overline{x}\text{-}s$ 控制图）

在 s、R、R_s 控制图中，以 s 图的检出力最强，控制的精确度较高，但因要求的样本要 $\geqslant 10$，并且计算比较复杂，因而其应用受到限制。但是，在计算机已被广泛应用于生产实践的今天，用 Excel 程序可以快捷地计算一组数据的平均值和标准差，从而为 $\overline{x}\text{-}s$ 控制图在生产实践中的应用创造了条件。

计算方法如下。

① 计算步骤与 $\overline{x}\text{-}R$ 控制图相同。

② 计算各组平均值 $\overline{x}_i$ 和标准差 s_i。

③ 计算总平均值 $\overline{\overline{x}}$ 和标准差平均值 $\overline{s}$。

④ 计算控制界限和中心线。

$\overline{x}$ 控制图：

$$\begin{cases} \text{中心线 } CL = \bar{x} \\ \text{上控制限 } UCL = \bar{x} + A_3 \bar{s} \\ \text{下控制限 } LCL = \bar{x} - A_3 \bar{s} \end{cases} \tag{4-35}$$

s 控制图：

$$\begin{cases} \text{中心线 } CL = \bar{s} \\ \text{上控制限 } UCL = B_4 \bar{s} \\ \text{下控制限 } LCL = B_3 \bar{s} \end{cases} \tag{4-36}$$

【**例 4-7**】水泥生料中氧化钙的质量分数的控制。如表 4-6 所示，连续收集 100 个测定数据，按 4 个一组，分为 25 组。试绘制 $\bar{x}$-s 控制图。

表 4-6　$\bar{x}$-s 控制图数据表

组号 j	氧化钙质量分数测定结果/%				组内平均值 $\bar{x}_i$ /%	标准差 s_i /%
	1	2	3	4		
1	38.45	38.46	38.42	38.43	38.44	0.0183
2	38.43	38.46	38.23	38.42	38.39	0.0105
3	38.56	38.56	38.64	38.52	38.57	0.0503
4	38.56	38.35	38.56	38.47	38.49	0.0995
5	38.45	38.42	38.45	38.42	38.44	0.0173
6	38.46	38.42	38.54	38.45	38.47	0.0512
7	38.47	38.51	38.43	38.42	38.46	0.0411
8	38.48	38.75	38.24	38.41	38.47	0.2121
9	38.56	38.21	38.34	38.46	38.39	0.1513
10	38.43	38.36	38.56	38.56	38.48	0.0995
11	38.34	38.35	38.42	38.25	38.34	0.0698
12	38.52	38.24	38.21	38.24	38.30	0.1457
13	38.24	38.34	38.26	38.36	38.30	0.0589
14	38.23	38.23	38.36	38.63	38.36	0.1886
15	38.42	38.45	38.63	38.52	38.51	0.0933
16	38.56	38.46	38.24	38.54	38.45	0.1465
17	38.42	38.49	38.65	38.32	38.47	0.1388
18	38.63	38.56	38.64	38.63	38.62	0.0370
19	38.67	38.54	38.63	38.61	38.62	0.0544
20	38.56	38.23	38.24	38.32	38.34	0.1537
21	38.24	38.56	38.52	38.46	38.45	0.1427
22	38.24	38.26	38.24	38.28	38.26	0.0191
23	38.43	38.65	38.25	38.29	38.41	0.1806
24	38.46	38.56	38.52	38.42	38.49	0.0622
25	38.52	38.42	38.61	38.27	38.46	0.1457
平均值					$\bar{x} = 38.44$	$\bar{s} = 0.0993$

【解】① 分别计算表 4-6 中各组的平均值 $\bar{x}_i$、标准差 s_i、总平均值 $\bar{\bar{x}}$ 以及标准差的平均值 $\bar{s}$。

② 按式（4-35）、式（4-36）分别计算控制图中 $\bar{x}$ 图和 s 图的中心线、上控制限和下控制限。式中所需的 A_3、B_3、B_4 值由表 4-2 查得。$n=4$ 时，$A_3=1.628$，$B_3=0$，$B_4=2.266$。

$\bar{x}$ 控制图：

$$\begin{cases} \text{中心线 } CL = \bar{\bar{x}} = 38.44\% \\ \text{上控制限 } UCL = \bar{\bar{x}} + A_3\bar{s} = 38.44\% + 1.628 \times 0.0993\% = 38.60\% \\ \text{下控制限 } LCL = \bar{\bar{x}} - A_3\bar{s} = 38.44\% - 1.628 \times 0.0993\% = 38.28\% \end{cases}$$

s 控制图：

$$\begin{cases} \text{中心线 } CL = \bar{s} = 0.0993\% \\ \text{上控制限 } UCL = B_4\bar{s} = 2.266 \times 0.0993\% = 0.225\% \\ \text{下控制限 } LCL = B_3\bar{s} = 0 \end{cases}$$

③ 画出控制界限，描点、连线（如图 4-19 所示）。

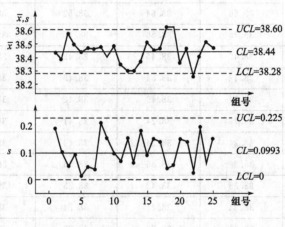

图 4-19　水泥生料氧化钙含量 $\bar{x}$-s 控制图

第五节 ▶▶ 预控图（彩虹图）

一、预控法的提出

任何好的方法也会在某些方面表现出一定的局限性。控制图在生产过程中是过程控制最有效的工具，但往往受到以下几方面的限制。

① 制作任何类型的控制图都需要先取得 20～25 组的预备数据。取得预备数据往往需要几天的时间，这对于小批量生产过程是无法实现的。

② 控制图的基本原理是分布理论，很难让操作工人理解，对应用者要求具有一定的专业素质。

③ 控制图无论是分析用还是控制用，工作量比较大，这给生产现场的应用带来一定困难。

因此，要考虑在某些情况下能否应用更简便的方法来代替控制图。预控图就是这样的一种方法，目前在发达国家已得到广泛应用。

预控法是一种简便的过程控制工具，特别适用于小批量生产过程。预控法与控制图一样是在过程发生异常之前进行预控。预控法不需要计算控制界限，所以免除了积累过程数据（收集预备数据作分析用控制图）的内容，而是直接用单个样品的实测值对过程做出预测。

二、预控法的区域划分

如图 4-20 所示，在预控图内添加两条 P-C 线（预控线），将预控图分为三个区域。

① 在规格界限与规格中心（M 线）之间 1/2 处设置两条预控线（P-C 线）。P-C 线的数值等于两侧规格界限（T_U 与 T_L）分别和规格中心（M）的平均值。

② 绿区（目标区）：两条 P-C 线之间的区域称为目标区，占整个规格界限的一半。其正态分布概率为 86.64%，可近似认为 86%。

③ 黄区（警戒区）：在目标区两侧至规格界限之间是两个黄区，各占规格界限的 1/4。其正态分布概率各为 6.54%，可近似认为 7%。

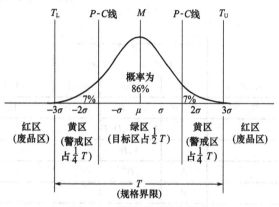

图 4-20　预控法区域的划分

④ 红区（废品区）：规格界限（T_U、T_L）之外为两个废品区（超出上、下规格界限），其正态分布概率各为 0.135%。

三、预控法的应用

① 过程开始时，需保证连续检测 5 件产品，其实测值全部落入绿区之内，此时认为符合要求，过程可以开始运行。若 5 件产品中即使有 1 件的实测值落在绿区以外，也需调整过程（如工艺参数、设备、工装、仪器等），直到连续检测 5 件产品的实测值全部落入绿区才能正式运行。

② 过程正式运行后，按确定的时间间隔每次连续抽取 2 件产品进行检测，并按下述规则对过程做出判断。

1）若两件产品的实测值全部落入绿区，说明过程正常，可以正常生产。

2）若两件产品的实测值，1 个落入黄区、1 个落入绿区，判过程正常，可以正常生产。

3）若两件产品的实测值分别落入两个黄区，说明过程分布散差加大，过程异常，应及时调整过程，减小散差，然后重新开始。

4）若 2 件产品的实测值落入同一侧黄区，说明过程异常。此时过程分布中心已偏离规格中心，应采取措施调整过程分布中心，然后重新开始。

5）只要发现抽取样品中的 1 个实测值落入红区，就表明过程异常。应分析原因并采取措施，取得效果后重新开始。

四、预控图的统计原理

预控图对异常判断的理论基础是小概率事件原理，设置的小概率为 0.01（见表 4-7）。

① 在过程中随机抽取 1 件产品，其实测值落入绿区的概率为 0.86。若连续抽取 5 件产品，它们的实测值全部落入绿区的概率为 $0.86^5=0.4704$，说明过程要达到这一要求，有 47% 的可能性，而实际上达到了，证明过程质量特性值的分布中心（平均值）与规格中心（目标值）是重合的，而且过程能力也满足要求，符合预控图的假设条件，可以正式开始应用预控图。

表 4-7　预控法判断原理

T_L 到 T_U，T，$P-C$，$P-C$

红　区	黄　区	绿　区	黄　区	红　区	发生概率	处　置
0.00135	0.07	0.86	0.07	0.00135		
		A、B、C、D、E			$0.86^5=47\%$	符合要求过程可以运行
		A、B			$0.86^2=74\%$	
	A	B			$0.07\times0.86=6\%$	
	B	A			$0.07\times0.86=6\%$	过程正常
		A	B		$0.07\times0.86=6\%$	
		B	A		$0.07\times0.86=6\%$	
	A		B		$0.07^2=0.49\%$	调整过程，减小散差，然后重新开始
	B		A		$0.07^2=0.49\%$	
	A、B				$0.07^2=0.49\%$	调整过程分布中心，然后重新开始
			A、B		$0.07^2=0.49\%$	
A					0.135%	
B					0.135%	
				B	0.135%	
B	A				$0.07\times0.00135=0.01\%$	过程能力严重不足，应采取措施，取得效果后重新开始
	A				$0.07\times0.00135=0.01\%$	
	B			A	$0.07\times0.00135=0.01\%$	

注：A、B、C、D、E 分别代表 5 件产品实测值。

② 连续抽取 2 件产品，其实测值全部落入绿区的概率为 $0.86^2=0.74>0.01$，说明过程正常。

③ 连续抽取 2 件产品，其实测值 1 个落入绿区、1 个落入黄区的概率为 $0.86\times0.07=0.06>0.01$，说明过程正常。

④ 连续抽取 2 件产品，其实测值全部落黄区的概率为 $0.07^2=0.0049<0.01$，应视为小概率事件，应判过程异常。

⑤ 只要有 1 件产品的实测值落入红区，无论另 1 件产品的实测值落入哪个区域，其概

率总是小于 0.01，为小概率事件，应判过程异常。

五、预控图对过程控制的弹性管理

预控图对过程状态具有敏感性，其对过程的判断具有"奖惩功能"。

（1）过程能力与预控图 预控图的假设条件为 $C_p=1$，这样的假设其目的在于对预控图做出统计解释，并不意味只有 $C_p=1$ 时才能应用预控图。实际上，只要 $C_p \geqslant 1$，就可以应用预控图。而且，C_p 越大，对过程控制的效果越好，但 $C_p<1$ 时是不能应用预控图的。

如图 4-21 所示，可以进一步说明这一问题。

① 当 $C_p=1$ 时 ［见图 4-21（a）］，连续 2 件产品的实测值落入黄区的概率为 0.0049，根据小概率事件原理判断过程异常。

② 若 $C_p<1$，如 $C_p=0.67$ ［见图 4-21（b）］。此时，连续 2 件产品的实测值落入黄区的概率实际为 0.02。根据预控图的判断准则，自然仍应判断过程异常，预控图会频频报警，实际上加大了对异常判断的概率。因此，当 $C_p<1$ 时不适宜应用预控图。

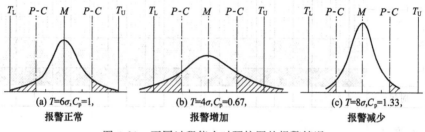

图 4-21　不同过程能力时预控图的报警情况

③ 若 $C_p>1$，如 $C_p=1.33$ ［见图 4-21（c）］。此时，连续 2 件产品的实测值落入黄区的概率实际只有 0.0004，远远小于 0.0049，因此出现报警的可能性很小。说明若有 2 件产品的实测值落入黄区，这样小的概率事件的发生，过程必然是异常的，使预控图的检出力更加灵敏。

从以上情况也可以说明，若 $C_p=1$ 是正常情况，则当过程能力减小（$C_p<1$），预控图就会频频报警（属于对过程的惩罚）；当过程能力有所提高（$C_p>1$），预控图就会减少报警（属于对过程的奖励），对过程质量的优劣具有弹性的区别对待。

（2）预控图的抽样间隔时间 控制图在应用过程中，抽样的间隔时间一般是确定不变的。但预控图在应用过程中，抽样的间隔时间可以根据过程的实际状态进行调整。当过程出现异常的频次增多时，应缩短抽样的间隔时间（属于对过程的惩罚）；反之，当过程出现异常的频次减少时，可延长抽样的间隔时间（属于对过程的奖励）。

一般抽样的间隔时间的确定，是将过程出现两次异常（两组落入双黄区的取样）之时间间隔的 1/6，作为预控图的抽样间隔时间。如：若上午 9：00 第一次过程出现异常（双黄区），纠正后继续加工，中午 12：00 过程再次出现异常（双黄区），出现这两次过程异常的时间间隔为 3h，其 1/6 为 0.5h，则之后的预控图必须每 30min 抽取一个样本。之后也是依此随时调整，起到弹性管理的作用。

六、预控法的优点

① 预控图的设计完全与规格（公差）界限直接相联系，具有简单、明了、易于操作等特点，容易被操作者所理解和掌握。

② 在预控图的应用过程中，直接与规格（公差）界限相联系，根据规格（公差）界限来确定预控（P-C）线，不需要按 3σ 原则计算控制界限，也不需要计算均值 $\bar{x}$ 和极差 R，是根据单个样品的实测值对工序进行判断的，不仅可以节约开支，而且便于操作者自控，非常简便。

③ 预控图以绿、黄、红三色划分区域，形象、直观，易于理解和接受。有些企业将预控图各区域的不同颜色彩色套印，非常美观，称其为彩虹图或彩条图（如图 4-22 所示）。

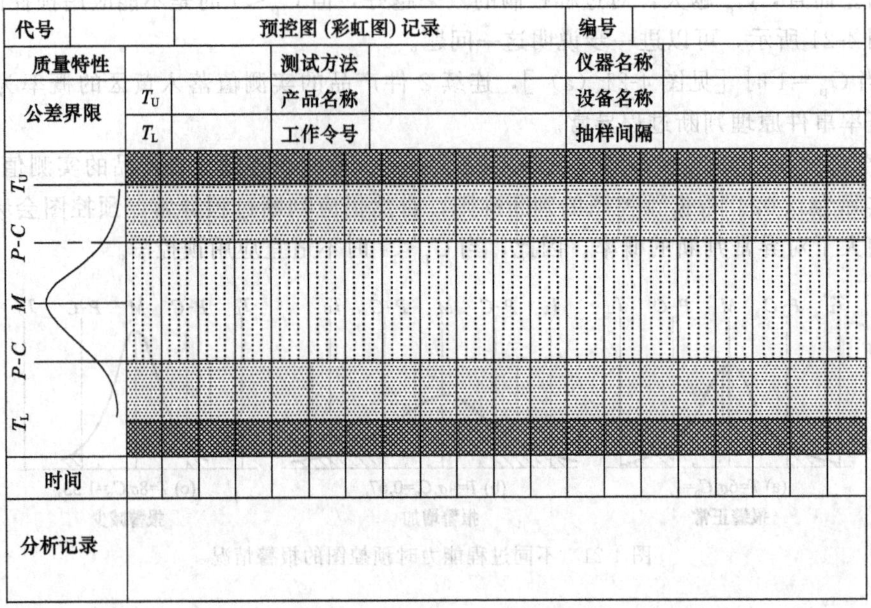

代号			预控图 (彩虹图) 记录			编号		
质量特性			测试方法			仪器名称		
公差界限	T_U		产品名称			设备名称		
	T_L		工作令号			抽样间隔		

图 4-22 预控图的图样

彩色套印：中间为绿色，绿色上下为黄色，黄色上下为红色

④ 利用预控图可以反映出过程质量特性值分布中心的偏移和标准差的变化，易于分析过程异常的原因，比其他间隔抽样方法可获得更多的有关过程的信息。采用适当的检测时间间隔，能保证过程的产品不合格品率不超过预定的质量水平。

⑤ 产品的实测值落入黄区时并非为不合格品，但预控图却会发出异常报警。实际是在不合格品发生之前即发出报警（捕捉异常先兆），起到了预防的作用。

⑥ 只要 $C_p \geqslant 1$ 就可以应用预控图，操作者利用了整个的规格（公差）范围，并不要求把过程控制到过于严格的程度。

⑦ 预控图能够保证产品质量被控制在预定的水平上。在 $C_p = 1$ 时，正常实施预控图可保证过程不合格品率小于 0.3%。

⑧ 预控图不仅可以用于计量值检测的过程控制，还可以用于计数值检测的过程控制。

⑨ 预控图不仅适用于小批量生产过程，也可以在大批量生产过程中应用。

注：应注意，在大批量生产过程中，预控图的控制效果要比控制图差。因此，对有条件的企业，在大量生产过程中还是尽可能应用控制图实施质量控制。

⑩ 预控图由操作者实施，又易于为操作工人所理解和接受，因此有利于提高操作者的自控水平和质量责任心，从而减少拒收和调整，增强生产优质产品的信心。

七、应用预控图时应注意的问题

① 预控图不是控制图，但具有对质量特性进行控制的功能。

② 预控图并不是指在工序开始前就进行预控，而是指在工序未产生不合格品之前对工序进行控制。

③ 预控图的假设条件：

1）过程的质量数据必须服从正态分布规律。

2）工序能力指数 $C_p = 1$。但并不意味着只有 $C_p = 1$ 时预控法才能使用。为预防由于过程内外条件波动对过程的干扰，根据实践经验的总结，一般 $C_p \geqslant 1.14$ 时实施预控法更为有效。

3）质量分布中心（平均值）与公差中心（目标值 M）相重合。

④ 应用预控图对操作者的要求：

1）应充分掌握规格（公差）和有关技术标准。

2）应熟知产品质量要求和质量控制的要求。

3）应熟练掌握必要的量具、仪器仪表的操作规程以及调整方法。

4）过程一旦发生异常，应具有及时采取纠正措施的能力。

对操作者的各项要求应在使用预控图之前实施培训。

第五章 质量管理统计工具

统计工具指简化的统计方法。统计工具的开发是日本质量管理专家对质量管理工作做出的重要贡献。统计技术的理论基础是概率论，数学运算较多，一时难以掌握。20世纪60年代，质量管理专家开发了质量管理七种统计工具，包括因果图、排列图、调查表、直方图、散布图、控制图和分层法。20世纪70年代，质量管理专家又开发出质量管理新七种统计工具，包括系统图、关联图、矩阵图、矢线图、KJ法、PDPC法和矩阵数据解析法。这些统计工具不系统地涉及较深奥的概率论原理，主要涉及应用步骤，通过对统计结果的直观分析，对生产过程的质量情况做出判断，为改进产品的质量提供依据。

十四种统计工具中，有的属于统计型方法，如直方图、排列图、散布图、控制图等。应用这些统计工具时，需要收集大量的可以定量描述的数字数据，通过一定的数学公式进行统计计算，根据数据分布的特征值判断产品质量的波动情况。除统计型方法外，其余的统计工具多属于情理型方法，如因果图、系统图、关联图、PDPC法、KJ法等。应用这些统计工具时，需要通过广泛深入的调查研究，收集大量的定性描述的非数字数据，进行资料处理，经过分层、分类、归纳、整理，得到有条理的思路，作为决策过程的依据。情理型统计工具的应用与人员的思维能力、业务素质等因素有很大的关系，应用人员需要有一定的奉献精神和灵活的思维能力，所以应用好情理型统计工具并非如一些人想象的那么容易。本章重点介绍属于统计型方法的若干种统计工具，如调查表、排列图、分层法、散布图等；对于属于情理型方法的统计工具，做简要介绍。

第一节 ▶▶ 调查表

调查表是一种简便易行的整理和分析数据的方法，在产品生产过程中可以广泛应用。

按使用的目的不同，生产企业常用的调查表有以下几种：工序分布调查表、不良项目调查表、缺陷位置调查表、不良要因调查表以及其他调查表。现仅就水泥生产企业使用的工序分布调查表做介绍。

工序分布调查表适用于粗略了解整个工序指标的大致分布情况及其与标准要求的关系，并不像作直方图那样要比较具体的详尽的数量分析，但调查表也有一定的量的概念，因此，它是一种既简便又实用的工序分析工具。

工序分布调查表的具体做法是：

① 填写调查表的表头。

② 收集数据：一般应在100个以上，以便看出分布的大致形态，进行分析推断。

③ 找出数据的最大值 x_{max} 和最小值 x_{min}，算出极差：$R = x_{max} - x_{min}$。

④ 在坐标纸的横坐标上均匀地标出从 x_{min} 到 x_{max} 的每一个数据可能占用的方格。

⑤ 在纵坐标上标出数据出现的频数（次数），把每个数据用符号标在其对应的方格中。

⑥ 在图上标出允许的波动范围。

⑦ 针对工序分布形状并对照允许波动范围进行分析判断。

【例 5-1】某水泥厂某月若干天出磨生料氧化钙含量（%）如表 5-1 所示（已按从小到大的顺序排列）。做工序分布调查表，并予以分析。

表 5-1 工序分布调查表

项目名称:出磨生料氧化钙含量/%				时间:　　年　　月　　日至　　年　　月　　日			
依据标准:厂质量管理细则				执行部门:厂化验室			
抽查数据量 n:216 个,代表生料批量:约 9000 t				被检查部门:生料车间			
37.2	37.4	37.6	37.6	37.7	37.7	37.7	37.7
37.8	37.8	37.8	37.8	37.8	37.8	37.9	37.9
37.9	37.9	37.9	37.9	37.9	37.9	37.9	37.9
38.0	38.0	38.0	38.0	38.0	38.0	38.0	38.0
38.0	38.0	38.0	38.0	38.0	38.0	38.0	38.0
38.1	38.1	38.1	38.1	38.1	38.1	38.1	38.1
38.1	38.1	38.1	38.1	38.1	38.1	38.1	38.1
38.2	38.2	38.2	38.2	38.2	38.2	38.2	38.2
38.2	38.2	38.2	38.2	38.2	38.2	38.2	38.2
38.2	38.2	38.2	38.2	38.3	38.3	38.3	38.3
38.3	38.3	38.3	38.3	38.3	38.3	38.3	38.3
38.3	38.3	38.3	38.3	38.3	38.3	38.3	38.3
38.3	38.3	38.3	38.3	38.4	38.4	38.4	38.4
38.4	38.4	38.4	38.4	38.4	38.4	38.4	38.4
38.4	38.4	38.4	38.4	38.4	38.4	38.4	38.5
38.5	38.5	38.5	38.5	38.5	38.5	38.5	38.5
38.5	38.5	38.5	38.5	38.5	38.5	38.6	38.6
38.6	38.6	38.6	38.6	38.6	38.6	38.6	38.6
38.6	38.6	38.6	38.6	38.6	38.6	38.7	38.7
38.7	38.7	38.7	38.7	38.7	38.7	38.7	38.7
38.7	38.8	38.8	38.8	38.8	38.8	38.8	38.9
38.9	38.9	39.0	39.0	39.1	39.1	39.2	39.2

【解】由表 5-1 数据画出调查表（如图 5-1 所示）。分析图 5-1 可以得出以下结论：

① CaO 含量的分布基本上呈正态分布，均值在 38.25％～38.3％之间，与标准规定（在此可把厂的技术指标 38.2％±0.3％作为技术标准）基本重合，说明此道工序情况稳定正常。

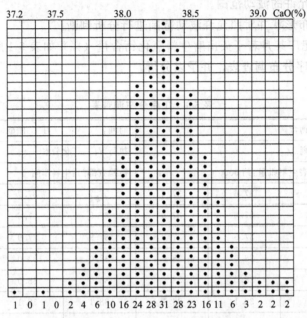

图 5-1　出磨生料 CaO 含量调查表

② 由图 5-1 可以算出该阶段氧化钙含量的合格率，即在 38.2％±0.3％范围内的频数为：10＋16＋24＋28＋31＋28＋23＝160，占总频数 216 的 74.1％，符合《水泥企业质量管理规程》规定的出磨生料氧化钙合格率≥70％的要求。不合格品率为 25.9％。

③ 两尾端有几个极小值和极大值，且有的散布较远，说明还应在原料均化和数据检测两方面加强工作，进一步提高出磨生料的均匀性或检测数据的可靠性。

④ 若 38.2％±0.3％是恰当的配料方案，则今后应稍偏低控制，因为从图上看，出现的数据靠近上限的偏多。

第二节 ▶▶ 排列图

排列图又称巴雷特图，是由一个横坐标、两个纵坐标、若干个相邻矩形和一条折线组成的揭示影响产品质量主要因素的图示方法。

1. 排列图的画法

① 确定进行质量分析的项目或因素。凡是影响质量的因素都可以作为排列项目，以便从中确定关键的少数。

② 收集项目或因素的数据，算出每个项目或因素频数及所占总数的百分比及累计百分比（即频率）。

③ 将项目或因素频数按大小顺序自上而下排列，填入表中（如表 5-2 所示）。

④ 画横坐标。画出长度适宜的一条横直线，按项目或因素个数的多少，自左向右以递

减的顺序逐项排列，最大的排在左边，其他项排在右边最后处。

⑤ 画左纵坐标。其长度大体与横坐标相当。其最高点代表频数总和，然后按比率均分，标明相应的标度。

⑥ 画右纵坐标。其长度与左纵坐标相等。相对于左纵坐标最高点的位置，右纵坐标代表频率的 100％，然后按比率均分，标明相应的标度。

⑦ 在横坐标的每个项目或因素上画出相应的矩形，其高度根据项目或因素的频数，按左纵坐标的标度确定，并在矩形上注明频数。

⑧ 根据右坐标的标度在第一个项目或因素矩形的中心或右侧，按其频率在图上标出第一个点，然后逐项标出其累计频率的坐标点，并将其连接成一条折线（如图 5-2 所示）。

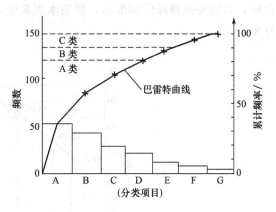

图 5-2 排列图

⑨ 区分主次因素。一般累计百分数在 0～80％的因素为 A 类因素，是影响质量的关键因素；累计百分数在 80％～90％的因素为 B 类因素，是影响质量的主要因素；累计百分数在 90％～100％的因素称为 C 类因素，是影响质量的次要因素。

2. 注意事项

① 对于收集到的数据首先要分层处理，可作分层排列图。同一层次的问题在同一图中排列，不要把不同层次的问题混在一起作图。

② 排列项目不宜太多，一般 5～7 项即可。

③ 关键项不一定机械地按 0～80％寻找，一般频数最大的前 1～3 项即可作关键项处理。

④ 其他项一定放在最后（右边），其频率不大于 10％。

【例 5-2】 某水泥质量主管部门发现当年水泥质量事故比上年有明显增加，请统计人员作主次因素排列图以便分析研究，提出对策。

【解】 统计人员的工作步骤如下。

① 收集数据。到有关部门调取当年的水泥质量事故（含未遂）登记表，并逐一列出，看有无明显的事故性质、发生事故的时间、地域等趋向。在此，认为已看出事故种类，原因有明显趋向。

② 按事故的种类和原因分类，将数据列成表 5-2。

表 5-2　事故的种类和原因分类表

序号	事故种类	原　因	次数	占总次数的比率/％	累计/％
1	未遂质量事故	28d 抗压富余强度不够	32	49.2	49.2
2	重大质量事故	安定性不合格	15	23.1	72.3
3	重大质量事故	凝结时间不合格	8	12.3	84.6
4	重大质量事故	强度达不到标准要求	6	9.2	93.8
5	重大质量事故	三氧化硫超标	4	6.2	100.0
合计			65	100.0	

③ 作主次因素排列图（如图 5-3 所示）。由图 5-3 可清晰看出，强度原因，特别是 28d 抗压富余强度这个最主要的质量指标达不到规程要求，占 49.2%，故主管部门要求采取有效措施，大力贯彻执行《水泥企业质量管理规程》和国家标准，确保出厂水泥各项质量指标合格，特别要强调降低标准差，控制水泥强度，使保证系数 t 在 3 以上，以防止质量事故的发生。

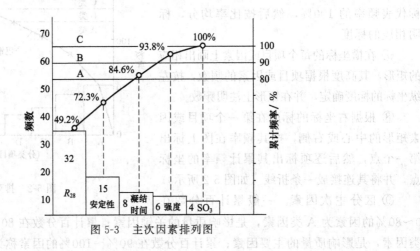

图 5-3   主次因素排列图

第三节 ▶▶ 分层法

分层法又称分类法、分组法。

造成质量波动的原因是多方面的。分层法即把观察发现的情况或检测记录的数据进行分类、分层统计，看是否有规律，若有规律，应采取改进措施。分类、分层方法可视不同的需要而有所不同，且可将一方面的情况或一组若干个数据多次分类，层层深入。

分层的目的在于使同一层内的数据波动尽可能小，而使层与层之间的数据差异尽可能大地反映出来，显示出分层法的作用和效果，否则就说明分层无效。为实现这一目的，通常可按人、机、料、法、环、时间等条件作为分层的标志来对数据进行分层。在应用分层法对数据进行分层时，必须选择适当的分层标志，否则会因为分层标志选择不当而导致分层结果不充分，不能有效地反映客观事实。

对水泥生产过程中出现的有明显倾向（如产量明显提高、质量明显好转，或者相反）的数据，一般按下列方法分类。

① 按小时、班次、日、月、季、年度分类，以便分析生产中的趋向是否与时间有关。如水泥厂对水泥安定性按旬、月、季进行分类统计，可以明显看出水泥的安定期随气温降低而变长。从这个规律研究出安定期变化的主要原因之一是：气温低时，空气中的水分含量降低，$f\text{-}CaO$ 的消解作用减弱。

② 按设备分类，观察分析不同的设备对产量、能耗的影响，以了解是否由于设备磨损严重、磨机研磨体应该调整、窑的热工制度失去平衡等原因造成产量降低、能耗提高。如果几台设备的产量、质量指标并无显著差异，那就要从原料、燃料、配料等方面查找原因。

③ 按操作人员分类，看是否由于操作水平或工作情绪的原因导致生产指标提高或

下降。

④ 按不同的原料、燃料分类。

⑤ 按不同的配料方案分类。

⑥ 按不同的计量方法、检测方法分类。

分层法是一种十分重要的统计方法。实际上几乎在应用各种统计方法（如因果图、排列图、散布图、直方图、控制图等）的过程中都可以结合使用分层法。

分层法在排列图中的应用如图 5-4 所示。

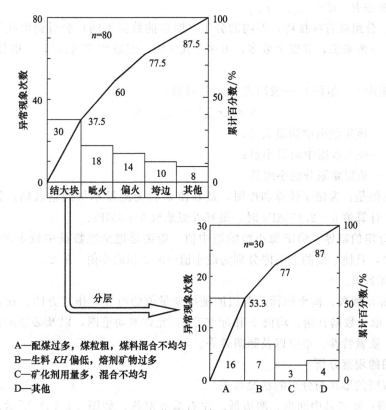

A—配煤过多，煤粒粗，煤料混合不均匀
B—生料 KH 偏低，熔剂矿物过多
C—矿化剂用量多，混合不均匀
D—其他

图 5-4　煅烧异常现象分层排列图

第四节 ▶▶ 直方图

一、直方图的定义和应用

1. 直方图的定义

直方图是用一系列等宽不等高的长方形来表示数据。宽度表示数据范围的间隔，高度表示在给定的间隔内数据出现的频数，变化的高度形态表示数据的分布情况。

直方图可以显示数据波动的形态（分布），直观地传达有关过程的情况和信息。根据直方图提供的信息，可以推算出数据分布的各种特征值和工序能力指数以及过程的不合格品率等（这种推算一般比控制图的推算要准确），决定在何处集中力量进行改进。

直方图的理论基础是正态分布曲线。在水泥生产过程中的计量数据和质量检测数据都是波动的，这种波动一般也都呈现正态分布。但生产和质量数据是否正常、稳定，是否符合有关的技术标准和要求，是否存在着系统的因素明显地影响着生产，就需要从一大批产品中随机抽取一个或几个样本，由样本的几个主要特征参数（如对于正态分布来说，主要的就是平均值和标准差）来推断总体是否符合要求。

2. 直方图的画法

① 随机抽取一个样本，其子样数 n 应在 50 个以上，最好在 100 个以上。

② 找出最大值和最小值，分别用 x_{max} 和 x_{min} 表示。

③ 算出极差 R，$R = x_{max} - x_{min}$。

④ 分组。分组颇有些技巧，不同的分组（即组的数目不同）会得到形状不同且差别较大的直方图。一般来说，数据个数多，可多分几个组。组数用 K 表示，一般使 K 为奇数以便于运算。

⑤ 决定组距 h。组距 h 一般用式（5-1）计算：

$$h = (x_{max} - x_{min})/K \tag{5-1}$$

式中　x_{max}——该组数据中的最大值；

　　　x_{min}——该组数据中的最小值；

　　　K——该组要划分的小组数。

值得注意的是：为便于计算和作图，最好使 h 化为测量单位的整数倍。如要画水泥强度的直方图，计算值 $h = 2.85\text{MPa}$ 时，最好近似地取 $h = 3\text{MPa}$。

⑥ 决定分组的组界，确定每小组的组中值。原则是把全组数据中最小的数据作为第 1 小组的组中值，且使小组的上下限分别为最小值 $+h/2$ 和最小值 $-h/2$。

⑦ 列出频数值。

⑧ 纵坐标示频数，横坐标标示各组的随机变量值的组界，作直方图。在直方图上注明数据个数 n、取得数据日期、均值 $\bar{x}$ 和标准差 s、允许波动范围，以及必要的说明，如取样时间、项目、质量特性、单位以及制图者等。

3. 直方图的观察分析

（1）直方图的形状与分布的状况有关

① 对称型：特点是中间高、两边低、左右基本对称，如图 5-5（a）所示。此时过程处于稳定状态，所以对称型也称为正常型。

② 偏向型：仍以中间高、两边低为特征，但最高峰偏向某一侧，形成不对称的形状，如图 5-5（b）、（c）所示。这种情况还可分为左向型和右向型，往往是由于人为有意识地对过程进行干涉造成的。如机械加工中孔的尺寸往往偏向于尺寸的下限，而轴的尺寸往往偏向于尺寸的上限。

③ 双峰型：特点是有两个高峰，如图 5-5（d）所示。这往往是由于来自两个不同总体的数据混在一起所致，如两个工人加工的产品混在一起，在工业生产中称为"混批"。

④ 平峰型：没有十分突出的高峰，整个图形的波动比较平缓，如图 5-5（e）所示。这往往是由于过程中有缓慢变化的因素在起作用所致，如刀具的磨损、夹具松动、原材料稳定性的变化等。

⑤ 绝壁型：类似于偏向型，特点是一侧形状有如绝壁，如图 5-5（f）所示。这往往是由于对过程的输出进行了挑选所致，如达不到某一规格界限的产品被排除了。

⑥ 孤岛型：在远离主分布的地方出现小的直方形，有如一个小孤岛，如图 5-5（g）

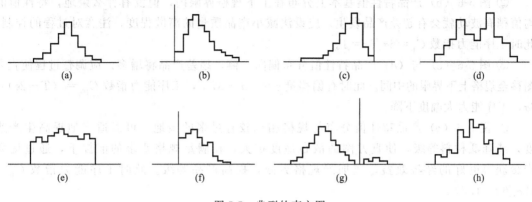

图 5-5 典型的直方图

所示。这说明过程中有一个时期产生了过程条件的较明显变化，如原材料混杂、操作疏忽等。

⑦ 锯齿型：整个图形仍然是中间高、两边低，基本对称，但存在大量参差不齐的直方形，如图 5-5（h）所示。这可能是分组过多造成的，也可能是测量仪器的不确定度太大造成的。

对直方图的分析还要参照取得数据的具体过程条件，特别要听取负责过程管理的工程技术人员的意见。如有条件，应对分析的结论进行适当的验证。

（2）直方图与规格对比 将直方图分布与产品上、下规格界限进行比较，可以直观地掌握工序能力情况（如图 5-6 所示）。

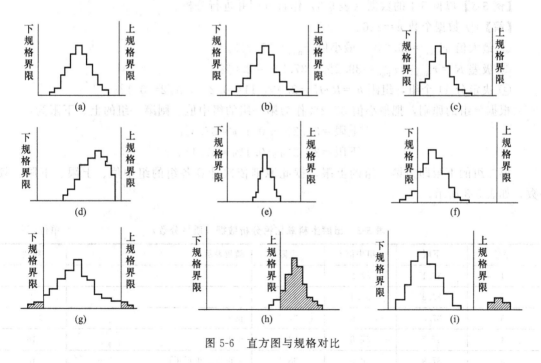

图 5-6 直方图与规格对比

① 图 5-6（a）产品特性均值大体上在规格中心，散布范围在上下界限内，且有相当余地，生产处于正常状态。这是比较理想的情况。此时工序能力指数 $C_p = 8\sigma/6\sigma = 1.33$。

② 图 5-6（b）产品特性值基本上分布在上下规格界限内，但没有什么余地，特性值的均值稍有波动就会有超差产品发生。应设法减小产品质量的离散程度，注意对过程的控制。此时工序能力指数 $C_p = 6\sigma/6\sigma = 1$。

③ 图 5-6（c）与（d）产品特性值分布偏向一侧，超差产品将增多。应调整过程使直方图移至规格上下界限的中间。此时有偏移量 $\varepsilon = |\overline{x} - M|$，工序能力指数 $C_{pk} = (T - 2\varepsilon)/6\sigma$，工序能力大幅度下降。

④ 图 5-6（e）产品特性值分布与规格相比较有过多的余地，可以适当地提高生产速度，或降低材料等级，使直方图的散布适度扩大，在满足规格要求的前提下，通过提高产量获得更好的经济效益，或加严规格界限，提高产品等级。此时工序能力指数 $C_p \geqslant 10\sigma/6\sigma = 1.67$。

⑤ 图 5-6（f）产品特性值分布左偏，造成不合格品。应调整过程控制条件，使直方图移至规格上下界限的中间，并根据情况适当减小散布。

⑥ 图 5-6（g）产品特性值分布过大，造成不合格品。应采取措施减小散布，或研究规格是否合理，如不合理，加以调整。此时工序能力指数 $C_p \leqslant 4\sigma/6\sigma = 0.67$。

⑦ 图 5-6（h）产品特性值分布过度右偏。发生这种情况应迅速查明原因，最好在查明原因之前停止生产。这种情况应特别注意研究系统性因素对过程的影响，以便调整过程控制条件，使分布处于上下规格界限的中间。

⑧ 图 5-6（i）产品特性值大部分分布良好，但有少量产品超过规格界限，形成孤岛。应调查产生孤岛的原因。这种情况通常是在某一时段内有明显的特殊事件发生，如材料有误、量具损坏、有不熟练的操作者顶班等。

【例 5-3】以例 5-1 的数据（表 5-3）作直方图并进行分析。

【解】① 数据个数 $n = 216$。

② 最大值 $x_{max} = 39.2\%$，最小值 $x_{min} = 37.2\%$。

③ 极差 $R = x_{max} - x_{min} = 39.2\% - 37.2\% = 2.0\%$。

④ 决定分 11 个组，组距 $h = R/K = 2.0\%/11 \approx 0.2\%$，$h/2 = 0.1\%$。

根据分组的原则，把最小值 37.2% 作为第一组的组中值。则第一组的上、下限为：

$$上限 = 37.2\% + 0.1\% = 37.3\%$$
$$下限 = 37.2\% - 0.1\% = 37.1\%$$

第二组的下限即为第一组的上限，据此原则依次计算各组的组中值、上限、下限、频数，如表 5-3 所示。

表 5-3　出磨生料氧化钙分析数据（质量分数）　　　　　　单位：%

序号	下限	组中值	上限	频数表示	频数
1	37.1	37.2	37.3	•	1
2	37.3	37.4	37.5	•	1
3	37.5	37.6	37.7	正•	6
4	37.7	37.8	37.9	正正正•	16
5	37.9	38.0	38.1	正正正正正正正正	40
6	38.1	38.2	38.3	正正正正正正正正正正••••	59
7	38.3	38.4	38.5	正正正正正正正正正•	51

续表

序号	下限	组中值	上限	频数表示	频数
8	38.5	38.6	38.7	正正正正正・・	27
9	38.7	38.8	38.9	正・・・・	9
10	38.9	39.0	39.1	・・・・	4
11	39.1	39.2	39.3	・・	2

⑤ 以频数为纵坐标，各小组组界为横坐标作直方图（如图 5-7 所示）。

⑥ 对直方图的观察与分析：

1）直方图近似正态分布，说明生产较正常，作图时分组较适当。

2）均值 38.3% 在直方图峰的中心部位有些右偏，说明氧化钙值偏高些。

3）图的中心趋向不够集中，标准差较大。

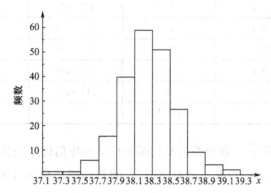

图 5-7　某水泥厂某月出磨生料氧化钙含量直方图

二、正态概率纸的应用

在现场质量管理中，对过程进行分析时，正态概率纸的应用可以达到直方图应用的同样效果。而用正态概率纸对数据进行图解法分析，可免去大量的计算工作，同时具有作图容易、分析准确、解决问题方便、迅速等优点。本着在达到同样效果的前提下尽可能选择简单的方法这一原则，应以正态概率纸取代直方图。

1. 正态概率纸的结构

正态概率纸是一种特殊构造的坐标纸（如图 5-8 所示）。其横坐标为质量特性值，是均匀刻度；其纵坐标取正态分布概率 0.01%～99.99% 的范围（相当于 $\mu \pm 4\sigma$ 范围），是非均匀刻度。

由于正态分布的概率范围若取 0～100%，其范围两端为 $\pm\infty$，在实际中是无法实现的，因此取有限的 $\pm 4\sigma$ 范围；由于正态分布的对称性，所以正态概率纸的纵坐标刻度，左边为从下至上由 0.01%～99.99%，而右边为从上至下由 0.01%～99.99%。以 50% 刻度为对称轴，上、下部分的非均匀刻度也是对称的。

2. 正态概率纸的应用程序

【例 5-4】以例 5-1 中的 216 次测定值为例。已知出磨生料氧化钙含量目标值为 $M = 38.2\%$，公差范围为 37.9%～38.5%。试作正态概率纸图形，并从图中求得标准差及不合格品率。

【解】（1）对收集的数据作频数分布表　见表 5-4。

① 计算分布表中各分组的顺序值 j_i。频数分布表中各分组的排列顺序是从小到大排列的。顺序值 j_i 为各组中数据所占有的排位顺序值。

表 5-4　出磨生料氧化钙含量频数分布表

组号	组中值/%	频数 f_i	顺序值 j_i	平均顺序值 $\bar{j}_i$	经验概率 $\bar{P}_i$ /%
1	37.2	1	1	1.0	0.2
2	37.4	1	2	2.0	0.7
3	37.6	6	3～8	5.5	2.3
4	37.8	16	9～24	16.5	7.4
5	38.0	40	25～64	44.5	20.4
6	38.2	59	65～123	94.0	43.3
7	38.4	51	124～174	149.0	68.8
8	38.6	27	175～201	188.0	86.8
9	38.8	9	202～210	206.0	95.1
10	39.0	6	211～216	213.5	98.8
合计		$\sum f_i = 216$			

② 计算平均顺序值 $\bar{j}_i$。各分组的平均顺序值即顺序值的平均值，为该分组顺序值 j_i 的首尾顺序值之和的 1/2。例如第 3 组顺序值 j_i 的首尾顺序值为 3 和 8，其平均顺序值 $\bar{j}_i =$ （3+8）/2=5.5。

③ 计算经验分布概率 $\bar{P}_i$。各分组的经验分布概率应为各分组平均顺序值占总频数的百分率，但为避免出现 100％而采用式（5-2）计算：

$$\bar{P}_i = \frac{\bar{j}_i - 0.5}{\sum f_i} \times 100\% \qquad (5-2)$$

式中　$\bar{P}_i$——各分组的经验分布概率；

　　　$\bar{j}_i$——各分组的平均顺序值；

　　　$\sum f_i$——总频数。

例如：第 3 组的 $\bar{P}_3 = \dfrac{\bar{j}_3 - 0.5}{216} \times 100\% = \dfrac{5.5 - 0.5}{216} \times 100\% = 2.3\%$。

（2）在正态概率纸上作图　在正态概率纸的横坐标上画出各组的中值，在纵坐标上画出与其对应的经验分布概率值，二者构成一个点，将各点连成光滑的线，即为经验概率曲线。本例正态概率纸作图得到的概率曲线如图 5-8 所示。

（3）判断取样过程是否正常（对图形形状的分析）　若过程质量特性值分布符合正态分布，则正态概率纸上所作的经验概率线为一条直线；若过程质量特性值分布偏离正态分布，则经验概率线就是曲线。如图 5-9 所示，其中（a）为正态分布，（b）为双峰型分布，（c）为平顶型分布，（d）和（e）为偏向型分布。其中，质量特性值向正向偏移时，曲线向正向弯曲，如图 5-9（d）所示；质量特性值向负向偏移时，曲线向负向弯曲，如图 5-9（e）所示。

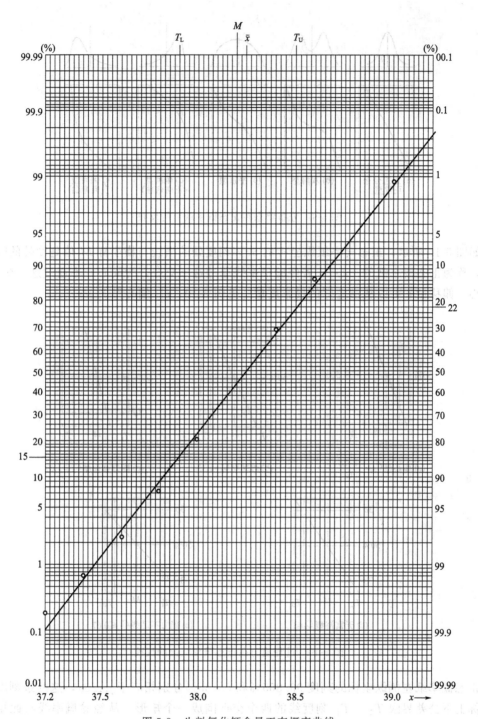

图 5-8　生料氧化钙含量正态概率曲线

　　本例图形近似为一条直线，右侧向上弯曲，左侧向下弯曲，过程质量特性值分布大体符合正态分布，说明取样过程大体正常，但有偏移，有波动。

　　（4）判断过程能力是否符合要求　在正态概率纸的横坐标上标出上公差界限 T_U、下公差界限 T_L、公差中心（目标值）M。

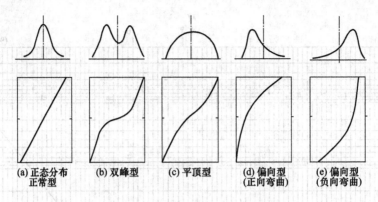

(a) 正态分布　　(b) 双峰型　　(c) 平顶型　　(d) 偏向型　　(e) 偏向型
　正常型　　　　　　　　　　　　　　　　　（正向弯曲）　　（负向弯曲）

图 5-9　分布状态在正态概率纸上的反映

如图 5-10 所示，正态概率纸纵坐标的 50％刻度处的横线与横坐标 M 值刻度处的竖线的交点，称为正态概率纸的"心"。若经验概率线通过这一交点，为同心；不通过这一交点时，为偏心。偏移量 ε 可以从横坐标的投影度量 [见图 5-10 （a）偏心型]。

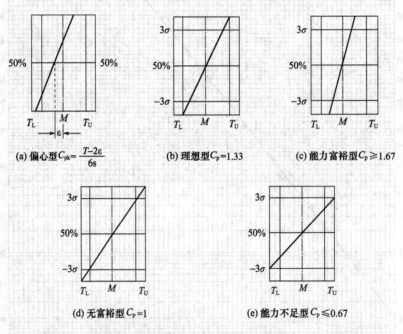

(a) 偏心型 $C_{pk}=\dfrac{T-2\varepsilon}{6s}$　　(b) 理想型 $C_p=1.33$　　(c) 能力富裕型 $C_p\geqslant1.67$

(d) 无富裕型 $C_p=1$　　(e) 能力不足型 $C_p\leqslant0.67$

图 5-10　过程能力在正态概率纸上的反映

正态概率纸左侧纵坐标的刻度 99.865％和 0.135％分别相应于 $\mu\pm3\sigma$，这两条刻度线与横坐标上下公差界限 T_U、T_L 刻度线的四个交点围成一个矩形。从经验概率线与此矩形的相对位置，可判定工序能力状况。在图 5-10 中，（b）为理想型，$C_p=1.33$；（c）为能力富裕型，$C_p\geqslant1.67$；（d）为无富裕型，$C_p=1$；（e）为能力不足型，$C_p\leqslant0.67$。

本例为能力严重不足型，C_{pk} 仅为 0.22，对下一步水泥熟料的煅烧十分不利。

$$C_{pk}=\frac{T-2\varepsilon}{6s}=\frac{0.6-2\times0.1}{6\times0.31}=0.22$$

式中的标准差 s 值可用袖珍式计算器按贝塞尔公式求出。

（5）取得过程信息

① 过程质量特性值分布中心（平均值）。从正态分布图形可知，平均值 $\bar{x}$ 的正态概率分布为 50%。因此，左侧纵坐标 50% 处的刻度线与经验概率线交点在横坐标上的投影即为 $\bar{x}$，本例 $\bar{x}=38.25\%$，与直方图计算结果相近，与目标值 $M=38.20\%$ 有 0.05% 的偏移。

② 过程质量特性值分布的标准差。从正态分布图形可知，正态分布曲线上拐点到对称轴的距离称为标准差。在（$\bar{x}+s$）处的正态分布概率为 84.13%。因此，正态概率纸左侧坐标 84.13% 刻度处的横线与经验概率线的交点在横坐标上的投影即为 $\bar{x}+s$ 的值。本例：

$$\bar{x}+s=38.6\%$$
$$\bar{x}=38.25\%$$

故
$$s=38.6\%-38.25\%=0.35\%$$

此值与用公式计算得到的标准差 s 值 0.31% 相近。

③ 不合格品率。下公差界限 T_L 与经验概率线的交点所对应的正态概率（左纵坐标）值，即为超过下公差界限的不合格品率 p_L；上公差界限 T_U 与经验概率线的交点所对应的正态概率（右纵坐标）值，即为超过上公差界限的不合格品率 p_U。过程的不合格品率为二者之和。

本例：$p_L=15\%$，$p_U=22\%$，过程的不合格率 $p=p_L+p_U=37\%$，与通过工序能力指数计算得到的结果 36% 相近。合格率为 63%。

第五节 ▶▶ 饼分图

饼分图又名圆形图，是以圆形内不同扇面大小表示数据构成比率的图示方法。

一、图形和用途

饼分图图形见图 5-11。饼分图主要用于表示各种数据的构成比率。

二、画法

① 首先画一个面积适当的圆圈；

② 列出构成比率的各个项目，并计算出每个项目的数据占总数的百分比；

③ 求出与每个项目的百分比对应的圆心角角度；

④ 从最高点开始，按顺时针方向，依圆心角从大到小的顺序，画出各扇面；

⑤ 填写每个扇面相对应的项目名称及所占比率；

⑥ 必要时可在中心再画一个小的同心圆，注明此圆形图所示的内容。

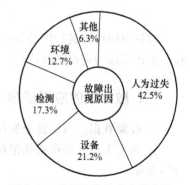

图 5-11 分析故障比率的饼分图

三、注意事项

① 饼分图的起始点一般为最高点，即相当于钟表表盘中的 12 点。

② 画圆心角时应从大到小，按顺时针方向排列。

③ 圆心角的大小表示项目构成比率的大小。

第六节 ▸▸ 散布图

一、散布图的定义和应用范围

散布图可以用来发现成对出现的两组相关数据之间的关系，并确认两组数据之间预期的相关性质（正相关或负相关）和相关程度（强相关或弱相关）。

两个随机变量的关系有函数关系、相关关系以及不相关三种状态。其中函数关系可以看作强相关的强度增强到极限程度时的状态，故称为完全相关。当弱相关减弱到极限程度时即为不相关，亦称完全不相关。三种状态的关系如图 5-12 所示。

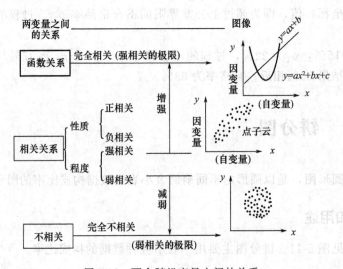

图 5-12　两个随机变量之间的关系

对散布图可以进行定性分析，也可以进行定量分析（一元线性回归分析）。其在科学试验、生产实践中应用极其广泛。

二、散布图的应用程序

① 收集数据。为保证分析结果，最好收集 20 对以上的数据作散布图。

② 确定坐标并根据数据范围确定坐标刻度。其中，横坐标 x 轴为自变量，纵坐标 y 轴为因变量。

③ 将相关数据在坐标系中打点，形成点子云，即为散布图。

【例 5-5】收集 20 对数据（如表 5-5 所示），分析水泥 28d 抗压强度 R_{28} 与水泥快速抗压强度 $R_{快}$ 之间的相关关系。

【解】本例散布图如图 5-13 所示。

④ 图形分析。根据点子云的形态确定相关关系的性质和程度，可用一元线性回归分析求出相关系数进行定量分析（见第八章），也可对照典型图或采用符号检验法进行定性分析。

表 5-5 散布图数据表

序号	$R_{快}$/MPa	R_{28}/MPa	序号	$R_{快}$/MPa	R_{28}/MPa
1	20.1	42.0	11	31.8	46.9
2	22.2	43.5	12	32.0	48.9
3	24.2	45.1	13	32.1	51.1
4	25.8	45.2	14	33.7	53.2
5	26.2	45.5	15	34.2	49.2
6	27.8	45.1	16	35.8	50.1
7	28.0	46.8	17	37.8	53.2
8	29.8	47.4	18	40.1	54.9
9	30.1	50.1	19	42.2	54.8
10	30.2	51.2	20	45.8	59.8

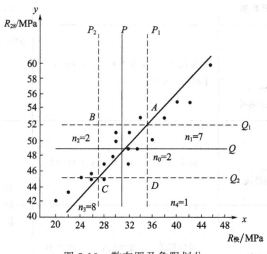

图 5-13 散布图及象限划分

1）符号检验法（简单象限法）。符号检验法又称简单象限法，是显著性检验中的一种方法。对相关关系进行显著性检验，若具有显著性，则判断为强相关（显著相关）；若不具有显著性，则判断为弱相关（不显著相关）。

在图 5-13 散布图中作 P 线平行于 y 轴且将散布图中的点均分。作 Q 线平行于 x 轴且将散布图中的点均分。P 线与 Q 线相交，散布图被其划分为 4 个区域（习惯上称为 4 个象限，右上角为第 Ⅰ 象限，逆时针方向排列为第 Ⅱ 象限、第 Ⅲ 象限和第 Ⅳ 象限）。第 Ⅰ 象限中的点数为 n_1，第 Ⅱ 象限中的点数为 n_2，第 Ⅲ 象限中的点数为 n_3，第 Ⅳ 象限中的点数为 n_4。

本例中，$n_1=7$，$n_2=2$，$n_3=8$，$n_4=1$；$n_1+n_3=n_+=15$；$n_2+n_4=n_-=3$，$n=n_++n_-=18$；$S=\min(n_+,n_-)=n_-=3$（S 为 n_+ 与 n_- 中的最小值 n_-，即 3）。

若有 $n_+>n_-$，则判断为正相关；$n_+<n_-$，则判断为负相关。本例中，$n_+>n_-$，故判断为正相关。

查附录一附表 7 符号检验表，得显著性判断临界值 S_α（在显著水平 α 下的临界值）。

若有 $S \leqslant S_\alpha$，则判断为强相关（显著相关）；$S>S_\alpha$，则判断为弱相关（不显著相关）。

本例中，$S=3$，$n=18$，设 $\alpha=0.05$；查符号检验表得临界值 $S_\alpha=4$。

有 $S<S_\alpha$，故判断为强相关。

　　为了得到回归直线的大致位置，可在图 5-13 直线 P 的右边再作一条平行于纵轴的直线 P_1，使右半边的点数再次被均分，在 P 的左边也作一条类似的直线 P_2，使其平分左半边的点数；同样在直线 Q 的上下两侧也作两条新直线 Q_1、Q_2。设 P_1、P_2、Q_1、Q_2 的交点依次为 A、B、C、D。若 $r>0$，则连接 A、C 两点；若 $r<0$，则连接 B、D 两点，即为回归线的近似位置。

　　2）对照典型图分析法。散布图常见的有六种典型图如图 5-14 所示，将绘制的散布图与六种典型图进行对比，可确定其相关关系的性质和程度。

　　对照典型图分析法误差很大，往往不同人的判断结果会有所不同，因此很少采用。

图　形	x 与 y 的关系	说　明
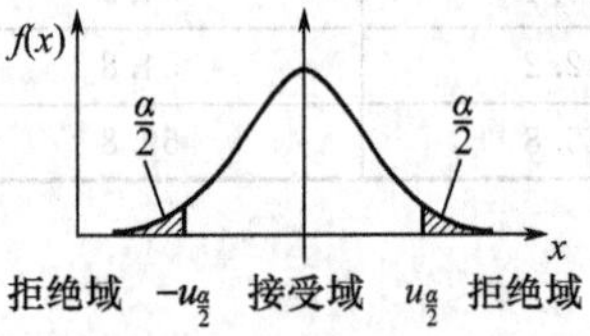 $f(x)$，$\frac{\alpha}{2}$，$\frac{\alpha}{2}$；拒绝域 $-u_{\frac{\alpha}{2}}$ 接受域 $u_{\frac{\alpha}{2}}$ 拒绝域	强正相关。x 变大，y 也变大	x、y 之间可以用直线表示。对此，一般控制住 x，y 也得到相应的控制
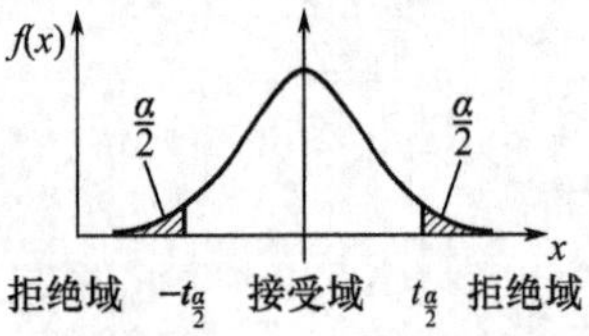 $f(x)$，$\frac{\alpha}{2}$，$\frac{\alpha}{2}$；拒绝域 $-t_{\frac{\alpha}{2}}$ 接受域 $t_{\frac{\alpha}{2}}$ 拒绝域	强负相关。x 变大时，y 变小；x 变小时，y 变大	
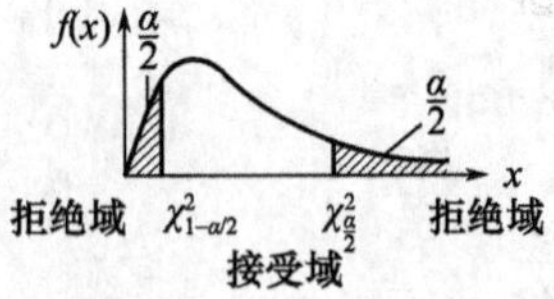 $f(x)$，$\frac{\alpha}{2}$，$\frac{\alpha}{2}$；拒绝域 $\chi^2_{1-\alpha/2}$ $\chi^2_{\frac{\alpha}{2}}$ 拒绝域，接受域	弱正相关。x 变大时，y 大致变大	除 x 因素影响 y 外，还要考虑其他的因素（一般可进行分层处理，寻找 x 以外的因素）
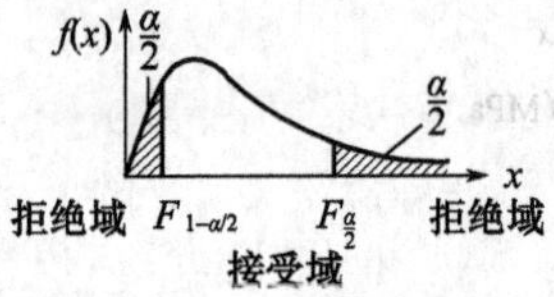 $f(x)$，$\frac{\alpha}{2}$，$\frac{\alpha}{2}$；拒绝域 $F_{1-\alpha/2}$ $F_{\frac{\alpha}{2}}$ 拒绝域，接受域	弱负相关。x 变大时，y 大致变小	
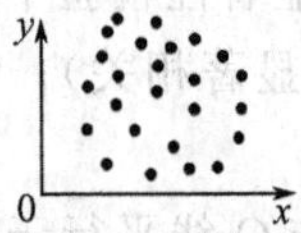 散布图（y-x，点散乱分布）	不相关。x 与 y 无任何关系	不必要计算其相关系数 r
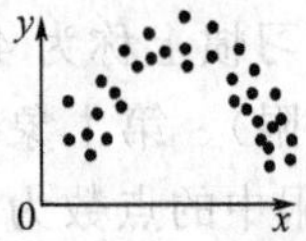 散布图（y-x，点呈拱形分布）	x 和 y 不是线性关系	

图 5-14　散布图的典型图

第七节 ▶▶ 非数字数据统计方法

　　数据分为数字数据和非数字数据两大类。前述排列图、直方图、散布图等统计型工具适用于数字数据的统计。非数字数据指用语言和文字表达的数据，其表达的都是定性描述的质量数据，如信息、意见、反映、议题、设想等。其统计工具属于情理型方法。

一、因果图、系统图和关联图

因果图、因素展开型系统图、关联图都是用于分析原因的工具。

1. 因果图

因果图是用于展示已知结果（如质量特性的波动）与其潜在原因之间关系的一种工具。因果图又称为树枝图。其应用步骤大致如下。

① 明确要分析的质量问题。当对所分析的问题不明确时，可以应用 KJ 法或矩阵数据解析法明确问题的所在。当所分析的问题已经明确，但问题较多时，可应用排列图、散布图、矩阵图、正交法、工艺试验以及经验论证等方法确定应主要分析的问题。

② 开展广泛、深入的调查研究活动，尽可能全部找到影响质量问题的潜在原因。

③ 整理所取得的语言资料。

④ 按已明确的逻辑关系绘制因果图（草图）。

⑤ 广泛征询有关人员的意见，对不完善的地方进行补充和修改，直到一致认为完善为止。

⑥ 应用排列图、散布图、矩阵图、正交法、工艺试验（辅以显著性检验），从末端因素中确定影响质量问题的主要原因。

因果图应用中应注意的几个问题：

① 一个质量问题用一个图进行分析。

② 绘制因果图时，按照分层图分析的结果，第一层原因对准分类，一般可按人、机、料、法、环分类。在某些情况下也可以按管理、检测、用户等进行分类。第二层原因对准第一层原因，依此类推（如图 5-15 所示）。一个完整的因果图至少应有两层，许多因果图有三层或更多层。

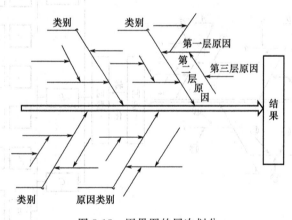

图 5-15　因果图的层次划分

③ 必须保持上层是下层的结果，下层是上层的原因。

④ 因素分层要求展开到底，即末端因素必须是可以直接采取措施的因素。主要原因必须从末端因素中确定，不可以确定在中间环节上。

【例 5-6】某旋窑水泥厂近来熟料强度下降幅度较大，3月份平均强度等级甚至低于《水泥企业质量管理规程》的要求，用因果图分析原因，研究措施。

经过反复调查和认真研究分析，通过本厂历史数据，并同兄弟单位进行纵向、横向比较，最后确定了两个关键因素（如图 5-16 所示），即煤质差和劳动纪律差。经整顿劳动纪律和千方百计改善煤质，情况很快得到了好转。

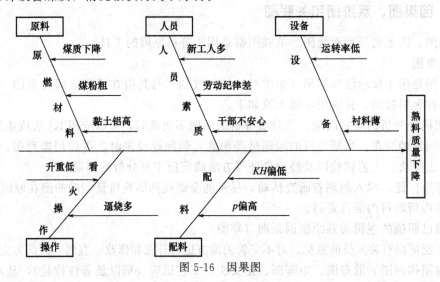

图 5-16　因果图

2. 系统图

因素展开型系统图是为解决因果图展开层次不能过多这一弱点而设计的新型图形。因素展开型系统图与因果图可以相互转化（如图 5-17 所示）。

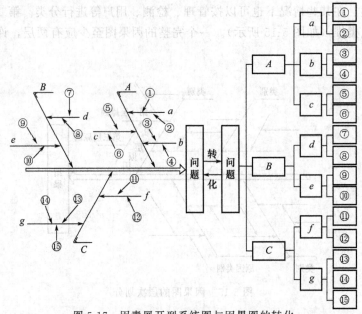

图 5-17　因素展开型系统图与因果图的转化

3. 关联图

因果图和因素展开型系统图只能处理简单的因素之间的关系，层间、分支间不允许有关联，限制了质量分析的效能。关联图是为了克服这两个弱点而设计的一种因果分析的工具。关联图就是把几个问题和涉及这些问题的极为复杂的因素之间的因果关系用箭头连接起来的图形，如图 5-18 所示。

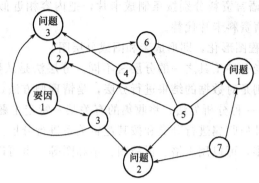

图 5-18　关联图的基本图形

二、 PDPC 法

PDPC 是"过程决策程序图"的英文缩写。PDPC 法是指通过充分预测，对过程的每一环节随着事态发展而产生的各种可能的结果进行估计，并运用程序设计来保证万无一失地达到预期效果的方法。

如图 5-19 所示，表达的是从不良状态 A_0 到实现理想状态 Z 的 PDPC 示意图。

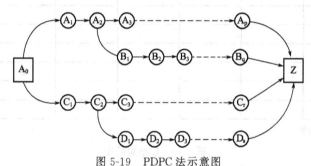

图 5-19　PDPC 法示意图

根据以往的经验和专业技术知识等，先设计一个初步程序如 A_1、A_2、A_3、…、A_p。若认为情况发生变化会使某些环节（如 A_3）难以实现，应考虑设计新的可实现的程序（如 A_2 后转经 B_1、B_2、B_3、…、B_q）去实现目标。还有可能设计出若干可实现目标的程序（如 C_1、C_2、C_3、…、C_r 以及 C_1、C_2、D_1、D_2、…、D_s 等）。

具体实施时需要根据当时的具体情况随机应变，选择一种最有利于实现目标的程序。执行过程中应根据获得的新的信息、新的知识，不断补充、完善原来的设想。

三、 KJ 法

KJ 法实际包括利用卡片对语言资料进行整理的许多方法，如亲和图、分层图等。

亲和图法指将从杂乱无章的状态中收集到的大量语言资料，按相互接近的含义进行统一（类似于数学中的合并同类项），以明确问题所在的一种方法。

亲和图的应用程序大致如下：

① 确定主题。

② 通过各种渠道调查和收集语言资料。

③ 把收集到的所有语言资料分别按条制成卡片，把内容相近似的卡片归类在一起，用另一张具有代表性的语言资料卡片代替。

④ 作图。把归类过程图形化，即形成亲和图或分层图。

分层图与质量管理老七种工具之一的分层法不同。分层法是从数据的来源处进行分层，是统计型方法；分层图则是对数据的结果进行分层，是情理型方法。

分层图是 KJ 法中的一种分析方法，将收集的有关某一特定主题的大量观点、意见或其他信息，用此工具按其性质归属进行分类和按其逻辑关系进行分层。

分层表达的形式很多，可以用表格、树枝图、亲和图等，也可以用文字表示。

四、矩阵图

矩阵图是从成为问题的现象中，找出成对的要素，如图 5-20 所示，把属于要素群 A 的若干要素 A_1、A_2、…、A_i、…、A_m 和属于要素群 B 的若干要素 B_1、B_2、…、B_j、…、B_n 分别排列成为行和列，在交点处用符号表示出 A 和 B 各要素之间的相关关系的图形。

		A						
		A_1	A_2	A_3	…	A_i	…	A_m
B	B_1							
	B_2							
	B_3							
	⋮							
	B_j					●		
	⋮							
	B_n							

注:图中●表示构想的要点。

图 5-20　L 型矩阵图

矩阵图的应用范围:

① 使系统产品的硬件机能和软件机能相适应，从中提出改革产品的设想方案。

② 明确产品应该保证的质量特性与承担保证部门的管理职能之间的关联。

③ 明确保证产品质量特性的试验、测定项目与试验设备之间的相互关系。

④ 明确不良现象及其产生原因之间的相互关系，以便全部解决不良现象。

矩阵图的类型除如图 5-20 所示的 L 型矩阵图外，还有 T 型、Y 型、X 型、C 型矩阵图。

五、矢线图（网络计划）

网络计划是将网络技术应用于制订日程计划的方法。

采用网络计划可以明确各工序之间的时间关系，确定出关键工序和关键路线（如图 5-21 所示），从而成为制订最佳日程计划并有效管理实施进度的有效方法。

六、流程图

1. 介绍

流程图是按时间序列用图的形式将一个过程的步骤表示出来，通过对过程实际情况的详细

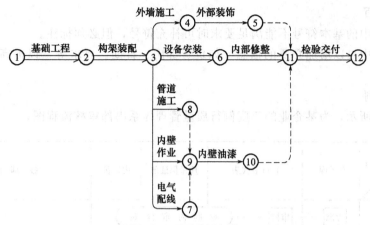

图 5-21 工程计划矢线圈

了解来调查改进的机会；通过对每一个步骤之间关系的研究，通常能发现故障的潜在原因。

流程图的应用范围是，描述现有的过程（如工艺流程图等）并进行改进，设计新的过程，可以用于从材料采购直至产品销售和售后服务的所有过程，也可用于所有的质量管理体系过程。流程图如图 5-22 所示。

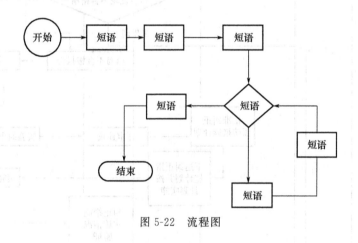

图 5-22 流程图

2. 图形的基本符号

〇或 ⬭ 表示"开始"或"结束"；

短语 表示"活动说明"；

→表示按时间顺序或工作顺序的流向；

◇短语 菱形块表示"决策"，即在此项活动中预想的输出可能是两个，要依活动的结果来"决策"。

3. 画法

① 确定该过程的开始和结束。

② 将过程中的步骤具体化。

③ 确定该过程的步骤。

④ 用规定的符号绘制流程图。

4. 注意事项

① 流程图中的基本符号不能满足要求时可补充符号，但必须标注。

② 流程图中可以增加必要的信息，如负责部门、日期、要求等，以提高流程图的使用价值。

5. 应用实例

如图 5-23 所示，为某企业的年度例行质量管理体系内部审核流程图。

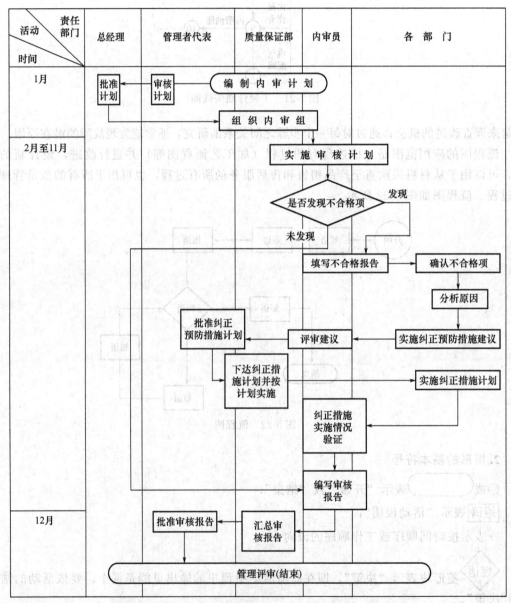

图 5-23 某企业年度例行质量管理体系内部审核流程图

解出来；最后再由计算求出的数据与表中值比较。（被压强度正态化）回转比值和下列方程，找出在一定显著性水平上，此差值是否显著，进而得出合理的统计结论。

第一步：由测量数据提出某种具体的假设；再根据所得数据，确定一个临界值；当实测差值与临界差值比较，判断原假设能否成立。

在应用上述的显著性检验 "μ" 检验方法。

第六章 显著性检验

显著性检验属于统计推断的范畴。生产过程中如果改变了影响产品质量的某个非随机因素，例如改变原材料的品种或性能、采用新型设备或新技术新工艺，考察能否显著提高产品质量，这一类问题属于参数显著性检验。显著性检验在技术革新和质量管理过程中是一种十分有用的统计工具。

所谓显著性检验是指在总体上做出某项假设，从总体中随机地抽取一个样本，用它来检验此项假设是否成立。对总体的假设可以分为两类，一类是总体的分布类型已知，对总体分布中的特征参数（分布中心 μ 和标准差 σ）做某项假设，用样本检验此项假设是否成立，这类检验称为参数显著性检验；另一类是总体的分布类型未知，对总体分布类型做某种假设（例如是否是正态分布），用样本检验此项假设是否成立，这类检验称为分布类型显著性检验。

第一节 ▶▶ 显著性检验的基本原理和具体步骤

一、统计推断过程

下面通过实例，说明显著性检验的基本原理和具体步骤。

【例 6-1】某水泥企业在一定的工艺条件下，长期连续抽样得到的水泥熟料 28d 平均抗压强度 $\mu_0 = 46.0$MPa，标准差 $\sigma = 2.50$MPa。后来改变了生料配比，从新配比条件下生产的水泥熟料中抽取 30 组试件，测得抗压强度平均值 $\bar{x} = 48.0$MPa。试问：配比条件的改变对水泥熟料抗压强度是否有显著的影响？

由实际经验知，水泥熟料的抗压强度服从正态分布，并且在同一工艺条件下方差大体不变。改变生料配比前后，得到两个水泥熟料抗压强度总体：一个是原来生料配比下的抗压强度总体，它是已知的，服从正态分布 N（46.0，2.50^2）；另一个是改变生料配比后的抗压强度总体，它是未知的，服从正态分布 N（μ，2.50^2）。

如果生料配比的改变对水泥熟料抗压强度没有显著影响，则这两个抗压强度总体的分布应该是相同的。但从抽样结果看，改变生料配比后的平均抗压强度 $\bar{x}$ 比原配比时的水泥熟料平均抗压强度 μ_0 高 2.0MPa，能否由此断定改变生料配比对水泥熟料抗压强度有显著影响？

为对上述问题做出合理的判断，提出一个假设："新的生料配比对水泥熟料的抗压强度没有显著的影响"。如果这个假设正确，新生料配比时的水泥熟料抗压强度的样本平均值 $\bar{x}$ 与原生料配比时的水泥熟料抗压强度平均值 μ_0 之差的绝对值 $|\bar{x} - \mu_0|$ 不会很大（由于试验误差的存在，这个差值一般不会为零）。如果 $|\bar{x} - \mu_0|$ 相当大，比如 $|\bar{x} - \mu_0| > k$（k 值后

面确定），则有理由认为原来提出的假设是错误的，应该拒绝。反之，如果 $|\bar{x}-\mu_0|<k$，则可认为原来提出的假设是正确的，应予以接受。

然而还会出现这种情形，即原来的假设实际上是正确的，但由于做出判断时的依据仅仅是一次抽样的结果，而样本具有随机性，所以仍有可能拒绝原来提出的正确的假设，出现错误的判断。如果希望把这种错误判断的概率 α（$0<\alpha<1$）控制在一定的限度以内，则要求在假设正确的前提下出现"$|\bar{x}-\mu_0|>k$"的概率满足

$$P(|\bar{x}-\mu_0|>k)=\alpha \tag{6-1}$$

用 $\sigma/\sqrt{n}$ 除 $|\bar{x}-\mu_0|$ 和 k，得

$$P(|\bar{x}-\mu_0|>k)=P\left(\frac{|\bar{x}-\mu_0|}{\sigma/\sqrt{n}}>\frac{k}{\sigma/\sqrt{n}}\right)=\alpha$$

记 $u=\dfrac{|\bar{x}-\mu_0|}{\sigma/\sqrt{n}}$，即将平均值 $\bar{x}$ 进行标准化，得到的 u 值服从标准正态分布，即 $u \sim N(0,1)$。于是由上式可得

$$P(|\bar{x}-\mu_0|>k)=P\left(|u|>\frac{k}{\sigma/\sqrt{n}}\right)=\alpha$$

按照双侧检验，由给定的 α 值，反查正态分布表可得 $u_{\alpha/2}=\dfrac{k}{\sigma/\sqrt{n}}$，故

$$k=u_{\alpha/2}\frac{\sigma}{\sqrt{n}} \tag{6-2}$$

当 $|\bar{x}-\mu_0|<k$，即从新生料配比生产的水泥熟料中抽样得到的水泥熟料抗压强度的样本平均值 $\bar{x}$ 只要落在区间

$$\left(\mu_0-u_{\alpha/2}\frac{\sigma}{\sqrt{n}},\ \mu_0+u_{\alpha/2}\frac{\sigma}{\sqrt{n}}\right) \tag{6-3}$$

内，则认为原来提出的假设是正确的，应予以接受，并称上述区间为均值 μ 的接受域。

当 $|\bar{x}-\mu_0|>k$，即从新生料配比生产的水泥熟料中抽样得到的水泥熟料抗压强度的样本平均值 $\bar{x}$ 一旦落在区间

$$\left(-\infty,\ \mu_0-u_{\alpha/2}\frac{\sigma}{\sqrt{n}}\right)\text{或}\left(\mu_0+u_{\alpha/2}\frac{\sigma}{\sqrt{n}},\ +\infty\right)$$

内，则认为原来提出的假设是错误的，应予以拒绝，并称上述区间为均值 μ 的拒绝域。

接受域和拒绝域的位置如图 6-1 所示。

二、显著性检验的依据

从一次抽样的样本平均值 $\bar{x}$ 是落在 $\left(\mu_0-u_{\alpha/2}\right.$

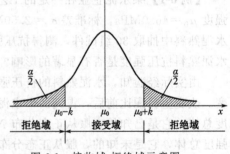

图 6-1 接收域-拒绝域示意图

$\dfrac{\sigma}{\sqrt{n}},\mu_0+u_{\alpha/2}\dfrac{\sigma}{\sqrt{n}}\right)$ 的内部还是外部，就能对原来提出的假设的正确与否做出判断，这里依据的是小概率原理。

小概率原理是指概率很小的事件在一次观察或试验中是不可能出现的。

现在利用小概率原理解释上述推断过程。根据原来提出的假设，新生料配比对水泥熟料抗压强度没有显著的影响，因而应该有 $|\bar{x}-\mu_0|<k$，或者说出现 $|\bar{x}-\mu_0|>k$ 的情形是

不可能的。从式（6-1）可知，此时事件"$|\bar{x}-\mu_0|>k$"发生的概率为 α，它是一个小概率事件，根据小概率原理，它在一次抽样中不可能发生。如果事件"$|\bar{x}-\mu_0|>k$"居然在一次抽样中发生了，这就与小概率原理发生矛盾，因此认为原来提出的假设是不正确的，应予以拒绝。

一个事件的概率 α 小到什么程度才算是小概率事件，没有统一标准，一般由事件的性质及重要程度来确定。产品质量分析和材料试验中，通常取 $\alpha=0.01$、0.05、0.10 等，最经常使用的是 0.05。α 又称作显著性水平。

三、显著性检验的两类错误

统计技术在应用中会犯两类错误，显著性检验在应用中也会犯两类错误。任何推断都不可能百分之百正确，由于对总体分布的客观实际情况是未知的，再加之抽样的随机性，所以接受或者否定原假设时，就有可能犯以下两类错误。

第Ⅰ类错误，是指原假设是真的，而我们却否定了它，简称为"弃真"；第Ⅱ类错误，是指原假设不真，而我们却接受了它，简称为"取伪"。

如果所计算的统计量为 T，并由选定的显著性水平 α 确定了接受域和否定域，则两类错误可表示为：

① 若原假设 H_0 成立，而统计量 T 却落入了拒绝域（否定域），则犯了第Ⅰ类错误（弃真）。犯第Ⅰ类错误的概率称为弃真概率，其数值大小等于显著性水平 α。因此显著性水平 α 又称为风险度。

② 若原假设 H_0 不成立，而统计量 T 却落入了接受域，则犯了第Ⅱ类错误（取伪）。犯第Ⅱ类错误的概率称为取伪概率，其数值大小记为 β。

当样本容量 n 固定时，减小犯"弃真"错误的概率 α，就会增大犯"取伪"错误的概率 β，反之亦然。在实际工作中多数情况是控制犯"弃真"错误的概率而对犯"取伪"错误的概率不予考虑，此时的检验称为"显著性检验"。在进行显著性检验时，显著性水平 α 如取得小，就能保证当 H_0 为真时，拒绝 H_0 的可能性很小。这意味着 H_0 是受到人为保护的。

在生产过程控制或质量检测等的显著性检验中，对显著性水平 α 的选取要适当，过大或过小都将导致不良后果。

如果 α 值选取得过大（例如取 0.10 甚至 0.20），相当于扩大了拒绝域的面积，则犯"弃真"错误的可能性将增大，即显著性检验统计量，如 u、t、χ^2、F 值落入拒绝域的可能性增大，把一些本来是偶然因素造成的并不显著的差异误判为生产条件发生了重大变化，从而导致了显著差异，对原假设（H_0：无显著差异）予以否定。如果原假设是"产品质量不存在显著差异"，则会误判为"产品质量发生了显著差异"，把本来合格的产品判为不合格产品；如果原假设是"水泥原料批号的改变对生料质量不产生重大影响"，则会误判为"水泥原料批号改变后生料质量发生了显著变化"，把本来合格的水泥生料判为不合格品。上述两种情况都将给水泥生产企业带来经济损失。

如果 α 值选取得过小（例如取 0.01，甚至 0.001），相当于缩小了拒绝域的面积，扩大了接受域的面积，则犯"取伪"错误的可能性将增大，即显著性检验统计量，如 u、t、χ^2、F 值落入接受域的可能性增大，把一些本来是生产条件发生了重大变化或存在系统误差造成的显著差异误判为生产条件未发生重大变化，或试验中不存在系统误差，从而未产生显著差异，对原假设（H_0：无显著差异）予以肯定。如果原假设是"产品质量不存在显著差异"，实际上已经存在显著差异，但显著性检验的结论是"质量确实未发生显著差异"，会把本来不合格的产品误判为合格产品，将给使用产品的企业造成损失；如果原假设是"水泥原料批号的改变对生料质量不产生重大影响"，实际上已经产生了重大影响，但显著性检验的结论却是"生料质量未发生显著变化"，把本来不合格的水泥生料误判为合格品，将给水泥熟料的煅烧带来不利影响。

因此，在显著性检验中对显著性水平 α 的选取一定要适当。在水泥生产控制或质量检验中，多数情况下选取显著性水平 $\alpha = 0.05$。如果对产品质量或检验方法要求十分严格，显著性水平应取得稍大一些，例如取 $\alpha = 0.10$，以减少发生"取伪"错误的概率。

此外，为防止发生上述两类错误，还要适当增大样本的容量 n，以使采取的样本能更好地代表总体的情况。样本容量如果过小，代表性不强，容易导致错误的结论。

四、双侧显著性检验与单侧显著性检验

1. 双侧检验

双侧检验在总体上做的原假设 H_0 的形式有：$\mu = \mu_0$，$\sigma^2 = \sigma_0^2$，$\mu_1 = \mu_2$，$\sigma_1^2 = \sigma_2^2$；与其相对立的情形称为备择假设，记为 H_1，其与原假设相对应的假设形式为：$\mu \neq \mu_0$，$\sigma^2 \neq \sigma_0^2$，$\mu_1 \neq \mu_2$，$\sigma_1^2 \neq \sigma_2^2$。表示 H_1 成立的参数区间在表示 H_0 的参数区间的两侧。

如果要了解被检验的特征参数（平均值或标准差）在改变条件前后是否有显著性差异，这种显著性差异是提高了还是降低了，应该用双侧检验。

双侧检验左侧与右侧各有一个拒绝域，各为 $\alpha/2$，左右两侧各有一个临界值。对于 u 检验或 t 检验，右侧临界值为 $u_{\alpha/2}$ 和 $t_{\alpha/2}$，左侧临界值为 $-u_{\alpha/2}$ 和 $-t_{\alpha/2}$（如图 6-2 所示），左右两侧临界值互相对称。对于 χ^2 检验或 F 检验，也有两个临界值，一个是右侧拒绝域 $\alpha/2$ 与接受域在分布图 x 轴右端的交点 $\chi_{\alpha/2}^2$ 或 $F_{\alpha/2}$；另一个是左侧拒绝域与接受域在分布图 x 轴左端的交点 $\chi_{1-\alpha/2}^2$ 或 $F_{1-\alpha/2}$（如图 6-3 所示）。

当所计算出的统计量（u、t、χ^2、F 等）小于右侧临界值（$u_{\alpha/2}$，$t_{\alpha/2}$ 等）而大于左侧临界值时，统计量落入接受域，即可推断所检验的参数之间无显著性差异，应接受原假设。

当所计算出的统计量大于右侧临界值，或小于左侧临界值时，则认为所检验的参数之间有显著性差异，应拒绝原假设。以 u 检验为例，当统计量 $u > u_{\alpha/2}$ 时，则推断样本均值比总体均值有了显著变化；当统计量落入 $[-u_{\alpha/2}, +u_{\alpha/2}]$ 区间时，则推断样本与总体的均值无显著性差异。

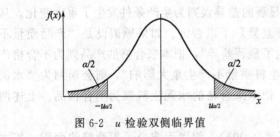
图 6-2　u 检验双侧临界值

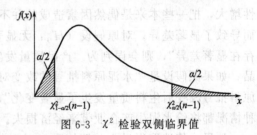
图 6-3　χ^2 检验双侧临界值

2. 单侧检验

在实际问题中如果关心的是某种新工艺、新材料、新技术、新设备的应用是否会提高产品质量，亦即总体分布的均值或方差是否更优于原来的状况，这时原假设 H_0 的形式为 $\mu \leq \mu_0$，$\sigma^2 \leq \sigma_0^2$，$\mu_1 \leq \mu_2$，$\sigma_1^2 \leq \sigma_2^2$ 等情况。其对立情况称为备择假设，记为 H_1。由 H_0 及与其

相对应的 H_1 构成一对假设，称为单侧假设。例如：某水泥厂水泥熟料游离氧化钙平均含量为 2.0%，后来改变生料的配比，取样本进行分析以检验游离氧化钙的含量是否有明显降低。此例可在总体上做假设 H_0：$\mu \geqslant 2.0\%$，备择假设 H_1：$\mu < 2.0\%$。检验某种产品经技术革新后平均日产量有无显著提高，可在技术革新前后随意地记录若干天的日产量。如果把技术革新前的日产量看成第一总体，技术革新后的日产量看成第二总体，则可做假设 H_0：$\mu_1 \geqslant \mu_2$，备择假设 H_1：$\mu_1 < \mu_2$。在这些显著性检验中，表示原假设 H_0 的参数区域总是在表示备择假设 H_1 的参数区域的某一侧，例如对水泥熟料游离氧化钙含量的假设，原假设 H_0：$\mu \geqslant 2.0\%$ 成立的区域在备择假设 H_1：$\mu < 2.0\%$ 成立的区域的右侧，因此称这种检验为单侧检验。

在单侧检验中，由于满足 $\mu \leqslant \mu_0$ 的 μ 有无穷多个，对这样的原假设进行检验需要大量的参数值。实际上，只需对相等点进行检验即可，理论上已证明：①原假设 H_0：$\mu \leqslant \mu_0$，备择假设 H_1：$\mu > \mu_0$，与②原假设 H_0：$\mu = \mu_0$，备择假设 H_1：$\mu > \mu_0$ 是等价的。在②的检验中，接受了 H_0，也就否定了 H_1，这仍意味着①原假设 H_0：$\mu \leqslant \mu_0$ 是被接受的。反之，在②的检验中，如果拒绝了原假设 H_0：$\mu = \mu_0$，也就接受了 H_1，即意味着 $\mu > \mu_0$。为统一起见，以后只考虑形式为②的统计假设，即原假设 H_0：$\mu = \mu_0$。

单侧检验又分为右侧检验（也称上端检验）和左侧检验（也称下端检验）。单侧检验的样本分布示意图如图 6-4、图 6-5 所示。单侧检验中只设 $u > u_\alpha$（右侧检验）或 $u < -u_\alpha$（左侧检验）一个拒绝域。查表时要注意与双侧检验的区别。

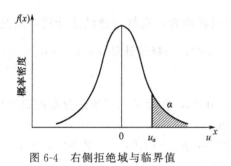

图 6-4　右侧拒绝域与临界值　　　　图 6-5　左侧拒绝域与临界值

五、显著性检验的主要步骤

1. 设置原假设 H_0 和备择假设 H_1

所谓原假设 H_0，是一个特定的统计假设，显著性检验的最终结果是对其做出接受还是否定的结论；异于原假设的备择假设 H_1，是当原假设被否定后，备择假设就成为可能采用的统计假设。

如果在两类错误中，没有一类错误的后果更为严重而需要避免时，习惯上在确定原假设时，总是取"维持现状"的情形。例如在技术革新或改变生产工艺后，检验某参数有无显著变大时，原假设 H_0 一般取"不变大"；检验某参数有无显著变小时，原假设 H_0 一般取"不变小"。总的来说，一般提出的原假设 H_0 为"无效益"、"无改进"、"无价值"等。

有时在一对对立的假设中，选取哪一个作为 H_0 是需要十分小心的。例如检验某种水泥产品质量是否合格，存在着犯两种错误的可能：一是将合格产品误作为不合格产品，则会给水泥生产企业造成经济损失；二是将不合格产品误作为合格产品，则会给建筑工程带来隐患。第二种错误造成的后果比第一种更为严重。这时应提出"原假设 H_0：水泥质量不合格"，然后进行检验。

2. 选择并计算统计量

根据原假设 H_0 的内容选择适宜的统计量，通过随机抽取一个样本容量为 n 的样本，计算用于判断的统计量，如 u、t、χ^2、F 等。

3. 设置显著性水平 α

根据被检验对象的重要程度，设置适宜的显著性水平。通常取 $\alpha = 0.01$、0.05、0.10 等，其中 $\alpha = 0.05$ 称为小概率事件，应用较多。

4. 确定拒绝域

由原假设 H_0 的内容确定拒绝域的形式（是双侧检验还是单侧检验），再由给定的显著性水平 α 查有关数表，求出用于判断的临界值（分位数），即拒绝域和接受域的临界点（详见表 6-2）。

5. 计算、比较并做出判断

将由实测样本所得到的统计量数值与临界值进行比较，按照判断规则，若统计量的计算值落入拒绝域，则拒绝原假设 H_0，否则就接受原假设 H_0。

6. 结论

做出显著性判断的结论。应注意在给出结论时，一定要说明是在一定显著性水平 α 下得到的结论。在有些情况下，设置的显著性水平不同，可能会得到不同的结论。

仍以例 6-1 为例，说明显著性检验的主要步骤。

① 设置原假设 H_0：$\mu = \mu_0$，即新工艺条件对水泥熟料抗压强度无显著影响。

备择假设 H_1：$\mu \neq \mu_0$。

② 选择并计算统计量。根据原假设 H_0 的具体内容，选择合适的统计量，以便通过查统计量的临界值，确定接受域或拒绝域。在例 6-1 中，选择统计量 $u = (\bar{x} - \mu_0) / \dfrac{\sigma}{\sqrt{n}}$。

③ 设置显著性水平 $\alpha = 0.05$。

④ 确定拒绝域。本例为双侧检验，如取 $\alpha = 0.05$，在附录一"正态分布的双侧位数表"查得 $\alpha = 0.05$ 时统计量 u 的临界值 $u_{0.05/2} = 1.96$。

⑤ 计算、比较并做出判断。例 6-1 中，$n = 30$，$\mu_0 = 46.0$，$\sigma = 2.50$，$\bar{x} = 48.0$。统计量的计算值为：

$$u = \frac{48.0 - 46.0}{2.50/\sqrt{30}} = 4.38$$

由于 $|u| = 4.38 > 1.96 = u_{0.05/2}$，故拒绝 H_0，接受 H_1，即认为新工艺条件对水泥熟料的抗压强度有显著影响。

第二节 ▶▶ 正态分布总体分布中心 μ 的显著性检验

当正态分布总体或样本的方差大体不变时，仅对分布中心 μ 是否有显著性变化进行检验时，采用 u 检验法或 t 检验法。其中，当总体方差已知时，采用 u 检验法；当总体方差未知时，采用 t 检验法。

一、 u 检验法——总体标准差 σ 已知时

u 检验是已知正态总体的标准差 σ 时，关于均值 μ 的显著性检验。u 检验可用来比较样

本与总体分布中心之间的差异是否显著，也可用来比较两个总体分布中心之间的差异是否显著。在生产工艺比较稳定的情况下（标准差 σ 基本不变），只检验分布中心，即可判断生产工艺是否正常，这时可用 u 检验法。

1. 均值与给定值的比较（一个正态总体的情形）

设总体 X 服从正态分布 $X \sim N(\mu_0, \sigma^2)$，$x_1$、$x_2$、$\cdots$、$x_n$ 是从总体 X 中抽取的样本。

检验步骤：

① 提出原假设。

1) 双侧检验。

提出原假设 H_0：$\mu = \mu_0$；备择假设 H_1：$\mu \neq \mu_0$。

2) 单侧检验。

a. 左侧检验。原假设 H_0：$\mu = \mu_0$；备择假设 H_1：$\mu < \mu_0$。

b. 右侧检验。原假设 H_0：$\mu = \mu_0$；备择假设 H_1：$\mu > \mu_0$。

② 选择统计量并由样本值计算统计量 u 的值：

$$u = (\bar{x} - \mu_0) / \frac{\sigma}{\sqrt{n}} \tag{6-4}$$

式中　n——从总体中抽取的样本容量；

$\bar{x}$——样本的平均值。

对比第一章式（1-14）可知，式（6-4）实际是对平均值 $\bar{x}$ 的标准变换。

③ 设置显著性水平 α，在正态分布表上查出临界值 $u_{\alpha/2}$。

④ 判断规则：

1) 双侧检验。当 $|u| \leqslant u_{\alpha/2}$ 时，接受原假设 H_0：$\mu = \mu_0$；当 $|u| > u_{\alpha/2}$ 时，拒绝原假设 H_0：$\mu = \mu_0$，接受备择假设 H_1：$\mu \neq \mu_0$。

2) 单侧检验。

a. 左侧检验：当 $u \geqslant -u_\alpha$ 时，接受原假设 H_0：$\mu = \mu_0$；当 $u < -u_\alpha$ 时，拒绝原假设 H_0：$\mu = \mu_0$，接受备择假设 H_1：$\mu < \mu_0$。

b. 右侧检验：当 $u \leqslant u_\alpha$ 时，接受原假设 H_0：$\mu = \mu_0$；当 $u > u_\alpha$ 时，拒绝原假设 H_0：$\mu = \mu_0$，接受备择假设 H_1：$\mu > \mu_0$。

【例 6-2】某厂熟料中 Al_2O_3 的含量在正常情况下为正态分布 $N(4.43, 0.096^2)$，即平均值 $\mu_0 = 4.43\%$，标准差 $\sigma = 0.096\%$。调整配料方案后 31d 的 Al_2O_3 的测定数据（%）为：4.29、4.34、4.42、4.47、4.36、4.24、4.30、4.34、4.35、4.42、4.35、4.32、4.21、4.35、4.25、4.42、4.20、4.34、4.33、4.38、4.39、4.22、4.55、4.58、4.23、4.31、4.51、4.28、4.32、4.37、4.31。试检验调整配料方案后，熟料中 Al_2O_3 的含量是否发生了显著变化。

【解】① 提出原假设 H_0：$\mu = \mu_0$。

μ_0 为调整配料前熟料中 Al_2O_3 的平均含量，$\mu_0 = 4.43\%$；$\bar{x}$ 为调整配料后 31d 熟料中 Al_2O_3 的平均含量：

$$\bar{x} = (4.29 + \cdots + 4.31)/31 = 4.35(\%)$$

② 选择并计算统计量。经计算，调整配料后 31d 熟料中 Al_2O_3 含量的标准差 $s = 0.094\%$，与调整配料前的标准差 $\sigma = 0.096\%$ 十分接近，可认为调整配料前后熟料中 Al_2O_3 含量的分散度无显著差异，故只需检验分布中心有无显著差异即可。因此，选择统计量 u。

u 值按下式计算：

$$u = \frac{\overline{x} - \mu_0}{\sigma/\sqrt{n}} = \frac{4.35 - 4.43}{0.096/\sqrt{31}} = -4.64$$

③ 给定显著性水平 $\alpha = 0.05$，在正态分布表上查出临界值。因为改变配料方案后，熟料中 Al_2O_3 的含量可能发生变化，偏离最佳值。Al_2O_3 含量过高或过低都会影响煅烧工艺，应进行双侧检验。由此，可查附录一"正态分布的双侧位数表"，当 $\alpha = 0.05$ 时，临界值 $u_{0.025} = 1.96$。

④ 比较统计量 u 值和临界值：$|u| = 4.64 > 1.96 = u_{0.025}$，$u$ 值落入拒绝域内（如图 6-6 所示），因而拒绝原假设。由此可得出结论：改变配料方案后，熟料中 Al_2O_3 的含量显著地降低了。如由此而影响熟料的煅烧工艺，应采取措施，使之恢复到原来的最佳值；如因此而改善了煅烧工艺，应实施新的配料方案。

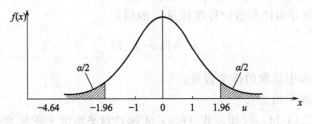

图 6-6 熟料 Al_2O_3 含量的假设检验图

【例 6-3】某水泥磨制备的水泥细度（筛余法）在正常情况下为正态分布 N（6.0，0.16^2）。改变磨机配球方案后连续取 10 个样品测定细度平均值为 $\overline{x} = 5.8\%$，标准差 $s = 0.15\%$。试检验改变配球方案后，出磨水泥细度是否显著变细。

【解】改变配球方案后，样本标准差 $s = 0.15\%$ 与原总体的标准差 $\sigma = 0.16\%$ 无显著性差异，故只检验水泥细度是否有显著变化。水泥的细度越低，质量越好，故为单侧（左侧）u 检验。

① 提出原假设 H_0：$\mu = \mu_0$；备择假设 H_1：$\mu < \mu_0$。μ_0 为原细度。

② 计算统计量

$$u = \frac{\overline{x} - \mu_0}{\sigma/\sqrt{n}} = \frac{5.8 - 6.0}{0.16/\sqrt{10}} = -3.953。$$

③ 给定显著性水平 $\alpha = 0.05$，从附录一附表 2-1 查出临界值 $u_{0.05} = -1.645$。

④ 统计推断：由于 $u = -3.953 < -1.645 = u_{0.05}$，统计量落入拒绝域（如图 6-7 所示），因而拒绝原假设 H_0：$\mu = \mu_0$；接受备择假设：H_1：$\mu < \mu_0$，即改变配球方案后水泥细度显著变细。

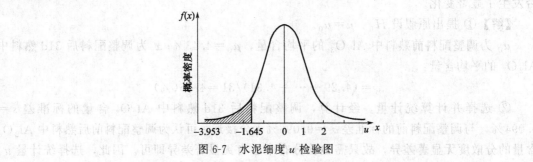

图 6-7 水泥细度 u 检验图

2. 两个均值的比较（两个正态总体的情形）

设总体 X 服从正态分布 $X \sim N(\mu_1, \sigma_1^2)$，总体 Y 服从正态分布 $Y \sim N(\mu_2, \sigma_2^2)$。$x_1$、$x_2$、$\cdots$、$x_n$ 是从总体 X 中抽取的样本；y_1、y_2、$\cdots$、y_n 是从总体 Y 中抽取的样本，并且这两个样本相互独立。两个总体的方差 σ_1^2 和 σ_2^2 已知。

检验步骤：

① 提出原假设。

1）双侧检验。提出原假设 H_0：$\mu_1 = \mu_2$；备择假设 H_1：$\mu_1 \neq \mu_2$。

2）单侧检验

a. 左侧检验。原假设 H_0：$\mu_1 = \mu_2$；备择假设 H_1：$\mu_1 < \mu_2$。

b. 右侧检验。原假设 H_0：$\mu_1 = \mu_2$；备择假设 H_1：$\mu_1 > \mu_2$。

② 选择并计算统计量：

$$u = \frac{\bar{x} - \bar{y}}{\sqrt{\sigma_1^2/n_1 + \sigma_2^2/n_2}}, \quad u \sim N(0, 1) \tag{6-5}$$

式中　n_1——从总体 X 中抽取的样本容量；

n_2——从总体 Y 中抽取的样本容量；

$\bar{x}$——从总体 X 中抽取的样本平均值；

$\bar{y}$——从总体 Y 中抽取的样本平均值。

③ 给定显著性水平 α，在正态分布表上查出临界值 $u_{\alpha/2}$。

④ 判断规则：

1）双侧检验。当 $|u| \leqslant u_{\alpha/2}$ 时，接受原假设 H_0：$\mu_1 = \mu_2$；当 $|u| > u_{\alpha/2}$ 时，拒绝原假设 H_0：$\mu_1 = \mu_2$，接受备择假设 H_1：$\mu_1 \neq \mu_2$。

2）单侧检验。

a. 左侧检验：当 $u \geqslant -u_\alpha$ 时，接受原假设 H_0：$\mu_1 = \mu_2$；当 $u < -u_\alpha$ 时，拒绝原假设 H_0：$\mu_1 = \mu_2$，接受备择假设 H_1：$\mu_1 < \mu_2$。

b. 右侧检验：当 $u \leqslant u_\alpha$ 时，接受原假设 H_0：$\mu_1 = \mu_2$；当 $u > u_\alpha$ 时，拒绝原假设 H_0：$\mu_1 = \mu_2$，接受备择假设 H_1：$\mu_1 > \mu_2$。

【例 6-4】 甲乙两座搅拌站生产设计强度等级为 C30 级的同一配合比的混凝土。现从甲搅拌站随机抽取 30 组试件，测得平均抗压强度 $\bar{x} = 35.9$MPa；从乙搅拌站随机抽取 32 组试件，测得平均抗压强度 $\bar{y} = 33.8$MPa。两站的混凝土抗压强度标准差都比较稳定地控制在 $\sigma = 3.5$MPa。试检验两座混凝土搅拌站生产的混凝土的平均抗压强度是否有显著性差异。

【解】 ① 提出原假设 H_0：$\mu_1 = \mu_2$；备择假设 H_1：$\mu_1 \neq \mu_2$。

② 选择并计算统计量。由于从题意已知 $\sigma_1 = \sigma_2 = 3.5$MPa，因此选择统计量 u。此例为双侧检验。

由题意可知：$n_1 = 30$，$\bar{x} = 35.9$；$n_2 = 32$，$\bar{y} = 33.8$，则统计量 u 的计算值为：

$$u = \frac{\bar{x} - \bar{y}}{\sqrt{\sigma_1^2/n_1 + \sigma_2^2/n_2}} = \frac{35.9 - 33.8}{3.5\sqrt{1/30 + 1/32}} = 2.36$$

③ 取显著性水平 $\alpha = 0.05$，在附录一附表 2 中查得 $u_{0.05/2} = 1.96$。

④ 由于 $u = 2.36 > u_{0.05/2} = 1.96$，因此拒绝原假设 H_0：$\mu_1 = \mu_2$；接受备择假设 H_1：$\mu_1 \neq \mu_2$，即两座混凝土搅拌站制备的混凝土强度有显著性差异，在工程中使用混凝土时要格外注意二者的区别。

【例 6-5】某厂从两台窑生产的熟料中各采集了 30 个样品，分别测定其抗压强度。其中，1 号窑熟料的平均强度为 47.80MPa，2 号窑熟料的平均强度为 48.63MPa。二者标准差相近，均在 2.2MPa 左右。检验两台窑熟料抗压强度有无显著性差异。

【解】① 根据题意，1 号窑的平均抗压强度与 2 号窑的平均抗压强度相差不大，应为双侧检验。提出原假设 H_0：$\mu_1 = \mu_2$；备择假设 H_1：$\mu_1 \neq \mu_2$。

② 计算统计量：

$$u = \frac{\bar{x}_1 - \bar{x}_2}{\sqrt{\sigma_1^2/n_1 + \sigma_2^2/n_2}} = \frac{\bar{x}_1 - \bar{x}_2}{\sigma\sqrt{2/n}} = \frac{47.80 - 48.63}{2.2\sqrt{2/30}} = -1.46$$

③ 选定显著性水平 $\alpha = 0.05$，从附录一附表 1 中查得临界值为 $u_{\alpha/2} = 1.96$。

④ 由于统计量 $|u| = 1.46 < 1.96 = u_{\alpha/2}$，落入接受域（如图 6-8 所示），故接受原假设 H_0：$\mu_1 = \mu_2$，即两台窑熟料抗压强度无显著性差异。

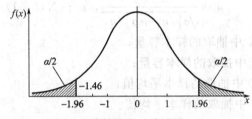

图 6-8　熟料强度 u 检验图

二、t 检验法——总体标准差 σ 未知时

在 u 检验法中，前提条件是总体标准差 σ 已知。但在日常进行的检验中，多数情况下是不具备这一前提条件的。这时需用样本的标准差 s 作为总体标准差 σ 的无偏估计量，应进行 t 检验。

1. t 分布

设随机变量 X 服从正态分布，即 $X \sim N(\mu_0, \sigma^2)$。其样本均值 $\bar{x}$ 亦服从正态分布：$\bar{x} \sim N(\mu_0, \sigma^2/n)$。若按照式（6-4）对样本均值进行标准变换，则得：

$$\frac{\bar{x} - \mu_0}{\sigma/\sqrt{n}} \sim N(0, 1) \tag{6-6}$$

但通常总体分布的标准差 σ 不可知，以样本分布的标准差 s 来取代。设 x_1、x_2、$\cdots$、x_n 是从总体 X 中抽取的样本，$\bar{x}$ 和 s 是样本的平均值和标准差，类似于式（6-4）将 $\bar{x}$ 进行标准化的方法，将 $\bar{x}$ 做如下变换，得到一个新的统计量 t：

$$t = \frac{\bar{x} - \mu_0}{s/\sqrt{n}} \tag{6-7}$$

此时，t 的分布不再是正态分布，称之为 t 分布，则 t 服从自由度 $\nu = n - 1$ 的 t 分布，记为 $t \sim t(\nu)$。自由度 $(n-1)$ 为分布参数，n 为样本大小。每有不同的 n，就有不同的 t 分布曲线，如图 6-9 所示，它是对称分布的。t 分布的中心为"0"，标准差大于"1"。当 n 趋向于无穷大时，t 分布就趋近于标准正态分布。

2. t 分布的临界值

t 分布的临界值定义如下。

对于给定的 α（$0 < \alpha < 1$），称满足条件：

$$P\ (\mid t\mid>t_\alpha)=\alpha \tag{6-8}$$

的值 t_α 为 t 分布的（双侧）临界值。如图 6-10 所示，$-t_\alpha$ 和 t_α 所在位置的左右两侧与概率密度曲线下所围成的两块面积值各为 $\alpha/2$。

对于不同的 n 及 α，临界值 t_α 已制成表（附录一附表 3）。

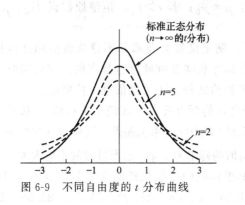

图 6-9 不同自由度的 t 分布曲线　　　　　图 6-10　t 分布临界值

3. t 检验法

（1）样本均值与给定值的比较（一个总体的情况）　从一个服从正态分布的总体中抽取一个样本，求出其算术平均值 $\bar{x}$。用样本平均值 $\bar{x}$ 来检验总体的均值是否等于一个给定值（如理论值、标准值或真实值），生产和科学实验中会经常遇到这种问题。例如两种不同的生产工艺、不同的检验方法、不同的仪器设备、两批产品之间准确度等的检验，化验室检测工作的质量，化验人员检验技术水平的考核，袋装水泥包装质量是否符合规程要求等，都属于样本均值与给定值进行比较的 t 检验。t 检验适用于样本容量较小（n 一般小于 20）时的检验。

检验步骤：

① 提出原假设。

1）双侧检验。原假设 H_0：$\mu=\mu_0$；备择假设 H_1：$\mu\neq\mu_0$。

2）单侧检验。

a. 左侧检验。原假设 H_0：$\mu=\mu_0$；备择假设 H_1：$\mu<\mu_0$。

b. 右侧检验。原假设 H_0：$\mu=\mu_0$；备择假设 H_1：$\mu>\mu_0$。

② 选择并计算统计量 t：

$$t=\frac{\bar{x}-\mu_0}{s/\sqrt{n}} \tag{6-9}$$

式中　$\bar{x}$——样本均值；

　　　μ_0——给定值；

　　　s——样本标准差；

　　　n——样本容量。

③ 选定显著性水平 α。α 一般取 0.05。根据 $\nu=n-1$，由 t 检验临界值表（附录一附表 3）查出临界值 t_α。

④ 统计推断

1）双侧检验。

a. 若 $\mid t\mid\leqslant t_{\alpha/2}$，接受原假设 H_0：$\mu=\mu_0$，即总体均值与给定值无显著性差异。

b. 若 $\mid t\mid>t_{\alpha/2}$，拒绝原假设 H_0：$\mu=\mu_0$；接受备择假设 H_1：$\mu\neq\mu_0$，即总体均值与

给定值存在显著性差异。

2）单侧检验。

a. 左侧检验。若 $t \geq -t_\alpha$，接受原假设 H_0：$\mu = \mu_0$；若 $t < -t_\alpha$，拒绝原假设 H_0：$\mu = \mu_0$，接受备择假设 H_1：$\mu < \mu_0$。

b. 右侧检验。若 $t \leq t_\alpha$，接受原假设 H_0：$\mu = \mu_0$；若 $t > t_\alpha$，拒绝原假设 H_0：$\mu = \mu_0$，接受备择假设 H_1：$\mu > \mu_0$。

t 检验的应用：一种新的检验方法提出后，精密度符合要求并不意味着准确度也符合要求。只有在不存在系统误差的情况下，精密度高才意味着准确度也是高的。如何判断一种检验方法有无系统误差，除用标准样品进行对照检验之外，还可以借助 t 检验法。

其具体方法是，预先选取一个或几个成分合适的标准样品（或纯基准物质），按所选用的检验方法对标样独立地进行 n 次检验。如果该分析方法没有系统偏差，则所得 n 个检验结果的平均值 $\bar{x}$ 与 μ_0（标样的标准值）之差，以平均值的标准差 $s/\sqrt{n}$ 来衡量时就不应太大。

【例 6-6】以氟硅酸钾容量法测定某水泥标准样品中二氧化硅的质量分数（%），得到 12 个结果：21.53、21.60、21.48、21.61、21.51、21.58、21.50、21.53、21.59、21.59、21.50、21.48。该标准样品二氧化硅含量的证书值为 21.53%。试检验容量法结果与标准值有无系统误差。

【解】通过实践可知，二氧化硅质量分数的测定值服从正态分布。本题是用样本均值检验总体的均值是否符合标准值的规定。但总体标准差未给出，故用 t 检验法。若总体均值显著偏离标准值，都不符合要求，故为双侧检验。

① 提出原假设 H_0：$\mu = \mu_0$。

② 计算统计量：用计算器或计算机计算，得到 12 次检验结果的平均值 $\bar{x} = 21.54$，标准差 $s = 0.05$。已知该水泥标准样品中二氧化硅的证书值（μ_0）为 21.53%；$n = 20$；将所得结果代入式（6-9）中：

$$t = \frac{\bar{x} - \mu_0}{s/\sqrt{n}} = \frac{21.54 - 21.53}{0.05/\sqrt{12}} = 0.69$$

③ 选定自由度 f 为 $12-1=11$，由附录-附表3查得 $t_{0.025} = 2.201$。

④ 因 $0.69 < 2.201$，应认为容量法结果与标准值无系统误差。

【例 6-7】某水泥厂用自动包装机包装水泥。GB 175—2007/XG 1—2009 规定，"袋装水泥每袋净含量为 50kg，且应不少于标志质量的 99%；随机抽取 20 袋总质量（含包装袋）应不少于 1000kg"。某日随机抽取 20 袋，各袋质量（kg）如下：50.25、51.05、49.75、49.15、50.60、50.25、49.65、49.85、49.75、50.25、50.85、50.55、50.40、50.80、50.25、49.75、49.65、50.30、50.90、50.40。试检验包装情况与标准设定值 50.00 kg 有无显著性差异。

【解】通过实践可知，袋装水泥质量服从正态分布。本题是用样本均值检验总体的均值是否符合标准值的规定，但总体标准差未给出，故用 t 检验法。若总体均值显著偏离标准值过高或过低，都不符合要求，故为双侧检验。

① 提出原假设 H_0：$\mu = \mu_0$。

② 计算统计量：$\bar{x} = 50.22$，$s = 0.50$，$n = 20$，

$$t = \frac{\bar{x} - \mu_0}{s/\sqrt{n}} = \frac{50.22 - 50.00}{0.50/\sqrt{20}} = 1.97$$

③ 选定显著性水平 $\alpha = 0.05$。从附录一附表3查双侧检验临界值。当自由度 $n-1=19$

时，临界值 $t_{\alpha/2} = 2.093$。

④ 因为 $t = 1.97 < 2.093 = t_{\alpha/2}$，统计量 t 落入接受域内，故接受原假设 H_0，即袋装水泥包装情况与标准设定值无显著差异，包装机工作情况正常。

（2）用两个样本均值比较两个总体均值的 t 检验　从两个方差相等的正态分布总体中分别抽取两个独立的样本，用其平均值来检验两个总体的平均值是否相等时采用 t 检验。

采用 t 检验的前提是，两个总体是互相独立的正态分布总体，并且这两个总体的方差无显著性差异，这时，根据两个样本的方差来估计公共方差。因此，在进行两个总体均值比较的 t 检验之前，应先进行 F 检验（见后文），通过 F 检验确认两个总体的方差无显著性差异后，再进行 t 检验。

检验步骤：

① 提出原假设。

1）双侧检验。提出原假设 H_0：$\mu_1 = \mu_2$；备择假设 H_1：$\mu_1 \neq \mu_2$。

2）单侧检验。

a. 左侧检验。原假设 H_0：$\mu_1 = \mu_2$；备择假设 H_1：$\mu_1 < \mu_2$。

b. 右侧检验。原假设 H_0：$\mu_1 = \mu_2$；备择假设 H_1：$\mu_1 > \mu_2$。

② 选择并计算统计量：

$$t = \frac{|\bar{x}_1 - \bar{x}_2|}{\sqrt{\dfrac{1}{n_1} + \dfrac{1}{n_2}} \sqrt{\dfrac{(n_1 - 1)s_1^2 + (n_2 - 1)s_2^2}{n_1 + n_2 - 2}}} \tag{6-10}$$

式中　$\bar{x}_1$，$\bar{x}_2$——两个样本的均值；

　　　　n_1，n_2——两个样本的容量；

　　　　s_1，s_2——两个样本的标准差。

③ 选择显著性水平 α。α 一般取 0.05。根据自由度 $\nu = n_1 + n_2 - 2$，由 t 检验临界值表（附录一附表 3）查出临界值 t_α。

④ 统计推断。

1）双侧检验。

a. 若 $|t| \leqslant t_{\alpha/2}$，接受原假设 H_0：$\mu_1 = \mu_2$，即两个总体均值无显著性差异。

b. 若 $|t| > t_{\alpha/2}$，拒绝原假设 H_0：$\mu_1 = \mu_2$；接受备择假设 H_1：$\mu_1 \neq \mu_2$，即两个总体均值之间存在显著性差异。

2）单侧检验。

a. 左侧检验。若 $t \geqslant -t_\alpha$，接受原假设 H_0：$\mu_1 = \mu_2$；若 $t < -t_\alpha$，拒绝原假设 H_0：$\mu_1 = \mu_0$，接受备择假设 H_1：$\mu_1 < \mu_2$。

b. 右侧检验。若 $t \leqslant t_\alpha$，接受原假设 H_0：$\mu_1 = \mu_2$。若 $t > t_\alpha$，拒绝原假设 H_0：$\mu_1 = \mu_2$，接受备择假设 H_1：$\mu_1 > \mu_2$。

【例 6-8】某水泥厂连续测定 10 个水泥熟料样品中 f-CaO 的含量（%）为：1.56、1.58、1.62、1.61、1.63、1.57、1.45、1.66、1.64、1.61，超出《水泥企业质量管理规程》中所规定的游离氧化钙质量分数不大于 1.5% 的要求。化验室决定改变生料配比，减小 KH 值，从新烧成的熟料中抽取 10 个样品，测定其中 f-CaO 的含量（%）为：1.32、1.26、1.28、1.38、1.39、1.28、1.24、1.34、1.37、1.27。试检验改变生料配比后，熟料中 f-CaO 的含量是否显著降低。

【解】此例是由两个样本的均值比较两个总体的均值。因两个总体的方差未知，故用 t 检验法。

先计算两个样本的均值及标准差：

$$\bar{x}_1 = 1.59\%, \quad s_1 = 0.059\%, \quad n_1 = 10$$

$$\bar{x}_2 = 1.31\%, \quad s_2 = 0.054\%, \quad n_2 = 10$$

从观察或进行 F 检验可知，两个样本的方差无显著性差异，可进行 t 检验。

① 提出原假设 H_0：$\mu_1 = \mu_2$，即生料配比改变后，熟料中 $f\text{-CaO}$ 含量无显著降低；备择假设 H_1：$\mu_1 > \mu_2$。希望水泥熟料中 $f\text{-CaO}$ 含量越低越好，故此例为单（右）侧检验。

② 按式（6-10）计算统计量：

$$t = \frac{1.59 - 1.31}{\sqrt{\dfrac{1}{10} + \dfrac{1}{10}} \sqrt{\dfrac{(10-1)0.059^2 + (10-1)0.054^2}{10+10-2}}} = 2.63$$

③ 选定显著性水平 $\alpha = 0.05$。此例为单侧检验，由附录一附表 3 查得自由度为 $\nu = n_1 + n_2 - 2 = 10 + 10 - 2 = 18$ 时的临界值 $t_{0.05}(18) = 2.101$。

④ 统计推断：因统计量 $t = 2.63 > 2.101 = t_{0.05}(18)$，统计量落入拒绝域，拒绝原假设 H_0：$\mu_1 = \mu_2$；接受备择假设 H_1：$\mu_1 > \mu_2$，即生料配比改变后熟料中游离氧化钙含量有显著降低。

（3）成对对比检验　成对对比检验是将成对观测值之差的总体均值与零或预先指定的值相比较的方法，大都是指均值与零的比较，即在成对观测值情形下两均值的比较。对两个具有特性的观测值 X_i 和 Y_i，如果在如下情形获得，则称它们是成对观测值：一是取自同一总体的同一个体，但观测条件不同（例如，同一产品的两种不同分析方法结果的比较）；二是两个不同的个体，除了检验所涉及的系统差异外，其他所有方面都相似。

① 成对对比的应用范围。本方法可用来确定两种处理之间的差异。在这种情形下，X_i 是第一种处理的第 i 个观测值，Y_i 是第二种处理的第 i 个观测值。术语"处理"应该理解为广义的。例如：所比较的两种处理可以是两批商品、两种检验方法、两台仪器或两个实验室、两个工厂，以便发现两种处理之间可能存在的系统误差。

② 成对对比的应用条件。如果满足下列两个条件，则本方法能够有效地应用：

1）各对数据之间的差 $d_i = X_i - Y_i$ 的系列可看作是独立的随机变量系列；

2）d_i 的分布是正态分布或近似正态分布。

③ 检验步骤：

1）建立统计假设 H_0：$d = 0$（或给定的值）。

2）选择统计量 t：

$$t = \bar{d}\sqrt{n}/s_\text{d} \tag{6-11}$$

式中　$\bar{d}$——各对结果之差的总平均值；

　　　　n——结果对的数目；

　　　　s_d——各对结果之间差值的标准差。

3）给定显著性水平 α，一般 $\alpha = 0.05$，由附录一附表 3 查出 $t_{1-\alpha/2}(\nu)$ 值或 $t_{1-\alpha}(\nu)$ 值（ν 为自由度，$\nu = n-1$）。

4）统计推断。$t \leqslant t_{1-\alpha/2}(\nu)$ 时，两总体均值间无显著性差异；$t > t_{1-\alpha/2}(\nu)$ 时，两

总体均值间存在显著性差异。

【例 6-9】某厂引进一套煤炭机械采样设备，为检验该设备所采样品 B 与手工采样样品 A 之间有无显著性差异，利用 12 个不同的煤种进行了 12 组成对对比试验，测得的特性值灰分的对比数据如表 6-1 所示。

表 6-1　煤样灰分成对对比试验结果

煤的品种	1	2	3	4	5	6	7	8	9	10	11	12
方法 A_i	7.55	7.09	8.26	5.14	7.74	7.80	6.90	6.63	12.38	12.81	9.89	9.86
方法 B_i	7.46	6.97	7.43	6.07	7.41	8.24	6.71	6.77	11.89	13.19	19.22	8.90
$d_i = A_i - B_i$	0.09	0.12	0.83	-0.93	0.33	-0.44	0.19	-0.14	0.49	-0.38	0.67	0.96

问该设备采集的样品与手工采集的样品间有无系统误差？

【解】① 假设 H_0：$D = 0$。

② 计算统计量。各对结果之间差值的平均值：

$$\bar{d} = \sum (A_i - B_i)/n = 0.1492$$

各对结果之间差值的标准差：

$$s_d = \sqrt{\sum (d_i - \bar{d})^2/(n-1)} = 0.5578$$

统计量 t：

$$t = \bar{d}\sqrt{n}/s_d = 0.1492 \times \sqrt{12}/0.5578 = 0.9266$$

③ 自由度 $\nu = n - 1 = 12 - 1 = 11$，$\alpha = 0.05$，由附录一附表 3 查出 $t_{1-\alpha/2}(11) = t_{0.975}(11) = 2.201$。

④ 统计推断：因为 $t = 0.9266 < t_{0.975}(11) = 2.201$，所以机械采样与手工采样间无系统误差存在。

注：用电子计算机简便计算 s_d 的方法可参阅本书第十章第一节。将 12 个偏差 d_i 输入 "DEVSQ" 函数表中，即可很快求出 $\sum (d_i - \bar{d})^2$ 的值。

第三节 ▶▶ 正态分布总体方差 σ^2 的显著性检验

进行正态分布总体分布中心 μ 的显著性检验时，其前提条件是正态分布总体方差已知或虽未知但相等（两个总体的情况）。事实上，当正态分布总体方差未知时，应先进行总体方差的检验。此时可采用 χ^2 检验或 F 检验法。

一、一个正态总体的情形——χ^2 检验法

1. χ^2 分布

χ^2 分布（χ 为小写希腊字母，读音为 "ka"；χ^2 读作 "卡方"）是从正态分布导出的一个重要的抽样分布。

χ^2 分布是一个以内在的正态分布为基础的连续分布。设随机变量 X 服从正态分布，即 $X \sim N(\mu, \sigma^2)$。现从中随机抽取一个大小为 n 的样本：x_1、x_2、$\cdots$、x_n，则给出 χ^2 的定义：

$$\chi^2 = \sum_{i=1}^{n} (\frac{x_i - \mu}{\sigma})^2 \qquad (6\text{-}12)$$

可以看出，式中的 $\frac{x_i - \mu}{\sigma}$ 实际是随机变量 x 的标准变换。现举一例说明如下：从一个 $\mu = 5$、$\sigma = 0.24$ 的总体中随机抽取一个 $n = 5$ 的样本，数据为 4.9、4.8、5.6、5.0、4.9。分别计算得到：

$$(\frac{x_i - \mu}{\sigma})^2 = (\frac{4.9 - 5.0}{0.24})^2 = 0.17$$

$$(\frac{x_i - \mu}{\sigma})^2 = (\frac{4.8 - 5.0}{0.24})^2 = 0.69$$

$$(\frac{x_i - \mu}{\sigma})^2 = (\frac{5.6 - 5.0}{0.24})^2 = 2.25$$

$$(\frac{x_i - \mu}{\sigma})^2 = (\frac{5.0 - 5.0}{0.24})^2 = 0$$

$$(\frac{x_i - \mu}{\sigma})^2 = (\frac{4.9 - 5.0}{0.24})^2 = 0.17$$

将以上计算结果进行加和，就得到这一个样本的 χ^2：

$$\chi^2 = 0.17 + 0.69 + 2.25 + 0 + 0.17 = 3.28$$

若连续取若干个样本（$n = 5$），分别计算每一个样本的 χ^2，并作出频数直方图，就可以得到 $n = 5$ 时的分布曲线。n 取不同值时，可得到不同的分布曲线（图 6-11），可记为：$\chi^2 \sim \chi^2(n-1)$，即 χ^2 分布是自由度 $\nu = n-1$ 的一个分布（自由度 ν 有时也写作 f）。

χ^2 分布的概率密度函数的图形如图 6-11 所示，它是不对称分布。

χ^2 分布是定义在 $(0, \infty)$ 区间的分布，$(n-1)$ 为其自由度，是分布的一个参数。由图 6-11 可见，χ^2 分布完全取决于自由度。相应于每个数目的自由度，都有一个 χ^2 分布。随着自由度的增大，不对称性减小，顶峰越来越低，曲线分布趋于对称。当自由度趋向于 ∞ 时，其曲线就趋近于正态分布曲线。

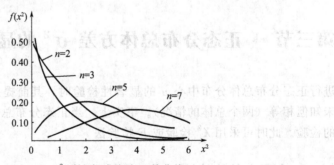

图 6-11　χ^2 分布概率密度函数曲线

2. χ^2 分布的临界值

χ^2 分布的临界值定义如下：对于给定的显著性水平 $\alpha(0 < \alpha < 1)$，称满足条件

$$P(\chi^2 > \chi_\alpha^2) = \alpha \qquad (6\text{-}13)$$

的值 χ_α^2 为 χ^2 分布的临界值。由图 6-12 可以中看出，χ_α^2 所在位置的右侧横坐标轴与概率密度曲线所围成的面积值恰好等于 α。

对于不同的 ν 及 α，临界值 χ^2_α 的值已制成表（附录一附表 4）。

例如，欲求自由度 $\nu=n-1=10$、显著性水平 $\alpha=0.05$ 时的临界值 $\chi^2_\alpha(10)$，查附录一附表 4：左栏 $n-1=10$ 的一行与顶栏为 $\alpha=0.05$ 的列相交处为 18.307，则 $\chi^2_\alpha(10)=18.307$，如图 6-12 所示，图中右方阴影部分的面积占横坐标轴与曲线所围成的总面积的 0.05（或 5%）。

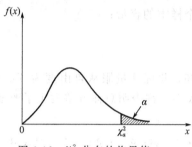

图 6-12　χ^2 分布的临界值

χ^2 分布临界值与正态分布临界值的含义在这一点上是不同的。正态分布临界值所对应的概率（面积分数）是从 $-\infty$ 至该临界值之间横坐标轴与曲线所围成的面积分数，而 χ^2 分布临界值所对应的概率（面积分数）是从该临界值至 ∞ 之间横坐标轴与曲线所围成的面积分数。

χ^2 分布的双边置信概率由下式给出（如图 6-13 所示）：

$$P(\chi^2_{\alpha_1}<\chi^2<\chi^2_{\alpha_2})=\alpha_1-\alpha_2 \tag{6-14}$$

例如，由附录一附表 4 查得自由度 $\nu=n-1=10$ 时，$\alpha_1=0.95$ 的临界值：$\chi^2_{0.95}(10)=3.940$；$\alpha_2=0.05$ 的临界值为：$\chi^2_{0.05}(10)=18.307$，则测定值处于两临界值之间的概率为：

$$P(\chi^2_{0.95}<\chi^2<\chi^2_{0.05})=P(3.940<\chi^2<18.307)$$
$$=\alpha_1-\alpha_2=0.95-0.05=0.90$$

在双侧检验中，如显著性水平设定为 α，则右侧临界值为 $\chi^2_{\alpha/2}$，左侧临界值为 $\chi^2_{1-\alpha/2}$。

例如，若自由度 $\nu=n-1=10$，$\alpha=0.05$，双侧检验两侧临界值分别为 $\chi^2_{0.975}=3.247$，$\chi^2_{0.025}=20.483$。如图 6-14 所示，左右两侧阴影部分的面积分数各为 $\alpha/2=0.025$，总和为 $\alpha=0.050$。

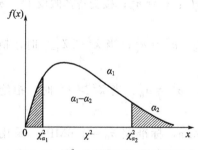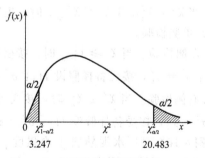

图 6-13　χ^2 分布的双边置信概率　　　　图 6-14　双侧检验两侧临界值

3. χ^2 检验

标准差反映生产过程质量波动的程度，是判断生产状态是否稳定的一个重要标志。因此，检验总体分布的标准差有无显著变化是很重要的。对于一个正态总体标准差的显著性检

验可采用 χ^2 检验法。

χ^2 检验法所用的是由 χ^2 分布的原理推导出的一个统计量。由式（6-12）和式（1-10），并用 $(x_i - \bar{x})$ 和 σ_0 分别代替 $(x_i - \mu)$ 和 σ，可得：

$$\chi^2 = \frac{(n-1)s^2}{\sigma_0^2} \tag{6-15}$$

式中　n——随机变量的一个样本的容量；

　　s^2——样本的方差；

　　σ_0^2——总体的方差。

根据 χ^2 分布的性质可知，此统计量服从自由度为 $(n-1)$ 的 χ^2 概率分布。如果比值 $\chi^2 = (n-1)s^2/\sigma_0^2$ 太大或太小，都表明总体方差发生了改变，因此，可以以此比值 χ^2 作为检验方差的统计量。

设总体 X 服从正态分布 $N(\mu, \sigma^2)$，x_1、x_2、$\cdots$、x_n 是从总体 X 中抽取的样本。

检验步骤：

① 提出原假设。

1）双侧检验。原假设 H_0：$\sigma^2 = \sigma_0^2$（σ_0^2 是已知的）；备择假设 H_1：$\sigma^2 \neq \sigma_0^2$。

2）单侧检验。

a. 右侧检验 H_0：$\sigma^2 = \sigma_0^2$；备择假设 H_1：$\sigma^2 < \sigma_0^2$。

b. 右侧检验 H_0：$\sigma^2 = \sigma_0^2$；备择假设 H_1：$\sigma^2 > \sigma_0^2$。

② 选择统计量：

$$\chi^2 = \frac{(n-1)s^2}{\sigma_0^2}, \quad \chi^2 \sim \chi^2(n-1)$$

式中　$n-1$——自由度；

　　s^2——样本方差。

由样本值计算统计量 χ^2 的值。

③ 给定显著性水平 α，在附录一附表 4 中查出自由度 $= n-1$ 时的两个临界值 $\chi^2_{\alpha/2}$ 和 $\chi^2_{1-\alpha/2}$。

④ 判断规则。

1）双侧检验。

a. 当 $\chi^2_{1-\alpha/2} \leqslant \chi^2 \leqslant \chi^2_{\alpha/2}$ 时，接受原假设 H_0：$\sigma^2 = \sigma_0^2$。

b. 当 $\chi^2 > \chi^2_{\alpha/2}$ 或 $\chi^2 < \chi^2_{1-\alpha/2}$ 时，拒绝原假设 H_0：$\sigma^2 = \sigma_0^2$；接受备择假设 H_1：$\sigma^2 \neq \sigma_0^2$。

2）单侧检验。

a. 左侧检验。当 $\chi^2 \geqslant \chi^2_{1-\alpha}$ 时，接受原假设 H_0：$\sigma^2 = \sigma_0^2$；当 $\chi^2 < \chi^2_{1-\alpha}$ 时，拒绝原假设 H_0：$\sigma^2 = \sigma_0^2$，接受备择假设 H_1：$\sigma^2 < \sigma_0^2$。

b. 右侧检验。当 $\chi^2 \leqslant \chi^2_{\alpha}$ 时，接受原假设 H_0：$\sigma^2 = \sigma_0^2$；当 $\chi^2 > \chi^2_{\alpha}$ 时，拒绝原假设 H_0：$\sigma^2 = \sigma_0^2$，接受备择假设 H_1：$\sigma^2 > \sigma_0^2$。

【例 6-10】 某厂水泥熟料平均强度 $\mu_0 = 58.5\text{MPa}$，标准差 $\sigma_0 = 1.6\text{MPa}$。采用新技术 10d 后水泥熟料强度测定值（MPa）如下：56.8、58.6、57.6、56.5、59.0、59.5、58.7、57.5、59.7、58.8。试检验采用新技术后水泥熟料强度的稳定性是否有显著性变化？

【解】 ① 假设采用新技术后，熟料质量波动不大。双侧检验，提出原假设 H_0：$\sigma^2 = \sigma_0^2$。

② 计算样本标准差 $s = 1.1\text{MPa}$，平均值 $\bar{x} = 58.3\text{MPa}$。

③ 计算统计量 $\chi^2 = \dfrac{(n-1)s^2}{\sigma_0^2} = \dfrac{(10-1)\times 1.1^2}{1.6^2} = 4.25$。

④ 选定显著性水平 $\alpha=0.05$，查附录一附表 4，确定临界值。此例为双侧检验。当 $n-1=9$ 时，$\chi^2_{\alpha/2}=\chi^2_{0.025}=19.0$，$\chi^2_{1-\alpha/2}=\chi^2_{0.975}=2.70$。

⑤ 结论：因 $2.70<4.25<19.0$，即 $\chi^2_{1-\alpha/2}<\chi^2<\chi^2_{0.025}$，统计量落在接受域内（如图 6-15 所示），故接受原假设，即认为水泥熟料质量的波动不显著。

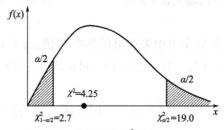

图 6-15　熟料强度 χ^2 检验图

二、两个正态总体的情形——F 检验法

检验两个总体的标准差有无显著性差异，采用 F 检验法。

1. F 分布

F 分布也是由正态分布导出的一个抽样分布。

设有两个总体 X 和 Y，其中 X 服从正态分布 $N(\mu_1,\sigma_1^2)$，Y 服从正态分布 $N(\mu_2,\sigma_2^2)$；x_1、x_2、…、x_{n1} 是从总体 X 中抽取的样本，s_1^2 是其相应的样本方差；y_1、y_2、…、y_{n2} 是从总体 Y 中抽取的样本，s_2^2 是其相应的样本方差。如果这两个样本相互独立，则将

$$F = \frac{s_1^2}{s_2^2} \tag{6-16}$$

定义为服从第一自由度 $\nu_1=n_1-1$、第二自由度 $\nu_2=n_2-1$ 的 F 分布，记为 $F\sim F(\nu_1,\nu_2)$。

F 分布的概率密度函数的图形如图 6-16 所示，它是不对称分布的。由图 6-16 可见，F 分布是定义在 $(0,\infty)$ 范围内的分布，自由度 ν_1 和 ν_2 是 F 分布的两个分布参数，若自由度 ν_1 和 ν_2 确定了，F 分布也就确定了。

2. F 分布的临界值

F 分布的临界值定义如下。

对于给定的 α $(0<\alpha<1)$，称满足条件：

$$P(F>F_\alpha)=\alpha \tag{6-17}$$

的值 F_α 为 F 分布的临界值。

如图 6-17 所示，F_α 所在位置的右侧横坐标轴与概率密度曲线所围成的面积值恰为 α。

对于不同的 ν_1、ν_2 及 α，临界值 F_α 已制成表（附录一附表 5、附表 6）。表中的数据是将方差大的值放在分子中，方差小的放在分母中得到的。

临界值 F_α 有如下重要性质：

$$F_{1-\alpha}(\nu_1,\nu_2)=\frac{1}{F_\alpha(\nu_2,\nu_1)} \tag{6-18}$$

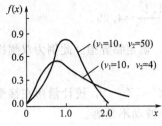
图 6-16 F 分布概率密度函数曲线

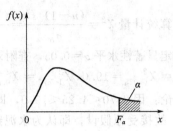
图 6-17 F 分布的临界值

式（6-18）常用来求 F 分布表中未列出的某些 F 值。例如求 $F_{0.95}$ (15，12) 的值，可先由 F 分布表中查出 $F_{0.05}$ (12，15) ＝2.48，再由式（6-18）得：

$$F_{0.95}(15,12)=\frac{1}{F_{0.05}(12,15)}=\frac{1}{2.48}=0.403$$

3. F 检验法

如假设两个总体的方差 σ_1^2 和 σ_2^2 相等，则它们的样本方差之比 s_1^2/s_2^2 应接近于 1，而当此比值与 1 有较大的偏离时，必须否定提出的假设。此时选择 F 检验法。

设总体 X 服从正态分布 N (μ_1,σ_1^2)，总体 Y 服从正态分布 N (μ_2,σ_2^2)。x_1、x_2、…、x_{n1} 是从总体 X 中抽取的样本；y_1、y_2、…、y_{n2} 是从总体 Y 中抽取的样本，并且这两个样本相互独立。

检验步骤：

① 提出原假设。

1）双侧检验。原假设 $H_0:\sigma_1^2=\sigma_2^2$；备择假设 $H_1:\sigma_1^2\neq\sigma_2^2$。

2）单侧检验

a. 左侧检验。原假设 $H_0:\sigma_1^2=\sigma_2^2$；备择假设 $H_1:\sigma_1^2<\sigma_2^2$。

b. 右侧检验。原假设 $H_0:\sigma_1^2=\sigma_2^2$；备择假设 $H_1:\sigma_1^2>\sigma_2^2$。

② 选择统计量：

$$F=\frac{s_{\text{大}}^2}{s_{\text{小}}^2}，\quad F\sim F\ (\nu_1,\nu_2) \tag{6-19}$$

式中　ν_1，ν_2——自由度，$\nu_1=n_1-1$，$\nu_2=n_2-1$；

$s_{\text{大}}^2$——从总体 X、Y 中抽取的样本方差 s_1^2、s_2^2 中较大者；

$s_{\text{小}}^2$——从总体 X、Y 中抽取的样本方差 s_1^2、s_2^2 中较小者。

由样本值计算统计量 F 的值。

③ 选定显著性水平 α，在 F 分布表上查出自由度 $\nu_1=n_1-1$、$\nu_2=n_2-1$ 时的 F 分布临界值 $F_{1-\alpha/2}$ 和 $F_{\alpha/2}$。

④ 判断规则。

1）双侧检验。

a. 当 $F_{1-\alpha/2}\leqslant F\leqslant F_{\alpha/2}$ 时，接受原假设 $H_0:\sigma_1^2=\sigma_2^2$。

b. 当 $F<F_{1-\alpha/2}$ 或 $F>F_{\alpha/2}$ 时，拒绝原假设 $H_0:\sigma_1^2=\sigma_2^2$；接受备择假设 $H_1:\sigma_1^2\neq\sigma_2^2$。

2）单侧检验。

a. 左侧检验。当 $F \geqslant F_{1-\alpha}$ 时，接受原假设 $H_0: \sigma_1^2 = \sigma_2^2$。当 $F < F_{1-\alpha}$ 时，拒绝原假设 $H_0: \sigma_1^2 = \sigma_2^2$；接受备择假设 $H_1: \sigma_1^2 < \sigma_2^2$。

b. 右侧检验。当 $F \leqslant F_\alpha$ 时，接受原假设 $H_0: \sigma_1^2 = \sigma_2^2$。当 $F > F_\alpha$ 时，拒绝原假设 $H_0: \sigma_1^2 = \sigma_2^2$；接受备择假设 $H_1: \sigma_1^2 > \sigma_2^2$。

【例 6-11】 某混凝土搅拌站检验磅秤的校正效果。在校正前后从相同配合比拌和的混凝土中各随机抽取 10 个试件，测得抗压强度（MPa）如下。

磅秤校正前（x）：32.8、35.6、36.7、37.5、38.2、32.5、31.2、33.4、34.5、36.7；

磅秤校正后（y）：35.6、36.5、34.7、38.2、35.8、37.6、36.5、38.2、37.6、37.0。

试问磅秤校正前后混凝土的均匀性有无显著变化？

【解】 ① 提出原假设 $H_0: \sigma_1^2 = \sigma_2^2$；备择假设 $H_1: \sigma_1^2 \neq \sigma_2^2$。

② 选择统计量 F，并由样本值计算得：

$$\bar{x} = 34.91, \quad s_1^2 = 5.65$$
$$\bar{y} = 36.77, \quad s_2^2 = 1.36$$

因为 $s_1^2 > s_2^2$，将 s_1^2 放在分子中，则统计量 F 的计算值为：

$$F = \frac{s_1^2}{s_2^2} = \frac{5.65}{1.36} = 4.15$$

③ 此例为双侧检验。取 $\alpha = 0.05$，在附录一附表 6 中查出自由度 $\nu_1 = n_1 - 1 = 10 - 1 = 9$、$\nu_2 = n_2 - 1 = 10 - 1 = 9$ 时的临界值 $F_{0.025}(9, 9) = 4.03$。

④ 因 $F = 4.15 > 4.03 = F_{0.025}(9, 9)$，故拒绝原假设 H_0，即认为磅秤校正前后混凝土的均匀性有显著变化。

【例 6-12】 某厂为比较两台窑生产的水泥熟料质量是否同样稳定，同时抽样做熟料强度比较，数据如下（MPa）。

1 号窑：56.8、58.1、57.6、57.5、55.4、54.1、55.6、53.2、57.1、56.8；

2 号窑：54.1、52.6、54.8、52.8、53.3、54.8、52.7、53.5、54.6。

试推断两台窑的熟料强度的稳定性是否一致？

【解】 ① 假设两台窑熟料强度的标准差无显著性差异，提出原假设 $H_0: \sigma_1^2 = \sigma_2^2$。

② 计算统计量：

$$s_1 = 1.61 = s_{大}, \quad n_1 = 10(s_{大} \text{ 的 } n), \quad f_1(\text{或 } \nu_1) = n_1 - 1 = 10 - 1 = 9$$
$$s_2 = 0.91 = s_{小}, \quad n_2 = 9(s_{小} \text{ 的 } n), \quad f_2(\text{或 } \nu_2) = n_2 - 1 = 9 - 1 = 8$$

$$F = \frac{s_{大}^2}{s_{小}^2} = \frac{1.61^2}{0.91^2} = 3.13$$

③ 确定显著性水平 $\alpha = 0.05$。此例为双侧检验，则 $\alpha/2 = 0.025$，$1 - \alpha/2 = 0.975$。查附录一附表 6，在 0.025 与 $f_1 = 9$，$f_2 = 8$ 的对应处查得：

$$F_{0.025}(9, 8) = 4.36, \quad F_{0.025}(8, 9) = 4.10$$

根据 F 分布的性质知：

$$F_{0.975}(9, 8) = \frac{1}{F_{0.025}(8, 9)} = \frac{1}{4.10} = 0.244$$

④ 由于 $F = 3.13$，既大于 $F_{0.975}(9, 8) = 0.244$，又小于 $F_{0.025}(9, 8) = 4.36$，即

$F_{1-\alpha/2} < F < F_{\alpha/2}$，统计量落在接受域（如图 6-18 所示），故应接受原假设 $H_0 : \sigma_1^2 = \sigma_2^2$，即两台窑熟料强度的稳定性没有显著性差异。

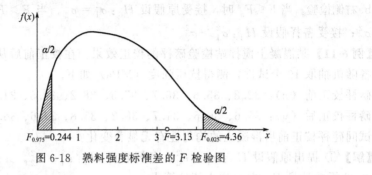

图 6-18　熟料强度标准差的 F 检验图

第四节 ▶▶ 显著性检验的次序

如第二节所述，在对正态分布中心进行显著性检验时，如果标准差相同，可直接对均值进行检验。如果标准差未知，一般在检验均值前需先检验标准差。只有在标准差相同时再检验均值，所得结论才有意义。如果经检验，标准差发生了很大变化，特别是如果标准差变得更大，则下一步对均值的检验也就失去了意义。

对于一个正态总体的显著性检验，首先采用 χ^2 检验法检验条件变化后精密度有无显著性差异；如无差异，再用 u 检验法检验其平均值有无显著性差异。对两个正态总体的显著性检验，首先用 F 检验法检验两组测定数据间的精密度有无显著性差异；如无差异，再用 t 检验法检验两组数据的平均值 $\bar{x}_1$ 与 $\bar{x}_2$ 有无显著性差异。

一、首先采用 χ^2 检验法进行检验

【例 6-13】某水泥厂生产的熟料平均抗压强度为 57.0MPa，标准差 $\sigma = 2.60$MPa。改变生料配比后采取 31 个编号的熟料样品，测得其抗压强度平均值为 59.5MPa，标准差 $s = 2.80$MPa。试检验改变生料配比后水泥熟料抗压强度是否有显著性变化。

【解】依题意改变生料配比后熟料强度标准差发生变化，故需首先检验这种变化是否显著。解题的程序如下。

① 首先检验分散度的变化是否显著。

1）假设条件变化前后标准差 σ 无显著差异，即提出原假设 $H_0 : \sigma^2 = \sigma_0^2$。

2）计算统计量：

$$\chi^2 = \frac{(n-1)s^2}{\sigma_0^2} = \frac{(31-1) \times 2.80^2}{2.60^2} = 34.79$$

3）选择显著性水平 α，查出临界值。对标准差显著提高和显著降低都要相应地做出评价，故用双侧检验。

选 $\alpha = 0.10$，则 $\alpha/2 = 0.05$，$1 - \alpha/2 = 0.95$。从附录一附表 4 查出 χ^2 检验临界值，当自由度为 $n - 1 = 30$ 时，$\chi_{0.05}^2 (30) = 43.773 \approx 43.8$，$\chi_{0.95}^2 (30) = 18.493 \approx 18.5$。

4）由于 $\chi^2 = 34.79$，既小于 $\chi_{0.05}^2 (30) = 43.8$，又大于 $\chi_{0.95}^2 (30) = 18.5$（如图 6-19 所示），故应接受原假设 H_0，推断条件变化前后分散度一致，即标准差无显著差异，可进

行下一步对均值的检验。

如果这一步检验结果落入拒绝域，表明条件变化前后标准差有显著性差异，且变化后分散度大于原来的分散度，生产工序过程反不如以前稳定，则下一步检验均值是否有显著提高就没什么意义了。

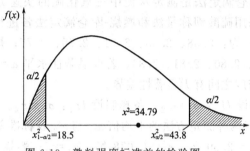

图 6-19　熟料强度标准差的检验图

② 然后检验均值。

1）因已知 $\bar{x} > \mu_0$，现在只关心强度的提高是否显著，故为单侧（右侧）检验。假设样本均值 μ 不比总体均值 μ_0 显著提高，即提出原假设 H_0：$\mu = \mu_0$。

2）计算统计量：

$$u = \frac{\bar{x} - \mu_0}{\sigma / \sqrt{n}} = \frac{59.5 - 57.0}{2.60 / \sqrt{31}} = \frac{2.50}{2.60 / 5.57} = 5.36$$

3）选显著性水平 α，查出临界值。选 $\alpha = 0.05$。因系单侧（右侧）检验，右侧拒绝域面积占总面积的 5%，左侧接受域面积占总面积的 95%。查附录一附表 2-1，可得右侧临界值为 $u_{0.95} = 1.645$。

4）结论：由于 $u = 5.36 > u_{0.95} = 1.645$，统计量 u 落入拒绝域（如图 6-20 所示），故应拒绝原假设，认为样本均值与总体均值之间存在显著性差异，即改变生料配比后水泥熟料平均强度确实比以前提高了。

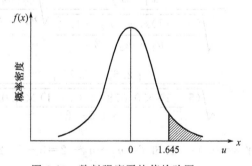

图 6-20　熟料强度平均值检验图

二、首先采用 F 检验法进行检验

一个新的试验方法提出后，为确定新方法是否与原标准方法等效，需将同一试样用标准方法（或可靠的经典分析方法）和所提出的新方法分别进行多次对比测定。设用标准方法测得结果的平均值为 $\bar{x}_1$，标准差为 s_1，测定次数为 n_1；用所提出的新方法测得结果的平均值

为 $\bar{x}_2$，标准差为 s_2，测定次数为 n_2。

先用 F 检验法检验两组测定数据间的精密度有无显著性差异。如无显著性差异，再用 t 检验法检验两组数据的平均值 $\bar{x}_1$ 与 $\bar{x}_2$ 有无显著性差异。如无显著性差异，则说明提出的新方法可以采用，否则该法不能直接采用。

【例 6-14】 燃烧-库仑滴定法是测定水泥中三氧化硫的快速方法。为确定该方法的可靠性，对某一水泥试样采用硫酸钡称量法和燃烧-库仑滴定法各进行了 5 次对比试验。硫酸钡称量法测定结果（%）为：2.58、2.65、2.71、2.75、2.77；燃烧-库仑滴定法测定结果（%）为：2.62、2.68、2.80、2.81、2.83。若取显著性水平 $\alpha = 0.05$，检验燃烧-库仑滴定法与硫酸钡称量法精密度之间有无显著性差异。

【解】 ① 提出原假设 H_0：$\sigma_1 = \sigma_2$，备择假设 H_1：$\sigma_1 \neq \sigma_2$。

② 由测定数据计算两种测定方法的平均值 $\bar{x}_1$ 与 $\bar{x}_2$ 及标准差 s_1 与 s_2。

硫酸钡称量法：$\bar{x}_1 = 2.69\%$，$s_1 = 0.078\%$，$n_1 = 5$；燃烧-库仑滴定法：$\bar{x}_2 = 2.73\%$，$s_2 = 0.093\%$，$n_2 = 5$。

由于 s_2 较大，放在分子中；s_1 较小，放在分母中，于是得：

$$F = \frac{s_{\text{大}}^2}{s_{\text{小}}^2} = \frac{s_2^2}{s_1^2} = \frac{0.093^2}{0.078^2} = 1.42$$

③ 选择显著性水平 $\alpha = 0.05$，双侧检验，$f_{\text{大}} = f_2 = n_2 - 1 = 5 - 1 = 4$，$f_{\text{小}} = f_1 = n_1 - 1 = 5 - 1 = 4$，从附录一附表 6 查出 F 临界值 $F_{0.025}$（4，4）$= 9.60$。

根据 F 分布的特征，$F_{0.975}$（4，4）$= 1 / F_{0.025}$（4，4）$= 0.104$。

因 $0.104 < 1.42 < 9.60$，统计量 F 落在接受域，故接受原假设 H_0：$\sigma_1 = \sigma_2$，即此两种方法的测定精密度 s_1 与 s_2 之间无显著性差异，可继续进行 t 检验。

① 提出原假设 H_0：$\mu_1 = \mu_2$。

② 计算统计量 t：

$$t = \frac{|x_1 - x_2|}{\sqrt{\dfrac{(n_1 - 1)s_1^2 + (n_2 - 1)s_2^2}{n_1 + n_2 - 2}}} \sqrt{\frac{n_1 n_2}{n_1 + n_2}}$$

$$= \frac{|2.69 - 2.73|}{\sqrt{\dfrac{(5 - 1) \times 0.078^2 + (5 - 1) \times 0.093^2}{5 + 5 - 2}}} \sqrt{\frac{5 \times 5}{5 + 5}} = 0.74$$

③ 选择显著性水平 $\alpha = 0.05$。已知 $f = n_1 + n_2 - 2 = 5 + 5 - 2 = 8$，查附录一附表 3 双侧 $\alpha = 0.025$ 时 $t_{0.025}$（8）$= 2.306$。

④ 因 $t = 0.74 < 2.306 = t_{0.025}$（8），统计量 t 落在接受域，故接受原假设 H_0：$\mu_1 = \mu_2$，即此两种方法所得平均值 $\bar{x}_1$ 与 $\bar{x}_2$ 之间无显著性差异，可用燃烧-库仑滴定法测定水泥中三氧化硫的含量。

现将上述 4 种有关正态分布特征参数显著性检验的选择及应用方法汇总于表 6-2 中，以供参阅。

表 6-2　显著性检验的选用及应用

检验类型	名称		原假设 H_0	备择假设 H_1	统计量计算公式	双侧拒绝域状况	拒绝域（拒绝 H_0，接受 H_1）
检验分布中心 μ（σ 已知）	u_1 检验	双侧	$\mu = \mu_0$	$\mu \neq \mu_0$	$u = \dfrac{\bar{x}-\mu_0}{\sigma_0/\sqrt{n}}$	（u 分布双侧图）	$\lvert u\rvert > u_{\alpha/2}$
		左侧	$\mu = \mu_0$	$\mu < \mu_0$			$u < -u_\alpha$
		右侧	$\mu = \mu_0$	$\mu > \mu_0$			$u > u_\alpha$
（σ 已知）	u_2 检验	双侧	$\mu_1 = \mu_2$	$\mu_1 \neq \mu_2$	$u = \dfrac{\bar{x}_1 - \bar{x}_2}{\sigma_0 \sqrt{\dfrac{1}{n_1}+\dfrac{1}{n_2}}}$		$\lvert u\rvert > u_{\alpha/2}$
		左侧	$\mu_1 = \mu_2$	$\mu_1 < \mu_2$			$u < -u_\alpha$
		右侧	$\mu_1 = \mu_2$	$\mu_1 > \mu_2$			$u > u_\alpha$
σ 未知	t_1 检验	双侧	$\mu = \mu_0$	$\mu \neq \mu_0$	$t = \dfrac{\bar{x}-\mu_0}{s/\sqrt{n}}$	（t 分布双侧图）	$\lvert t\rvert > t_{\alpha/2}$
		左侧	$\mu = \mu_0$	$\mu < \mu_0$			$t < -t_\alpha$
		右侧	$\mu = \mu_0$	$\mu > \mu_0$			$t > t_\alpha$
	t_2 检验	双侧	$\mu_1 = \mu_2$	$\mu_1 \neq \mu_2$	$t = \dfrac{\bar{x}_1 - \bar{x}_2}{\sqrt{\dfrac{(n_1-1)s_1^2 + (n_2-1)s_2^2}{n_1+n_2-2}}}\sqrt{\dfrac{n_1 n_2}{n_1+n_2}}$		$\lvert t\rvert > t_{\alpha/2}$
		左侧	$\mu_1 = \mu_2$	$\mu_1 < \mu_2$			$t < -t_\alpha$
		右侧	$\mu_1 = \mu_2$	$\mu_1 > \mu_2$			$t > t_\alpha$
检验方差 σ（μ 未知）	χ^2 检验	双侧	$\sigma^2 = \sigma_0^2$	$\sigma^2 \neq \sigma_0^2$	$\chi^2 = \dfrac{(n-1)s^2}{\sigma_0^2}$	（χ^2 分布双侧图）	$\chi^2 > \chi^2_{\alpha/2}$ 或 $\chi^2 < \chi^2_{1-\alpha/2}$
		左侧	$\sigma^2 = \sigma_0^2$	$\sigma^2 < \sigma_0^2$			$\chi^2 < \chi^2_{1-\alpha}$
		右侧	$\sigma^2 = \sigma_0^2$	$\sigma^2 > \sigma_0^2$			$\chi^2 > \chi^2_\alpha$
两个总体	F 检验	双侧	$\sigma_1^2 = \sigma_2^2$	$\sigma_1^2 \neq \sigma_2^2$	$F = \dfrac{s_1^2}{s_2^2}$	（F 分布双侧图）	$F > F_{\alpha/2}$ 或 $F < F_{1-\alpha/2}$
		左侧	$\sigma_1^2 = \sigma_2^2$	$\sigma_1^2 < \sigma_2^2$			$F < F_{1-\alpha}$
		右侧	$\sigma_1^2 = \sigma_2^2$	$\sigma_1^2 > \sigma_2^2$			$F > F_\alpha$

第五节 ▸▸ 非正态分布总体的显著性检验

前面所讨论的 u 检验、t 检验、F 检验和 χ^2 检验，都是在已知总体分布服从正态分布的前提下应用的。若对总体分布是否服从正态分布不清楚，需要应用直方图或正态概率纸等方法验证，这在许多情况下难以做到。下面介绍的符号检验法和秩和检验法是在总体分布是否服从正态分布未知或已知不服从正态分布的情况下进行显著性检验的方法。

一、符号检验法

设有两个总体 X 和 Y，分别从中随机地抽取容量相同的两个样本，并且将两个样本的样本值进行随机配对：

$$x_1、x_2、\cdots、x_i、\cdots、x_n$$
$$y_1、y_2、\cdots、y_i、\cdots、y_n$$

然后比较每对样本值的大小。如果两个总体具有相同的分布，那么从总体 X 中抽取的样本值比从总体 Y 中抽取的样本值大的可能性，与从总体 Y 中抽取的样本值比从总体 X 中抽取的样本值大的可能性是一样的。为此，当 $x_i > y_i$ 时，记为"＋"；当 $x_i < y_i$ 时，记为"－"；当 $x_i = y_i$ 时，记为"0"，然后统计"＋"、"－"及"0"的个数，并分别用 n_+、n_- 和 n_0 记之。

根据上述分析，"＋"的个数 n_+ 与"－"的个数 n_- 应该相等，即有 $n_+ = n_-$。但由于试验误差的影响，n_+ 与 n_- 不可能绝对相等，应允许它们有一些差异，不过这种差异不能太大，如果太大了，这两个总体是否有相同的分布即值得怀疑。至于 n_+ 与 n_- 相差多大时，才可认为两个总体分布无显著的差异，这就需要给出一个界限。

$$n = n_+ + n_- \tag{6-20}$$
$$S = \min(n_+, n_-) \tag{6-21}$$

S 值为 n_+ 和 n_- 之中较小值。在 n 一定的前提下，当 S 取值比较小时，表示 n_+ 和 n_- 之间相差比较大；当 S 取值比较大时，表示 n_+ 和 n_- 之间相差比较小。因此，选择 S 作为检验两个总体的分布是否有显著性差异的统计量，并把这种检验方法称为符号检验法。

符号检验法对于两个总体均值的检验特别适用。具体检验步骤如下。

① 提出原假设 H_0：$\mu_1 = \mu_2$；

② 选择统计量：$S = \min(n_+, n_-)$；

③ 给定显著性水平 α，由 n 及 α 在附录一附表 7 中查出 S 的临界值 S_α；

④ 由样本值计算统计量 S 的值；

⑤ 判断规则：当 $S \geqslant S_\alpha$ 时，接受原假设 H_0；当 $S < S_\alpha$ 时，拒绝原假设 H_0。

【例 6-15】某厂化验室用燃烧法和离子交换法测定水泥中三氧化硫的含量，共进行了 15 次对比试验，所得结果列于表 6-3 中。试检验这两种方法的总体均值有无显著性差异。

【解】试用两种方法检验原假设 H_0：$\mu_1 = \mu_2$。

① 用统计量 t 进行检验。由样本值计算得 $n_1 = 15$，$n_2 = 15$，$\bar{x}_1 = 2.65$，$\bar{x}_2 = 2.63$，$s_1 = 0.067$，$s_2 = 0.051$，$s_1^2 = 0.00449$，$s_2^2 = 0.00261$，则由式（6-10）可得：

$$t = \frac{2.65 - 2.63}{\sqrt{\dfrac{(15-1) \times 0.00449 + (15-1) \times 0.00261}{15 + 15 - 2}} \times \sqrt{\dfrac{1}{15} + \dfrac{1}{15}}} = 0.92$$

取显著性水平 $\alpha = 0.05$，在 t 分布表上查出自由度 $= n_1 + n_2 - 2 = 30 - 2 = 28$ 时的临界值 $t_{0.025} = 2.05$。由于 $0.92 < 2.05$，故接受原假设 $H_0: \mu_1 = \mu_2$，即两种方法在总体均值上无显著性差异。

② 用符号检验法进行检验。由表 6-3 第 2 行和第 3 行给出的数据，计算每对数据差的符号，记在第 4 行中。

表 6-3　水泥中三氧化硫的测定结果

顺序	1	2	3	4	5	6	7	8	9	10	11	12	13	14	15
燃烧法 A	2.56	2.67	2.65	2.58	2.49	2.66	2.71	2.62	2.70	2.68	2.69	2.72	2.73	2.60	2.62
离子交换法 B	2.54	2.62	2.58	2.62	2.55	2.60	2.65	2.68	2.66	2.62	2.71	2.68	2.70	2.62	2.65
$A - B$	+	+	+	−	−	+	+	−	+	+	−	+	+	−	−

因为 $n_+ = 9$，$n_- = 6$，故 $n = 9 + 6 = 15$，$S = \min(9, 6) = 6$。取显著性水平 $\alpha = 0.05$，在附录一附表 7 中查出 $n = 15$、$\alpha = 0.05$ 时的临界值 $S_{0.05} = 3$，因为 $S > S_{0.05}$，所以接受原假设 $H_0: \mu_1 = \mu_2$，即两种方法在总体均值上无显著性差异。

以上两种检验方法所得结论相同。

符号检验法简单、直观，不要求总体服从正态分布，但因其未充分利用样本提供的信息，所以精度差，在实际应用中只能作为初步检验。此外，符号检验法要求数据成对，与其他检验方法有所区别。

二、秩和检验法

所谓秩，是指两组数据统一按数值从小到大依次排列后的顺序值。所谓秩和，是指每组数据所占有的秩的总和。

【例 6-16】某厂化验室用钙铁分析仪和 EDTA 配位滴定法测定水泥生料中三氧化二铁的质量分数（%），共进行了 10 个样品的对比分析，结果列于表 6-4 中。试用秩和检验法检验两种方法所得三氧化二铁含量的均值有无显著性差异。

表 6-4　水泥生料中三氧化二铁的测定结果

项目	1	2	3	4	5	6	7	8	9	10
钙铁仪法	3.54	3.05	3.45	3.55	3.42	3.48	3.58	3.50	3.61	3.49
EDTA 法	3.68	3.30	3.47	3.58	3.45	3.51	3.52	3.55	3.50	3.60

【解】① 设置原假设 $H_0: \mu_1 = \mu_2$，即两种方法所得结果无显著性差异。

② 秩以及秩和的计算。将两种方法所得结果按从小到大的顺序排列（表 6-5），计算各数据的秩。当两组数据相同时，其秩值取与其相对应的顺序值的平均值。如钙铁仪的第 3 个数据 3.45 与 EDTA 法的第 2 个数据 3.45 相同，其秩值取所对应的第一行顺序值 4 和 5 的平均值，即 4.5。

表6-5　秩的计算

顺序	1	2	3	4	5	6	7	8	9	10
秩	1	2	3	4.5		6	7	8	9.5	
钙铁仪法	3.25		3.42		3.45		3.48	3.49		3.50
EDTA法		3.30		3.45		3.47			3.50	
顺序	11	12	13	14	15	16	17	18	19	20
秩	11	12	13	14.5		16.5		18	19	20
钙铁仪法			3.54		3.55		3.58		3.61	
EDTA法	3.51	3.52		3.55		3.58		3.60		3.68

根据表6-5中的数据计算两种方法的秩和。

钙铁仪法的秩和：

$$T_{甲}=1+3+4.5+7+8+9.5+13+14.5+16.5+19=96$$

EDTA法的秩和：

$$T_{乙}=2+4.5+6+9.5+11+12+14.5+16.5+18+20=114$$

③ 计算统计量：

$$T=\min\ (96,114)=96\ (T_{甲}、T_{乙}\text{中较小值}) \tag{6-22}$$

④ 查附录一附表8，求临界值。设显著性水平 $\alpha=0.05$，已知：$n_1=n_2=10$，查秩和检验表，得临界值：$T_1=83$，$T_2=127$。

⑤ 判断。若有 $T_1 \leqslant T \leqslant T_2$，接受原假设 H_0，即二者无显著性差异；若有 $T<T_1$ 或 $T>T_2$，拒绝原假设 H_0，即有显著性差异。

本例：$T_1<T<T_2$，所以接受原假设 H_0，即两种分析方法所得结果没有显著性差异。

第七章　方差分析与试验设计

第一节 ▶▶ 方差分析

在任何试验中总是存在着随机误差和系统误差这两种误差。其中，随机误差指在同一测量的多次测量中，受偶然因素影响而以不可预知的方式变化的误差；系统误差指在同一测量的多次测量中，保持不变或按某种规律而变化的误差。产品质量的测量结果由于受到随机误差和系统误差的综合影响而表现出质量的差异或波动。在进行质量决策或质量分析时，需要根据测量结果，分析哪一个或哪几个因素对质量特性的差异有显著影响，哪些因素没有显著影响。要解决这一问题需从两方面入手：一是合理地设计试验方案，使测量结果能反映生产和科学试验的实际情况；二是对试验数据进行统计分析，把两种误差分离后再进行比较，确定对试验结果有显著影响的因素。前者属于试验设计的内容，后者属于方差分析的内容。

方差分析常用的有单因素方差分析及双因素方差分析，用于检验一个或两个总体均值是否有显著性差异。在质量控制、质量改进和实验设计中经常用到方差分析。

一、基本概念

1. 因素与水平

通常把在试验中要考察的那些（可以控制的）条件称为试验因素。为了考察一个因素对试验的影响，一般把它严格控制在几个不同状态或等级上。把因素在试验中所处的状态称为水平，把因素的每一状态称为它的一个水平。

如果在试验中只有一个因素在变化，而其他因素不变，称为单因素试验。单因素试验方差分析的目的在于检验某一因素的不同水平对试验结果影响的显著性程度。

如果在试验中有两个或两个以上的因素在变化，称为双因素或多因素试验。双因素或多因素的方差分析目的在于检验两个或多个因素对试验结果影响的显著性程度。

2. 方差分析的基本思想

① 方差分析的基本原理是将生产和科学试验中随机测量得到的所有数据与总平均值的离差平方和 S_T 分解为组内（室内）离差平方和 S_E 和组间（室间）离差平方和 S_A 等。

$$S_T = S_A + S_B + S_{A+B} + \cdots + S_E \tag{7-1}$$

通常认为组内（室内）离差平方和 S_E 反映随机误差（偶然误差）的大小，组间（室间）离差平方和 S_A 反映随机误差与系统误差之和的大小。

② 在给定的显著性水平 α 下，对二者的均方进行 F 检验。若二者相差不大，未超过

F 检验的临界值，表明该因素对试验结果的影响不显著，即系统误差可忽略不计；若二者相差较大，超过 F 检验的临界值，则表明该因素对试验结果的影响显著，有明显的系统误差存在。

3. 应用方差分析的条件

方差分析要求试验数据必须具备下列条件：

① 同一水平的数据应遵从正态分布。

② 各水平试验数据的总体方差都要相等，尽管各总体方差通常是未知的。

其中第二条尤为重要，因为在一些要求较精密的试验中（如误差分析和标准制定），通常要用样本方差检验总体方差的一致性。

4. 方差分析的步骤

① 建立原假设 H_0：$\mu_1 = \mu_2 = \cdots = \mu_m$。

② 计算有关的统计量：包括总方差 S_T，各因素的方差 S_A、S_B、$\cdots$，试验的随机误差 S_E。

③ 考察统计量 F（多因素考察统计量 F_A、F_B、$\cdots$）。

④ 根据给定的显著性水平 α，查表得出临界值 F_α。

⑤ 比较计算得到的 F 值与 F_α 值。若 $F > F_\alpha$，则拒绝原假设 H_0；反之，则接收原假设 H_0。

二、单因素方差分析

1. 单因素方差分析的适用范围

单因素方差分析仅讨论一种检测条件对试验结果有无显著性的影响。

单因素方差分析一般适用于：

① 在各种因素中要调查影响最大的某一特定因素的效果时；

② 对诸多因素的分析已有所进展，现在要调查剩下的诸因素中最大因素的影响时。

单因素方差分析对因素的水平数和各水平的重复数都没有限制，可任意选择。但一般因素水平大多选 3～5 个，重复测量次数 3～10 次。单因素方差分析的因素各水平的重复数可不同，但为便于统一，最好一致。

设在某试验中，因素 A 在变，而其他因素不变，且因素 A 具有 m 个水平，而对每个水平都进行 r 次试验。其中 x_{ij} 表示第 j 个水平第 i 次试验的测量结果，全部试验总共进行了 $n = m \times r$ 次。

单因素方差分析中将所有数据与总平均值的离差平方和 S_T 分解为组内（室内）离差平方和 S_E 和组间（室间）离差平方和 S_A：

$$S_T = S_E + S_A$$

2. 单因素方差分析中各离差平方和的计算方法

① 用计算机的 Excel 程序快捷地计算各离差的平方和（见本书第十章）。

1）总方差 S_T 为所有测量值 x_{ij} 与总平均值 $\bar{x}$ 的离差平方之和，按下式计算：

$$S_T = \sum_{i=1}^{r} \sum_{j=1}^{m} (x_{ij} - \bar{x})^2$$

2）总方差可以看成是因素 A 的水平误差 S_A 及试验因素随机误差 S_E 这两方面的影响造成的。因素 A 的误差 S_A 表示组间误差，按下式计算：

$$S_A = r \sum_{j=1}^{m} (\bar{x}_j - \bar{x})^2$$

3）试验因素的随机误差 S_E 按下式计算：

$$S_E = S_T - S_A$$

② 若不用 Excel 程序，则用下述公式计算各离差平方和：

$$S_A = \frac{1}{r} \sum_{j=1}^{m} (\sum_{i=1}^{r} x_{ij})^2 - \frac{1}{n} (\sum_{i=1}^{m} \sum_{i=1}^{r} x_{ij})^2 \tag{7-2}$$

$$S_E = \sum_{j=1}^{m} \sum_{i=1}^{r} x_{ij}^2 - \frac{1}{r} \sum_{j=1}^{m} (\sum_{i=1}^{r} x_{ij})^2 \tag{7-3}$$

式中　m——因素 j 的个数；

　　　r——每一因素 j 进行的试验 i 的次数；

　　x_{ij}——第 j 个因素第 i 次试验结果；

　　　n——全部试验的次数，$n = m \times r$。

式中各统计量可通过列表进行简化计算。

【例 7-1】三个建材产品检测机构的化验室对某一水泥样品中三氧化二铁的含量（％）各自独立地进行了 4 次测定，其结果列于表 7-1 中。通过方差分析确定不同化验室的测定结果之间是否存在显著性差异。选取显著性水平 $\alpha = 0.05$。

表 7-1　三个实验室的测定结果

化验室号 A_j / 试验次数 i	A_1	A_2	A_3	总平均值
1	4.88	4.74	4.91	
2	4.90	4.84	4.91	
3	4.88	4.79	4.95	
4	4.92	4.79	4.93	
平均值	4.90	4.79	4.92	4.87

【解】设原假设为 H_0：$\mu_1 = \mu_2 = \mu_3$，即三个实验室的测定结果之间无显著性差异。

本例 $m = 3$，$r = 4$，$n = m \times r = 12$。为简化计算，先将每个测定值 x_{ij} 都减去总平均值 4.87，再乘以 100。列出统计量计算表，如表 7-2 所示。将表 7-2 中第 7 行、第 8 行、第 9 行的三个列和数字"列和$_1$、列和$_2$、列和$_2$ 平方"分别横向相加，可得下列数值：

$$\sum_{j=1}^{3} \sum_{i=1}^{4} x_{ij}^2 = 36 + 306 + 132 = 474$$

$$\sum_{j=1}^{3} \sum_{i=1}^{4} x_{ij} = 10 - 32 + 22 = 0$$

$$\sum_{j=1}^{3} (\sum_{i=1}^{4} x_{ij})^2 = 100 + 1024 + 484 = 1608$$

将计算结果记在表 7-2 的最右一列中。

表 7-2　方差计算表

化验室号 试验次数	A_1		A_2		A_3		行加和 $\sum\limits_{j=1}^{3}$
	x_{i1}	x_{i1}^2	x_{i2}	x_{i2}^2	x_{i3}	x_{i3}^2	
1	1	1	-13	169	4	16	
2	3	9	-3	9	4	16	
3	1	1	-8	64	8	64	
4	5	25	-8	64	6	36	
列和$_1$ $\sum\limits_{i=1}^{4} x_{ij}^2$		36		306		132	474
列和$_2$ $\sum\limits_{i=1}^{4} x_{ij}$	10		-32		22		0
列和$_2$ 平方 $(\sum\limits_{i=1}^{4} x_{ij})^2$	100		1024		484		1608

将表 7-2 中所得统计量代入式 (7-2)、式 (7-3) 的 S_A、S_E 的计算式中，得：

$$S_A = \frac{1}{4}\sum_{j=1}^{3}\left(\sum_{i=1}^{4} x_{ij}\right)^2 - \frac{1}{12}\left(\sum_{j=1}^{3}\sum_{i=1}^{4} x_{ij}\right)^2 - \frac{1}{4}\times 1608 \quad \frac{1}{12}\times 0 = 402$$

$$S_E = \sum_{j=1}^{3}\sum_{i=1}^{4} x_{ij}^2 - \frac{1}{4}\sum_{j=1}^{3}\left(\sum_{i=1}^{4} x_{ij}\right)^2 = 474 - 402 = 72$$

列出方差分析表 (表 7-3)，表中 F 值按式 (7-4) 计算：

$$F = \frac{S_A/(m-1)}{S_E/(n-m)} \tag{7-4}$$

从附录一附表 5 中查得 $F_\alpha (m-1, n-m) = F_{0.05}(2, 9) = 4.26$。

表 7-3　方差分析表

方差来源	离差平方和	自由度	均方差	F 值	临界值 F_α	显著性
室间	$S_A = 402$	$m-1=3-1=2$	$402/2=201$	$F=201/8=25.13$	$F_{0.05}(2, 9) = 4.26$	$F > F_{0.05}(2, 9)$ 差异显著
室内	$S_E = 72$	$n-m=12-3=9$	$72/9=8$			
总和	$S_T = 474$	11				

计算值 $F = 25.13 > 4.26 = F_{0.05}(2, 9)$，故拒绝原假设 H_0：$\mu_1 = \mu_2 = \mu_3$，即不同化验室测定结果之间存在显著性差异。

【例 7-2】制备国家级标准样品时，试样经粉碎、过筛、混匀后，分装入 30 mL 带密封盖的塑料瓶中，然后采用方差分析法检验其均匀性。最小包装单元数 N 为 1000 瓶，抽取样品数 $m = 2\times\sqrt[3]{N} = 2\times\sqrt[3]{1000} = 20$（瓶）。分别从同一瓶标准样品的不同部位准确称取两份试料（$r=2$），由同一分析人员以同样的方法测定两份试料中的氧化钙和三氧化硫的质量分数。

以氧化钙测定结果为例，设从每瓶中称取的两份试料氧化钙的测定结果为 x_1 和 x_2，二者平均值为 $\bar{x}$。

计算两份试料的测定结果与平均值 $\bar{x}$ 之差的平方，记为 S_1、S_2：

$$S_1 = (x_1 - \bar{x})^2$$
$$S_2 = (x_2 - \bar{x})^2$$

将 20 瓶的结果列表（如表 7-4 所示）。

计算 20 瓶测定结果的差方和 $\sum S_1 = 0.0659$，$\sum S_2 = 0.0617$。

计算 20 瓶平均值 $\bar{x}$ 的总平均值 $\bar{\bar{x}} = \sum \bar{x} / m = 46.63\%$。

计算 20 瓶各自平均值 $\bar{x}$ 与总平均值 $\bar{\bar{x}}$ 之差的平方和，记为 $\sum$ 总差方 S：

$$\sum 总差方 S = \sum (\bar{x}i - \bar{\bar{x}})^2 = 0.0744$$

按下式计算 F 检验值：

$$F = \frac{r \times \sum 总差方\, S/(m-1)}{\sum (S_1 + S_2)/(m \times r - m)} \tag{7-5}$$

此例抽样数 $m=20$，每瓶检测数 $r=2$，故：

$$F = \frac{2 \times 0.0744/(20-1)}{(0.0659 + 0.0617)/(20 \times 2 - 20)} = 1.23$$

设显著性水平 $\alpha = 0.05$，自由度 $\nu_1 = m - 1 = 20 - 1 = 19$，$\nu_2 = m(r-1) = 20 \times (2-1) = 20$，查表得 $F_{0.05}(19, 20) = 2.14$。

F 检验值 $1.23 < F$ 临界值 2.14，故该标准样品均匀性合格。

在计算 F 检验值的公式中，分子为瓶间差方和的 r 倍除以自由度 $\nu_1 = m-1$，表征瓶间偏差的平均值；分母为瓶内差方和除以自由度 $m(r-1) = 20$，表征瓶内偏差的平均值。瓶内偏差可视为随机误差，而瓶间偏差除包括瓶内随机误差外，还包括各瓶之间因不均匀而引起的误差。瓶间偏差平均值应比瓶内随机误差平均值要大，但不应大过临界值。在小于临界值的范围内，可视为样品的均匀性合格。

表 7-4 硅酸盐水泥标准样品均匀性检验表

测定成分	氧化钙		测定日期	年　　月　　日		
瓶编号	$x_1/\%$	差方 S_1	$x_2/\%$	差方 S_2	平均值 $\bar{x}/\%$	总差方 S
1	46.60	0.0025	46.70	0.0025	46.65	0.0004
2	46.66	0.0036	46.54	0.0036	46.60	0.0009
3	46.50	0.0016	46.59	0.0025	46.54	0.0081
4	46.65	0.0025	46.74	0.0036	46.70	0.0049
5	46.65	0.0001	46.63	0.0001	46.64	0.0001
6	46.62	0.0000	46.63	0.0001	46.62	0.0001
7	46.54	0.0001	46.52	0.0001	46.53	0.0100
8	46.70	0.0004	46.73	0.0001	46.72	0.0081
9	46.67	0.0009	46.73	0.0009	46.70	0.0049

测定成分	氧化钙		测定日期		年　月　日	
瓶编号	$x_1/\%$	差方 S_1	$x_2/\%$	差方 S_2	平均值 $\bar{x}/\%$	总差方 S
10	46.52	0.0081	46.70	0.0081	46.61	0.0004
11	46.62	0.0036	46.74	0.0036	46.68	0.0025
12	46.49	0.0025	46.60	0.0036	46.54	0.0081
13	46.62	0.0016	46.71	0.0025	46.66	0.0009
14	46.65	0.0049	46.80	0.0064	46.72	0.0081
15	46.55	0.0025	46.65	0.0025	46.60	0.0009
16	46.62	0.0016	46.70	0.0016	46.66	0.0009
17	46.58	0.0036	46.70	0.0036	46.64	0.0001
18	46.71	0.0169	46.45	0.0169	46.58	0.0025
19	46.60	0.0064	46.45	0.0049	46.52	0.0121
20	46.60	0.0025	46.70	0.0025	46.65	0.0004
列加和		0.0659		0.0617	932.56	0.0744
计算值 $F=1.23$					总平均值 $\bar{\bar{x}}=932.56/20=46.63$	
临界值 $F_{0.05}$ (19, 20) $=2.14$						
结论			$F=1.23<F_{0.05}$ (19, 20) $=2.14$，均匀性合格			

本例计算过程与例 7-1 不同，但实质上是相同的。本例如用例 7-1 的方法进行计算，所得结果与本例结果完全相同。

三、双因素方差分析

在不少生产、科学试验和质量检验过程中，试验结果常常受到许多因素的影响。因素越多，交错组合的试验也就越多，这就会使得方差分析变得十分复杂。因此方差分析一般以两个变化因素为限。如有两个以上的因素，就需使用试验设计并限定变化因素的方法进行试验。

双因素方差分析是检验两个因素对试验结果的影响是否显著。设 A、B 两个因素各有 r、m 个水平。试验时，将 A 的每一个水平与 B 的所有水平交错组合为 (A_i, B_j)，其中 $i=1$、2、…、r，$j=1$、2、…、m。每种交错组合只进行一次试验，共得到试验结果的个数为 $n=r\times m$。从离差平方总和 S_T 中将因素 A、B 和随机因素对试验结果的影响 E 分离开来，分别记为 S_A、S_B 和 S_E。S_A、S_B、S_T、S_E 可按第十章介绍的方法用计算机 Excel 程序进行简捷的计算，也可按如下公式用方差计算表进行计算：

$$S_A = \frac{1}{m}\sum_{j=1}^{m}(\sum_{i=1}^{r}x_{ij})^2 - \frac{1}{n}(\sum_{j=1}^{m}\sum_{i=1}^{r}x_{ij})^2 \tag{7-6}$$

$$S_B = \frac{1}{r}\sum_{j=1}^{m}(\sum_{i=1}^{r}x_{ij})^2 - \frac{1}{n}(\sum_{j=1}^{m}\sum_{i=1}^{r}x_{ij})^2 \tag{7-7}$$

$$S_T = \sum_{j=1}^{m} \sum_{i=1}^{r} x_{ij}^2 - \frac{1}{n}(\sum_{j=1}^{m} \sum_{i=1}^{r} x_{ij})^2$$

$$S_E = S_T - S_A - S_B \tag{7-8}$$

然后考察统计量：

$$F_A = \frac{S_A/(r-1)}{S_E/[(r-1)(m-1)]} \tag{7-9}$$

$$F_B = \frac{S_B/(m-1)}{S_E/[(r-1)(m-1)]} \tag{7-10}$$

根据选定的显著性水平 α 从附录一附表 5 查得 F 的临界值 $F_{A\alpha}$ [$(r-1)$，$(r-1)(m-1)$] 和 $F_{B\alpha}$ [$(m-1)$，$(r-1)(m-1)$]。将按式（7-9）和式（7-10）计算得到的 F_A、F_B 分别与临界值 $F_{A\alpha}$、$F_{B\alpha}$ 进行比较。若大于临界值，则该因素对试验结果的影响显著；反之，则影响不显著。

【例 7-3】某实验室的 5 名分析人员分别用 4 种不同型号的马弗炉对同一煤样的挥发分含量进行测定，其结果如表 7-5 所示。试检验不同的分析人员及不同的马弗炉对试验结果是否有显著影响？（取显著性水平 $\alpha = 0.05$）

表 7-5　煤中挥发分的测定结果 单位：%

检验员 B_j / 马弗炉 A_i	B_1	B_2	B_3	B_4	B_5
A_1	32.3	34.0	34.7	36.0	35.5
A_2	33.2	33.6	36.8	34.3	36.1
A_3	30.8	34.4	32.3	35.8	32.8
A_4	29.5	26.2	28.1	28.5	29.4

【解】① 将表中每一数据都减去 32，处理后所得数据仍以 x_{ij} 表示。列出方差计算表（见表 7-6）。

② 计算 S_A、S_B、S_T、S_E（$n=20$）：

$$S_A = \frac{1}{5}\sum_{i=1}^{4}(\sum_{j=1}^{5} x_{ij})^2 - \frac{1}{20}(\sum_{i=1}^{4}\sum_{j=1}^{5} x_{ij})^2$$

$$= \frac{1}{5} \times 724.35 - \frac{1}{20} \times 14.3^2 = 134.65$$

$$S_B = \frac{1}{4}\sum_{j=1}^{5}(\sum_{i=1}^{4} x_{ij})^2 - \frac{1}{20}(\sum_{i=1}^{4}\sum_{j=1}^{5} x_{ij})^2$$

$$= \frac{1}{4} \times 97.29 - \frac{1}{20} \times 14.3^2 = 14.10$$

$$S_T = \sum_{j=1}^{m}\sum_{i=1}^{r} x_{ij}^2 - \frac{1}{n}(\sum_{j=1}^{m}\sum_{i=1}^{r} x_{ij})^2$$

$$= 185.25 - \frac{1}{20} \times 14.3^2 = 175.03$$

$$S_E = S_T - S_A - S_B = 175.03 - 134.65 - 14.10 = 26.28$$

表 7-6　方差计算表

检验员 B_j / 马弗炉 A_i	B_1	B_2	B_3	B_4	B_5	行和 $\sum\limits_{j=1}^{5}$	行和平方 $(\sum\limits_{j=1}^{5})^2$
A_1	0.3	2.0	2.7	4.0	3.5	12.5	156.25
A_2	1.2	1.6	4.8	2.3	4.1	14.0	196.00
A_3	−1.2	2.4	0.3	3.8	0.8	6.3	37.21
A_4	−2.5	−5.8	−3.9	−3.5	−2.6	−18.3	334.89
列和 $\sum\limits_{i=1}^{4}x_{ij}$	−2.2	0.2	3.9	6.6	5.8	所有列和之和 14.3	行和平方和 724.35
列和平方 $(\sum\limits_{i=1}^{4}x_{ij})^2$	4.84	0.04	15.21	43.56	33.64	列和平方和 97.29	
列各数平方和 $\sum\limits_{i=1}^{4}x_{ij}^2$	9.22	45.96	45.63	47.98	36.46	所有数平方和 185.25	

③ 列出方差分析表（如表 7-7 所示）。

通过方差分析可以确定哪些因素对试验结果有显著影响，但不等于说该因素的所有水平都对试验结果有显著影响。要确定该因素的哪些水平对试验结果有显著影响，还必须按显著性检验（见本书第六章）的方法做进一步检验。

表 7-7　方差分析表

方差来源	离差平方和	自由度	F 值	F_α 值	显著性
因素 A	$S_A=134.65$	3	$F_A=\dfrac{S_A/3}{S_E/12}=20.49$	$F_{A0.05}(3,12)=3.49$	$F_A>F_{A0.05}$ 影响显著
因素 B	$S_B=14.10$	4	$F_B=\dfrac{S_B/4}{S_E/12}=1.61$	$F_{B0.05}(4,12)=3.26$	$F_B<F_{B0.05}$ 影响不显著
随机因素	$S_E=26.28$	12			
总和	$S_T=175.03$	19			

第二节 ▶▶ 试验设计

试验设计是一种优化设计方法，它利用可控因素正交表，进行随机抽样试验，通过科学地安排试验，尽可能减少试验次数，利用所得的试验数据分析多因素试验结果，得出正确的结论，指导产品的稳定性优化设计和工艺参数的优化设计，使产品质量稳定在目标值附近。

一、正交设计的基本方法

试验中需要考察的结果称为指标，例如水泥熟料的抗压强度。影响试验指标的原因称为因素，例如煅烧温度、煅烧时间、生料的配比等。试验中因素所处的各种状态称为因素的水平，例如两种煅烧温度即为二水平因素。根据因素数和水平数选择合适的正交表。

正交设计的工具是正交表。正交表是一种排列整齐的规格化表格，每个正交表都有一个记号，例如正交表 $L_9(3^4)$ 的意义如图 7-1 所示。

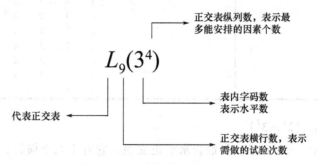

图 7-1　正交表记号示意图

下面以正交表 $L_4(2^3)$、$L_9(3^4)$ 和 $L_{18}(2^1 \times 3^7)$ 为例（如表 7-8、表 7-9 和表 7-10 所示），说明正交表的特点。

1. 正交表 $L_4(2^3)$

正交表 $L_4(2^3)$ 有四个横行、三个纵列，表中由字码 "1" 和 "2" 组成。$L_4(2^3)$ 有以下两个特点。

① 每一纵列中，"1" 和 "2" 这两个字码都出现两次，它们出现的次数是相同的，即每个因素的各个水平在试验中出现的次数相同。

② 任意两个纵列中，横方向组成的 4 个有序字码对（1、1）、（1、2）、（2、1）、（2、2）各出现 1 次，任意两个纵列中的 "1" 和 "2" 这两个字码之间的搭配是均衡的，即任何两个因素各种水平的搭配在试验中出现的次数相同。

表 7-8　正交表 $L_4(2^3)$

试验号 　　　　　 列号	1	2	3
1	1	1	1
2	1	2	2
3	2	1	2
4	2	2	1

2. 正交表 $L_9(3^4)$

正交表 $L_9(3^4)$ 有九个横行、四个纵列，表中由字码 "1"、"2"、"3" 组成。$L_9(3^4)$ 也有与 $L_4(2^3)$ 类似的两个特点。

① 每一纵列中，"1"、"2"、"3" 这三个字码都出现 3 次，即它们出现的次数是相同的。

② 任意两个纵列中，横方向组成的 9 个有序字码对（1、1）、（1、2）、（1、3）、（2、1）、（2、2）、（2、3）、（3、1）、（3、2）、（3、3）各出现 1 次，即任意两个纵列的 "1"、"2"、"3" 这三个字码之间的搭配是均衡的。

表 7-9　正交表 L_9 (3^4)

列号 试验号	1	2	3	4
1	1	1	1	1
2	1	2	2	2
3	1	3	3	3
4	2	1	2	3
5	2	2	3	1
6	2	3	1	2
7	3	1	3	2
8	3	2	1	3
9	3	3	2	1

3. 正交表 L_{18} $(2^1 \times 3^7)$

正交表 L_{18} $(2^1 \times 3^7)$ 是一种混合水平正交表，它有十八个横行、八个纵列。第一纵列由字码 "1"、"2" 组成，其余七个纵列由字码 "1"、"2"、"3" 组成。这个表仍然具有上述两个正交表类似的两个特点。

① 每一纵列中，就各自的字码来说，出现的次数是相同的，如第一纵列中 "1"、"2" 这两个字码各出现 9 次，其余七个纵列中 "1"、"2"、"3" 这三个字码各出现 6 次。

② 任意两个纵列中，横方向组成的十八个有序字码对中，就各自的字码对来说出现的次数是相同的，如第一纵列和其余七个纵列中的任一列放在一起时，其横方向组成的 6 个有序字码对 (1、1)、(1、2)、(1、3)、(2、1)、(2、2)、(2、3) 各出现 3 次；第二纵列到第八纵列中，任意两个纵列横方向组成的 9 个有序字码对 (1、1)、(1、2)、(1、3)、(2、1)、(2、2)、(2、3)、(3、1)、(3、2)、(3、3) 各出现两次。

表 7-10　正交表 L_{18} $(2^1 \times 3^7)$

列号 试验号	1	2	3	4	5	6	7	8
1	1	1	1	1	1	1	1	1
2	1	1	2	2	2	2	2	2
3	1	1	3	3	3	3	3	3
4	1	2	1	1	2	2	3	3
5	1	2	2	2	3	3	1	1
6	1	2	3	3	1	1	2	2
7	1	3	1	2	1	3	2	3
8	1	3	2	3	2	1	3	1
9	1	3	3	1	3	2	1	2
10	2	1	1	3	3	2	2	1
11	2	1	2	1	1	3	3	2
12	2	1	3	2	2	1	1	3
13	2	2	1	2	3	1	3	2
14	2	2	2	3	1	2	1	3
15	2	2	3	1	2	3	2	1
16	2	3	1	3	2	3	1	2
17	2	3	2	1	3	1	2	3
18	2	3	3	2	1	2	3	1

正交表所显示的均衡分散性和整齐可比性两个特点称为正交表的正交性，依据这两个特点，通过巧妙安排少数几次试验，即能使每个因素的作用独立显示出来，从而为选择最佳试验条件提供依据。

下面通过实例叙述正交试验设计的步骤。

【例 7-4】 用离子交换-中和法测定掺加天然硬石膏的水泥中三氧化硫含量时，如采用测定掺加天然二水石膏的水泥的条件，结果明显偏低。试用正交设计法确定测定掺加天然硬石膏的水泥中三氧化硫含量时第一次交换的条件。

【解】 ① 确定考察指标，本例为三氧化硫测定结果与标准结果之间的误差。

② 确定重点考察的因素及其水平。根据有关资料，已知天然硬石膏（$CaSO_4$）在水中的溶解度和溶解速度都比天然二水石膏（$CaSO_4 \cdot 2H_2O$）要低。为减小测定结果的负误差，根据经验须减少试料的称取量（原为 0.5g），增加第一次离子交换树脂的用量（原为 2g），延长第一次交换的时间（原为 2min）。为此，确定本试验重点考察的因素有：试料质量、树脂用量和交换时间。其余试验条件不变，如溶液体积保持为 50 mL，交换温度为近沸腾，边交换边加热边搅拌等。

重点考察的三个因素都取三个水平，如表 7-11 所示。

表 7-11　重点考察的因素及其水平

水 平 \ 因素	试料质量 A/g	树脂用量 B/g	交换时间 C/min
1	0.5	2	5
2	0.3	3	8
3	0.2	5	10

③ 选择正交表。选择正交表时，表中的纵列数应等于或大于欲考察的因素数，正交表符号中主号码数必须等于欲考察的因素的水平数。本例是三因素三水平试验，因此选择正交表 $L_9(3^4)$ 较为适宜。表中还剩有一纵列，可用此空列估计试验误差并进行方差分析。如不需估计试验误差，此空列亦可不列出。

④ 安排试验。按表 7-11 所示因素水平表确定的因素顺序，将因素 A、B、C 依次放入正交表中的第 1、2、3 列上，把各因素纵列中的字码 1、2、3 分别与该因素的水平 1、水平 2、水平 3 相对应，最后正交表中九个横行便组成所确定的试验方案，如表 7-12 所示。

按照试验条件进行试验，所得结果（与标准值比较的负误差）记录在表 7-12 的右侧。

表 7-12　试验方案

试验号 \ 列号 因素	1 试料质量 A/g	2 树脂用量 B/g	3 交换时间 C/min	4 空列	与标准结果比较，负误差/%
1	1 (0.5)	1 (2)	1 (5)	1	0.31
2	1 (0.5)	2 (3)	2 (8)	2	0.22
3	1 (0.5)	3 (5)	3 (10)	3	0.10
4	2 (0.3)	1 (2)	2 (8)	3	0.27
5	2 (0.3)	2 (3)	3 (10)	1	0.12

列号 因素 试验号	1 试料质量 A/g	2 树脂用量 B/g	3 交换时间 C/min	4 空列	与标准结果比较， 负误差/%
6	2 (0.3)	3 (5)	1 (5)	2	0.10
7	3 (0.2)	1 (2)	3 (10)	2	0.09
8	3 (0.2)	2 (3)	1 (5)	3	0.07
9	3 (0.2)	3 (5)	2 (8)	1	0.05
K_1	0.63	0.67	0.48	0.48	
K_2	0.49	0.41	0.54	0.41	$K_1+K_2+K_3=1.33$
K_3	0.21	0.25	0.31	0.44	
极差 R	0.42	0.52	0.23	0.07	

⑤ 计算每个因素在各个水平上的考核指标 K。例如，对于因素 A，水平 A_1 上的三次试验的误差之和为：

$$K_1=0.31+0.22+0.10=0.63$$

水平 A_2 上的三次试验的误差之和为：

$$K_2=0.27+0.12+0.10=0.49$$

水平 A_3 上的三次试验的误差之和为：

$$K_3=0.09+0.07+0.05=0.21$$

将因素 A 的 K_1、K_2、K_3 值依次填写在因素 A 所在列的下方，并继续计算 K_1、K_2、K_3 三个数值的极差 R，填写在表的最末一行中。

按照同样的方法，将因素 B、因素 C 的三个水平上的考核指标 K_1、K_2、K_3 分别计算出来，填写在相应因素所在列的下方。其极差 R 填写在表的最末一行中。显然，任一因素的 K_1、K_2、K_3 之和均等于 9 次试验的误差之和，例如对于因素 A，可得：

$$K_1+K_2+K_3=0.63+0.49+0.21=1.33$$

利用这一性质，可以核查各因素的 K 值计算结果是否正确。

⑥ 本例考察的是测定结果的误差，希望误差越小越好，因此，与最小 K 值相对应的那一水平为最好。因素 A 三个 K 值中 K_3 最小（0.21），即因素 A 的 A_3 水平（试料质量 0.2g）比其余两个水平要好。因素 B、因素 C 的三个 K 值中也是 K_3 最小，故得到第一次交换最佳条件是 A_3、B_3、C_3，即：称取试料 0.2g，加入树脂 5g，交换 10min。

极差 R 的大小可以用来衡量试验中各因素对测定结果影响程度的大小。极差大的因素对考核指标的影响比较大；反之则小。本例中极差最大的是因素 B（$R=0.52$），其次是因素 A（$R=0.42$），再次是因素 C（$R=0.23$）。

二、正交设计的方差分析

上述对正交设计的试验结果进行的直观分析简单明了，计算量小，便于掌握。但其前提是试验的随机误差（残余误差）要小。如果试验的随机误差较大，采用上述直观分析，则难以保证正交分析结果的准确度。为考虑随机误差的影响，可按下述方法对试验结果进行方差分析。

此处仅介绍无重复试验时各列平方和及各列自由度的计算公式。

设某列上安排的因素 A 有 p 个水平，每个水平有 q 个试验号，则因素 A 的试验号总计为 $n = pq$。各水平试验数据之和为 K_1、K_2、$\cdots$、K_p，其总和即为 K 值：

$$K = K_1 + K_2 + \cdots + K_p \tag{7-11}$$

按式（7-12）和式（7-13）分别计算 P 值及 Q_A 值：

$$P = \frac{1}{n}K^2 \tag{7-12}$$

$$Q_A = \frac{1}{q}\sum_{i=1}^{p}K_i^2 \tag{7-13}$$

则因素 A 所在列的平方和 S_A 与自由度 ν_A 为：

$$S_A = Q_A - P \tag{7-14}$$

$$\nu_A = p - 1 \tag{7-15}$$

其余因素所在列的平方和及自由度的计算公式与此相同。

按照上述公式对例 7-4 进行方差分析。其中，$p = q = 3$。

$$K = K_1 + K_2 + K_3 = 1.33$$

$$P = \frac{1}{9} \times 1.33^2 = 0.19654$$

$$Q_A = (1/3) \times (0.63^2 + 0.49^2 + 0.21^2) = (1/3) \times 0.6811 = 0.22703$$

$$Q_B = (1/3) \times (0.67^2 + 0.41^2 + 0.25^2) = (1/3) \times 0.6795 = 0.22650$$

$$Q_C = (1/3) \times (0.48^2 + 0.54^2 + 0.31^2) = (1/3) \times 0.6181 = 0.20603$$

$$Q_空 = (1/3) \times (0.48^2 + 0.41^2 + 0.44^2) = (1/3) \times 0.5921 = 0.19737$$

空列用来估计试验的随机误差。各因素所在列的平方和为：

$$S_A = Q_A - P = 0.22703 - 0.19654 = 0.03049$$

$$S_B = Q_B - P = 0.22650 - 0.19654 = 0.02996$$

$$S_C = Q_C - P = 0.20603 - 0.19654 = 0.00949$$

$$S_空 = Q_空 - P = 0.19737 - 0.19654 = 0.00083$$

各列的自由度均为 $\nu = p - 1 = 3 - 1 = 2$。

将计算结果列成方差分析表（如表 7-13 所示），计算各列的均方 S/ν 及 F 值（F 值等于各因素的均方 S/ν 除以随机误差的均方 0.00042），并与 $F_{临界值}$ 进行比较。此处取显著性水平 $\alpha = 0.05$，由附录一附表 5 查出 $F_{0.05}(2, 2)$ 的临界值 $= 19.0$。F 值大于 $F_{临界值}$ 的因素对试验结果有显著影响。

从表 7-13 结果可以确定，在选定的各因素水平上，试料质量及树脂用量对三氧化硫的测定结果有显著影响。交换时间也有影响，但从 5～10min 测定结果差别不太大，故在 5～10min 范围内，交换时间不是影响测定结果的主要因素。但为了保证硬石膏中的硫酸钙完全溶解并被交换，在生产控制分析允许的时间范围内适当延长交换时间还是必要的。

表 7-13 方差分析表

方差来源	平方和 S	自由度 ν	均方 S/ν	F 值	F临界值
因素 A	0.03049	2	0.01524	36.29*	
因素 B	0.02996	2	0.01498	35.67*	$F_{0.05(2,2)} = 19.0$
因素 C	0.00949	2	0.00474	11.29	
残余误差	0.00083	2	0.00042		
总和	0.07077	8			

注：带 * 者为 F 值大于 F临界值者。

综合正交试验和方差分析的结果，最后确定测定掺有天然硬石膏的水泥中三氧化硫含量第一次离子交换的试验条件为：试料质量 0.2g，树脂 5g，在热溶液中搅拌，交换 10min。

正交试验设计在水泥企业中，还经常用来确定水泥中混合材最佳掺加量、水泥生料中各种原材料最佳配比等，是进行技术改造、改进生产工艺的有力工具。

第八章　回归分析

在生产和科研工作中，经常遇到一些互相联系的量。这些量之间有些是确定性关系，例如匀速直线运动定律：$s = vt$，只要知道运动速度 v 和运动时间 t，则运动距离 s 就是唯一确定的。有些是非确定关系，不能由一个量的值通过某个函数式计算得到另一个量的确定值。例如水泥的早期抗压强度 $R_旱$ 和 28d 抗压强度 R_{28} 之间的关系。一般说来，$R_旱$ 较高时，R_{28} 也较高；$R_旱$ 较低时，R_{28} 也较低，但 $R_旱$ 相同的水泥所对应的 R_{28} 并不一定相同。通过在试验中获得的大量数据，可以找出能反映它们之间关系的经验公式，解决生产和科研中的问题。在数理统计中，把处理这类非确定性关系的问题称为回归分析。

在质量管理中，回归分析是研究质量特性变化与潜在原因之间关系的统计方法，可用于检验生产能力、产量、质量特性以及预测试验结果。在水泥生产质量控制中，很多质量问题中的二变量、三变量之间，例如水泥生料 KH 值和碳酸钙滴定值、水泥熟料强度和熟料 KH 值、水泥 28d 抗压强度和水泥细度、水泥 28d 抗压强度和 1d 或 3d 抗压强度之间，存在着较好的线性关系。在生产工艺较稳定的情况下，根据足够多的试验数据，通过回归分析建立起回归方程，可以通过控制某一个因素而实现对另一因素的控制。

第一节 ▶▶ 一元线性回归方程

一、一元线性回归方程的建立

一元回归分析研究两个变量 x 和 y 之间的关系。x 是自变量，其值可以控制或精确测量；y 是因变量，一般是考核指标，其值随自变量 x 的取值不同而变化。如果这两个变量之间的关系呈线性关系，则研究它们之间关系的问题称为一元线性回归分析。

现以实例说明建立 x 与 y 之间线性回归方程的方法。

【例 8-1】在快速测定水泥抗压强度的试验中，通过强化养护得到 $R_旱$ 与 R_{28} 之间的 20 对试验数据，如表 8-1 所示，试建立 R_{28} 对 $R_旱$ 的回归方程。

表 8-1　$R_旱$ 与 R_{28} 之间的试验数据

试验号	x（$R_旱$）/MPa	y（R_{28}）/MPa	试验号	x（$R_旱$）/MPa	y（R_{28}）/MPa
1	13.5	51.6	5	14.5	53.6
2	13.8	51.9	6	14.3	52.8
3	13.6	52.4	7	14.4	52.9
4	13.4	51.4	8	14.8	52.8

试验号	x（$R_旱$）/MPa	y（R_{28}）/MPa	试验号	x（$R_旱$）/MPa	y（R_{28}）/MPa
9	14.2	52.3	15	15.4	54.0
10	14.7	52.7	16	15.2	53.6
11	14.2	53.2	17	15.4	54.2
12	14.9	53.8	18	15.2	54.1
13	14.5	52.6	19	14.5	52.9
14	15.2	53.8	20	14.8	52.5

1. 绘制散点图确定变量之间的函数关系类型

以 $R_旱$ 作为自变量 x，R_{28} 作为因变量 y，将每对试验数据（x_i，y_i）（$i=1$，2，$\cdots$，20）描绘在直角坐标系中，这些点（称试验点）组成的图称为散点图，如图 8-1 所示。观察散点图中散点分布的趋势可以看出，它们大致都落在一条直线附近，因此可认为，变量 x 和 y 之间具有线性关系。

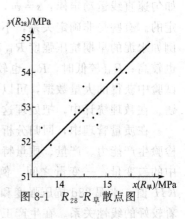

图 8-1　R_{28}-$R_旱$ 散点图

2. 利用最小二乘法建立回归方程

设进行了 n 次试验，取得了自变量 x 和因变量 y 之间的 n 对数据：（x_1，y_1），（x_2，y_2），$\cdots$，（x_n，y_n）。经过散点图判别，初步确认变量 x 和 y 之间具有线性关系，于是这 n 对数据应满足下列关系式：

$$y_i = \beta_0 + \beta_1 x_i + \varepsilon_i \qquad (i=1, 2, \cdots, n) \tag{8-1}$$

其中 β_0、β_1 称为理论回归系数，ε_i 是第 i 次试验中的试验误差。一般假定 ε_i（$i=1$，2，$\cdots$，n）是一组相互独立且服从正态分布 N（0，σ^2）的随机变量。

下面的问题是如何合理选择两个参数 b_0 和 b_1，用一个确定的线性函数式

$$\hat{y} = b_0 + b_1 x \tag{8-2}$$

近似表示变量 x 和 y 之间的关系。

式（8-2）称为变量 y 对 x 的线性回归方程式，其图形称为回归直线，其中的 b_0 和 b_1 称为回归系数，$\hat{y}$ 称为变量 y 的估计值或回归值。

根据式（8-2），对每个 x_i 可计算出变量 y 的一个对应的估计值 $\hat{y}_i$。y 的估计值 $\hat{y}_i$ 与实际观测值 y_i 之间的偏差为：

$$\begin{cases} \varepsilon_1 = y_1 - \hat{y}_1 = y_1 - b_0 - b_1 x_1 \\ \varepsilon_2 = y_2 - \hat{y}_2 = y_2 - b_0 - b_1 x_2 \\ \cdots \\ \varepsilon_n = y_n - \hat{y}_n = y_n - b_0 - b_1 x_n \end{cases} \tag{8-3}$$

如果在 n 次试验中，y 的观测值与对应的估计值之间的偏差总和 $\varepsilon_1 + \varepsilon_2 + \cdots + \varepsilon_n$ 愈小，则可认为回归直线 $\hat{y} = b_0 + b_1 x$ 与观测值拟合得愈好。由于 ε_i 中有正有负，如直接以它们的和作为衡量 y 与 $\hat{y}$ 之间的总偏离程度，就会出现正负相抵消而使偏差总和为零的情况，显

然这是不合理的。通常用每个偏差的平方和，即

$$Q = \varepsilon_1^2 + \varepsilon_2^2 + \cdots + \varepsilon_n^2 = \sum_{i=1}^{n}(y_i - b_0 - b_1 x_i)^2 \tag{8-4}$$

作为总偏差。

Q 的值与 b_0 和 b_1 有关，对于不同的一组 b_0、b_1 值，Q 有不同的值对应。如果能找到一组 b_0、b_1 值，使 Q 达到最小，这时以这一组 b_0、b_1 为系数的回归直线方程 $y = b_0 + b_1 x$ 与观测值拟合得最好。满足这种要求的一组 b_0 和 b_1 值可以用最小二乘法求得。所谓最小二乘法就是使得 Q 达到最小的一种确定 b_0、b_1 值的方法。根据数学中的极值原理，要使 Q 达到最小，b_0 和 b_1 应是下列方程组的一组解：

$$\begin{cases} \dfrac{\partial Q}{\partial b_0} = 0 \\ \dfrac{\partial Q}{\partial b_1} = 0 \end{cases} \tag{8-5}$$

通过解数学方程可得：

$$\begin{cases} b_0 = \bar{y} - b_1 \bar{x} \\ b_1 = L_{xy}/L_{xx} \end{cases} \tag{8-6}$$

其中：

$$L_{xx} = \sum_i (x_i - \bar{x})^2 = \sum_i x_i^2 - \frac{1}{n}\left(\sum_i x_i\right)^2 \tag{8-7}$$

$$L_{xy} = \sum_i (x_i - \bar{x})(y_i - \bar{y}) = \sum_i (x_i y_i) - \frac{1}{n}\left(\sum_i x_i\right)\left(\sum_i y_i\right) \tag{8-8}$$

根据式（8-6）求例 8-1 中的回归系数，使用电子计算机的 Excel 程序，可以很方便地求出一元线性回归方程（见第十章）；或通过列表计算的方式求解，其过程列于表 8-2 和表 8-3 中。

表 8-2　回归系数的计算过程（一）

试验号	x_i	y_i	x_i^2	y_i^2	$x_i y_i$
1	13.5	51.6	182.25	2662.56	696.60
2	13.8	51.9	190.44	2693.61	716.22
3	13.6	52.4	184.96	2745.76	712.64
4	13.4	51.4	179.56	2641.96	688.76
5	14.5	53.6	210.25	2872.96	777.20
6	14.3	52.8	204.49	2787.84	755.04
7	14.4	52.9	207.36	2798.41	761.76
8	14.8	52.8	219.04	2787.84	781.44
9	14.2	52.3	201.64	2735.25	742.66
10	14.7	52.7	216.09	2777.25	774.69
11	14.2	53.2	201.64	2830.24	755.44
12	14.9	53.8	222.01	2894.44	801.62
13	14.5	52.6	210.25	2766.76	762.70

试验号	x_i	y_i	x_i^2	y_i^2	$x_i y_i$
14	15.2	53.8	231.04	2894.44	817.76
15	15.4	54.0	237.16	2916.00	831.60
16	15.2	53.6	231.04	2872.96	814.72
17	15.4	54.2	237.16	2937.64	834.68
18	15.2	54.1	231.04	2926.81	822.32
19	14.5	52.9	210.25	2798.41	767.05
20	14.8	52.5	219.04	2756.25	777.00
求和$\sum$	290.5	1059.1	4226.71	56097.39	15391.9
平均值	14.53	52.96			

表 8-3　回归系数的计算过程（二）

$\sum x_i = 290.5$	$\sum y_i = 1059.1$	$n = 20$
$\bar{x}_i = 14.53$	$\bar{y}_i = 52.96$	$\sum x_i y_i = 15391.96$
$\sum x_i^2 = 4226.71$	$\sum y_i^2 = 56097.39$	$(\sum x_i)(\sum y_i) = 307668.55$
$(\sum x_i)^2 = 84390.25$	$(\sum y_i)^2 = 1121692.81$	
$\frac{1}{n}(\sum x_i)^2 = \frac{1}{20} \times 84390.25$ $= 4219.51$	$\frac{1}{n}(\sum y_i)^2 = \frac{1}{20} \times 1121692.81$ $= 56084.64$	$\frac{1}{n}(\sum x_i)(\sum y_i) = \frac{1}{20} \times 307668.55$ $= 15383.43$
$L_{xx} = \sum x_i^2 - \frac{1}{n}(\sum x_i)^2$ $= 4226.71 - 4219.51 = 7.20$	$L_{yy} = \sum y_i^2 - \frac{1}{n}(\sum y_i)^2$ $= 56097.39 - 56084.64 = 12.75$	$L_{xy} = \sum(x_i y_i) - \frac{1}{n}(\sum x_i)(\sum y_i)$ $= 15391.96 - 15383.43 = 8.53$

注：L_{yy} 的计算公式见式（8-10），用于计算相关系数 r。

回归方程中的回归系数按下式计算：

$$b_1 = \frac{L_{xy}}{L_{xx}} = \frac{8.53}{7.20} = 1.18$$

$$b_0 = \bar{y}_i - b_1 \bar{x}_i = 52.96 - 1.18 \times 14.53 = 35.8$$

从而得到 y 对 x 的回归方程：

$$\hat{y} = 35.8 + 1.18x$$

或

$$\hat{R}_{28} = 35.8 + 1.18R_{早}$$

二、一元线性回归方程的显著性检验

回归方程建立后，必须对回归方程的显著性即精度进行检验。检验的方法有三种，此处重点介绍相关系数检验法和剩余标准差检验法。

1. 相关系数检验法

相关系数是衡量两个变量之间线性相关程度的一个量，用 r 表示。

对两个变量 x 和 y 进行 n 次观测，如第 i 次的观测结果为 (x_i, y_i)，则它们之间的相

关系数 r 用式（8-9）计算：

$$r = \frac{\sum_i (x_i - \bar{x})(y_i - \bar{y})}{\sqrt{\sum_i (x_i - \bar{x})^2 \sum_i (y_i - \bar{y})^2}} = \frac{L_{xy}}{\sqrt{L_{xx}L_{yy}}} \tag{8-9}$$

其中

$$L_{yy} = \sum_i (y_i - \bar{y})^2 = \sum_i y_i^2 - \frac{1}{n}(\sum_i y_i)^2 \tag{8-10}$$

可以推导出：

$$1 - r^2 \geqslant 0 \tag{8-11}$$

或

$$0 \leqslant |r| \leqslant 1 \tag{8-12}$$

① 按如下方法用相关系数 r 衡量两个变量之间线性相关的程度。

1）当 $r=0$ 时，从式（8-9）知 $L_{xy}=0$，从而由式（8-6）得 $b_1=0$，即回归方程中一次项 x 的系数为零，这时变量 x 与 y 之间或者存在非线性关系，如图 8-2（a）所示；或者它们之间不存在任何关系，如图 8-2（b）所示。

2）当 $|r|=1$ 时，y 与 x 之间呈线性关系，或称 y 与 x 完全线性相关。$r=1$ 时，称完全正相关，如图 8-2（c）所示；$r=-1$ 时，称完全负相关，如图 8-2（d）所示。

3）当 $0<|r|<1$ 时，变量 x 和 y 之间存在一定程度的线性相关关系。$|r|$ 值愈接近于 1，x 与 y 之间的线性相关关系愈好；$|r|$ 值愈接近于零时，两个变量之间的线性相关关系愈差。

$0<r<1$ 时 $b_1>0$，这时变量 y 随 x 的增加而增加，如 8-2（e）所示，称正相关；$-1<r<0$ 时 $b_1<0$，这时 y 随 x 的增加而减小，如图 8-2（f）所示，称负相关。

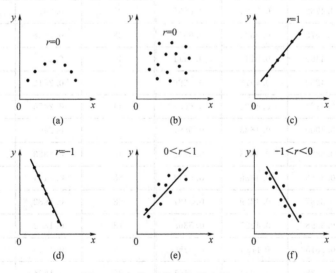

图 8-2 相关系数意义示意图

② 利用相关系数 r 衡量两个变量之间线性相关程度时，只要 r 的值不为零，这两个变量之间就存在一定的线性相关关系。线性相关程度，要使用相关系数进行显著性检验，步骤如下。

1）按式（8-9）由变量 x 和 y 的观测值计算 r 值。

2）给定显著性水平 α，在相关系数检验表 8-4 中查自由度 $\nu=n-2$ 时的临界值 r_α（n

是对变量 x 和 y 的观测次数，即数据个数）。

3）判断规则：当 $|r| > r_\alpha$ 时，认为变量 x 和 y 之间的线性相关性是显著的，建立的回归方程是合理的；当 $|r| \leqslant r_\alpha$ 时，认为两个变量之间的线性相关性是不显著的，建立的回归方程没有实际意义。

表 8-4   相关系数检验表

r_α \ α / ν	0.10	0.05	0.01	r_α \ α / ν	0.10	0.05	0.01
1	0.9877	0.9969	0.9999	27	0.3115	0.3673	0.4705
2	0.9000	0.9500	0.9900	28	0.3061	0.3610	0.4629
3	0.8954	0.8788	0.9587	29	0.3009	0.3551	0.4556
4	0.7293	0.8114	0.9172	30	0.2969	0.3494	0.4487
5	0.6694	0.7545	0.8745	31	0.2913	0.3440	0.4421
6	0.6215	0.7067	0.8343	32	0.2869	0.3388	0.4357
7	0.5822	0.6664	0.7977	33	0.2826	0.3338	0.4297
8	0.5493	0.6319	0.7646	34	0.2785	0.3291	0.4238
9	0.5214	0.6021	0.7348	35	0.2746	0.3246	0.4182
10	0.4973	0.5760	0.7079	36	0.2709	0.3202	0.4128
11	0.4762	0.5529	0.6835	37	0.2673	0.3160	0.4076
12	0.4575	0.5324	0.6614	38	0.2638	0.3120	0.4026
13	0.4409	0.5140	0.6411	40	0.2573	0.3044	0.3932
14	0.4259	0.4973	0.6226	42	0.2512	0.2973	0.3843
15	0.4124	0.4822	0.6055	44	0.2456	0.2907	0.3761
16	0.4000	0.4683	0.5897	46	0.2403	0.2845	0.3683
17	0.3887	0.4555	0.5751	48	0.2353	0.2787	0.3610
18	0.3783	0.4438	0.5614	58	0.2144	0.2542	0.3301
19	0.3687	0.4329	0.5487	68	0.1982	0.2352	0.3060
20	0.3598	0.4227	0.5368	78	0.1852	0.2199	0.2864
21	0.3515	0.4133	0.5256	88	0.1745	0.2073	0.2702
22	0.3438	0.4044	0.5151	98	0.1654	0.1966	0.2565
23	0.3365	0.3961	0.5052	198	0.1166	0.1388	0.1818
24	0.3297	0.3882	0.4958	298	0.0952	0.1133	0.1485
25	0.3233	0.3809	0.4869	398	0.0824	0.0981	0.1287
26	0.3172	0.3739	0.4785	498	0.0736	0.0877	0.1151

2. 剩余标准差检验法

称式 (8-13) 为回归方程的剩余方差：

$$s^2 = \frac{Q}{n-2} = \frac{L_{yy} - b_1 L_{xy}}{n-2} \tag{8-13}$$

称式 (8-14) 为回归方程的剩余标准差：

$$s = \sqrt{\frac{Q}{n-2}} = \sqrt{\frac{L_{yy} - b_1 L_{xy}}{n-2}} \tag{8-14}$$

s^2 和 s 的意义相同，都反映了除 x 对 y 的线性影响以外，试验误差及其他剩余因素对 y 的 n 个观测值的作用大小。但因标准差 s 与 x、y 有相同的量纲，所以应用更方便。

剩余标准差 s 和相关系数 r 之间有以下关系：

$$s = \sqrt{\frac{Q}{n-2}} = \sqrt{\frac{(1-r^2)L_{yy}}{n-2}} \tag{8-15}$$

从式 (8-15) 可以看出，$|r| = 1$ 时，$s = 0$；$r = 0$ 时，$s = \sqrt{L_{yy}/(n-2)}$ 值最大。从而说明：s 值愈小时，回归方程效果愈好；s 值愈大，回归方程效果愈差。因此在应用中，只要 s 的值在允许的范围内，则认为建立的回归方程是显著的或合理的。

3. 两种检验方法的对比

下面用两种方法对例 8-1 中建立的回归方程的显著性进行检验。

（1）相关系数检验法　按下式计算相关系数 r：

$$r = \frac{L_{xy}}{\sqrt{L_{xx}L_{yy}}} = \frac{8.53}{\sqrt{7.20 \times 12.75}} = 0.89$$

给定显著性水平 $\alpha = 0.01$，在相关系数检验表 8-4 中，查自由度 $\nu = n-2 = 20-2 = 18$ 时的临界值 $r_{0.01} = 0.5614$，因 $0.89 > 0.5614$，故认为回归方程比较显著。

（2）剩余标准差法　按下式计算剩余标准差 s：

$$s = \sqrt{\frac{L_{yy} - b_1 L_{xy}}{n-2}} = \sqrt{\frac{12.75 - 1.18 \times 8.53}{20-2}} = 0.39(\text{MPa})$$

s 值仅为 0.39MPa，表明回归方程比较显著。

三、预测值与实测值的比较

将通过回归方程计算得到的预测值和试验的实测值进行对比，相对误差小于 5% 的数据占 95% 以上者较为理想。以例 8-1 所得结果为例，对比结果列于表 8-5 中。

表 8-5　预测值与实测值对比结果　　　　　单位：MPa

n	输入	$R_{28预测}$	$R_{28实测}$	$R_{28预测} - R_{28实测}$	相对误差/%	n	输入	$R_{28预测}$	$R_{28实测}$	$R_{28预测} - R_{28实测}$	相对误差/%
1	13.5	51.7	51.6	+0.1	+0.19	4	13.4	51.6	51.4	+0.2	+0.39
2	13.8	52.1	51.9	+0.2	+0.39	5	14.5	52.9	53.6	-0.7	-1.31
3	13.6	51.8	52.4	-0.6	-1.15	6	14.3	52.7	52.8	-0.1	-0.19

n	输入	$R_{28预测}$	$R_{28实测}$	$R_{28预测}-R_{28实测}$	相对误差/%	n	输入	$R_{28预测}$	$R_{28实测}$	$R_{28预测}-R_{28实测}$	相对误差/%
7	14.4	52.8	52.9	−0.1	−0.19	14	15.2	53.7	53.8	−0.1	−0.19
8	14.8	53.3	52.8	+0.5	+0.95	15	15.4	54.0	54.0	0	0
9	14.2	52.6	52.3	+0.3	+0.57	16	15.2	53.7	53.6	+0.1	+0.19
10	14.7	53.1	52.7	+0.4	+0.76	17	15.4	54.0	54.2	−0.2	−0.37
11	14.2	52.6	53.2	−0.6	−1.13	18	15.2	53.7	54.1	−0.4	−0.74
12	14.9	53.4	53.8	−0.4	−0.74	19	14.5	52.9	52.9	0	0
13	14.5	52.9	52.6	+0.3	+0.56	20	14.8	53.3	52.5	+0.8	+1.52

注：相对误差＝［$(R_{28预测}-R_{28实测})/R_{28实测}$］$\times100\%$。

本例中各相对误差绝对值均小于5%，表明推导出的回归方程相关性较好。

回归线一般只适用于原来的试验范围，不能随意把范围扩大。如需扩大使用范围，应有充分的理论根据或有进一步的试验数据做支撑。

此外，如使用一段时间后回归方程的剩余标准差 s 没有什么变化，则可继续使用。一旦标准差有较大变化时，说明规律有可能发生了变化，亦即在生产各工序的工艺上、检验上或原料等方面出现了系统性影响因素，此时应及时收集数据，重新计算回归方程。但是，为了慎重起见，可用 F 检验或 t 检验等方法来证实前后两条回归线有无显著性差异，如无显著性差异，可利用书中公式计算前后两组 b_0、b_1 的合并值，得出新的合并后的回归线。

四、利用回归方程对生产过程进行控制

利用推导出的回归方程可以对生产过程进行控制。如果期望因变量 y 在某个范围内波动，可根据回归方程确定自变量 x 的控制范围。例如，假设例 8-1 中的水泥厂期望水泥 28d 抗压强度 R_{28} 达到 51~53MPa，问早期抗压强度 $R_{早}$ 应控制在什么范围才能达到要求？

因为推导出的回归方程为：

$$R_{28}=35.8+1.18\,R_{早}$$

若期望 R_{28} 在 51~53MPa 范围内，则早期抗压强度 $R_{早}$ 的控制范围为：

$$R_{早}=［(51~53)-35.8］/1.18=12.9~14.6（MPa）$$

即 $R_{早}$ 必须在 12.9MPa 以上才能保证 R_{28} 在 51MPa 以上。

第二节 ▶▶ 一元非线性回归方程

一、化非线性回归为线性回归

在非线性回归问题中，首先要解决的问题是用什么样的曲线来较准确地描述两个变量之间的相关关系，即确定两个变量间曲线相关的类型。选择曲线类型，通常有两个途径：一是根据专业知识（从理论上推导）和长期积累的实践经验来确定；二是当根据理论或经验无法推知 x 与 y 关系的函数类型时，则通过作相关图（散点图），把实验数据 x_i、y_i $(i=1, 2\cdots, n)$ 点在坐标平面上，根据相关图上点的分布形状及特点与常见的函数曲线对比，选择曲线类型。

确定了两个变量之间的相关关系的曲线类型后，可根据其特点做变量变换，变曲线回归问题为直线回归问题，即把配曲线的问题化为配直线问题来求解。进行变量变换时，可根据所确定的曲线类型对自变量或因变量或同时对两者进行适当的变量变换，把曲线方程化为直线方程，然后用求回归直线的方法求出变量变换后的直线方程，最后再回到原来的变量，就得到所需要的回归曲线了。

回归曲线配置的基本方法是通过必要的变量变换使其线性化。变量变换的类型，在两变量回归的条件下，一般常用的是倒数转换和对数转换。对自变量或因变量（或同时对两者）分别取倒数或对数后，使曲线问题化成转换后的变量之间的直线问题。这样处理得到自变量和因变量呈线性关系的有双曲线函数、幂函数、指数函数、对数函数等。

若试验点的分布在直角坐标系上接近于一条平滑的双曲线，则可用下列公式来表示两变量之间的关系：

$$\frac{1}{y} = a + \frac{b}{x} \text{ 或 } y = \frac{x}{ax+b} \tag{8-16}$$

令 $y' = \frac{1}{y}$，$x' = \frac{1}{x}$，则 $y' = a + bx'$

此时 a、b 可按如下步骤求得：

令
$$f_i = \frac{x_i}{y_i}$$

根据最小二乘法原理可得如下方程：

$$\begin{cases} \sum x_i f_i = a \sum x_i^2 + b \sum x_i \\ \sum f_i = a \sum x_i + nb \end{cases} \tag{8-17}$$

解上述方程即可求得系数 a、b。

【例 8-2】用某厂 30 组测定数据（表 8-6）由水泥 3d 抗压强度 R_3 推算 28d 抗压强度 R_{28}。

表 8-6　抗压强度对比数据及计算过程

序号	x_i (R_3)	y_i (R_{28})	$x_i \cdot y_i$	x_i^2	y_i^2	$f_i = \frac{x_i}{y_i}$	$x_i f_i = \frac{x_i^2}{y_i}$
1	22.8	48.7	1110.36	519.84	2371.69	0.4682	10.67
2	24.1	50.6	1219.46	580.81	2560.36	0.4763	11.48
3	24.4	51.4	1254.16	595.36	2641.96	0.4747	11.58
4	24.5	51.6	1264.20	600.25	2662.56	0.4748	11.63
5	24.6	51.4	1264.44	605.16	2641.96	0.4786	11.77
6	20.8	47.0	977.60	432.64	2209.00	0.4426	9.21
7	24.7	51.8	1279.46	610.09	2683.24	0.4768	11.78
8	25.2	52.4	1320.48	635.04	2745.76	0.4809	12.12
9	22.6	50.6	1143.56	510.76	2560.36	0.4466	10.09
10	20.5	48.2	988.10	420.25	2323.24	0.4253	8.72
11	22.4	50.8	1137.92	501.76	2580.64	0.4409	9.88
12	20.6	46.0	947.60	424.36	2116.00	0.4478	9.23

序号	$x_i\ (R_3)$	$y_i\ (R_{28})$	$x_i \cdot y_i$	x_i^2	y_i^2	$f_i = \dfrac{x_i}{y_i}$	$x_i f_i = \dfrac{x_i^2}{y_i}$
13	23.3	49.3	1148.69	542.89	2430.49	0.4726	11.01
14	23.7	50.6	1199.22	561.69	2560.36	0.4684	11.10
15	23.1	48.8	1127.28	533.61	2381.44	0.4734	10.93
16	28.9	56.0	1618.40	835.21	3136.00	0.5161	14.91
17	27.1	54.2	1468.82	734.41	2937.64	0.5000	13.55
18	30.0	55.6	1668.00	900.00	3091.36	0.5396	16.19
19	19.4	45.7	886.58	376.36	2088.49	0.4245	8.24
20	24.6	52.1	1281.66	605.16	2714.41	0.4722	11.62
21	23.7	53.4	1265.58	561.69	2851.56	0.4438	10.52
22	24.8	51.0	1264.80	615.04	2601.00	0.4863	12.06
23	28.8	55.1	1586.88	829.44	3036.01	0.5227	15.05
24	28.9	55.5	1603.95	835.21	3080.25	0.5207	15.05
25	26.7	55.8	1489.86	712.89	3113.64	0.4785	12.78
26	23.8	50.4	1199.52	566.44	2540.16	0.4722	11.24
27	23.0	48.0	1104.00	529.00	2304.00	0.4792	11.02
28	21.1	47.6	1004.36	445.21	2265.76	0.4433	9.35
29	22.4	52.2	1169.28	501.76	2724.84	0.4291	9.61
30	21.8	49.4	1076.92	475.24	2440.36	0.4413	9.62
Σ	722.2	1531.2	37071.14	17597.57	78394.54	14.1174	342.01

【解】① 将表 8-6 中最后一行的数值代入式（8-17）得：

$$\begin{cases} 342.01 = a \times 17597.57 + b \times 722.2 \\ 14.1174 = a \times 722.2 + 30 \times b \end{cases}$$

解方程组得：$a = 0.0102$，$b = 0.225$。

由此可得回归方程为：

$$R_{28} = \frac{R_3}{0.0102 R_3 + 0.225}$$

② 求相关系数 r：

$$r = \frac{L_{xy}}{\sqrt{L_{xx} L_{yy}}}$$

其中：

$$L_{xx} = \sum x_i^2 - \frac{1}{n}\left(\sum_i x_i\right)^2 = 17597.57 - \frac{1}{30} \times 722.2^2 = 211.81$$

$$L_{yy} = \sum y_i^2 - \frac{1}{n}\left(\sum_i y_i\right)^2 = 78394.54 - \frac{1}{30} \times 1531.2^2 = 242.09$$

$$L_{xy} = \sum_i (x_i y_i) - \frac{1}{n}\left(\sum_i x_i\right)\left(\sum_i y_i\right) = 37071.14 - \frac{1}{30} \times 722.2 \times 1531.2 = 210.05$$

代入 r 的计算公式得：

$$r = \frac{210.05}{\sqrt{211.81 \times 242.09}} = 0.93$$

r 值接近于 1，说明所得回归方程的相关程度较好。

③ 求剩余标准差 s：

$$s = \sqrt{\frac{(1-r^2)L_{yy}}{n-2}} = \sqrt{\frac{(1-0.93^2) \times 242.09}{30-2}} = 1.08(\text{MPa})$$

剩余标准差仅为 1.08MPa，说明回归方程相关性较好。

④ 计算值与实测值的比较。

$R_{28计}$ 与 $R_{28实}$ 的对比情况如表 8-7 所示。

表 8-7 $R_{28计}$ 与 $R_{28实}$ 的对比情况

单位：MPa

n	$R_{28计}$	$R_{28实}$	$R_{28计}-R_{28实}$	相对误差/%	n	$R_{28计}$	$R_{28实}$	$R_{28计}-R_{28实}$	相对误差/%
1	49.83	48.7	+1.13	+2.32	16	55.60	56.0	−0.40	−0.71
2	51.19	50.6	+0.59	+1.16	17	54.05	54.2	−0.15	−0.28
3	51.49	51.4	+0.09	+0.17	18	56.50	55.6	+0.90	+1.61
4	51.59	51.6	−0.01	−0.02	19	45.86	45.7	+0.18	+0.38
5	51.69	51.4	+0.29	+0.56	20	51.69	52.1	−0.41	−0.79
6	47.58	47.0	+0.58	+1.23	21	50.78	53.4	−2.62	−4.91
7	51.79	51.8	−0.01	−0.02	22	51.89	51.0	+0.89	+1.74
8	52.28	52.4	−0.12	−0.23	23	55.52	55.1	+0.42	+0.76
9	49.61	50.6	−0.99	−1.95	24	55.60	55.5	+0.10	+0.18
10	47.22	48.2	−0.98	−2.02	25	53.69	55.8	−2.11	−3.78
11	49.40	50.8	−1.40	−2.76	26	50.88	50.4	+0.48	+0.95
12	47.34	46.0	+1.34	+2.92	27	50.04	48.0	+2.04	+4.26
13	50.36	49.3	+1.06	+2.15	28	47.93	47.6	+0.33	+0.69
14	50.78	50.6	+0.18	+0.35	29	49.40	52.2	−2.80	−5.68
15	50.15	48.8	+1.35	+2.77	30	48.73	49.4	−0.67	−1.36

本例计算值与实测值相对误差的绝对值小于 5% 的数据数占总数的比率为 29/30 = 96.7%，表明推导出的回归方程相关性较好。

二、常见曲线类型及变换公式

1. 双曲线

见图 8-3 (a)、(b)。

$$\frac{1}{y} = a + \frac{b}{x}$$

变换公式：令 $y' = \frac{1}{y}$，$x' = \frac{1}{x}$，则有 $y' = a + bx'$。

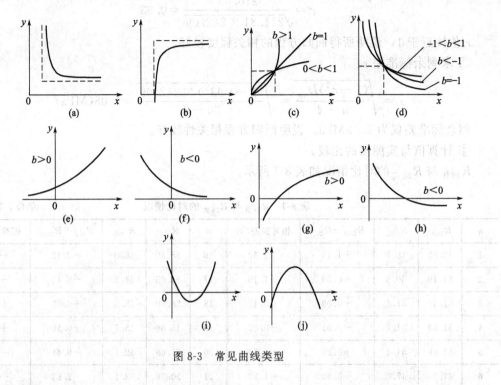

图 8-3 常见曲线类型

2. 幂函数

见图 8-3（c）、（d）。

$$y = cx^b$$

变换公式：等式两边取对数，得 $\lg y = \lg c + b \lg x$，令 $y' = \lg y$，$x' = \lg x$，$a = \lg c$，则有

$$y' = a + bx'$$

3. 指数函数

见图 8-3（e）、（f）。

$$y = c\,e^{bx}$$

变换公式：等式两边取对数，得 $\ln y = \ln c + bx$，令 $y' = \ln y$，$a = \ln c$，则有 $y' = a + bx$。

4. 对数函数

见图 8-3（g）、（h）。

$$y = a + b\lg x$$

变换公式：令 $x' = \lg x$，则有 $y = a + bx'$。

5. 二次函数

见图 8-3（i）、（j）。

$$y = a + bx + cx^2$$

变换公式：令 $x_1 = x$，$x_2 = x^2$，则有 $y = a + bx_1 + cx_2$。

第三节 ▶▶ 二元线性回归方程

生产中影响产品质量的因素常常不止一个，而是多个，要找出这些因素和产品质量之间的数量关系，就是多元回归分析。这里只介绍有两个自变量（x_1、x_2）和因变量 y 的二元回归分析。

根据数理统计知识，二元回归方程式为：

$$y = a + b_1 x_1 + b_2 x_2 \tag{8-18}$$

一、求方程参数

利用最小二乘法原理可求出回归系数 b_1、b_2 必须满足下述方程组：

$$\begin{cases} L_{11} b_1 + L_{12} b_2 = L_{10} \\ L_{21} b_1 + L_{22} b_2 = L_{20} \end{cases} \tag{8-19}$$

其中：

$$
\left.
\begin{aligned}
L_{11} &= \sum_{i=1}^{n} (x_{1i} - \bar{x}_1)^2 = \sum x_{1i}^2 - \frac{1}{n} \left(\sum x_{1i} \right)^2 \\
L_{22} &= \sum_{i=1}^{n} (x_{2i} - \bar{x}_2)^2 = \sum x_{2i}^2 - \frac{1}{n} \left(\sum x_{2i} \right)^2 \\
L_{12} &= L_{21} = \sum_{i=1}^{n} (x_{1i} - \bar{x}_1)(x_{2i} - \bar{x}_2) \\
&= \sum_{i=1}^{n} x_{1i} x_{2i} - \frac{1}{n} \left(\sum_{i=1}^{n} x_{1i} \right) \left(\sum_{i=1}^{n} x_{2i} \right) \\
L_{10} &= \sum_{i=1}^{n} (x_{2i} - \bar{x}_1)(y_i - \bar{y}) = \sum_{i=1}^{n} x_{1i} y_i - \frac{1}{n} \left(\sum_{i=1}^{n} x_{1i} \right) \left(\sum_{i=1}^{n} y_i \right) \\
L_{20} &= \sum_{i=1}^{n} (x_{1i} - \bar{x}_2)(y_i - \bar{y}) = \sum_{i=1}^{n} x_{2i} y_i - \frac{1}{n} \left(\sum_{i=1}^{n} x_{2i} \right) \left(\sum_{i=1}^{n} y_i \right)
\end{aligned}
\right\} \tag{8-20}
$$

式中　x_1——第一个自变量；

　　　x_2——第二个自变量；

　　　x_{1i}——第 i 次试验的 x_1 自变量；

　　　x_{2i}——第 i 次试验的 x_2 自变量；

　　　y_i——第 i 次试验的因变量；

　　　n——试验次数。

第一个自变量的平均值：

$$\bar{x}_1 = \frac{1}{n} \sum_{i=1}^{n} x_{1i}$$

第二个自变量的平均值：

$$\bar{x}_2 = \frac{1}{n}\sum_{i=1}^{n}x_{2i}$$

常数项 a 用式（8-21）计算：

$$a = \bar{y} - b_1\bar{x}_1 - b_2\bar{x}_2 \tag{8-21}$$

$$\bar{y} = \frac{1}{n}\sum_{i=1}^{n}y_i \tag{8-22}$$

求得 a、b_1、b_2 后即可得到回归方程：

$$y = a + b_1x_1 + b_2x_2$$

二、求相关系数 r

为了检验此回归方程是否符合实际，按式（8-23）计算相关系数 r：

$$r = \sqrt{\frac{s_{回}}{L_{00}}} \tag{8-23}$$

r 的意义和一元回归方程的相关系数 r 是完全一样的，只不过 $1 > r > 0$，r 不取负值。r 越接近 1，说明相关性越好，所得回归方程就越理想。

式（8-23）中 $s_{回}$ 表示回归平方和（表示由于自变量 x_1 和 x_2 的变化而引起的因变量 y 的变化），用式（8-24）计算：

$$s_{回} = b_1L_{10} + b_2L_{20} \tag{8-24}$$

式（8-23）中 L_{00} 用式（8-25）计算：

$$L_{00} = \sum_{i=1}^{n}(y_i - \bar{y})^2 = \sum_{i=1}^{n}y_i^2 - \left(\sum_{i=1}^{n}y_i\right)^2 \tag{8-25}$$

三、求回归方程的精度

衡量二元回归方程的精度，和一元回归方程一样，可用剩余标准差 s 表示，用式（8-26）计算：

$$s = \sqrt{\frac{s_{余}}{n - m - 1}} \tag{8-26}$$

$$s_{余} = L_{00} - s_{回} \tag{8-27}$$

式中　n——试样的个数；

m——自变量的个数，此处 $m = 2$。

四、回归系数 b_1、b_2 的比较判别

在二元回归分析中，有两个因素在起作用，究竟哪一个是主要因素，次要因素是否可以忽略，都是必须注意的问题。

1. b_1、b_2 的比较判别

在二元回归分析时，可以比较偏回归平方和（属于某个特定的自变量 x_i 的偏回归平方

和 p_i，是指在回归方程中除去这个自变量而使回归平方和减少的数值）：

$$p_1 = b_1^2 (L_{11} - \frac{L_{12}^2}{L_{22}}) \tag{8-28}$$

$$p_2 = b_2^2 (L_{22} - \frac{L_{12}^2}{L_{11}}) \tag{8-29}$$

当 $p_1 > p_2$ 时，b_1 为主要因素；反之，当 $p_2 > p_1$ 时，b_2 为主要因素。

2. 次要因素的判断

对于次要因素，还要进一步了解它对 y 的影响是否可以忽略不计。此时可按式（8-30）进行判断：

$$t_i = \frac{\sqrt{p_i}}{s} \tag{8-30}$$

式中 t_i——自变量 x 的 T 值；T 值越大，该因素越重要；

p_i——偏回归方程的 p_1 或 p_2；

s——剩余标准差，见式（8-26）。

根据经验，当 $2 > T > 1$ 时，该因素对 y 有一定影响；当 $T > 2$ 时，可视该因素为重要因素；当 $T < 1$ 时，可认为该因素对 y 的影响不大，可将其从回归方程中剔除。

【例 8-3】经分析发现，影响水泥 28d 抗压强度 y 的主要因素有水泥细度（x_1）和混合材掺加量（x_2）等。现测得 10 组数据如表 8-8 所示。试建立 y 对于 x_1、x_2 的二元线性回归方程。

表 8-8 水泥 28d 抗压强度与水泥细度、混合材掺加量之间的关系

试验序号	水泥细度（0.080mm 筛余含量）x_{1i}/%	混合材掺加量 x_{2i}/%	水泥 28d 抗压强度 y_i/MPa
1	3.1	8.0	65.8
2	3.4	12.2	61.2
3	3.9	10.2	60.6
4	4.2	12.5	60.0
5	4.8	11.7	59.5
6	5.2	9.0	61.0
7	5.5	10.5	61.2
8	5.7	13.5	58.6
9	6.0	13.0	58.4
10	6.5	9.5	59.2

列表（表 8-9），然后根据式（8-25）、式（8-20）进行下列计算：

$$L_{00} = \sum y_i^2 - \frac{1}{n} (\sum y_i)^2 = 36703.29 - \frac{605.5^2}{10} = 40.27$$

$$L_{11} = \sum x_{1i}^2 - \frac{1}{n} (\sum x_{1i})^2 = 245.09 - \frac{48.3^2}{10} = 11.80$$

$$L_{22} = \sum x_{2i}^2 - \frac{1}{n} (\sum x_{2i})^2 = 1242.77 - \frac{110.1^2}{10} = 30.57$$

$$L_{12} = L_{21} = \sum x_{1i} x_{2i} - \frac{1}{n} (\sum x_{1i})(\sum x_{2i}) = 535.97 - \frac{48.3 \times 110.1}{10} = 4.19$$

$$L_{10} = \sum x_{1i} y_i - \frac{1}{n} (\sum x_{1i})(\sum y_i) = 2909.02 - \frac{48.3 \times 605.5}{10} = -15.55$$

$$L_{20} = \sum x_{2i}y_i - \frac{1}{n}\left(\sum x_{2i}\right)\left(\sum y_i\right) = 6641.61 - \frac{110.1 \times 605.5}{10} = -24.95$$

表 8-9 计算过程

序号	x_{1i}	x_{2i}	y_i	x_{1i}^2	x_{2i}^2	y_i^2	$x_{1i}x_{2i}$	$x_{1i}y_i$	$x_{2i}y_i$
1	3.1	8.0	65.8	9.61	64.00	4329.64	24.80	203.98	526.40
2	3.4	12.2	61.2	11.56	148.84	3745.44	41.48	208.08	746.64
3	3.9	10.2	60.6	15.21	104.04	3672.36	39.78	236.34	618.12
4	4.2	12.5	60.0	17.64	156.25	3600.00	52.50	252.00	750.00
5	4.8	11.7	59.5	23.04	136.89	3540.25	56.16	285.60	696.15
6	5.2	9.0	61.0	27.04	81.00	3721.00	46.80	317.20	549.00
7	5.5	10.5	61.2	30.25	110.25	3745.44	57.75	336.60	642.00
8	5.7	13.5	58.6	32.49	182.25	3433.96	76.95	334.02	791.10
9	6.0	13.0	58.4	36.00	169.00	3410.56	78.00	350.40	759.20
10	6.5	9.5	59.2	42.25	90.25	3504.64	61.75	384.80	562.40
加和	48.3	110.1	605.5	245.09	1242.77	36703.29	535.97	2909.02	6641.61
平均值	4.83	11.01	60.55	—	—	—	—	—	—

将上述数值代入式（8-19）得方程组：

$$\begin{cases} 11.80b_1 + 4.19b_2 = -15.55 \\ 4.19b_1 + 30.57b_2 = -24.59 \end{cases}$$

解方程组得：

$$b_1 = -1.08$$
$$b_2 = -0.66$$

将 b_1、b_2 值代入式（8-21）可得：

$$a = \bar{y} - b_1\bar{x}_1 - b_2\bar{x}_2$$
$$= 60.55 - (-1.08) \times 4.83 - (-0.66) \times 11.01$$
$$= 73.03$$

回归方程式为：

$$y = 73.03 - 1.08x_1 - 0.66x_2$$

3. 对回归方程的检验

① 求相关系数 r：

$$s_{回} = b_1L_{10} + b_2L_{20} = 33.26$$

$$r = \sqrt{\frac{s_{回}}{L_{00}}} = \sqrt{\frac{33.26}{40.27}} = 0.9088$$

相关系数 r 接近于 1，表明求出的回归方程相关性比较好。

② 求剩余标准差 s：

$$s_{余} = L_{00} - s_{回} = 40.27 - 33.26 = 7.01$$

$$s = \sqrt{\frac{s_{余}}{n - m - 1}} = \sqrt{\frac{7.01}{10 - 2 - 1}} = 1.00$$

③ 对 b_1、b_2 的影响进行比较判别：

$$p_1 = b_1^2(L_{11} - L_{12}^2/L_{22}) = 13.09$$
$$p_2 = b_2^2(L_{22} - L_{12}^2/L_{11}) = 12.67$$

p_2 与 p_1 相近，对水泥 28d 抗压强度的影响，二者都是主要因素。

④ 再对两个因素做以下的比较：

$$t_1 = \frac{\sqrt{p_1}}{s} = \frac{\sqrt{13.09}}{1.00} = 3.62$$

$$t_2 = \frac{\sqrt{p_2}}{s} = \frac{\sqrt{12.67}}{1.00} = 3.56$$

由于 t_1、t_2 均大于 2，两者都对 28d 抗压强度有重大影响。

最后，做出由水泥细度（x_1）和混合材掺加量（x_2）预测 28d 抗压强度（y）的数据表，作为日常预测水泥 28d 抗压强度之用。

第九章 统计抽样检验

统计抽样检验是利用从批量或者过程中随机抽取样本，对批或者过程的质量水平进行检验，做出是否接收的判定，是介于不检验和百分之百检验之间的一种检验方式。当产品从一个组织转移到另一个组织（也可以是组织内部的各个部门）时，它是验收产品的重要手段；当质检部门对生产企业进行审核时，是判断产品质量的主要依据。在现代质量管理中，它是进行质量控制的重要工具，也是质量管理体系的重要组成部分。

第一节 ▶▶ 统计抽样检验概述

一、抽样检验的基本概念

（一）检验的方式

检验是"为确定产品或服务的各特性是否合格，测定、检查、试验或量测产品或服务的一种或多种特性，并且与规定要求进行比较的活动"。

按照检验的对象，检验可分为全数检验和抽样检验。

1. 全数检验

全数检验是对一批产品中的每一件产品逐一进行检验，挑出不合格品后，认为其余产品全部都是合格品。其适用范围是：生产过程不能保证达到预先规定的质量水平，不合格品率较高时；不合格项目属于安全性指标，或不合格将导致产品功能丧失时；不合格会给下道工序或消费者带来重大损失时；检验功效高于检验费用时。

全检的主要优点是能够最大限度地减少批中不合格品。如有必要保证每个单位产品都能达到规定的要求时，或对于致命不合格品进行检验时，实行全数检验。有时还可以反复多次地进行这种检验（例如印刷品的校对），但不适用于破坏性检验，检验费用也高。

2. 抽样检验

总体所包含个体的数目可以是有限的，也可以是无限的。在研究总体的性质时，由于总体所包含个体的数量很大，甚至无限大，或者虽是有限总体，但由于某种原因，如破坏性检验，或检验费用高于检验功效，或生产量很大，不可能对个体逐一全部加以研究。这时，需进行统计抽样检验，亦即应用统计方法确定抽样方案，从总体中抽取一部分个体（称为样本）进行检验，以样本的测试数据为根据，推断出总体的状况。

抽样检验方式与全数检验的不同之处：全数检验的对象是单位产品，抽样检验的对象是产品批；全数检验是接收或拒收单位产品，抽样检验是接收或拒收整个产品批；全数检验后的产品中理论上应该是只有合格品，抽样检验判定合格的批中仍可能有不合格品。

（二）抽样检验的分类

抽样检验分为传统抽样检验和统计抽样检验。

1. 统计抽样检验

抽样检验的目的是"通过样本推断总体"，而其期望则在于"用尽量少的样本量尽可能准确地判定总体（批）的质量"。欲达到这一目的和期望，采用"统计抽样检验"是目前最好的抽样方式。

所谓统计抽样检验，是指抽样方案完全由统计技术所确定的抽样检验。现代统计抽样检验的理论依据是概率论、数理统计、管理学和经济学。统计抽样检验的优越性体现在：可以尽可能降低检验费用（经济性）；可以有效地保证产品质量水平（科学性）；对产品质量检验或评估的结论可靠（可靠性）；实施过程很简便（可用性）。

统计抽样检验目前在发达国家已得到广泛应用。我国从 1981 年开始制定有关统计抽样检验的标准，目前已颁布了数十项标准，统计抽样检验也在我国各行各业得到广泛应用。

统计抽样检验避免了全数检验的缺点，可以将产品质量的责任公平地转向应当承担的一方——生产方。生产方必须关注产品的质量。统计抽样检验可以而且应当导致较少的检验工作量、较低的花费和对使用方而言较好的质量。统计抽样检验方案提供了将误判和漏判风险进行量化的方法。

好的产品是生产出来的，而不是检验出来的，但是，科学的抽样方案能够保证抽出反映整批产品质量的有代表性的样品。当然，任何抽样方案都不可避免地存在着两种风险，要具体分析。

2. 传统方式的抽样检验

不属于统计抽样检验的其他的抽样检验方式由于缺乏可靠的理论基础，难以预计接收批的平均质量水平，也很难估计供需双方可能承担的风险，因此是不科学不合理的。例如，我国一直沿用前苏联 20 世纪 40 年代采用的百分比抽样检验方法。这种检验方法认为样本中的样品数与被检查的批中单位产品数一直是成比例的，例如 5%、0.5% 等。这样，接收数很难调整。当批量很小时，对使用方的保护很差；当批量大到一定程度时，对生产方不利，而且样品数也是相当大的，不能体现抽样检验在经济性方面的优越性。因此，这种抽样检验方法正在被逐渐淘汰。

二、统计抽样检验的术语和定义

1. 单位产品

单位产品指为了实施抽样检验或试验并能获得观测值而划分的"能被单独描述和考察的一个事物"。例如，一个有形的实体、一定量的材料、一项服务、一次活动或一个过程、一个组织或个人，以及上述项目的任何组合。单位产品的划分必须有利于保证产品的使用性能。

例如，将 250 根玻璃管作为一批，单位产品是指 1 根玻璃管。一匹布料长 100m，为便于检验，可规定 1m 长度为一个单位产品，该批含 100 个单位产品。

散料都是颗粒状的，不能视为单一产品。只有包装成袋或箱后，才能视为单一产品。例如，年产 10 万～30 万吨的水泥厂，将 400 t 水泥作为一批，将其分装成袋，每袋 50 kg，共分装成 8000 袋。单位产品是 1 袋，该批包含 8000 个单位产品。

2. 检验批

在统计抽样检验中，所提供的产品是以"批"来接收的，而不是针对一个单一产品。所谓"批"，是指"汇集在一起的一定数量的某种产品、材料或服务"。抽样检验标准中的"批"特指提交检验的批，它可由几个生产批或生产批的一部分组成。

批中包含的单位产品个数称为"批量"，常用符号 N 表示。每个批应由同型号、同等级、同类型、同尺寸、同成分，在基本相同的时段和一致的条件下制造的产品组成。批的组成、批量和识别批的方式，应经负责部门指定或批准。

注："负责部门"是为维护统计抽样检验标准的中立地位所使用的概念（应在规范中明确）。负责部门可以是：①供方组织内部的质量部门（第一方）；②采购方或采购组织（第二方）；③独立验证或认证机构（第三方）。

3. 样本和样本量

样本是"取自一个批并且能够提供有关该批信息的一个或一组产品"。样本中所包含的一组产品中单位产品的个数，称为"样本量"或"样本容量"，常用符号 n 表示。样本中的单位产品称为"样品"或"样本单位"。

4. 质量特征

质量特征是单位产品所具有的可以按照产品图纸、技术条件或其他特定的要求进行检验的一些特征。例如，如果技术条件中规定钢球的直径、质量、硬度必须在某个范围内才算合格，这里的技术条件即钢球的质量特征。为了满足产品质量的要求，单位产品的质量特征必须达到产品图纸、技术条件或其他有关文件规定的质量标准。

5. 不合格与不合格品

"不合格"是指"不满足规范的要求"。通常把不合格称为不合格项。不合格是与图纸、标准所规定的要求相比。通常按不合格的严重程度将它们进行分类。不同类别的不合格项具有等级不同的重要性，同一类别中的所有不合格项，大致有相同的重要性等级。一般将不合格项分为 A、B、C 三大类别。其被关注的程度由高到低依次为 A 类＞B 类＞C 类。

有时附加一类致命不合格项。所谓致命不合格项，是指对使用、维护、运输、保管和信赖产品的人可能造成危害或不安全的不合格项。由于致命不合格特别严重，在任何检验过程中一旦发现，就立即判该批拒收。

"不合格品"指"具有一个或一个以上不合格的产品"。不合格品通常按不合格的严重程度分类，一般也分为 A、B、C 三个类别。

6. 总体或批不合格品百分数的表示方法

在抽样检验标准中常用"（总体或批）不合格品百分数"替代术语"不合格品率 p"，它是"总体或批中的不合格品数 D 除以总体量或批量 N 再乘以 100"，即：

$$100p = (D/N) \times 100$$

在抽样检验中，总体或批的实际不合格品百分数是不知道的，只能根据样本的检验结果进行估计：（样本）不合格品百分数等于样本中的不合格品数 d 除以样本量 n 再乘以 100，即

$$（样本）不合格品百分数 = (d/n) \times 100$$

7. 接收质量限（AQL）

接收质量限 AQL 是抽样计划的一个参数。AQL 是"当一个连续系列批被提交验收抽

样时，可容忍的最差过程平均质量水平"。AQL 以不合格品百分数或每百单位产品不合格数表示。当为某个不合格或一组不合格指定一个 AQL 值时，它表明如果质量水平（不合格品百分数或每百单位产品不合格数）不大于指定的 AQL 时，抽样计划会接收大多数的提交批。在抽样系统中，为避免过多的批不被接收，要求过程平均比 AQL 更好。

AQL 值一般在技术标准、质量标准或供需双方签订的订货合同或协议中明确规定，或由负责部门指定。总原则是综合考虑需求的必要性和生产的可能性，主要是所检产品特性的重要程度及其不合格率对顾客带来的损失和对顾客满意度的影响。

① 应根据产品的不合格分类，分别规定不同的 AQL 值。例如，规定 A 类、B 类和 C 类不合格（品）的 AQL 值依次为 0.15、0.40 和 0.65。

② 产品的应用领域。航天产品 AQL 值应十分严格（AQL≤0.1）；军工产品 AQL≤0.65；工业产品 AQL≤2.5；民用产品 AQL≤4.0。

③ 产品的性能。电气性能的检验：AQL0.4～0.65；机械性能的检验：AQL1.0～1.5；外观性能的检验：AQL2.5～4.0。

④ 产品的复杂程度以及发现缺陷的难易程度。产品复杂程度大或缺陷只能在整机运行时才能发现的，AQL 值应小些。

⑤ 产品对下道工序的影响。产品对下道工序影响越大，AQL 值应越小。原材料、零部件检验的 AQL 值应严于成品检验。

⑥ 产品的价格。产品越贵重，不合格造成的损失越大，AQL 值应越小。

⑦ 检验的经济性。要综合考虑产品检验费用、检验时间和是否破坏性检验，在批量、检验水平、检验严格程度和抽样类型不变时，AQL 值越小，样本量越大，检验越不经济。

⑧ 在确定 AQL 值时还应注意：AQL 是对生产方过程质量提出的要求，不是针对个别批质量的要求，因此，不是对每个交验批均确定 AQL 值，AQL 一经确定，不能随意改变。

给出 AQL 值并不意味着生产方有权提供已知的不合格品。无论是在抽样检验或其他场合中发现的不合格品，都应该逐个剔除。

8. 检验水平（IL）

各种统计检验标准都有各自的检验水平，其确定方法详见后文各种抽样检验标准。检验水平对应着检验量，检验水平越高，所要求的检验量也就越大，其判断能力也就越强。

9. 抽样方案及判定程序

抽样方案是"样本量和批接收准则的组合"。

（1）计数抽样方案

① 计数一次抽样方案。计数一次抽样方案是样本量 n、接收数 Ac 和拒收数 Re 的组合，简记为（n｜Ac，Re）。接收数 Ac 是指接收批样本中允许的不合格项或不合格品的最大数目；拒收数 Re 是指拒收批样本中不合格项或不合格品的最小数目。

从批中抽取 n 个单位产品的样本，经检验若不合格（品）数小于或等于 Ac 则接收；若大于等于 Re 则拒收。一次抽样方案中，Re＝Ac＋1，例如：Ac＝2 时，Re＝2＋1＝3。所以，根据检验结果，只有接收和拒收两种可能。一次抽样检验，即可对批的质量做出判断。一次抽样方案的判定程序见图 9-1。

② 计数二次抽样方案。计数二次抽样方案是两个样本量 n_1 和 n_2，第一样本的接收数 Ac_1 和拒收数 Re_1 及联合样本的接收数 Ac_2 和拒收数 Re_2 的组合，简记为（n_1，n_2｜Ac_1，Re_1；Ac_2，Re_2），其中 Re≠Ac＋1，而是 Re＞Ac＋1，例如，Ac＝1，Re＝3。所以，二次

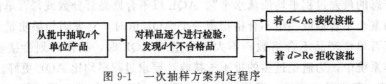

图 9-1 一次抽样方案判定程序

抽样检验中，从批中抽取有 n_1 个单位产品的第一样本，经逐个检验以后，结果可能有三种情况：a. 如果发现的不合格（品）数 d_1 小于或等于第一接收数 Ac_1，则接收该批；b. 如果发现的不合格（品）数 d_1 等于或大于第一拒收数 Re_1，则拒收该批；c. 如果 $Ac_1 < d_1 < Re_1$，根据第一样本不能做出判断，必须抽取第二样本 n_2。经逐个检验以后，把两个样本中发现的不合格（品）数相加，如果累计的不合格（品）数小于或等于联合接收数 Ac_2，则接收该批；如果累计的不合格（品）数大于或等于联合拒收数 Re_2，则拒收该批。因为二次抽样检验中，$Re_2 = Ac_2 + 1$，根据检验结果，此时只有两种情况：接收或拒收。因此，二次抽样检验中，抽取第二个样本并检验后，必能做出判断。其判定程序如图 9-2 所示。

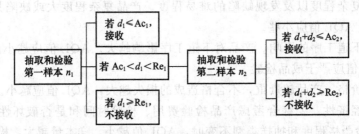

图 9-2 二次抽样方案判定程序

③ 多次抽样方案与二次抽样方案类似，此处从略。

（2）计量抽检抽样方案　其是样本量 n 和接收常数 k 的组合，简记为 $[n, k]$。接收常数 k 是判定批接收与否的常数。根据样本的测量结果，计算参数 Q_U 或 Q_L，将其与 k 值比较，判定接收和拒收。

10. 抽样风险

统计抽样检验中存在两类风险。

（1）生产方风险　生产方风险指具有 PRQ 质量的产品被抽样方案拒收的概率。

生产方风险质量水平 PRQ：多数批或大部分时间被抽样方案接收的一个质量水平。

在抽样检验中，将合格批误判为不合格批所犯的错误称为弃真错误，犯弃真错误的概率称为弃真概率，或称为第一类错误概率，记为 α（误判）。

（2）使用方风险　使用方风险指具有 CRQ 质量的产品被抽样方案接收的概率。

使用方风险质量水平 CRQ：多数批或大部分时间被抽样方案拒收的一个质量水平。

在抽样检验中，将不合格批误判为合格批所犯的错误称为存伪错误，犯存伪错误的概率称为存伪概率，或称为第二类错误概率，记为 β（漏判）。

在制定抽样方案时，必须考虑同时实现对双方的保护，即所谓的 α 与 β 相平衡。

三、统计抽样检验的类型

随着生产实践的需要和抽样理论的发展，目前已经形成许多不同特色的抽样体系，大致可按下述几个方面进行分类。

1. 按产品质量指标特性分类

（1）计数抽样检验　按照规定的质量标准，仅将单位产品划分为合格品或不合格品，或者仅计算单位产品中不合格数，然后根据样本的检查结果，按预先规定的判断准则判定批接收或拒收。

（2）计量抽样检验　对能表示单位产品质量特征的连续量（例如：时间、质量、长度、含量、抗压强度等）进行实际测量，然后根据样本的统计计算结果（例如：平均值、标准差或其他统计量等），按预先规定的判断准则判定批接收或拒收。

（3）计量－计数混合抽样检验　选择产品某一质量参数或较少的质量参数进行计量抽检，其余多数质量参数则采用计数抽检的方法。混合抽样检验方案可以减少计算工作量，又能获取所需的质量信息。

2. 按是否调整宽严度进行分类

分为调整型和非调整型。

3. 按适用范围分类

（1）正常生产之前需进行的周期检验　目的是消除生产过程中的系统误差，使用的标准是 GB/T 2829。

（2）生产过程中的抽样检验　它是在半成品制造过程中使用的抽样检验（如控制图等），其目的是及时发现过程中的不稳定因素，保证整个制造过程处于统计控制状态，生产出优质产品。

（3）验收抽样检验　它是对成批产品进行的抽样检验，其目的是判断一批产品是否可以接收。验收抽样检验的目的是使用户能以较低的费用获取一批质量较好的产品。生产方要控制产品质量，需采用连续批抽样方案；对外购的原材料、元器件的质量，要采用验收抽样标准进行检验。验收抽样检验使用的标准是 GB/T 2828.1（计数型）或 GB/T 6378.1、GB/T 8054（计量型）。

（4）监督抽样检验　它是为了保证产品质量和保护消费者利益，由第三方独立对企业产品进行的决定监督总体是否可以通过的抽样检验。监督抽样方案不能将某一通过批的不合格品率控制在预先规定的某数值下，而是仅起概率把关的作用。质检部门对生产企业产品质量的审核使用的标准是 GB/T 2828.4—2008（大批量计数型）、GB/T 2828.11—2008（小批量计数型）或 GB/T 6378.4—2008（计量型）。

主要的统计抽样检验国家标准的特点及适用范围见表 9-1。

表 9-1　主要统计抽样检验国家标准的特点及适用范围

标准代号	检验类型		适用范围			是否调整		抽样次数
	计数检验	计量检验	周期检验	生产控制或产品验收检验	质量监督检验	调整型	非调整型	
GB/T 2829	√		√				√	一、二、五次
GB/T 2828.1	√			√		√		一、二、五次
GB/T 2828.4	√				√		√	一次
GB/T 2828.11	√				√		√	一次
GB/T 6378.1		√		√		√		一次
GB/T 6378.4		√			√		√	一次
GB/T 8054		√		√			√	一次

第二节 ▶▶ 周期检验标准

一、周期检验的含义

周期检验指为判断在规定的周期内生产过程的稳定性是否符合规定要求，从逐批检验合格的某个批或若干批中抽取样本所进行的检验。

影响成批产品质量的主要因素有系统因素（异常因素）和随机因素（正常因素）。周期检验的目的是判定生产过程中是否有系统因素作用（判定生产过程是否稳定）。只有当周期检验合格后，才能进行批量生产和逐批检验。逐批检验是周期检验的补充，逐批检验是在经周期检验杜绝（消除）系统因素作用的基础上而进行的控制随机因素作用的检验。在企业正常生产过程中，二者构成一个完整的检验体系，缺一不可。

周期检验必须保证在确定的周期内如期进行，故又称为例行试验。周期检验执行的标准是《周期检验计数抽样程序及表（适用于对过程稳定性的检验）》（GB/T 2829—2002）。该标准规定了以不合格质量水平（RQL）为质量指标的一次、二次、五次抽样方案及抽样程序，适用于对过程稳定性的检验，包括产品定型检查时对过程稳定性的检查，对产品定型后生产线的验证，以及生产工艺是否继续保证技术条件或产品标准中所规定的要求的检验。当产品停止生产一个周期以上又恢复生产，或者产品的设计、结构、工艺、材料有较大变动时，必须进行周期检验。

二、GB/T 2829—2002 的使用程序

其应用程序为：规定检验周期→选择试验项目并组成试验组→规定试验方法并选择试验设备→规定不合格的分类→规定不合格质量水平→规定判别水平→选择抽样方案类型→检索抽样方案→抽取样本→判断周期检验合格或不合格→周期检验后的处置。

1. 规定检验周期

周期检验的检验周期不是随意确定的，在产品技术标准或订货合同中，应根据下述原则确定适当的检验周期。

① 产品生产过程大约持续稳定的时间。综合分析产品形成过程中所使用的设备、仪器、工装等失调、失修、损坏的时间，来规定生产过程大约持续稳定的时间。

② 试验项目和试验方法所形成的试验时间的长短。一般试验时间长的，周期适当增长；试验时间短的，则周期适当缩短。

③ 试验费用高时，检验周期可适当增长；试验费用低时，检验周期可适当缩短。

④ 一般以生产系统持续运行的时间规定检验周期，通常为一个月、两个月、三个月、半年甚至一年或两年。

2. 选择试验项目并组成试验组

根据产品的质量特性，从中选择能够反映生产系统质量（稳定性和可靠性）的项目进行周期检验。其原则为：根据保证产品质量的实际需要选择；要充分考虑到实施的可能性；能够归并成为尽可能少的试验组。

3. 规定不合格质量水平

（1）不合格质量水平的概念　不合格质量水平（RQL）是计数周期检验判断生产过程稳定性的质量标准，是评价生产过程是否稳定的质量界限值。当生产过程的不合格品率 p

大于 RQL 值时，抽样方案要以高概率判断生产过程不稳定（周期检验不合格）；当生产过程的不合格品率 p 远小于 RQL 值时，抽样方案要以高概率判断生产过程稳定（周期检验合格）。

（2）RQL 的表示与确定

① 不合格质量水平 RQL 用每百单位产品中的不合格品数表示。

② RQL 在数值上等于生产过程中不可接收的批质量下限值，或 RQL 在数值上等于生产过程的稳定度最低时的质量水平。

③ RQL 值应由供需双方协商确定

GB/T 2829—2002 把 RQL 划分为 31 级，确定原则如下。

① 对生产过程稳定性要求高时，对不合格品控制严格的生产过程，RQL 值应选小一些。

② 试验设备能力强，有条件检验难度高的试验项目时，RQL 值应选小一些。

③ 检验费用高，经济上不划算时，RQL 值可选大一些。

④ 根据产品质量特性的重要程度分级而确定 RQL 值时，A 类不合格要小于 B 类不合格，B 类不合格要小于 C 类不合格。

⑤ 根据试验项目的类别确定，通常是电气性能 RQL 值小于机械性能的，机械性能的小于外观性能的。

⑥ 根据产品的重要性而确定。表 9-2 给出选择 RQL 值的参考值。

表 9-2　选择 RQL 的参考值

使用要求	特高	高	中	低
RQL 值	≤5	10～15	20～30	≤40
示例	航天产品	军工产品	工业产品	一般日用品

4. 规定判别水平

判别水平指判断生产过程稳定性不符合规定要求的能力大小的等级。

本标准给出了Ⅰ、Ⅱ、Ⅲ三种能力不同的判别水平。判别能力由高到低为：Ⅲ＞Ⅱ＞Ⅰ。判别水平越高，对生产过程的稳定性的要求越高，判周期检验合格的可能性越小。

影响判别水平的主要因素是抽样的样本大小。抽样样本量大，判别水平就高，但检验费用也高；抽样样本量小，判别水平就低，检验费用也低。

另外还要考虑对生产过程稳定性的要求。要求高时，需要的判别力强，且经济上允许时，采用判别水平Ⅲ；当对生产过程稳定性的误判允许有限度的增大，出现不合格品所造成的损失可被接受或不致招来危害，或虽需要的判别力较强但经济上却不能完全允许时，采用判别水平Ⅱ；当不强调生产过程的稳定性，试验费用高或测试困难等情况，只要求减少检验费用时，采用判别水平Ⅰ。

5. 选择判定数组

计数周期抽样检验具有特殊性，其一是把一个检验周期内生产的全部产品作为一批，批量很大；其二是在抽样检验表中查出的抽样方案不是一个而是一组，称之为"判定数组"，是指合格判定数和不合格判定数的组合，或合格判定数系列和不合格判定数系列的组合。例如，给定判别水平为Ⅱ，RQL＝3.0，可查得的判定数组有 6 个：[0，1]，[1，2]，[2，

3]，[3，4]，[4，5]，[5，6]。因此，要根据能够承受的试验费用和试验设备的现有能力事先给定判定数组，即从数组中选择一个适当的抽样方案。

6. 检索抽样方案

检索抽样方案前要事先确定抽样方式、判别水平 DL、不合格质量水平 RQL 值和判定数组。因为有三种抽样方式（一次、二次或五次抽样）、三种判别水平，所以 GB/T 2829—2002 标准中给出了 9 张抽样检验表。一次抽样方案，分别使用表 2、表 3、表 4；二次抽样方案，分别使用表 5、表 6、表 7；五次抽样方案，分别使用表 8、表 9、表 10。在选定的表中，找出相应于确定的不合格质量水平 RQL 值的列，向下可查到判定数组。从中按照事先的规定，选取相应的数组；如事先未给定，则一般情况下优先使用的判定数组是 [0，1] 或 [1，2]，因为在 RQL 相同的情况下，这时所需的样本最小，试验费用也最少。当然在技术与经济条件允许的情况下，可以选择其他判定数组，以降低判定风险。

确定判定数组后，沿水平方向，从表的最左一列即可查到样本量 n。

【例 9-1】 在出磨生料石灰饱和系数 KH 的周期检验中采用 GB/T 2829—2002，规定 RQL=30，DL=Ⅲ。试检索用于周期检验的某试验组的一次抽样方案。

【解】 ① 因为规定采用一次抽样方案，判别水平 DL=Ⅲ，所以使用 GB/T 2829—2002 的表 4 进行检索。

② 在表 4 中，找到 RQL=30 的一列，从上到下所查到的一系列一次抽样方案为：

a. $n=6$，Ac=0，Re=1；

b. $n=12$，Ac=1，Re=2；

c. $n=16$，Ac=2，Re=3；

d. $n=20$，Ac=3，Re=4；

e. $n=25$，Ac=4，Re=5；

f. $n=32$，Ac=6，Re=7。

③ 由所能承受的试验费用与试验设备的现有能力，认为选择上述 b 项为例行试验组的抽样方案较为合适，故抽样方案为（12｜1，2）。

【例 9-2】 检验部门要对某产品作周期检验，若产品的检验周期为一年，一次抽样方案，取判别水平 DL=Ⅲ，RQL=20，如允许样品中最多发生 1 只不合格品，求样本 n 的大小。

【解】 由题意可知判定数组为 [1，2]，查 GB/T 2829—2002 中的表 4 "判别水平为Ⅲ的一次抽样方案"，由 RQL=20 的 "列"，向下找到判定数组 [1，2]，向左查到样本量为 $n=20$。

【例 9-3】 规定 RQL=30，DL=Ⅲ，求用于周期检验的某试验组的二次抽样方案。

【解】 ①因为是二次抽样方案，DL=Ⅲ，所以使用 GB/T 2829—2002 的表 7 进行检索。

②在表 7 中，由 RQL=30 从上到下所查到的一系列二次抽样方案为：

a. $*n=6$，Ac=0，Re=1（$*$使用相应的一次抽样方案，由表 4 查得）；

b. $n_1=8$，　Ac$_1$=0，Re$_1$=2；

　$n_2=8$，　Ac$_2$=1，Re$_2$=2；

c. $n_1=10$，Ac$_1$=0，Re$_1$=3；

　$n_2=10$，Ac$_2$=3，Re$_2$=4；

d. $n_1=12$，Ac$_1$=1，Re$_1$=3；

　$n_2=12$，Ac$_2$=4，Re$_2$=5；

e. $n_1 = 16$，$Ac_1 = 1$，$Re_1 = 5$；

$n_2 = 16$，$Ac_2 = 5$，$Re_2 = 6$；

f. $n_1 = 20$，$Ac_1 = 3$，$Re_1 = 6$；

$n_2 = 20$，$Ac_2 = 7$，$Re_2 = 8$。

③ 由所能承受的试验费用与试验设备的现有能力，认为选择上述 b 项抽样方案为宜。

【例 9-4】 入窑生料的 KH 值周期检验中，规定 RQL＝10，二次抽样方案，判别水平 Ⅱ，从表中查到的判定数组为 $[Ac_1 = 0，Re_1 = 3，Ac_2 = 3，Re_2 = 4]$。如果经过检验，出现 $d_1 = 0$ 或 $d_1 = 3$ 如何处理？如 $d_1 = 1$、$d_2 = 3$ 如何处理？如 $d_1 = 2$、$d_2 = 1$，或 $d_1 = 2$、$d_2 \geqslant 2$ 如何处理？

【解】 根据题意，在 GB/T 2829—2002 中的表 6 "判别水平为 Ⅱ 的二次抽样方案" 中找到 RQL＝10 的列，向下找到判定数组 $[Ac_1 = 0，Re_1 = 3，Ac_2 = 3，Re_2 = 4]$，沿水平方向向左找到样本大小为 $n_1 = n_2 = 25$。从批中抽取 25 个单位产品进行检验。

若 n_1 中发生的不合格品数 $d_1 = 0$，则判周期检验合格，不必再对第二样本 n_2 进行检验。

若 n_1 中发生的不合格品数 $d_1 = 3$，判本次周期检验不合格，不必再对第二样本 n_2 进行检验。

若 n_1 中发生不合格品 $d_1 = 1$ 或 2，则抽取第二样本 n_2 进行检验。若总的不合格品数 $(d_1 + d_2) \leqslant 3$，则判周期检验合格；若总的不合格品数 $(d_1 + d_2) \geqslant 4$，则判周期检验不合格。

三、周期检验后的处置

1. 周期检验合格后的处置方法

某一周期的周期检验合格后该周期所代表的产品经逐批检验合格的批，可整批交付使用方或暂时入库，同时允许使用方在协商的基础上向生产方就整批合格的产品提出某些附加条件。

2. 周期检验不合格后的处置方法

若某一周期的周期检验不合格，则生产方主管质量部门要认真调查周期检验不合格的原因，并报告上级主管质量部门。

若因试验设备出现故障或操作上发生错误造成周期检验不合格，则允许重新进行周期检验；若造成周期检验不合格的原因能马上纠正，允许用纠正不合格原因后制造的产品进行周期检验；若造成周期检验不合格的产品能通过筛选的方法剔除或可以修复，则允许用经过筛选或修复后的产品进行周期检验。

如果周期检验不合格不属上述情况，那么它所代表的产品应暂停逐批检验，并将经逐批检验合格入库的产品停止交付使用方，已交付使用方的产品原则上全部退回生产方或双方协商解决，同时暂时停止该周期检验所代表的产品的正常批量生产。只有在上级主管质量部门的监督下，采取纠正措施后制造的产品，经周期检验合格后，才能恢复正常批量生产和逐批检验。

如果在规定的时间（在产品技术标准或订货合同中规定）内，生产方未能采取有效纠正措施使其周期检验合格，那么上级主管质量部门应收回生产方生产合格许可证，在生产方采取了有效纠正措施或改进措施后，可向上级主管质量部门重新申请生产合格许可证，并可按简化程序办理手续。

第三节 ▶▶ 验收统计抽样检验标准

验收抽样检验的目的是使用户能以较低的费用获取一批质量较好的产品。生产方要控制产品质量，需采用连续批验收抽样方案；对外购的原材料、元器件的质量，要采用验收抽样标准进行检验。GB/T 2828.1—2012 和 GB/T 6378.1—2008 所规定的验收抽样程序适用于两个相关方（例如生产方与使用方，上道工序与下道工序）之间的双边协议。双方商定的某一接收质量限 AQL 就是当提交一系列连续批时可容忍的最差的过程平均质量水平。使用这些按 AQL 检索的抽样方案，来自质量等于或好于 AQL 的过程的检验批，其大部分将被接收。为避免过多批不被接收，要求过程平均质量比 AQL 值更好；如果过程平均质量不比 AQL 一贯好，将会转移到更严格的检验，甚至暂停检验。在 GB/T 8054 中，除使用 AQL 外，还使用批的平均值作为质量指标。

一、计数型验收统计抽样检验标准

GB/T 2828.1—2012 的使用程序如下。

1. 规定产品质量标准

要事先明确规定区分质量特性合格标准或判定不合格的标准，根据产品特点和实际需要将产品分为 A、B、C 类合格或不合格品。

2. 确定批量

批量是指提交检验批中单位产品的数量，应由生产条件和生产时间基本相同的同型号、同等级、同种类（尺寸、特性、成分等）的单位产品组成。在 GB/T 2828.1—2012 中，规定的是批量范围，由"2～8"，"9～15"，…，"150001～500000"，"500000 及其以上"共 15 挡组成。

批量 N 和样本量 n 之间的关系是批量 N 越大，样本量 n 也相应地高一些，但是样本量绝不与批量成比例。一般地，N 愈大，样本量 n 与批量 N 的比值 n/N 就愈小。也就是说，检验批量越大，单位检验费就越少，所以方案的设计鼓励在过程稳定的情况下组大批交检。

从抽样检验的观点来看，大样本对批质量有着较高的判断力，而且从大批量中抽取大样本是经济的，因为当 AQL 相同时，样本量在大批中的比率比在小批中的比率要小。但是大批量不是无条件的，只有生产过程稳定，质量相似的小批量汇集成大批量才有利，否则一旦出现误判，损失很大。

3. 规定检验水平 (IL)

检验水平是抽样方案中事先选定的一个特性，主要作用在于明确批量 N 和样本容量 n 之间的关系。当批量 N 和接收质量限 AQL 确定后，只要明确检验水平，就可以检索到样本量字码和样本量 n。

在 GB/T 2828.1—2012 中，检验水平有两类，所使用的具体检验水平应由负责部门规定。

① 一般检验水平。共分为三级，其判断能力由强到弱为：Ⅲ＞Ⅱ＞Ⅰ。

② 特殊检验水平。共分四级，其判断能力由强到弱为：S-4＞S-3＞S-2＞S-1。

除非另有规定，通常应选用一般检验水平Ⅱ。特殊检验水平一般用于检验费用较高并允许有较高风险的场合。

对于不同的检验水平，样本量不同。在 GB/T 2828.1—2012 中，检验水平Ⅰ、Ⅱ、Ⅲ的样本量比例为 0.4：1：1.6。可见，检验水平Ⅰ比检验水平Ⅱ的判别能力低，而检验水平Ⅲ比检验水平Ⅱ的判别能力高。检验水平Ⅲ能给予使用方较高的质量保证。确定检验水平时要考虑以下因素：

① 产品的重要程度。

② 产品的复杂程度及其维修性。

③ 生产过程是否稳定，过去的质量状况是否令人满意。生产稳定性差或生产新产品时应选择高检验水平；批内质量波动幅度较小时，可采用低检验水平。

④ 检验试验是破坏性的还是非破坏性的。破坏性检验选择低水平或特殊检验水平。

⑤ 产品的实际价格和检验、试验的实际费用。构造简单、价格低廉的产品或检验费用高的产品，应选择低的检验水平。

⑥ 接收了不合格品以后可能造成的损失。

⑦ 切实地了解可供选择的几种检验水平对供需双方可能提供的保护。

⑧ 批量大小。

4. 规定接收质量限（AQL）

见本章第一节内容。

5. 规定检验的严格程度

GB/T 2828.1—2012 规定了三种严格程度不同的检验。三种检验分别是：正常检验、加严检验和放宽检验。除非负责部门另有规定，检验开始时应采用正常检验。除非转移程序要求改变检验的严格度，对接连的批，正常、加严或者放宽检验应继续不变。

（1）正常检验 指当过程平均优于接收质量限（AQL）时，所使用的一种能保证批以高概率接收的抽样方案的检验。

（2）加严检验 使用比相应正常检验抽样方案接收准则更严厉的接收准则的一种抽样方案的检验。当预先规定的连续批数的检验结果表明过程平均可能比接收质量限（AQL）劣时，进行加严检验。

（3）放宽检验 使用样本量比相应正常检验抽样方案的样本量小，接收准则和正常检验抽样方案的接收准则相差不大的一种抽样方案的检验。当预先规定连续批数的检验数据表明过程平均明显优于接收质量限（AQL）时，可进行放宽检验。

6. 确定抽样的次数

GB/T 2828.1—2012 中规定了一次、二次和五次抽样方案类型，对于同一个 AQL 值和同一个样本量字码，采用任何一种抽样方案类型，其检验效果基本上是一致的。选择抽样方案类型主要考虑的因素有：产品的检验和抽样的费用。一次抽样方案的平均样本量是固定的；二次（和五次）抽样方案所需的时间、检验知识和复杂性都要比一次抽样要高，但在质量较好或太差时，能较快做出合格与否的判断，不用抽满次数，所以，其平均抽检量反而会小些。

另外，从心理效果上讲，二次（和五次）抽样比一次抽样好，使用方往往愿意采用二次或多次抽样方案。在选择抽样方案类型时应综合考虑上述因素。

在使用 GB/T 2828.1—2012 时应注意，使用一次抽样方案没有接收的批不能继续使用二次抽样方案判定。

7. 确定抽样方案

① 根据批量 N 和检验水平 IL，由 GB/T 2828.1—2012 的表 1 中检索出样本量字码 CL。

② 根据字码 CL 和规定的 AQL 值以及规定的抽样方案类型，由相应的主表直接检索出抽样方案。一次正常、加严和放宽检验抽样方案，分别由 GB/T 2828.1—2012 的表 2-A、表 2-B 和表 2-C 检索；二次正常、加严和放宽检验抽样方案，分别由 GB/T 2828.1—2012 的表 3-A、表 3-B 和表 3-C 检索；五次正常、加严和放宽检验抽样方案，分别由 GB/T 2828.1—2012 的表 4-A、表 4-B 和表 4-C 检索（见例 9-5）。

③ 关于抽样方案主表中的箭头。在检索抽样方案的过程中，对于给定的一个样本量字码和一个 AQL 的组合，如果在主表中字码与样本量所在这一行与 AQL 对应的地方只有箭头而没有判定数组，应使用表中箭头所指的接收数和拒收数所在行的字码，此时的样本量应按新的样本量字码所对应的样本量而不是按原来的样本量字码所对应的样本量。

【例 9-5】现对某种产品实施抽样检验，已确定批量为 1500，检验水平 Ⅱ，AQL 为 1.0。试确定三种类型的抽样方案。

【解】由 GB/T 2828.1—2012 表 1 中检索出样本量字码为 K；因已知 AQL 为 1.0，由 GB/T 2828.1—2012 的表 2-A、表 2-B 和表 2-C 检索出一次抽样方案如下。

正常检验：（125 | 3，4）；加严检验：（125 | 2，3）；放宽检验：（50 | 2，3）

由 GB/T 2828.1—2012 的表 3-A、表 3-B 和表 3-C 检索出二次抽样方案如下。

正常检验：（80，80 | 1，3；4，5）；加严检验：（80，80 | 0，3；3，4）；放宽检验：（32，32 | 0，3；3，4）

【例 9-6】对某种产品实施抽样检验，AQL 为 0.40，检验水平 Ⅰ，批量为 250。试确定它的一次抽样方案。

【解】根据批量为 250，由 GB/T 2828.1—2012 表 1 查出字码为 E，在 GB/T 2828.1—2012 的表 2-A 中发现字码 E 规定的样本量 13 的那一行与 AQL 为 0.4 对应的那一列没有判定数组，只有箭头，它指向的第一个判定数组是 [0，1]，与判定数组 [0，1] 同行的字码为 G，样本量为 32。于是得到：正常检验一次抽样方案为（G：32 | 0，1）。

同理，在 GB/T 2828.1—2012 的表 2-B 中得到加严检验一次抽样方案为（H：50 | 0，1）；在 GB/T 2828.1—2012 的表 2-C 中得到放宽检验一次抽样方案为（G：13 | 0，1）。

8. 检验样本及判定接收或拒收

见本章第一节内容。

9. 抽样方案的调整（转移规则）

（1）从正常检验到加严检验 "五二规则"：当正在采用正常检验时，只要初次检验中连续 5 批或少于 5 批中有 2 批不接收，则转移到加严检验。本程序不考虑再提交批。

（2）从加严检验到正常检验 "连五规则"：当正在采用加严检验时，如果初次检验的接连 5 批接收，应恢复正常检验。

（3）从正常检验到放宽检验 当正在采用正常检验时，如果下列各条件均满足，应转移到放宽检验：

① 当前的转移得分至少是 30 分；

② 生产稳定；

③ 负责部门同意使用放宽检验。

转移得分的计算方法：除非负责部门另有规定，正常检验开始时就应计算转移得分。在正常检验开始时，应将转移得分设定为 0，而在检验每个后继的批以后应更新转移得分。

1）一次抽样方案：

a. 当接收数等于或大于 2 时，如果当 AQL 加严一级后该批接收，则给转移得分加 3；否则将转移得分重新设定为 0。

b. 当接收数为 0 或 1 时，如果该批接收，则给转移得分加 2；否则将转移得分重新设定为 0。

2）二次和多次抽样：

a. 当使用二次抽样方案时，如果该批在检验第一样本后接收，给转移得分加 3；否则将转移得分重新设定为 0。

b. 当使用多次抽样方案时，如果该批在检验第一样本或第二样本后接收，则给转移得分加 3；否则将转移得分重新设定为 0。

（4）从放宽检验到正常检验　当正在执行放宽检验时，如果初次检验出现下列任一情况，应恢复到正常检验。

① 一个批不接收；

② 生产不稳定、生产过程中断后恢复生产；

③ 有恢复正常检验的其他正当理由。

（5）暂停检验　"累五规则"：如果在初次加严检验的一系列连续批中不接收批的累计数达到 5 批，应暂时停止检验。直到供方为改进所提供产品或服务的质量已采取行动，且负责部门认为此行动可能有效时，才能恢复本部分的检验程序。恢复检验应从使用加严检验开始。

二、计量型验收统计抽样检验标准

计量抽样检验，是指以单位产品的计量特性为判定依据的抽样检验。它只适用于单位产品的质量特性是以计量的方式表示的场合，且对每个质量特性要分别检验。计量型验收抽样检验执行的标准有 GB/T 8054—2008《计量标准型一次抽样检验程序及表》和 GB/T 6378.1—2008《计量抽样检验程序　第 1 部分：按接收质量限（AQL）检索的对单一质量特性和单个 AQL 的逐批检验的一次抽样方案》。

（一）GB/T 8054—2008 标准

GB/T 8054—2008 包括以批平均值为质量指标的标准型抽样检验和以不合格品率为质量指标的抽样检验。本书以批平均值为质量指标的标准型抽样检验为例说明该检验标准的使用方法。所谓标准型的抽样检验，是指为保护生产方、使用方双方的利益，把生产方风险和使用方风险固定为某特定数值的抽样检验。GB/T 8054—2008 规定的生产方风险 $\alpha=0.05$，使用方风险 $\beta=0.10$。GB/T 8054—2008 适用于对产品质量特征以计量值表示，并且质量特征值服从或近似服从正态分布的孤立批进行检验。

1. GB/T 8054—2008 的使用程序

选择抽样检验类型→确定抽样检验方式→规定合格质量与极限质量的上规格限和（或）下规格限→确定抽样方案→构成批与抽取样本→检测样本与计算结果→判断批能否接收→处理检验批。

（1）抽样检验类型的选择 产品质量稳定，并有近期质量控制或抽样检验的数据，能预先确定批标准差时，可选用"σ"法。如无近期数据或即使有近期数据，但质量不稳定时，应选用"s"法。产品质量稳定与否的检验方法，可按 GB/T 8054—2008 附录 A 的规定执行。

当生产方与使用方有较长时间的供货合同时，无论采用"s"法或"σ"法，都要以控制图方式记录样本均值与样本标准差。若在应用"s"法的过程中，控制图显示样本标准差已处于统计控制状态，允许由"s"法转换为"σ"法。若在应用"σ"法过程中，控制图显示样本标准差已不处于统计控制状态，须立即由"σ"法转换为"s"法。如果控制图虽未显示失去统计控制状态，但表明批标准差变小或变大时，应随时更新所采用的批标准差值。控制图的使用方法参见本书第四章。

（2）规定合格质量水平和极限质量水平 合格质量水平和极限质量水平应根据产品标准中对质量的要求确定。

本标准有上规格限 μ_{1U}、μ_{0U}，下规格限 μ_{0L}、μ_{1L} 及双侧规格限三种抽样检验方式（图 9-3），采用本标准时可根据产品标准对质量要求的不同的规格限而选用。

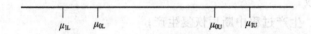

图 9-3 上规格限 μ_{1U}、μ_{0U}，下规格限 μ_{0L}、μ_{1L} 示意图

采用双侧规格限时，只有满足条件 $\mu_{1U}-\mu_{0U}=\mu_{0L}-\mu_{1L}$，才能应用本标准的图表。

（3）抽样方案的确定

①"σ"法。按表 9-3 所列步骤确定抽样方案。

表 9-3 GB/T 8054—2008 "σ"法确定抽样方案的步骤

工作步骤	工作内容	检验方式		
		上规格限	下规格限	双侧规格限
（1）	规定质量要求	μ_{0U}，μ_{1U}	μ_{0L}，μ_{1L}	μ_{0U}，μ_{1U} μ_{0L}，μ_{1L}
（2）	确定 σ 值	由生产厂近期的 20～25 组 $\bar{x}-s$（或 R）控制图数据，近期 20～25 批的抽样检验数据，按照 GB/T 8054—2008 附录 B 的方法进行估计		
（3）	计算	$\dfrac{\mu_{1U}-\mu_{0U}}{\sigma}$	$\dfrac{\mu_{0L}-\mu_{1L}}{\sigma}$	$\dfrac{\mu_{1U}-\mu_{0U}}{\sigma}$ 或 $\dfrac{\mu_{0L}-\mu_{1L}}{\sigma}$
（4）	检索抽样方案	由计算值在 GB/T 8054—2008 的表 1 中检出 n、k		由计算值在 GB/T 8054—2008 的表 2 中检出 n、k

②"s"法。按表 9-4 所列步骤确定抽样方案。

表 9-4 GB/T 8054—2008 "s" 法确定抽样方案的步骤

工作步骤	工作内容	检验方式		
		上规格限	下规格限	双侧规格限
(1)	规定质量要求	μ_{0U}, μ_{1U}	μ_{0L}, μ_{1L}	μ_{0U}, μ_{1U} μ_{0L}, μ_{1L}
(2)	估计 $\hat{\sigma}$ 值	由生产方与使用方根据以往经验协商出双方可接受的 $\hat{\sigma}$ 值,或直接协商出合适的试抽样本量。从检验批中抽取样本,将样本标准差 s 作为批标准差的估计值 $\hat{\sigma}$		
(3)	计算	$\dfrac{\mu_{1U} - \mu_{0U}}{\hat{\sigma}}$	$\dfrac{\mu_{0L} - \mu_{1L}}{\hat{\sigma}}$	$\dfrac{\mu_{1U} - \mu_{0U}}{\hat{\sigma}}$ 或 $\dfrac{\mu_{0L} - \mu_{1L}}{\hat{\sigma}}$
(4)	检索抽样方案	由计算值在 GB/T 8054—2008 的表 3 中检出 n、k		由计算值在 GB/T 8054—2008 的表 4 中检出 n、k

(4) 样本的抽取 "s" 法中若采取试抽样估计 $\hat{\sigma}$ 时,试抽样量 n_0 应不小于 11,在以 $\dfrac{\mu_{1U} - \mu_{0U}}{\hat{\sigma}}$ $\left(或 \dfrac{\mu_{0L} - \mu_{1L}}{\hat{\sigma}}\right)$ 值确定样本量 n_1 后,应按下列不同情况予以处理。

① 若 $n_1 > n_0$,再从批中随机抽取其差额 $n_1 - n_0$,予以补足后进行判断。当 $n_0 \geq 20$ 时,可以不再补抽。

② 若 $n_1 \leq n_0$,不需再抽样本,即以样本量 n_0 进行判断;但接收常数 k 应取与试抽样本量 n_0 相对应的值。

(5) 样本的检测与统计量的计算 抽取的样本按产品标准或订货合同等有关文件规定的试验、测量或其他方法,对抽取的样本中每一单位产品逐批进行检测,并计算出样本的平均值与标准差。

检测中若发现有明显偏离所属样本其他检测结果的个别异常数据时,首先应设法找出产生异常数据的技术原因或物理原因。无法查找原因时,经使用方同意,可按 GB/T 4883—2008 予以判断,然后根据异常数据的性质,由生产方与使用方协商确定是否剔除。剔除异常数据后,应重新从检验批中随机抽取相应数量的单位产品,补充至抽样方案所要求的样本量,再判断检验批的接收与否。

(6) 批能否接收的判断 见后文各例。

(7) 处理检验批 凡判为接收的批,使用方应整批接收;判为不接收的批,未经处理不得再次提交检验,应按照合同规定予以处理。

2. 应用实例

(1) "σ" 法

① 给定上规格限时。

【例 9-7】 要求水泥中碱的含量要低,批平均值在 0.50% 以下为合格质量,0.60% 以上为不合格质量。已知标准差 $\sigma = 0.06\%$,试确定抽样方案。

【解】 a. 已知 $\mu_{0U} = 0.50\%$, $\mu_{1U} = 0.60\%$, $\sigma = 0.06\%$。

b. 计算:

$$\frac{\mu_{1U} - \mu_{0U}}{\sigma} = \frac{0.60 - 0.50}{0.06} = 1.667$$

c. 从 GB 8054—2008 的表 1 中找出 "A 或 A′ 计算值范围" 一行中 1.667 所在位置(第 3 行:1.463~1.689),得到:$n = 4$, $k = -0.822$。

d. 于是求得抽样方案为 [4，−0.822]。从产品批中随机抽取 4 个单位产品，检测结果（%）为 0.55、0.58、0.54、0.60。计算得到：样本均值 $\bar{x}=0.568$，$Q_U=\dfrac{\mu_{0U}-\bar{x}}{\sigma}=\dfrac{0.50-0.568}{0.06}=-1.13$。

e. 判断规则：若 $Q_U \geqslant -0.822$，接收该批；若 $Q_U < -0.822$，不接受该批。本例 $Q_U=-1.13<-0.822$，不接收该批。

② 给定下规格限时。

【例 9-8】 某种钢球的洛氏硬度以大为好，批的平均值在 75 以上该批合格，在 73 以下则以低概率接收。已知批的标准差 $\sigma=1.5$。试确定抽样方案。

【解】 a. 已知 $\mu_{0L}=75$，$\mu_{1L}=73$，$\sigma=1.5$。

b. 计算 $\dfrac{\mu_{0L}-\mu_{1L}}{\sigma}=\dfrac{75-73}{1.5}=1.333$。

c. 从 GB 8054—2008 的表 1 "A 或 A' 计算值范围" 一行中找出 1.333 所在位置（第 4 行：$1.309\sim1.462$），由此得到：$n=5$，$k=-0.736$。

d. 于是求得抽样方案为 [5，−0.736]。从批中随机抽取 5 个单位产品，检测结果为 75.2、75.5、74.8、75.8、75.1。计算得到：样本均值 $\bar{x}=75.28$，$Q_L=\dfrac{\bar{x}-\mu_{0L}}{\sigma}=\dfrac{75.28-75}{1.5}=0.187$。

e. 判断规则：若 $Q_L \geqslant -0.736$，接收该批；若 $Q_L < -0.736$，不接受该批。本例 $Q_L=0.187 \geqslant -0.736$，接收该批。

③ 给定双侧规格限时。

【例 9-9】 某企业对出磨水泥生料中氧化钙质量分数的控制指标为 38.0%±0.3%。在 38.0%±0.5% 之外，下道工序以低概率接收。已知批的标准差 $\sigma=0.18\%$。试确定抽样方案。

【解】 a. 已知 $\mu_{0L}=37.7\%$，$\mu_{1L}=37.5\%$，$\mu_{0U}=38.3\%$，$\mu_{1U}=38.5\%$，$\sigma=0.18\%$。

b. 计算 $\dfrac{\mu_{1U}-\mu_{0U}}{\sigma}=\dfrac{\mu_{0L}-\mu_{1L}}{\sigma}=\dfrac{38.5-38.3}{\sigma}=\dfrac{0.2}{0.18}=1.111$。

c. 计算 $\dfrac{\mu_{0U}-\mu_{0L}}{\sigma}=\dfrac{38.3-37.7}{0.18}=3.333$。

④ 先从 GB/T 8054—2008 的表 2 "A 或 A'" 一行中先找出 $\dfrac{\mu_{1U}-\mu_{0U}}{\sigma}$ 的计算值为 1.111 所在的范围（第 8 列：$1.040\sim1.119$）和样本量 $n=8$，再由此范围所在的列找出计算值 $\dfrac{\mu_{0U}-\mu_{0L}}{\sigma}=3.333$ 所在范围（最末一行 "0.919 以上"），并由此得到 $k=-0.582$。

⑤ 于是求得抽样方案为 [8，−0.582]。从批中随机抽取 8 个单位产品，检测结果（%）为：38.4、38.5、38.6、38.7、38.5、38.5、38.6、38.7。计算样本均值 $\bar{x}=38.56$，$Q_U=\dfrac{\mu_{0U}-\bar{x}}{\sigma}=\dfrac{38.3-38.56}{0.18}=-1.444$，$Q_L=\dfrac{\bar{x}-\mu_{0L}}{\sigma}=\dfrac{38.56-37.70}{0.18}=4.778$。

⑥ 判断规则：若 $Q_U \geqslant -0.582$ 并且 $Q_L \geqslant -0.582$，接收该批；若 $Q_U < -0.582$ 或 $Q_L < -0.582$，不接收该批。本例 $Q_U=-1.444<-0.582$，不接收该批。这段时间所对应

的出磨生料不能直接进入入窑生料库，需对其成分进行调整合格后方能入库。

(2) "s" 法

① 给定上规格限时。

【例 9-10】 规定煤的全硫含量低于 2.0% 者为合格质量水平，超过 2.2% 者以低概率接收。由于无近期质量控制或抽样检验的数据，产需双方商定 $\sigma=0.15\%$，试用未知标准差的 "s" 法确定抽样方案。

【解】 a. 已知 $\mu_{0U}=2.0\%$，$\mu_{1U}=2.2\%$，$\sigma=0.15\%$。

b. 计算 $\dfrac{\mu_{1U}-\mu_{0U}}{\hat{\sigma}}=\dfrac{2.2-2.0}{0.15}=1.333$。

c. 从 GB/T 8054—2008 的表 3 中 "B 或 B' 计算值范围" 一行中找到 1.333 所在位置（表内第 4 行：1.260~1.419）而查到 $n=7$，$k=-0.734$。

d. 于是求得的抽样方案为 [7，-0.734]。从批中随机抽取 7 个单位产品，测得结果（%）为：2.4、2.1、1.9、1.8、2.1、2.1、2.5。

计算各参数：全硫的质量分数平均值 $\bar{x}=2.13\%$，标准差 $s=0.25\%$，$Q_U=\dfrac{\mu_{0U}-\bar{x}}{s}=\dfrac{2.0-2.13}{0.25}=-0.52$。

e. 判断规则：若 $Q_U \geqslant -0.734$，接收该批；若 $Q_U < -0.734$，不接受该批。

本例 $Q_U=-0.52>-0.734$，接收该批。

② 给定下规格限时。

【例 9-11】 要求一批钢球的洛氏硬度超过 75 时为可接收，低于 73 时不可接收。由于无法预知批标准差，使用方与生产方商定采用 "s" 法中规定的试抽样本法来估计标准差。试抽样本量为 20。试确定所需抽样方案。

【解】 a. 已知 $\mu_{0L}=75$，$\mu_{1L}=73$。

b. 从批中随机抽取 20 个样品，洛氏硬度测定结果为：75.8、74.3、72.3、74.5、77.1、74.6、72.8、74.1、75.2、76.1、74.2、73.2、71.3、72.9、73.4、72.8、74.3、72.9、77.5、74.2。

计算得到：样本标准差 $s=1.63$，以此作为标准差的估计值 $\hat{\sigma}$。

c. 计算 $\dfrac{\mu_{0L}-\mu_{1L}}{\hat{\sigma}}=\dfrac{75-73}{1.63}=1.227$。

d. 从 GB/T 8054—2008 的表 3 中 "B 或 B' 计算值范围" 一行中找出 1.227 所在位置（第 5 行：1.160~1.259）。由此得到抽样方案为：

$$n_1=8，k=-0.670$$

e. 由于试抽样本量 $n_0=20$，$n_0>n_1$，上述抽样方案不能用，应以试抽样本作为能否接收的依据，其接收常数为试抽样本量 $n_0=20$ 的对应值 $k=-0.387$，求得抽样方案为 [20，-0.387]。计算各参数：平均值 $\bar{x}=74.18$，标准差 $s=1.63$，$Q_L=\dfrac{\bar{x}-75}{s}=\dfrac{74.18-75}{1.63}=-0.503$。

f. 判断规则：若 $Q_L \geqslant -0.387$，接收该批；若 $Q_L < -0.387$，不接收该批。本例 $Q_L=-0.503<-0.387$，不接收该批。

③ 给定双侧规格限时。

【例 9-12】某企业对出磨水泥生料中氧化钙质量分数的控制指标为 38.0%±0.3%。在 38.0%±0.5%之外，下道工序以低概率接收。标准差未知，而且无近期质量数据可供估计，经质量管理部确定采用试抽样本的 "s" 法进行抽样检测，并确定试抽样本 n_0＝6。试确定抽样方案。

【解】a. 已知 $\mu_{0L}=37.7\%$，$\mu_{1L}=37.5\%$，$\mu_{0U}=38.3\%$，$\mu_{1U}=38.5\%$。

b. 从批中试抽 $n_0=6$ 个单位产品，测量结果（%）为：38.4、38.7、38.6、38.3、38.4、38.2。

计算样本平均值 $\bar{x}=38.43$，标准差 $s=0.186$，以此作为标准差的估计值 $\hat{\sigma}$。

c. 计算 $\dfrac{\mu_{0L}-\mu_{1L}}{\hat{\sigma}}=\dfrac{37.7-37.5}{0.186}=1.075$。

d. 计算 $\dfrac{\mu_{0U}-\mu_{0L}}{\hat{\sigma}}=\dfrac{38.3-37.7}{0.186}=3.226$。

e. 先从 GB/T 8054—2008 的表 4 中 "B 或 B'" 一行中找出计算值 $\dfrac{\mu_{0L}-\mu_{1L}}{\hat{\sigma}}=1.075$ 所在范围（第 8 列：1.020～1.079），样本量 $n_1=10$，再由此范围所在的列找出 $\dfrac{\mu_{0U}-\mu_{0L}}{\hat{\sigma}}=3.226$ 所在范围（最末一行 "1.202 以上"），得 $k=-0.580$。于是所得抽样方案为 $[10，-0.580]$。

f. 由于试抽样本量 $n_0=6$，$n_1=10>n_0=6$，所以从检验批中补抽 $n_1-n_0=10-6=4$ 个产品，补足 10 个。补抽 4 个产品的测定值为：38.6、38.7、38.4、38.5。重新计算各参数：

平均值 $\bar{x}=38.48\%$，标准差 $s=0.169\%$，$Q_U=\dfrac{\mu_{0U}-\bar{x}}{s}=\dfrac{38.3-38.48}{0.169}=-1.065$，$Q_L=\dfrac{\bar{x}-\mu_{0L}}{s}=\dfrac{38.48-37.70}{0.169}=4.615$。

g. 判断规则：若 $Q_U\geqslant-0.580$ 且 $Q_L\geqslant-0.580$，接收该批；若 $Q_U<-0.580$ 或 $Q_L<-0.580$，不接收该批。本例 $Q_U=-1.065<-0.580$，不接收该批。

（二）GB/T 6378.1—2008 标准

GB/T 6378 系列标准是计量抽样检验的基础标准。GB/T 6378.1—2008《计量抽样检验程序 第 1 部分：按接收质量限（AQL）检索的对单一质量特性和单个 AQL 的逐批检验的一次抽样方案》与 GB/T 8054—2008 类似，也有 s 法和 σ 法两种检验方法。GB/T 6378.1—2008 双侧规范限的计算比较复杂，此处从略，需要时可参阅该标准。本书仅对单侧规范限的使用方法进行介绍。

GB/T 6378.1—2008 与 GB/T 2828.1—2012 在接收质量限 AQL、检验水平、宽严度等的含义和确定原则上都是相似的，可参见本章第二节内容。

1. s 法的使用程序

（1）检索方案、抽样和预备计算

① 根据批量和确定的检验水平（通常为一般检验水平Ⅱ），从 GB/T 6378.1—2008 附录 A 表 A.1 检索样本量字码。

与样本量字码对应的不同宽严度检验的样本量见 GB/T 6378.1—2008 附录 A 表 A.2。

② 对于单侧规范限,用样本量字码和 AQL 从 GB/T 6378.1—2008 的附录 B 表 B.1(正常检验一次抽样)、表 B.2(加严检验一次抽样)或表 B.3(放宽检验一次抽样)中查出样本量 n 和接收常数 k。

③ 随机抽取样本量为 n 的样本,检测每个样本产品的特性值 x,然后计算样本均值 $\bar{x}$ 和样本标准差 s。如果 $\bar{x}$ 在规范限之外,即可不接收该批,这时可不计算 s。但为了保持记录的完整性,还需计算 s。

(2)s 法单侧规范限检验的接收准则 单侧规范限的情形,需要计算质量统计量:上规范限 $Q_U = (U-\bar{x})/s$ 或下规范限 $Q_L = (\bar{x}-L)/s$。然后将计算出的 Q_U 或 Q_L 同从 GB/T 6378.1—2008 附录 B 表 B.1、表 B.2 或表 B.3 中获得的相应于正常、加严或放宽检验的接收常数 k 进行比较。如果统计量大于或等于接收常数,则接收该批;否则,不接收该批。即:

如果仅规定了上规范限 U,当 $Q_U \geqslant k$ 时,接收该批;当 $Q_U < k$ 时,不接收该批。如果仅规定了下规范限 L,当 $Q_L \geqslant k$ 时,接收该批;当 $Q_L < k$ 时,不接收该批。

【例 9-13】s 法给定单侧上规范限的情形。对燃料煤灰分的最高含量规定为 27.0%。被检验煤样的批量为 100 件。采用一般检验水平 II,AQL=2.5(%),一次抽样,正常检验。从 GB/T 6378.1—2008 的附录 A 表 A.1 查得样本量字码为 F,由 GB/T 6378.1—2008 的附录 B 表 B.1 查出所需样本量为 13,接收常数 k 为 1.405。假设测量值(%)如下:26.8、25.6、26.4、27.3、27.8、25.8、26.5、26.1、27.2、27.1、26.8、26.1、26.6。试给出本示例的接收准则并确定批的接收性。

【解】 按照下述步骤(表 9-5),根据有关信息,计算有关的数值。

表 9-5 s 法给定单侧上规范限的示例

需要的信息	得到的数值
样本量 n	13
样本均值 $\bar{x}$	26.623%
样本标准差 s	0.633%
上规范限 U	27.0%
$Q_U = (U-\bar{x})/s$	0.596
接收常数 k(见 GB/T 6378.1—2008 附录 B 表 B.1)	1.405
接收准则:Q_U 是否大于或等于 k($Q_U \geqslant k$)?	否(0.596<1.405)
结论	不满足接收准则,故拒收该批

虽然平均值 26.623%<27.0%,但按照统计抽样的结论,拒收该批产品。

【例 9-14】s 法给定单侧下规范限的情形(需要使用主表中箭头的情形)。某种水泥的抗压强度最低值为 47.5MPa。被检验产品的批量为 8000 件。采用一般检验水平 I,正常检验,对下侧规范限 AQL 取 0.1(%)。由 GB/T 6378.1—2008 附录 A 表 A.1 查得样本量字码为 J,由 GB/T 6378.1—2008 附录 B 表 B.1 查出应用 s 法所需样本量为 35。而在 GB/T 6378.1—2008 附录 B 表 B.1 中 J 和 AQL=0.1(%)查到的是一个向下的箭头,指向 2.569。这意味着在此不能得到完全匹配的方案,可用的方案是由样本量字码 K 给出的,即样本量为 50 和接收常数 k 为 2.569。随机抽取 50 个样本产品,假设检测得到的样本中各样品抗压强度(MPa)如下:

50.5、50.2、49.8、50.7、49.7、50.2、48.3、51.0、49.8、50.6、49.2、50.7、

50.1、50.9、50.4、50.3、49.3、49.8、49.8、49.7、49.6、49.6、51.0、49.0、50.9、
48.9、50.8、48.3、50.4、48.6、50.1、48.7、50.2、50.4、50.7、50.1、50.3、50.3、
50.0、50.8、49.1、50.1、49.3、50.7、48.9、50.2、49.7、49.8、49.1、49.2

试给出本示例的接收准则并确定批的接收性。

【解】按照下述步骤（表9-6），根据有关信息计算有关的数值。

表 9-6 s 法给定单侧下规范限的示例

需要的信息	得到的数值
样本量 n	50
样本均值 $\bar{x}$	49.92MPa
样本标准差 s	0.723MPa
下规范限 L	47.5 MPa
$Q_L = (\bar{x} - L)/s$	3.347
接收常数 k（见 GB/T 6378.1—2008 附录 B 表 B.1）	2.569
接收准则：Q_L 是否大于或等于 $k(Q_L \geqslant k)$？	是（3.347＞2.569）
结论	满足接收准则，故接收该批

2. σ 法的使用程序

（1）σ 法检索方案、抽样和预备计算 σ 法仅用于有有效证据表明过程标准差 σ 是常数且数值已知的情况。

从 GB/T 6378.1—2008 附录 A 表 A.1 中可以查得样本量字码。依据样本量字码、检验的严格度以及规定的 AQL，从 GB/T 6378.1—2008 附录 C 表 C.1（正常检验）、表 C.2（加严检验）或表 C.3（放宽检验）中查得相应的样本量 n 和接收常数 k。

随机抽取样本量为 n 的样本，检测每个样本产品的特性值 x，然后计算样本均值 $\bar{x}$（也需计算样本标准差 s，但仅用于核对过程标准差的稳定性）。

（2）σ 法单侧规范限的接收准则 σ 法的接收准则与 s 法的程序类似。首先，用过程标准差已知的 σ 代替 s 法的质量统计量 Q 中的 s，然后计算 Q 值并同由 GB/T6378.1—2008 附录 C 表 C.1（正常检验）、表 C.2（加严检验）和表 C.3（放宽检验）查得的接收常数 k 进行比较。

需要注意的是，可将上规范限的接收准则 $Q_U [=(U-\bar{x})/\sigma] \geqslant k$ 改写为 $\bar{x} \leqslant U - k\sigma$。由于 U、k 和 σ 的值都已知，所以接收值 $\bar{x}_U (=U-k\sigma)$ 在检验开始前就已确定了。

对于上规范限：如果 $\bar{x} \leqslant \bar{x}_U$，则接收该批；如果 $\bar{x} > \bar{x}_U$，则不接收该批。

类似地，对于下规范限：如果 $\bar{x} \geqslant \bar{x}_L (=L+k\sigma)$，则接收该批；如果 $\bar{x} < \bar{x}_L$，则不接收该批。

【例 9-15】σ 法给定单侧规范限的情形。某钢铸件的最低屈服点规定为 400 N/mm^2，交验批的批量为 500 件。采用一般检验水平 Ⅱ，正常检验，AQL=1.5（%）。已知 σ 为 8 N/mm^2。由 GB/T 6378.1—2008 附录 A 表 A.1 中查得样本量字码为 H。由 GB/T 6378.1—2008 附录 C 表 C.1（正常检验）查出对应于 AQL 值为 1.5（%）的样本量 n 为 12，接收常数 k 为 1.613。假设样本产品屈服点的测量值（N/mm^2）如下：408、410、395、398、

412、420、405、406、411、409、408、420。试给出本示例的接收准则并确定批的接收性。

【**解**】按照下述步骤（表 9-7），根据有关信息，计算有关的数值。

表 9-7 σ 法给定单侧规范限的示例

需要的信息	得到的数值
接收常数 k	1.613
已知的标准差 σ	8 N/mm^2
$k\sigma$ 乘积	12.9 N/mm^2
下规范限 L	400N/mm^2
接收值 $\bar{x}_L = L + k\sigma$	412.9 N/mm^2
测量值的和	4902 N/mm^2
样本量 n	12
样本均值 $\bar{x}$	408.5 N/mm^2
接收准则：$\bar{x}$ 是否大于或等于 $\bar{x}_L$ ($\bar{x} \geqslant \bar{x}_L$)？	否
结论	批的样本均值不满足接收准则,故不接收该批

由于标准差较大（8 N/mm^2），虽然样本的均值 408.5 N/mm^2 大于规范限 400 N/mm^2，但是按照统计规律而言，由此样本推断得到的总体的中心值并不能满足规范限的要求。

（三）计量-计数混合抽样方案

国家标准 GB/T 6378.1 和 GB/T 2828.1 都属于调整型抽检系统，有基本相同的转移规则。同一 AQL 和同一字码的 GB/T 2828.1 抽样方案与 GB/T 6378.1 抽样方案有基本相同的 OC 曲线，因而在一定条件下这两个标准可互换使用。

使用计量抽检的最大好处是可大大节省样本量，且能提供更多的质量信息，但要假定被检计量质量特征服从正态分布。在生产实践中，大多数计量质量特征只是近似服从正态分布；或由于一些无法避免的因素干扰着生产过程，或生产方对交验批事先进行了筛选，使得原为正态分布变得不再是正态分布了。非正态分布计量质量特征应用 GB/T 6378.1 时往往使生产方风险增大，如又想从应用 GB/T 6378.1 中节省大量样品，一个有效的办法就是把 GB/T 6378.1 和 GB/T 2828.1（以不合格品率作为指标）联合起来使用，即使用所谓的计量-计数混合抽样方案（以下简称混合抽样方案）。混合抽样方案又分为独立混合型和从属混合型两种。

从属混合抽样方案的操作程序如下：

① 从批中随机抽取样本量为 n_1 的第一样本，这是计量抽样检验方案所需的样本量。

② 检验第一样本，并按照计量抽样检验方案的判定准则对批做出判定。如判为接收，抽检结束并接收该批；否则，统计出样本中的不合格品数 d_1，并转到下一步。

③ 从批中随机抽取样本量为 n_2 的第二样本，$n_2 = n - n_1$，n 是计数抽样检验方案所需的样本量。

④ 检验第二样本，并按照计数抽样检验方案的判定准则，根据第二样本中的不合格品数 d_2 与第一样本中的不合格品数 d_1 之和对批做出最后判定。

【**例 9-16**】对进厂煤中灰分的含量是否合格进行检验。批量为 100，上规格限 $U =$

27.0%，AQL＝1.0（%），检验水平Ⅱ，加严检验。已知过程标准差 σ＝0.60%。试确定从属混合抽样方案。

【解】根据批量和检验水平Ⅱ，由 GB/T 2828.1—2012（或 GB/T 6378.1—2008）中的表1查得样本量字码为 F。

计量抽样检验方案：根据样本量字码 F 和 AQL，由 GB/T 6378.1—2008 的附录 C 表 C.2 "σ" 法得出上规格限加严检验一次抽样方案为：n_1＝8，k＝1.821。

计数抽样检验方案：根据样本量字码 F 和 AQL，由 GB/T 2828.1—2012 中的表 2-B 查得加严检验一次抽样方案为：n＝20，Ac＝0，Re＝1；第二样本量 n_2＝$n-n_1$＝20－8＝12。

具体检验程序见表9-8。

表 9-8　从属混合抽样方案抽样检验程序示例

步　骤	结　果
① 确定混合抽样方案参数	$n_1=8,n_2=12,k=1.821,Ac=0,Re=1$
② 从批中随机抽取大小为 $n_1=8$ 的第一样本,检验后如 $Q_U \geqslant k$,接收该批;否则转到下一步	第一样本检测结果(%):26.5、25.6、26.4、26.8、26.5、25.8、26.5、26.1。$\bar{x}=26.275$,$Q_U=(U-\bar{x})/\sigma=(27.0-26.275)/0.60=1.208<1.821=k$,故转到下一步
③ 统计第一样本中的不合格品数 d_1	$d_1=0$
④ 从批中抽取样本量为 $n_2=12$ 的第二样本,检验此 12 个样品,统计不合格品数 d_2	第二样本检测结果(%):26.8、26.9、25.9、27.0、26.1、25.4、24.3、25.4、25.8、25.5、25.9、24.6。 不合格品数 $d_2=0$
⑤ 如 $d_1+d_2 \leqslant Ac$,接收该批;否则拒收该批	由于 $d_1+d_2=Ac=0$,故接收该批

第四节 ▶▶ 质检监督检验统计抽样检验标准

一、计数型统计抽样检验标准 GB/T 2828.4—2008

（一）统计抽样检验的风险

GB/T 2828.4—2008《计数抽样检验程序　第 4 部分：声称质量水平的评定程序》适用于核查总体量 N 大于 250，$N/n>10$ 的情况。该标准中规定的抽样检验程序是为了在正规的评审中所需做的抽样检验而开发出来的。当实施这种形式的检验时，负责部门必须考虑做出不正确结论的风险，并且在安排和执行评审（或审核，或试验）中考虑此风险。

以统计抽样检验为基础的任何评定，由于抽样的随机性，判定结果会有内在的不确定性。

GB/T 2828.4—2008 所提供的程序，仅当有充分证据表明实际质量水平劣于声称质量水平时，才判定该核查总体不合格。这些程序是按下述方式设计的：

① 当核查总体的实际质量水平等于或优于声称质量水平时，判定抽查不合格的风险（α）大约控制在 5%。

② 当核查总体的实际质量水平劣于声称质量水平时，有判定核查总体抽查合格的风险。此风险依赖于质量比的值。引进极限质量比 LQR 以表示可容忍的最大质量比。当实际质量水平为该声称量水平的 LQR 倍时，按照本标准的程序，有 10% 的风险（β）判定抽查合格（相当于判定抽检不合格的概率为 90%）。

评价结果的用词应反映所得到的各种错误结论的风险之间的不平衡。

在 GB/T2828.4—2008 的表 1 中给出了与四个 LQR 水平相关的详细内容。本部分提供的抽样方案是按声称质量水平 DQL 和极限质量比 LQR 水平来检索的。

（二）GB/T 2828.4—2008 的使用程序

确定核查总体→确定单位产品的技术性能、质量特性及要求→确定不合格品的分类→规定声称质量水平 DQL→规定极限质量比 LQR 水平→检索抽样方案→抽取样本→检验样本→判定准则→复查→不合格品的处置。

1. 确定核查总体

根据核查需要确定核查总体。核查总体中的产品可以是同厂家、同型号、同一周期生产的产品，也可以是不同厂家、不同型号、不同周期生产的同类产品。必要时，还可以是不同类产品。

2. 确定单位产品的技术性能、质量特性及要求

按照相关标准对单位产品的技术性能、技术指标、安全指标、卫生指标等需核查的质量特性做出明确的规定。

3. 确定不合格品的分类

① 核查抽样检验时对不合格品的分类一般应与验收抽样检验时的不合格品的分类相一致。

② 按照实际需要，一般将不合格品区分为 A 类、B 类及 C 类三种类别。如有必要，可以区分为多于三种类别的不合格品。在单位产品比较简单的情况下，也可区分为两种类别的不合格品，甚至不区分类别。

4. 规定声称质量水平

对批量生产的产品，在产品标准中应规定对产品的总体质量要求。核查总体中允许的不合格品百分数的上限值，称为"声称质量水平"（DQL）。

（1）规定 DQL 的必要性　DQL 是受检总体（批）合格与否的定义，是质量监督（核查）工作的"基本法"；如果没有这样一个定义，即使全检得出一个非零的不合格品率的真值，也无法判定该总体（批）是否合格。

（2）DQL 的规定方法

① 当生产方接受核查时，在确有把握的前提下，生产方自行申报的声称质量水平 DQL 值应有正当的根据，不得故意夸大或低报。DQL 值不应大于（质量不能次于）产品标准中所要求的产品总体质量水平值。

② 负责部门提出核查时，所规定的声称质量水平 DQL 不应小于（质量不能优于）产品标准中所要求的产品总体质量水平值。若验收抽样时已规定了 AQL 值，则规定的 DQL 值应不小于该 AQL 值。

③ 关于 DQL＝0 的问题。若受检总体中的产品经过了全检，或受核查方有把握认为该核查总体中的产品都合格，当对此总体进行质量核查时，可规定 DQL＝0。当规定 DQL＝0

时，抽样方案为 $(n; 0)$，对于任意 n $(n < N)$ 都是合理的。

当 $d > 0$ 时，以 95% 的概率确认受检总体不合格，此时 $\alpha = 0.05$；当 $d = 0$ 时，不能肯定受检总体合格，只能说未发现该受检总体不合格，即未见异常，结论为"不否定其声称质量水平"。

另外，当规定 DQL = 0 时，可以不随机抽样，而根据生物的、物理的等专业知识或经验专门挑毛病抽样（目的抽样、有意抽样）。

5. 确定极限质量比（LQR）

极限质量是"对一个被认为处于孤立状态的批，为了抽样检验，限制在某一低接收概率的质量水平"。

"极限质量比"是将错误判定核查总体抽查合格的风险限定在某一较小值（本标准中规定为 10%）时的质量比的值。

在 GB/T 2828.4—2008 的表 1 中给出了 O、Ⅰ、Ⅱ、Ⅲ 四个 LQR 水平，LQR 水平越高，所需的样本量越大，检验的功效越高。负责部门应根据所能承受的样本量和检验的功效两个因素规定 LQR 水平；LQR 水平一经规定，在实施过程中不得改动。

6. 抽样方案的选取

根据所选定的声称质量水平 DQL 和极限质量比 LQR 水平，使用 GB/T 2828.4—2008 的表 1 选取抽样方案。

例如，选取声称质量水平 DQL = 0.65，极限质量比 LQR 水平为 Ⅱ，使用 GB/T 2828.4—2008 的表 1，可得抽样方案为 $(125; 2)$，即 $n = 125$，不合格品限定数为 $L = 2$。

当选定一个声称质量水平 DQL 时，如果在表中没有该声称质量水平的值，为了选取方案，应使用下一个较高的声称质量水平 DQL 值。例如，如果选取声称质量水平 DQL = 0.13，极限质量比 LQR 水平为 O，在 GB/T 2828.4—2008 的表 1 中无该 DQL 值，这时使用 DQL = 0.15、LQR 水平为 O 的抽样方案，其抽样方案为 $(32; 0)$，即 $n = 32$，不合格品限定数为 $L = 0$。

7. 抽取样本

可按简单随机抽样，或有条件时按分层随机抽样或其他随机抽样方法从该核查总体中抽取样本。

【例 9-17】如果声称质量水平 DQL = 0.65，极限质量比 LQR 水平为 Ⅱ，使用 GB/T 2828.4—2008 的表 1 抽样方案主表，可得抽样方案为 $(125; 2)$，即样本量为 125，不合格品限定数为 2。如果所研究的核查总体为 5 个班次的产品，且每个班次的产量大致相等，则应将由 $n = 125$ 组成的整个样本作为 5 个子样本来抽选，每个子样本是由通过简单随机抽样从 5 个班次的产品中抽选的 25 个样品组成的。

8. 检验样本

对事先规定的各检验项目，按有关标准和技术要求规定的检验方法及样本单元合格与否的判别准则逐一检验样本中的每个样本单元，统计出被检样本中的不合格品数（不合格数），或分别统计样本中的不合格品数（不合格数）及不同类别的不合格品数（不合格数）。

9. 判定准则及检验结论

所检验的单位产品的数量应等于抽样方案表中规定的样本量。

若在样本中发现的不合格品数 d 小于或等于不合格品限定数 L，即抽检合格时，可认定为通过核查。例如，声称质量水平 DQL = 0.65，极限质量比 LQR 水平为 Ⅱ 时，样本量 $n =$

125，不合格品限定数为 $L=2$。若在样本量为 125 的样本中发现的不合格品不超过 2 个，则认为没有发现其核查总体的实际质量水平大于其声称质量水平 DQL$=0.65$，判定为该核查总体抽检合格。

当抽样方案的样本量较小时，把不合格的核查总体判为抽检合格的概率较大，其检验结论应写为"不否定该核查总体的声称质量水平"，必要时也可写为"对核查总体的抽检合格"，不应写为"核查总体合格"，负责部门对判定抽检合格的核查总体不负确认总体合格的责任。

若在样本中发现的不合格品数 d 大于不合格品限定数 L，即抽检不合格时，可认定为该核查总体不合格。若受核查方对判定结果有异议可申请复查。

二、计数型统计抽样检验标准 GB/T 2828.11—2008

GB/T 2828.11—2008《计数抽样检验程序 第 11 部分：小总体声称质量水平的评定程序》的原理和实施程序与 GB/T 2828.4—2008 基本相同。二者的不同点在于：①GB/T 2828.11—2008 适用于核查总体量 N 不大于 250 时的质量监督检验；GB/T 2828.4—2008 适用于核查总体量 N 大于 250 时的质量监督检验；②GB/T 2828.11—2008 中的 DQL 是总体中的不合格品数，而在 GB/T 2828.4—2008 中是不合格品百分数。

GB/T 2828.11—2008 的使用程序如下。

1. 确定声称质量水平 DQL

对批量生产的产品，在产品标准中应规定对产品的总体质量要求。

当供方接受核查时，在供方确有把握的前提下，供方声称的质量水平 DQL 值应不大于产品标准中所要求的产品总体质量水平值。负责部门提出核查时，所规定的声称的质量水平 DQL 值应不小于产品标准中所要求的产品总体质量水平值。

当给某一类别的不合格规定 DQL 时，表明供方有充分理由相信其产品质量水平不比 DQL 更劣。

2. 确定检验水平

GB/T 2828.11—2008 规定了两种检验水平：第 O 检验水平（不合格品限定数 $L=0$）和第 I 检验水平（不合格品限定数 $L=1$）。检验水平越高，所需的样本量越大，检验功效越高。负责部门应根据所能承受的样本量和检验功效两个因素选用检验水平。检验水平一经选定，在实施过程中不得改动。

3. 检索抽样方案

如为"第 O 检验水平"，根据批量 N（表中的第一行）和声称质量水平 DQL（表中的第一列）从 GB/T 2828.11—2008 附录 B 的表 B.1 中查取抽样方案 $(n;0)$；确定的检验水平如为"第 I 检验水平"，根据批量 N 和声称质量水平 DQL 从 GB/T 2828.11—2008 附录 B 的表 B.2 中查取抽样方案为 $(n;1)$。

对于一组给定的 DQL 值和检验水平，如无相应的抽样方案可用时，应按箭头方向查取抽样方案。经负责部门批准，对某一确定的 DQL 值，可使用样本量较大的抽样方案来代替样本量较小的抽样方案。

所检验的单位产品的数量应等于抽样方案表中规定的样本量 n。

4. 判定规则

经过检验，若在样本中发现的不合格品数 d 小于或等于不合格品限定数 L，即抽检样本符合要求，判核查通过；若在样本中发现的不合格品数 d 大于不合格品限定数 L，即抽检样本不符合要求，判核查总体不合格。若受核查方对判定结果有异议可申请复验或复检。

5. 抽查结论的统计解释

当抽样方案的样本量较小时，有较高的概率将不合格的核查总体判为核查通过，故其检验结论应为"不否定该核查总体的声称质量水平"，而不应为"核查总体合格"。负责部门对判定核查通过的核查总体不负确认总体合格的责任。

【例 9-18】 某核查总体中有 80 个单位产品，欲检验其中的不合格品数是否超过 2 个，即 DQL＝2，试确定其抽样方案。

【解】 若选用"第 O 检验水平"的抽样方案，从 GB/T 2828.11—2008 附录 B 的表 B.1 中 $N=80$ 的列和 DQL＝2 的行的相交处查得 $n=2$，因此抽样方案为 $(n；L)=(2；0)$。从核查总体中随机抽取 2 个样品进行检验。若其中没有不合格品，即 $d=0$，则判核查通过；若其中含有不合格品，即 $d>0$，则判核查总体不合格。

【例 9-19】 某核查总体中有 80 个单位产品，欲检验其中的不合格品数是否超过 5 个，即 DQL＝5，试确定其抽样方案。

【解】 若选用"第 O 检验水平"的抽样方案，从 GB/T 2828.11—2008 附录 B 的表 B.1 中 $N=80$ 的列和 DQL＝5 的行的相交处查得一个向上的箭头，沿着箭头方向可查得 $n=1$，因此抽样方案为 $(n；L)=(1；0)$。从核查总体中随机抽取 1 个样品进行检验。若为合格品，即 $d=0$，则判核查通过；若为不合格品，即 $d>0$，则判核查总体不合格。

若选用"第 I 检验水平"的抽样方案，查 GB/T 2828.11—2008 附录 B 的表 B.2 可得抽样方案为 $(n；L)=(6；1)$。抽取 6 个样品进行检测，若不合格品数不超过 1，即 $d\leqslant1$，则核查通过；若不合格品数 $d>1$，则判核查总体不合格。

三、计量型统计抽样检验标准 GB/T 6378.4—2008

GB/T 6378.4—2008《计量抽样检验程序 第 4 部分：对均值的声称质量水平的评定程序》中规定的程序是为了在正规的评审中所需做的抽样检验而设计的。当实施这种形式的检验时，负责部门必须考虑做出错误结论的风险，并且在安排和执行评审（或审核）中考虑此类风险。

GB/T 6378.4—2008 设计了一些规则，使得当事实上核查总体的实际质量水平符合声称质量水平时，判核查总体不合格的风险很小。如果还希望当核查总体的实际质量水平不符合声称质量水平时，判核查通过的风险同样很小，必须有更大的样本量。为了尽量减小样本量，允许当实际质量水平事实上不符合声称质量水平时，判核查通过的风险稍高。判定结果的用词反映了作出不同错误结论风险的不平衡。

（一）GB/T 6378.4—2008 的使用程序

确定核查总体→确定核查质量特性→确定核查抽样检验类型（σ 法或 s 法）→确定核查抽样检验方式（上侧、下侧或双侧）→规定声称质量水平→规定核查检验水平→确定核查抽样方案→抽取样本→样本的检测与计算→判定核查总体是否合格。

1. 确定核查总体

根据核查需要确定核查总体，核查总体中的产品可以是同厂家、同型号、同一生产周期生产的产品，需要时也可以是同厂家、同型号、不同生产周期生产的产品；或同厂家、不同型号、不同生产周期生产的产品；甚至不同厂家、不同型号、不同生产周期生产的产品。

2. 确定核查总体的受检质量特性

根据核查的需要，确定核查总体的一个或多个受检质量特性。

3. 确定核查抽样检验类型

如果能预先确定核查总体的标准差，则可选用 σ 法；否则，应选用 s 法。

4. 确定核查抽样检验方式

GB/T 6378.4—2008 包括声称质量水平的上限 DQL_U、声称质量水平的下限 DQL_L 和声称质量水平的双侧限三种不同核查抽样检验方式，可根据产品标准对产品质量特性的规范限的不同要求而选用。

5. 规定声称质量水平 DQL

根据核查需要，规定声称质量水平。声称质量水平应与抽样检验方式相适应。

6. 规定核查检验水平

GB/T 6378.4—2008 的表 1～表 4 均给出 15 个核查检验水平。考虑到 σ 法与 s 法的区别，表 1 和表 2 中核查检验水平所对应的样本量系列与表 3 和表 4 所对应的样本量系列不完全相同。

核查检验水平越高，样本量越大，检验的功效越高。核查检验水平一经选定，在实施过程中不得改动。

7. 确定核查抽样方案

（1）σ 法

① 给定声称质量水平上限或下限。使用 GB/T 6378.4—2008 表 1，由检验水平所在行直接读取样本量 n 和限定值 k。

② 给定声称质量水平上下限。使用 GB/T 6378.4—2008 表 2，先由核查检验水平所在行读取样本量 n，再由 $\dfrac{DQL_U - DQL_L}{\sigma/\sqrt{n}}$ 的值所在列与样本量 n，所在行的相交处读取限定值 k。

（2）s 法

① 给定声称质量水平上限或下限。使用 GB/T 6378.4—2008 表 3，由检验水平所在行直接读取样本量 n 和限定值 k。

② 给定声称质量水平上下限。使用 GB/T 6378.4—2008 表 4，先由核查检验水平所在行读取样本量 n，再根据以往经验或双方协商一个用于检索抽样方案的总体标准差的估计值 σ，由 $\dfrac{DQL_U - DQL_L}{\sigma/\sqrt{n-1.64}}$ 的值所在列与样本量所在行的相交处，读取限定值 k，计算质量统计量的值并做出判定。若对判定结果有异议，则应用计算质量统计量中的样本标准差 s 代替前面的 σ，重复上述过程。

8. 抽取样本

样本应按 GB/T 10111—2008《随机数的产生及其在产品质量抽样检验中的应用程序》中规定的方法在核查总体中随机抽取。

9. 样本的检测与计算

按产品标准或有关文件规定的试验、测量或其他方法，对抽取的样本中每一个样本产品逐个进行检测。检测结果应完整、准确地记录，并计算出样本的均值与标准差。

10. 判定核查总体是否合格

见后文各例。

11. 抽样检验结论的统计解释

当由抽样结果判核查总体不合格时，有很大的把握认为"核查总体的实际质量水平劣于该声称质量水平"。当由抽样结果判核查通过时，由于有较大的漏判风险，因此，对核查通过的总体不确认为总体合格，结论应为"对此有限的样本量，未发现核查总体的实际质量水平劣于该声称质量水平"。因此，当样本量较小时，对判核查通过的情形，负责部门不负确认核查总体合格的责任。

质量负责部门对抽检样本不符合要求的核查总体可确认总体不合格，且对该核查总体可进行合理追溯，对核查抽样时不在场的产品，若有充分依据证明属于该核查总体（例如，属于同一检验批），也应按不合格处理。

（二）应用实例

1. σ法

（1）给定声称质量水平上限的情形

【例9-20】 要求普通硅酸盐水泥中氯离子的含量要低。总体均值的声称质量水平上限 $DQL_U=0.060\%$，核查检验水平为Ⅲ。已知总体标准差 $\sigma=0.0011\%$，试确定核查抽样方案。

【解】 ① 查 GB/T 6378.4—2008 表1，由核查检验水平Ⅲ所在行查得：$[n, k] = [4, -0.822]$。

② 测定。从总体中随机抽取 4 个样本产品，检测结果（%）为：0.060、0.058、0.062、0.061。

③ 计算。样本均值 $\bar{x}=0.0602\%$，上质量统计量：

$$Q_U = \frac{DQL_U - \bar{x}}{\sigma} = \frac{0.060 - 0.0602}{0.0011} = -0.182$$

④ 判定规则：若 $Q_U > -0.822$，即抽检样本符合要求，则判核查通过；若 $Q_U \leqslant -0.822$，即抽检样本不符合要求，则判核查总体不合格。

本例 $Q_U = -0.182 > -0.822$，抽检样本符合要求，判核查通过。

（2）给定声称质量水平下限的情形

【例9-21】 硅酸盐水泥的抗压强度以大为好，总体均值声称质量水平 $DQL_L = 49MPa$，核查检验水平为ⅩⅢ。已知总体标准差 $\sigma = 1.1MPa$，试确定核查抽样方案。

【解】 ①查 GB/T 6378.4—2008 表1，由核查检验水平ⅩⅢ所在行查得：$[n, k] = [14, -0.440]$。

②测定。从总体中随机抽取 14 个单位产品，检测结果为：47.8、47.1、48.5、48.1、47.2、49.1、50.5、48.7、50.6、48.1、48.7、48.5、48.9、47.2。

③计算。样本均值 $\bar{x}=48.5$，下质量统计量：

$$Q_L = \frac{\bar{x} - DQL_L}{\sigma} = \frac{48.5 - 49}{1.1} = -0.455$$

④ 判定规则：若 $Q_L > -0.440$，即抽检样本符合要求，则判核查通过；若 $Q_U \leqslant -0.440$，即抽检样本不符合要求，则判核查总体不合格。

本例 $Q_U = -0.455 < -0.440$，抽检样本不符合要求，判核查总体不合格。

（3）给定声称质量水平上下限的情形

【例9-22】某企业对出磨水泥生料中氧化钙质量分数的控制指标为$38.0\%\pm0.3\%$。检验水平为Ⅷ。总体标准差已知为$\sigma=0.25\%$。试确定抽样方案。

【解】① 确定抽样方案。查GB/T 6378.4—2008的表1，由核查检验水平Ⅷ所在行查得$n=9$。计算：

$$\frac{\mathrm{DQL_U}-\mathrm{DQL_L}}{\sigma\sqrt{n}}=\frac{38.3-37.7}{0.25\sqrt{9}}=7.2$$

查GB/T 6378.4—2008表2，由计算值7.2所在列（最右一列：2.551以上）与$n=9$所在行的相交处查得$k=-0.548$。于是抽样方案为：$[n,k]=[9,-0.548]$。

② 测定。从总体中随机抽取9个单位产品，检测结果为：38.4、38.6、38.3、38.4、38.2、38.1、37.8、37.9、38.7。

③ 计算。样本均值$\bar{x}=38.27\%$，上下质量统计量：

$$Q_\mathrm{U}=\frac{\mathrm{DQL_U}-\bar{x}}{\sigma}=\frac{38.3-38.27}{0.25}=0.12$$

$$Q_\mathrm{L}=\frac{\bar{x}-\mathrm{DQL_L}}{\sigma}=\frac{38.27-37.7}{0.25}=2.28$$

④ 判定规则：若$Q_\mathrm{U}>-0.548$且$Q_\mathrm{L}>-0.548$，即抽检样本符合要求，则判核查通过；若$Q_\mathrm{U}\leqslant-0.548$或$Q_\mathrm{L}\leqslant-0.548$，即抽检样本不符合要求，则判核查总体不合格；

本例$Q_\mathrm{U}=0.12>-0.548$且$Q_\mathrm{L}=2.28>-0.548$，即抽检样本符合要求，判核查通过。

2. s法

（1）给定声称质量水平上限的情形

【例9-23】要求普通硅酸盐水泥中碱的含量要低，总体均值的声称质量水平$\mathrm{DQL_U}=0.60\%$，核查检验水平Ⅴ。由于缺乏近期质量管理或抽样检验的数据，无法预先估计总体标准差，采用未知标准差的s法，试确定抽样方案。

【解】① 确定抽样方案。查GB/T 6378.4—2008表3，由检验水平Ⅴ所在行查得：$[n,k]=[8,-0.670]$。

② 测定。从总体中随机抽取8个单位产品，测定碱含量（%），结果为：0.57、0.52、0.62、0.6、0.51、0.65、0.58、0.54。

③ 计算。样本均值$\bar{x}=0.574$，样本标准差$s=0.049$，上质量统计量：

$$Q_\mathrm{U}=\frac{\mathrm{DQL_U}-\bar{x}}{s}=\frac{0.60-0.574}{0.049}=0.53$$

④ 判定规则：若$Q_\mathrm{U}>-0.670$，即抽检样本符合要求，则判核查通过；若$Q_\mathrm{U}\leqslant-0.670$，即抽检样本不符合要求，则判核查总体不合格。

本例$Q_\mathrm{U}=0.53>-0.670$，抽检样本符合要求，判核查通过。

（2）给定声称质量水平下限的情形

【例9-24】要求某种钢球的洛氏硬度值要高，总体均值的声称质量水平$\mathrm{DQL_L}=75$，规定核查检验水平为Ⅺ。由于无法预先估计总体标准差，采用未知标准差的s法，试确定抽样方案。

【解】①确定抽样方案。查GB/T 6378.4—2008表3，由核查检验水平Ⅺ查得：$[n,k]=[14,-0.473]$。

② 测定。从总体中随机抽取14个单位产品，硬度测定值为：75.2、74.8、74.6、

75.1、74.2、74.5、74.6、74.1、74.3、74.4、74.3、74.2、74.1、75.0。

③ 计算。样本均值 $\bar{x}=74.53$，样本标准差 $s=0.371$，下质量统计量 Q_L：

$$Q_L = \frac{\bar{x}-DQL_L}{s} = \frac{74.53-75}{0.371} = -1.267$$

④ 判定规则：若 $Q_L \leqslant -0.473$，即抽检样本不符合要求，则判核查总体不合格；若 $Q_L > -0.473$，即抽检样本符合要求，则判核查通过。

本例 $Q_L = -1.276 < -0.473$，抽检样本不符合要求，判核查总体不合格。

（3）给定声称质量水平上下限的情形

【例 9-25】 某企业对出磨水泥生料中氧化钙质量分数的控制指标为 $38.0\% \pm 0.3\%$。检验水平为 Ⅷ。总体标准差未知，经质量管理部确定采用 $\sigma=0.25\%$。试确定抽样方案。

【解】 ①确定抽样方案。查 GB/T 6378.4—2008 表 3，由检验水平 Ⅷ 所在行查得 $n=11$。
计算：

$$\frac{DQL_U-DQL_L}{\hat{\sigma}\sqrt{n-1.64}} = \frac{38.3-37.7}{0.25\sqrt{11-1.64}} = 7.34$$

查 GB/T 6378.4—2008 表 4，由计算值 7.34 所在列（最右一列 2.551 以上）与 $n=11$ 所在行的相交处查得限定值 $k=-0.530$，于是抽样方案为 $[n, k]=[11, -0.530]$。

② 测定。从总体中随机抽取 11 个单位产品，检测结果为：38.4、38.6、38.3、38.4、38.2、38.1、37.8、37.9、38.7、37.7、37.5。

③ 计算。样本均值 $\bar{x}=38.15$，样本标准差 $s=0.383$，上下质量统计量：

$$Q_U = \frac{DQL_U-\bar{x}}{s} = \frac{38.3-38.15}{0.383} = 0.392$$

$$Q_L = \frac{\bar{x}-DQL_L}{s} = \frac{38.15-37.70}{0.383} = 1.175$$

④ 判定规则：若 $Q_U > -0.530$ 且 $Q_L > -0.530$，即抽检样本符合要求，则判核查通过；若 $Q_U \leqslant -0.530$ 或 $Q_L \leqslant -0.530$，即抽检样本不符合要求，则判核查总体不合格。

本例 $Q_U=0.392 > -0.530$ 且 $Q_L=1.175 > -0.530$，抽检样本符合要求，判核查通过。

若对上述判定结果有异议，则用样本标准差 s 的实测值 0.383% 代替本例①中的 $\sigma=0.25\%$ 后，重复上述过程。做出的判定结果为此次核查抽检的最终结果。

第五节 ▶▶ 统计抽样检验的后续工作

一、复查

若受核查方对核查结果有异议，可申请复查。复查包括复验与复检。

复验：对原样品进行重复性或再现性的测试。复检：在原核查总体中再次抽取样本进行检验，决定核查总体是否合格。复检样本不包括初次检验样本中的样本单位。

按 GB/T 16306—2008《声称质量水平复检与复验的评定程序》的规定取得复验结果，作为样本单元质量特性的最终结果。

二、批的再提交和不合格品处理

如果发现一个批不接收，应立即通知所有各方。在批中的所有产品被重新检测或重新试验，而且确信供方已剔除所有不合格品或以合格品替换，或者已修正所有的不合格之前，这样的批不应再提交。

再提交批，就是已经被拒收，经过100％检验或试验，剔除了所有不合格品，并经过修理或调换成合格品以后，允许再次提交的批。允许再次提交的批，最低限度也应对导致批被拒收的那一类不合格进行检验。在重新检验的过程中，如果发现单位产品还有其他类别的不合格，也应作不合格品对待。如果经过重新加工，可能引起的其他类别的不合格，都应进行检验。除此之外，其他类别的不合格是否还要进行检验，是采用正常检验，还是加严检验，应由负责部门确定，但不许采用放宽检验。再提交批如果又一次被拒收，该批如何处理应由生产方与使用方协商确定。

在抽样检验过程中，或者对拒收批筛选过程中发现的不合格品，不许混入产品批。经负责部门同意后，不合格的单位产品可以采用如下的办法处理：

① 经过返工修理和累积一个时期以后，可以作为混合批重新提交，但必须对所有质量特征重新进行检验，检验的严格性由负责部门根据情况确定，但不得采用放宽检验。

② 经过返工修理以后，可以返回原批重新提交。

③ 生产方按照批准的超差品处理办法重新提交。

④ 按使用方与生产方协商的办法处理。

⑤ 由生产方作废品处理。

X、那只能在产品形态不符、品质不合格等情况下……必须得到专业标识之间下。

那比报是不同的概念。

第十章　计算机在统计工作中的应用

第一节 ▶▶ 计算一组数据的参数

假如一组数据共 10 个。例如：13.5、13.8、13.6、13.4、14.5、14.3、14.4、14.8、14.2、14.7。

① 进入 Excel 程序，在 A 栏（或 B 栏、C 栏、……）中自上而下输入该组数据。输入完毕后选中输入数据下部的某一空格（一般与输入的数据隔开 1 或 2 格）。

② 单击 fx 按钮，弹出"插入函数"对话框（图 10-1）。

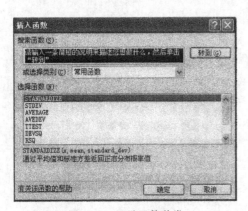

图 10-1　显示函数种类

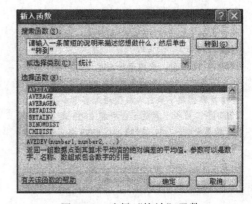

图 10-2　选择"统计"函数

在"或选择类别"下拉列表中选择"统计"（图 10-2）。在"选择函数"一栏中选择所用的函数，单击"确定"按钮。

③ 按照所显示图表的要求，将数据输入到函数参数的有关栏目中。

④ 单击"确定"按钮，则在事先选定的空格内显示该"计算结果"。

一、计算一组数据的平均值 $\bar{x}$

在"插入函数"对话框"选择函数"栏中选择"AVERAGE"选项，并双击鼠标左键，弹出"函数参数"对话框（图 10-3）。

将光标移至"Number 1"中。用鼠标框

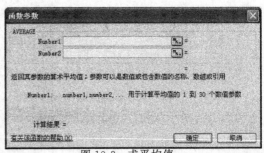

图 10-3　求平均值

起 A1~A10 数据，在"函数参数"对话框的左下部显示"计算结果＝14.12"，即为该组数据的平均值 $\bar{x}$。单击"确定"按钮，则在事先选定的空格内显示该平均值。

二、求一组数据的最大值

在"插入函数"对话框"选择函数"栏中选择"MAX"选项，并双击鼠标左键，弹出"函数参数"对话框。

将光标移至"Number 1"中。用鼠标框起 A1~A10 数据，则在对话框的左下部显示"计算结果＝14.8"，即为该组数据的最大值。

三、求一组数据的最小值

在"插入函数"对话框"选择函数"栏中选择"MIN"，并双击鼠标左键，弹出"函数参数"对话框。

将光标移至"Number 1"中，用鼠标框起 A1~A10 数据，则在对话框的左下部显示"计算结果＝13.4"，即为该组数据的最小值。

四、求一组数据的中位数 $\tilde{x}$

在"插入函数"对话框"选择函数"栏中选择"MEDIN"，并双击鼠标左键，弹出"函数参数"对话框。

将光标移至"Number 1"中。用鼠标框起 A1~A10 数据，则在对话框的左下部显示"计算结果＝14.25"，即为该组数据的中位数 $\tilde{x}$。

五、求一组数据的平均绝对偏差 $\bar{d}$

在"插入函数"对话框"选择函数"栏中选择"AVEDEV"，并双击鼠标左键，弹出"函数参数"对话框。

将光标移至"Number 1"中。用鼠标框起 A1~A10 数据，则在对话框的左下部显示"计算结果＝0.436"，即该组数据的平均绝对偏差 $\bar{d}$。

六、求一组数据的众数

在"插入函数"对话框"选择函数"栏中选择"MODE"，并双击鼠标左键，弹出"函数参数"对话框。

将光标移至"Number 1"中。用鼠标框起 A1~A10 数据，则在对话框的左下部显示"计算结果＝♯N/A"，即该组数据无众数。

七、求一组数据的偏差平方和

在"插入函数"对话框"选择函数"栏中选择"DEVSQ"，并双击鼠标左键，弹出"函数参数"对话框。

将光标移至"Number 1"中。用鼠标框起 A1~A10 数据，则在对话框的左下部显示"计算结果＝2.336"，即为该组数据与平均值偏差的平方和 $\left[\Sigma \left(x - \bar{x} \right)^2 \right]$。

八、求一组数据的方差s^2

在"插入函数"对话框"选择函数"栏中选择"VAR",并双击鼠标左键,弹出"函数参数"对话框。

将光标移至"Number 1"中。用鼠标框起A1～A10数据,则在对话框的左下部显示"计算结果＝0.26",即为该组数据的方差s^2。

九、求一组数据的实验标准差s

在"插入函数"对话框"选择函数"栏中选择"STDEV",并双击鼠标左键,弹出"函数参数"对话框。

将光标移至"Number 1"中。用鼠标框起A1～A10数据,则在对话框的左下部显示"计算结果＝0.51",即为该组数据的实验标准差s。

计算一组数据的参数所对应的函数符号及名称列于表10-1中。

表 10-1　计算一组数据的参数所用函数

参数名称	平均值	最大值	最小值	中位数	平均绝对偏差	众数	偏差平方和	方差	实验标准差
符号	$\bar{x}$	x_{max}	x_{min}	$\tilde{x}$	$\bar{d}$		$\Sigma(x-\bar{x})^2$	s^2	s
函数名称	AVERGE	MAX	MIN	MEDIN	AVEDEV	MODE	DEVSQ	VAR	STDEV

第二节 ▶▶ 计算一元线性回归方程的参数

进入 Excel 程序,在栏目中将20对数据(表10-2)分别输入Excel表中的A栏和B栏(或其他栏目)。A栏为自变量x($R_早$),B栏为因变量y(R_{28})。

表 10-2　一组相关数据

试验号	$x(R_早)$/MPa A栏	$y(R_{28})$/MPa B栏	试验号	$x(R_早)$/MPa A栏	$y(R_{28})$/MPa B栏
1	13.5	51.6	11	14.2	53.2
2	13.8	51.9	12	14.9	53.8
3	13.6	52.4	13	14.5	52.6
4	13.4	51.4	14	15.2	53.8
5	14.5	53.6	15	15.4	54.0
6	14.3	52.8	16	15.2	53.6
7	14.4	52.9	17	15.4	54.2
8	14.8	52.8	18	15.2	54.1
9	14.2	52.3	19	14.5	52.9
10	14.7	52.7	20	14.8	52.5

利用 Excel 程序,求出上组数据的一元线性回归方程:$y=a+bx$。输入完毕后选中输

入数据下方某一空格。单击 fx 按钮，弹出"插入函数"对话框。在"或选择类别"下拉列表中选择"统计"。在"选择函数"一栏中选择所用的函数。

一、求一元线性回归方程的斜率 b

在"插入函数"对话框"选择函数"栏中选择"SLOPE"（斜率），并双击鼠标左键，弹出"函数参数"对话框（图 10-4）。

将光标移至"Known_y's"栏中，用鼠标框起 B1～B10 数据（因变量数据）；将光标移至"Known_x's"栏中，用鼠标框起 A1～A10 数据（自变量数据）。则对话框的左下方显示"计算结果＝1.18"，即为该线性方程的斜率 b。

单击"确定"按钮，则在数据下方的空格内显示该值。

图 10-4　求回归方程的斜率

二、求一元线性回归方程的截距 a

在"插入函数"对话框"选择函数"栏中选择"INTERCEPT"（截距），并双击鼠标左键，弹出"函数参数"对话框（图 10-5）。

与上相同，分别在 Known_y's 栏和 Known_x's 栏中输入 B 组和 A 组数据。则在对话框的左下方显示计算结果"35.9"，即为该线性方程的截距 a。

单击"确定"按钮，则在数据下方的空格内显示该值。

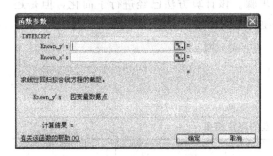

图 10-5　求回归方程的截距

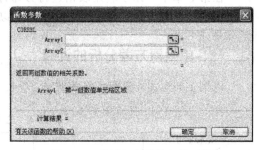

图 10-6　求回归方程的相关系数

三、求一元线性回归方程的相关系数 r

在"插入函数"对话框"选择函数"栏中选择"CORREL"（相关系数），并双击鼠标左键，弹出"函数参数"对话框（图 10-6）。

分别在"Array1"栏（自变量）和"Array2"栏（因变量）中输入 A 组和 B 组数据。则在表的左下方显示计算结果："0.88"，即为该线性方程的相关系数 r。

单击"确定"按钮，则在数据下方的空格内显示该值。

综上所得结果，可得所求方程为：

$$y = 35.9 + 1.18x$$

四、求回归后对 y 的预期值

在"插入函数"对话框"选择函数"栏中选择"FORECAST"（预期值），并双击鼠标左键，弹出"函数参数"对话框（图 10-7）。

在"X"栏中输入检验值（x_1）"13.6"；在"Known_y's"栏中输入 B1～B10 数据（因变量数据）；在"Known_x's"栏中输入 A1～A10 数据（自变量数据）。则在表的左下方显示计算结果："51.9"，即为与检验值 x_1 相对应的预期的 y_1 值。依次输入 x_2、x_3、…值，可依次得出与其相对应的预期的 y_2、y_3、…值。

计算一元线性回归方程所用的函数符号及名称列于表 10-3 中。

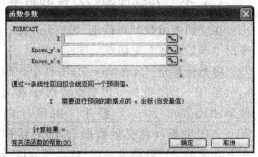

图 10-7　求回归方程的预期值

表 10-3　计算 $y=a+bx$ 的参数所用函数

参数名称	斜率	截距	相关系数	预期值
符号	b	a	r	y
函数名称	SLOPE	INTERCEPT	CORREL	FORECAST

第三节　方差分析

在第七章中介绍了利用表格进行方差计算的步骤。该计算方法已经进行了简化，但是还是比较繁琐。用计算机中的 Excel 程序可以很方便地进行计算。

一、单因素方差分析的计算

以例 7-1 为例。其测定结果见表 10-4。

表 10-4　三个实验室的测定结果

化验室号 A_j 试验次数 i	A_1	A_2	A_3	总平均值
1	4.88	4.74	4.91	
2	4.90	4.84	4.91	
3	4.88	4.79	4.95	
4	4.92	4.79	4.93	
平均值	4.90	4.79	4.92	4.87

① 进入 Excel 程序，按照下述格式输入测定值（表 10-5），将有关参数名称输入在相应的空格里。

② 计算三个实验室测定结果的平均值 $\bar{x}_j$，填入表内相应的空格里。

③ 计算室内方差 S_{Ej}。

1）单击 $B7$ 空格。

2）单击 fx 按钮，弹出"插入函数"对话框，在"或选择类别"下拉列表中选择"统计"，找到"$DEVSQ$"函数，并双击鼠标左键，弹出"函数参数"对话框（图 10-8）。将光标移至"$Number\ 1$"栏中。

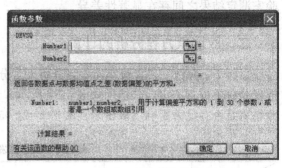

图 10-8 求一组数据的差方和

3）用鼠标将 $B3\sim B6$ 数据框起，则在对话框的左下方显示结果"0.0011"。单击"确定"按钮，则结果显示在 $B7$ 处的空格里。此即为化验室 A_1 的室内方差。

4）单击 $C7$ 空格；同上述操作，求得化验室 A_2 的室内方差 0.005；

5）单击 $D7$ 空格；同上述操作，求得化验室 A_3 的室内方差 0.0011。将三个化验室的室内方差横向加和，即可得室内方差 $S_E = 0.0011 + 0.005 + 0.0011 = 0.0072$。

④ 计算总方差 S_T。单击 $B8$ 空格。将光标移至"$Number\ 1$"栏中，用鼠标将 12 个测定结果全部框起，则在对话框的左下方显示结果"0.0474"。单击"确定"按钮，则结果显示在 $B8$ 处的空格里。此即为总方差 $S_T = 0.0474$。

⑤ 计算室间方差 S_A。$S_A = S_T - S_E = 0.0474 - 0.0072 = 0.0402$。

表 10-5 测定结果及计算结果

项目	A	B	C	D	E
1	j	1	2	3	行和
2	i				
3	1	4.88	4.74	4.91	
4	2	4.90	4.84	4.91	
5	3	4.88	4.79	4.95	
6	4	4.92	4.79	4.93	
7	室内方差 S_{Ej}	0.0011	0.005	0.0011	将 3 个室内方差 S_{Ej} 加和得：$S_E = 0.0072$
8	总方差 S_T	0.0474			
9	室间方差 $S_A = S_T - S_E$	$S_A = 0.0474 - 0.0072 = 0.0402$			

根据表 10-5 的数据，按照表 10-6 进行方差分析。

表 10-6 方差分析表

方差来源	离差平方和	自由度	均方差	F 值	临界值 F_α	显著性
室间	$S_A = 0.0402$	$m - 1 = 3 - 1 = 2$	$0.0402/2 = 0.0201$	$F = 0.0201/0.0008 = 25.13$	$F_{0.05}(2, 9) = 4.26$	$F > F_{0.05}(2, 9)$ 差异显著
室内	$S_E = 0.0072$	$n - m = 12 - 3 = 9$	$0.0072/9 = 0.0008$			
总和 $S_T = 0.0474$		11				

计算值 $F=25.13>4.26=F_{0.05}$（2，9），故拒绝原假设 H_0：$\mu_1=\mu_2=\mu_3$，即不同化验室测定结果之间存在显著性差异。

二、双因素方差分析的计算

以例 7-3 为例。某实验室的 5 名分析人员分别用 4 种不同型号的马弗炉对同一种煤样的挥发分含量进行测定，其结果如表 10-7 所示。试检验不同的分析人员及不同的马弗炉对试验结果是否有显著影响（取显著性水平 $\alpha=0.05$）？

表 10-7 煤中挥发分的测定结果

检验员 B_j 马弗炉 A_i	B_1	B_2	B_3	B_4	B_5
A_1	32.3	34.0	34.7	36.0	35.5
A_2	33.2	33.6	36.8	34.3	36.1
A_3	30.8	34.4	32.3	35.8	32.8
A_4	29.5	26.2	28.1	28.5	29.4

在 Excel 表中输入测定数据（如表 10-8 所示），并用函数 DEVSQ 进行计算。

计算公式：

$$S_T=\sum_{i=1}^{r}\sum_{j=1}^{m}(x_{ij}-\overline{\overline{x}})^2 \tag{10-1}$$

$$S_A=m\sum_{i=1}^{r}(\overline{x}_{i.}-\overline{\overline{x}})^2 \tag{10-2}$$

$$S_B=r\sum_{j=1}^{m}(x_{.j}-\overline{\overline{x}})^2 \tag{10-3}$$

$$S_E=S_T-S_A-S_B \tag{10-4}$$

表 10-8 方差分析表

项目	A	B	C	D	E	F	G
1	j	1	2	3	4	5	行平均值 $\overline{x}_i$
2	i						
3	1	32.3	34.0	34.7	36.0	35.5	34.50
4	2	33.2	33.6	36.8	34.3	36.1	34.80
5	3	30.8	34.4	32.3	35.8	32.8	33.22
6	4	29.5	26.2	28.1	28.5	29.4	28.34
7	列平均值 $\overline{x}_j$	31.45	32.05	32.98	33.65	33.45	
8	S_{Bj}	3.525	B 的方差 $S_B=4\times3.525=14.10$				
9	S_{Ai}		A 的方差 $S_A=5\times26.93=134.65$				26.93
10	总方差 S_T		总方差 $S_T=175.03$				
11	随机误差 S_E		$S_E=175.03-14.10-134.65=26.28$				

用函数 DEVSQ 计算各参数的步骤与单因素的大体相同。

① 先计算列平均值 $\bar{x}_j$ 及行平均值 $\bar{x}_i$。

② 将 5 个列平均值（31.45、32.05、32.98、33.65、33.45）输入 DEVSQ 的"Number 1"栏中，求得 $S_{Bj}=3.525$。$S_B=r \times S_{Bj}=4 \times 3.525=14.10$。

③ 将 4 个行平均值（34.50、34.80、33.22、28.34）输入 DEVSQ 的"Number 1"栏中，求得 $S_{Ai}=26.93$。$S_A=m \times S_{Ai}=5 \times 26.93=134.65$。

④ 总方差 S_T。将全部测定值输入 DEVSQ 的"Number 1"栏中，求得 $S_T=175.03$。

⑤ 随机误差 $S_E=S_T-S_A-S_B=175.03-14.10-134.65=26.28$。其与第七章例 7-3 的计算结果完全相同。

用来在 DPY50 计算机系统中的多路复用图形大屏幕显示。

①并行操作。每台计算机……并行操作。

则 W 标准差。误差 S_e = 4.02、……, S_{10} = 0.5898、…… S_9 = 10 ……

得到十个方差值 (38.86, ……, 95.42, ……, 95.42) 输入 DPY50 中 ……

则 S_e = 28.01、……× 45.5…… × …… = 0.25 × 16.1…… g ……

①自由度 S_e…… χ^2 分布临界值表 X 轴上 = Number T, 实际自由度 S_e，……

③自由度 S_e…… × …… × …… × …… × …… × …… t = …… = 26.26 …… × …… × ……

7. ……全文 ……全文 ……

附录

附录一 ▶▶ 有关数表

附表 1 正态分布的双侧位数 (u_α) 表

$$\alpha = 1 - \frac{1}{\sqrt{2\pi}} \int_{-u_\alpha}^{u_\alpha} e^{-\frac{u^2}{2}} du$$

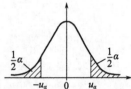

α	0.00	0.01	0.02	0.03	0.04	0.05	0.06	0.07	0.08	0.09	α
0.0	00	2.5758	2.3263	2.1701	2.5037	1.9600	1.8808	1.8119	1.7507	1.6954	0.0
0.1	1.6449	1.5982	1.5548	1.5141	1.4758	1.4395	1.4051	1.3722	1.3408	1.3106	0.1
0.2	1.2816	1.2536	1.2265	1.2004	1.7500	1.1503	1.1264	1.1031	1.0803	1.0581	0.2
0.3	1.0364	1.0152	0.9945	0.9741	0.9542	0.9346	0.9154	0.8965	0.8779	0.8596	0.3
0.4	0.8416	0.8239	0.8064	0.7892	0.7722	0.7554	0.7388	0.7225	0.7063	0.6903	0.4
0.5	0.6745	0.6588	0.6433	0.6280	0.6128	0.5978	0.5828	0.5681	0.5534	0.5388	0.5
0.6	0.5244	0.5101	0.4959	0.4817	0.4677	0.4538	0.4399	0.4261	0.4125	0.3989	0.6
0.7	0.3853	0.3719	0.3585	0.3451	0.3319	0.3186	0.3055	0.2924	0.2793	0.2663	0.7
0.8	0.2533	0.2404	0.2275	0.2147	0.2019	0.1891	0.1764	0.1637	0.1510	0.1383	0.8
0.9	0.1257	0.1130	0.1004	0.0878	0.0753	0.0627	0.0502	0.0376	0.0250	0.0125	0.9
α	0.001		0.0001		0.00001		0.000001		0.0000001		0.00000001	α
u_α	3.2906		3.8906		4.4172		4.8916		5.3267		5.7307	u_α

附表 2-1 正态分布表 1

$$\Phi(u) = \frac{1}{\sqrt{2\pi}} \int_{-\infty}^{u} e^{-\frac{x^2}{2}} dx \, (u \leqslant 0)$$

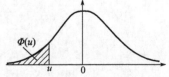

u	0.00	0.01	0.02	0.03	0.04	0.05	0.06	0.07	0.08	0.09	u
−0.0	0.5000	0.4960	0.4920	0.4880	0.4840	0.4801	0.4761	0.4721	0.4681	0.4641	−0.0
−0.1	.4602	.4562	.4522	.4483	.4443	.4404	.4364	.4325	.4286	.4247	−0.1
−0.2	.4207	.4168	.4129	.4090	.4052	.4013	.3974	.3936	.3897	.3859	−0.2
−0.3	.3821	.3783	.3745	.3707	.3669	.3632	.3594	.3557	.3520	.3483	−0.3

u	0.00	0.01	0.02	0.03	0.04	0.05	0.06	0.07	0.08	0.09	u
−0.4	.3446	.3409	.3372	.3336	.3300	.3264	.3228	.3192	.3156	.3121	−0.4
−0.5	.3085	.3050	.3015	.2981	.2946	.2912	.2877	.2843	.2810	.2776	−0.5
−0.6	.2743	.2709	.2676	.2643	.2611	.2578	.2546	.2514	.2483	.2451	−0.6
−0.7	.2420	.2389	.2358	.2327	.2297	.2266	.2236	.2206	.2177	.2148	−0.7
−0.8	.2119	.2090	.2061	.2033	.2005	.1977	.1949	.1922	.1894	.1867	−0.8
−0.9	.1841	.1814	.1788	.1762	.1736	.1711	.1685	.1660	.1635	.1611	−0.9
−1.0	.1587	.1562	.1539	.1515	.1492	.1469	.1446	.1423	.1401	.1379	−1.0
−1.1	.1357	.1335	.1314	.1292	.1271	.1251	.1230	.1210	.1190	.1170	−1.1
−1.2	.1151	.1131	.1112	.1093	.1075	.1056	.1038	.1020	.1003	.09853	−1.2
−1.3	.09680	.09510	.09342	.09176	.09012	.08851	.08691	.08534	.08379	.08226	−1.3
−1.4	.08076	.07927	.07780	.07636	.07493	.07353	.07215	.07078	.06944	.06811	−1.4
−1.5	.06681	.06552	.06426	.06301	.06178	.06057	.05938	.05821	.05705	.05592	−1.5
−1.6	.05480	.05370	.05262	.05155	.05050	.04947	.04846	.04746	.04648	.04551	−1.6
−1.7	.04457	.04363	.04272	.04182	.04093	.40006	.03920	.03836	.03754	.03673	−1.7
−1.8	.03593	.03515	.03438	.03362	.03288	.03216	.03144	.03074	.03005	.02938	−1.8
−1.9	.02872	.02807	.02743	.02680	.02619	.02559	.02500	.02442	.02385	.02330	−1.9
−2.0	.02275	.02222	.02169	.02118	.02068	.02018	.01970	.01923	.01876	.01831	−2.0
−2.1	.01786	.01743	.01700	.01659	.01618	.01578	.01539	.01500	.01463	.01426	−2.1
−2.2	.01390	.01355	.01321	.01287	.01255	.01222	.01191	.01160	.01130	.01101	−2.2
−2.3	.01072	.01044	.01017	$.0^2 9903$	$.0^2 9642$	$.0^2 9387$	$.0^2 9137$	$.0^2 8894$	$.0^2 8656$	$.0^2 8424$	−2.3
−2.4	$.0^2 8198$	$.0^2 7976$	$.0^2 7760$	$.0^2 7549$	$.0^2 7344$	$.0^2 7143$	$.0^2 6947$	$.0^2 6756$	$.0^2 6569$	$.0^2 6387$	−2.4
−2.5	$.0^2 6210$	$.0^2 6037$	$.0^2 5868$	$.0^2 5703$	$.0^2 5543$	$.0^2 5386$	$.0^2 5234$	$.0^2 5085$	$.0^2 4940$	$.0^2 4799$	−2.5
−2.6	$.0^2 4661$	$.0^2 4527$	$.0^2 4396$	$.0^2 4269$	$.0^2 4145$	$.0^2 4025$	$.0^2 3907$	$.0^2 3793$	$.0^2 3681$	$.0^2 3573$	−2.6
−2.7	$.0^2 3467$	$.0^2 3364$	$.0^2 3264$	$.0^2 3167$	$.0^2 3072$	$.0^2 2980$	$.0^2 2890$	$.0^2 2803$	$.0^2 2718$	$.0^2 2635$	−2.7
−2.8	$.0^2 2555$	$.0^2 2477$	$.0^2 2401$	$.0^2 2327$	$.0^2 2256$	$.0^2 2186$	$.0^2 2118$	$.0^2 2052$	$.0^2 1988$	$.0^2 1926$	−2.8
−2.9	$.0^2 1866$	$.0^2 1807$	$.0^2 1750$	$.0^2 1695$	$.0^2 1641$	$.0^2 1589$	$.0^2 1538$	$.0^2 1489$	$.0^2 1441$	$.0^2 1395$	−2.9
−3.0	$.0^2 1350$	$.0^2 1306$	$.0^2 1264$	$.0^2 1223$	$.0^2 1183$	$.0^2 1144$	$.0^2 1107$	$.0^2 1070$	$.0^2 1035$	$.0^2 1001$	−3.0
−3.1	$.0^3 9676$	$.0^3 9354$	$.0^3 9043$	$.0^3 8740$	$.0^3 8447$	$.0^3 8164$	$.0^3 7888$	$.0^3 7622$	$.0^3 7364$	$.0^3 7114$	−3.1
−3.2	$.0^3 6871$	$.0^3 6637$	$.0^3 6410$	$.0^3 6190$	$.0^3 5976$	$.0^3 5770$	$.0^3 5571$	$.0^3 5377$	$.0^3 5190$	$.0^3 5009$	−3.2
−3.3	$.0^3 4834$	$.0^3 4665$	$.0^3 4501$	$.0^3 4342$	$.0^3 4189$	$.0^3 4041$	$.0^3 3897$	$.0^3 3758$	$.0^3 3624$	$.0^3 3495$	−3.3
−3.4	$.0^3 3369$	$.0^3 3248$	$.0^3 3131$	$.0^3 3018$	$.0^3 2909$	$.0^3 2803$	$.0^3 2701$	$.0^3 2602$	$.0^3 2507$	$.0^3 2415$	−3.4
−3.5	$.0^3 2326$	$.0^3 2241$	$.0^3 2158$	$.0^3 2078$	$.0^3 2001$	$.0^3 1926$	$.0^3 1854$	$.0^3 1785$	$.0^3 1718$	$.0^3 1653$	−3.5
−3.6	$.0^3 1591$	$.0^3 1531$	$.0^3 1473$	$.0^3 1417$	$.0^3 1363$	$.0^3 1311$	$.0^3 1261$	$.0^3 1213$	$.0^3 1166$	$.0^3 1121$	−3.6
−3.7	$.0^3 1078$	$.0^3 1036$	$.0^4 9961$	$.0^4 9574$	$.0^4 9201$	$.0^4 8842$	$.0^4 8496$	$.0^4 8162$	$.0^4 7841$	$.0^4 7532$	−3.7
−3.8	$.0^4 7235$	$.0^4 6948$	$.0^4 6673$	$.0^4 6407$	$.0^4 6152$	$.0^4 5906$	$.0^4 5669$	$.0^4 5442$	$.0^4 5223$	$.0^4 5012$	−3.8
−3.9	$.0^4 4810$	$.0^4 4615$	$.0^4 4427$	$.0^4 4247$	$.0^4 4074$	$.0^4 3908$	$.0^4 3747$	$.0^4 3594$	$.0^4 3446$	$.0^4 3304$	−3.9
−4.0	$.0^4 3167$	$.0^4 3036$	$.0^4 2910$	$.0^4 2789$	$.0^4 2673$	$.0^4 2561$	$.0^4 2454$	$.0^4 2351$	$.0^4 2252$	$.0^4 2157$	−4.0
−4.1	$.0^4 2066$	$.0^4 1978$	$.0^4 1894$	$.0^4 1814$	$.0^4 1737$	$.0^4 1662$	$.0^4 1591$	$.0^4 1523$	$.0^4 1458$	$.0^4 1395$	−4.1
−4.2	$.0^4 1335$	$.0^4 1277$	$.0^4 1222$	$.0^4 1168$	$.0^4 1118$	$.0^4 1069$	$.0^4 1022$	$.0^5 9774$	$.0^5 9345$	$.0^5 8934$	−4.2
−4.3	$.0^5 8540$	$.0^5 8163$	$.0^5 7801$	$.0^5 7455$	$.0^5 7124$	$.0^5 6807$	$.0^5 6503$	$.0^5 6212$	$.0^5 5934$	$.0^5 5668$	−4.3
−4.4	$.0^5 5413$	$.0^5 5169$	$.0^5 4935$	$.0^5 4712$	$.0^5 4498$	$.0^5 4294$	$.0^5 4098$	$.0^5 3911$	$.0^5 3732$	$.0^5 3561$	−4.4
−4.5	$.0^5 3398$	$.0^5 3241$	$.0^5 3092$	$.0^5 2949$	$.0^5 2813$	$.0^5 2682$	$.0^5 2558$	$.0^5 2439$	$.0^5 2325$	$.0^5 2216$	−4.5
−4.6	$.0^5 2112$	$.0^5 2013$	$.0^5 1919$	$.0^5 1828$	$.0^5 1743$	$.0^5 1660$	$.0^5 1581$	$.0^5 1506$	$.0^5 1434$	$.0^5 1366$	−4.6
−4.7	$.0^5 1301$	$.0^5 1239$	$.0^5 1179$	$.0^5 1123$	$.0^5 1069$	$.0^5 1017$	$.0^6 9680$	$.0^6 9211$	$.0^6 8765$	$.0^6 8339$	−4.7
−4.8	$.0^6 7933$	$.0^6 7547$	$.0^6 7178$	$.0^6 6827$	$.0^6 6492$	$.0^6 6173$	$.0^6 5869$	$.0^6 5580$	$.0^6 5304$	$.0^6 5042$	−4.8
−4.9	$.0^6 4792$	$.0^6 4554$	$.0^6 4327$	$.0^6 4111$	$.0^6 3906$	$.0^6 3711$	$.0^6 3525$	$.0^6 3348$	$.0^6 3179$	$.0^6 3019$	−4.9

注：为了便于排版，表中采用了像 $0.0^3 1385$ 和 $0.9^3 2886$ 这种写法，分别是 0.0001358 和 0.9992886 的缩写，0^3 表示连续 3 个 0，0.9^3 表示连续 3 个 9。

附表 2-2　正态分布表 2

$$\Phi(u)=\frac{1}{\sqrt{2\pi}}\int_{-\infty}^{u}\mathrm{e}^{-\frac{x^2}{2}}\,\mathrm{d}x\,(u\geqslant0)$$

u	0.00	0.01	0.02	0.03	0.04	0.05	0.06	0.07	0.08	0.09	u
0.0	0.5000	0.5040	0.5080	0.5120	0.5160	0.5199	0.5239	0.5279	0.5319	0.5359	0.0
0.1	.5398	.5438	.5478	.5517	.5557	.5596	.5636	.5675	.5714	.5753	0.1
0.2	.5793	.5832	.5871	.5910	.5948	.5987	.6026	.6064	.6103	.6141	0.2
0.3	.6179	.6217	.6255	.6293	.6331	.6368	.6406	.6443	.6480	.6517	0.3
0.4	.6554	.6591	.6628	.6664	.6700	.6736	.6772	.6808	.6844	.6879	0.4
0.5	.6915	.6950	.6985	.7019	.7054	.7088	.7123	.7157	.7190	.7224	0.5
0.6	.7257	.7291	.7324	.7357	.7389	.7422	.7454	.7486	.7517	.7549	0.6
0.7	.7580	.7611	.7642	.7673	.7703	.7734	.7764	.7794	.7823	.7852	0.7
0.8	.7881	.7910	.7939	.7967	.7995	.8023	.8051	.8078	.8106	.8133	0.8
0.9	.8159	.8186	.8212	.8238	.8264	.8289	.8315	.8340	.8365	.8389	0.9
1.0	.8413	.8438	.8461	.8485	.8508	.8531	.8554	.8577	.8599	.8621	1.0
1.1	.8643	.8665	.8686	.8708	.8729	.8749	.8770	.8790	.8810	.8830	1.1
1.2	.8849	.8869	.8888	.8907	.8925	.8944	.8962	.8980	.8997	.90147	1.2
1.3	.90320	.90490	.80658	.90824	.90988	.91149	.91309	.91466	.91621	.91774	1.3
1.4	.91924	.92073	.92220	.92364	.92507	.92647	.92785	.92922	.93056	.93189	1.4
1.5	.93319	.93448	.93574	.93699	.93822	.93943	.94062	.94179	.94295	.94408	1.5
1.6	.94520	.94630	.94738	.94845	.94950	.95053	.95154	.95254	.95352	.95449	1.6
1.7	.95543	.95637	.95728	.95818	.95907	.95994	.96080	.96164	.96246	.96327	1.7
1.8	.96407	.96485	.96562	.96638	.96712	.96784	.96856	.96926	.96995	.97062	1.8
1.9	.97128	.97193	.97257	.97320	.97381	.97441	.97500	.97558	.97615	.97670	1.9
2.0	.97725	.97778	.97831	.97882	.97932	.97982	.98030	.98077	.98124	.98169	2.0
2.1	.98214	.98257	.98300	.98341	.98382	.98422	.98461	.98500	.98537	.98574	2.1
2.2	.98610	.98645	.98679	.98713	.98745	.98778	.98809	.98840	.98870	.98899	2.2
2.3	.98928	.98956	.98983	$.9^20097$	$.9^20358$	$.9^20613$	$.9^20863$	$.9^21106$	$.9^21344$	$.9^21576$	2.3
2.4	$.9^21802$	$.9^22024$	$.9^22240$	$.9^22451$	$.9^22656$	$.9^22857$	$.9^23053$	$.9^23244$	$.9^23431$	$.9^23613$	2.4
2.5	$.9^23790$	$.9^23963$	$.9^24132$	$.9^24297$	$.9^24457$	$.9^24614$	$.9^24766$	$.9^24915$	$.9^25060$	$.9^25201$	2.5
2.6	$.9^25339$	$.9^25473$	$.9^25604$	$.9^25731$	$.9^25855$	$.9^25975$	$.9^26093$	$.9^26207$	$.9^26319$	$.9^26427$	2.6
2.7	$.9^26533$	$.9^26636$	$.9^26736$	$.9^26833$	$.9^26928$	$.9^27020$	$.9^27110$	$.9^27197$	$.9^27282$	$.9^27365$	2.7
2.8	$.9^27445$	$.9^27523$	$.9^27599$	$.9^27673$	$.9^27744$	$.9^27814$	$.9^27882$	$.9^27948$	$.9^28012$	$.9^28074$	2.8
2.9	$.9^28134$	$.9^28193$	$.9^28250$	$.9^28350$	$.9^28359$	$.9^28411$	$.9^28462$	$.9^28511$	$.9^28559$	$.9^28605$	2.9
3.0	$.9^28650$	$.9^28694$	$.9^28736$	$.9^28777$	$.9^28817$	$.9^28856$	$.9^28893$	$.9^28930$	$.9^28965$	$.9^28999$	3.0
3.1	$.9^30324$	$.9^30646$	$.9^30957$	$.9^31260$	$.9^31553$	$.9^31836$	$.9^32112$	$.9^32378$	$.9^32636$	$.9^32886$	3.1
3.2	$.9^33129$	$.9^33363$	$.9^33590$	$.9^33810$	$.9^34024$	$.9^34230$	$.9^34429$	$.9^34623$	$.9^34810$	$.9^34991$	3.2
3.3	$.9^35166$	$.9^35335$	$.9^35499$	$.9^35658$	$.9^35811$	$.9^35959$	$.9^36103$	$.9^36242$	$.9^36376$	$.9^36505$	3.3
3.4	$.9^36631$	$.9^36752$	$.9^36869$	$.9^36982$	$.9^37091$	$.9^37197$	$.9^37299$	$.9^37398$	$.9^37493$	$.9^37585$	3.4
3.5	$.9^37674$	$.9^37759$	$.9^37842$	$.9^37922$	$.9^37999$	$.9^38074$	$.9^38146$	$.9^38215$	$.9^38282$	$.9^38347$	3.5
3.6	$.9^38409$	$.9^38469$	$.9^38527$	$.9^38583$	$.9^38637$	$.9^38689$	$.9^38739$	$.9^38787$	$.9^38834$	$.9^38879$	3.6
3.7	$.9^38922$	$.9^38964$	$.9^40039$	$.9^40426$	$.9^40799$	$.9^41158$	$.9^41504$	$.9^41838$	$.9^42159$	$.9^42468$	3.7
3.8	$.9^42765$	$.9^43052$	$.9^43327$	$.9^43593$	$.9^43848$	$.9^44094$	$.9^44331$	$.9^44558$	$.9^44777$	$.9^44983$	3.8
3.9	$.9^45190$	$.9^45385$	$.9^45573$	$.9^45753$	$.9^45926$	$.9^46092$	$.9^46253$	$.9^46406$	$.9^46554$	$.9^46696$	3.9
4.0	$.9^46833$	$.9^46994$	$.9^47090$	$.9^47211$	$.9^47327$	$.9^47439$	$.9^47546$	$.9^47649$	$.9^47748$	$.9^47843$	4.0
4.1	$.9^47934$	$.9^48022$	$.9^48106$	$.9^48186$	$.9^48263$	$.9^48338$	$.9^48409$	$.9^48477$	$.9^48542$	$.9^48605$	4.1
4.2	$.9^48665$	$.9^48723$	$.9^48778$	$.9^48832$	$.9^48882$	$.9^48931$	$.9^48978$	$.9^50226$	$.9^50655$	$.9^51066$	4.2
4.3	$.9^51460$	$.9^51837$	$.9^52199$	$.9^52545$	$.9^52876$	$.9^53193$	$.9^53497$	$.9^53788$	$.9^54066$	$.9^54332$	4.3
4.4	$.9^54587$	$.9^54831$	$.9^55065$	$.9^55288$	$.9^55502$	$.9^55706$	$.9^55902$	$.9^56089$	$.9^56268$	$.9^56439$	4.4
4.5	$.9^56602$	$.9^56759$	$.9^56908$	$.9^57051$	$.9^57187$	$.9^57318$	$.9^57442$	$.9^57561$	$.9^57675$	$.9^57784$	4.5
4.6	$.9^57888$	$.9^57987$	$.9^58081$	$.9^58172$	$.9^58258$	$.9^58340$	$.9^58419$	$.9^58494$	$.9^58566$	$.9^58634$	4.6
4.7	$.9^58699$	$.9^58761$	$.9^58821$	$.9^58877$	$.9^58931$	$.9^58983$	$.9^60320$	$.9^60789$	$.9^61235$	$.9^61661$	4.7
4.8	$.9^62067$	$.9^62453$	$.9^62822$	$.9^63173$	$.9^63508$	$.9^63827$	$.9^64131$	$.9^64420$	$.9^64696$	$.9^64958$	4.8
4.9	$.9^65208$	$.9^65446$	$.9^65673$	$.9^65889$	$.9^66094$	$.9^66289$	$.9^66475$	$.9^66652$	$.9^66821$	$.9^66981$	4.9

附表 3　t 检验临界值表

$$P(|t|>t_\alpha)=\alpha$$

α $n-1$	单侧:0.10 双侧:0.05	0.05 0.025	0.01 0.005	α $n-1$	单侧:0.10 双侧:0.05	0.05 0.025	0.01 0.005
1	6.314	12.706	63.657	26	1.706	2.056	2.779
2	2.920	4.303	9.925	27	1.703	2.052	2.771
3	2.353	3.182	5.841	28	1.701	2.048	2.763
4	2.132	2.776	4.604	29	1.699	2.045	2.756
5	2.015	2.571	4.032	30	1.697	2.042	2.750
6	1.943	2.447	3.707	31	1.696	2.040	2.744
7	1.895	2.365	3.499	32	1.694	2.037	2.739
8	1.860	2.306	3.355	33	1.692	2.035	2.733
9	1.833	2.262	3.250	34	1.691	2.032	2.728
10	1.812	2.228	3.169	35	1.690	2.030	2.724
11	1.796	2.201	3.106	36	1.688	2.028	2.720
12	1.782	2.179	3.055	37	1.687	2.026	2.715
13	1.771	2.160	3.012	38	1.686	2.024	2.712
14	1.761	2.145	2.977	39	1.685	2.023	2.708
15	1.753	2.131	2.947	40	1.684	2.021	2.704
16	1.746	2.120	2.921	41	1.683	2.020	2.701
17	1.740	2.110	2.898	42	1.682	2.018	2.698
18	1.734	2.101	2.878	43	1.681	2.017	2.695
19	1.729	2.093	2.861	44	1.680	2.015	2.692
20	1.725	2.086	2.845	45	1.679	2.014	2.690
21	1.721	2.080	2.831	60	1.671	2.000	2.660
22	1.717	2.074	2.819				
23	1.714	2.069	2.807	120	1.658	1.980	2.617
24	1.711	2.064	2.797				
25	1.708	2.060	2.787	∞	1.645	1.960	2.576

注：$f=n-1$ [自由度]

附表 4　χ^2 检验临界值表

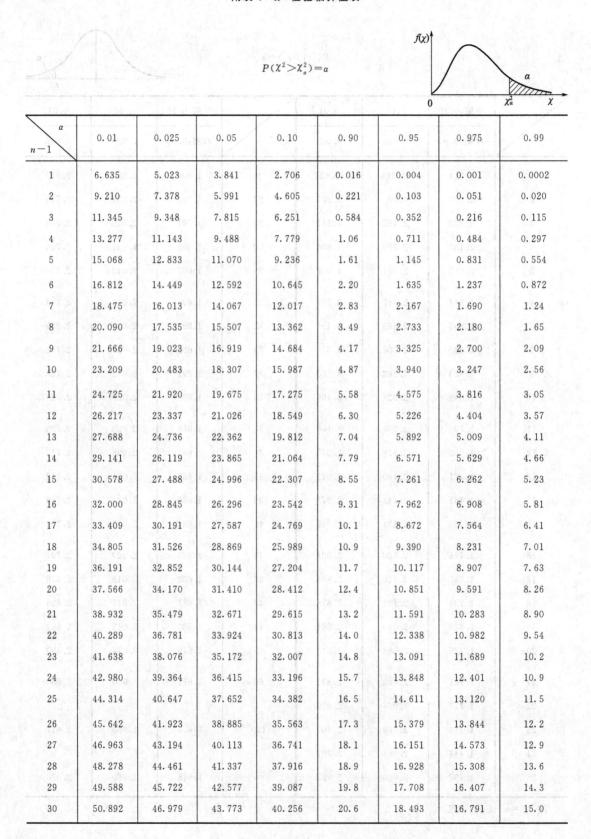

$$P(\chi^2 > \chi_\alpha^2) = \alpha$$

$n-1$ ＼ α	0.01	0.025	0.05	0.10	0.90	0.95	0.975	0.99
1	6.635	5.023	3.841	2.706	0.016	0.004	0.001	0.0002
2	9.210	7.378	5.991	4.605	0.221	0.103	0.051	0.020
3	11.345	9.348	7.815	6.251	0.584	0.352	0.216	0.115
4	13.277	11.143	9.488	7.779	1.06	0.711	0.484	0.297
5	15.068	12.833	11.070	9.236	1.61	1.145	0.831	0.554
6	16.812	14.449	12.592	10.645	2.20	1.635	1.237	0.872
7	18.475	16.013	14.067	12.017	2.83	2.167	1.690	1.24
8	20.090	17.535	15.507	13.362	3.49	2.733	2.180	1.65
9	21.666	19.023	16.919	14.684	4.17	3.325	2.700	2.09
10	23.209	20.483	18.307	15.987	4.87	3.940	3.247	2.56
11	24.725	21.920	19.675	17.275	5.58	4.575	3.816	3.05
12	26.217	23.337	21.026	18.549	6.30	5.226	4.404	3.57
13	27.688	24.736	22.362	19.812	7.04	5.892	5.009	4.11
14	29.141	26.119	23.865	21.064	7.79	6.571	5.629	4.66
15	30.578	27.488	24.996	22.307	8.55	7.261	6.262	5.23
16	32.000	28.845	26.296	23.542	9.31	7.962	6.908	5.81
17	33.409	30.191	27.587	24.769	10.1	8.672	7.564	6.41
18	34.805	31.526	28.869	25.989	10.9	9.390	8.231	7.01
19	36.191	32.852	30.144	27.204	11.7	10.117	8.907	7.63
20	37.566	34.170	31.410	28.412	12.4	10.851	9.591	8.26
21	38.932	35.479	32.671	29.615	13.2	11.591	10.283	8.90
22	40.289	36.781	33.924	30.813	14.0	12.338	10.982	9.54
23	41.638	38.076	35.172	32.007	14.8	13.091	11.689	10.2
24	42.980	39.364	36.415	33.196	15.7	13.848	12.401	10.9
25	44.314	40.647	37.652	34.382	16.5	14.611	13.120	11.5
26	45.642	41.923	38.885	35.563	17.3	15.379	13.844	12.2
27	46.963	43.194	40.113	36.741	18.1	16.151	14.573	12.9
28	48.278	44.461	41.337	37.916	18.9	16.928	15.308	13.6
29	49.588	45.722	42.577	39.087	19.8	17.708	16.407	14.3
30	50.892	46.979	43.773	40.256	20.6	18.493	16.791	15.0

附表 5　**F 检验临界值表（1）**

$$P(F > F_\alpha) = \alpha$$

$\alpha = 0.10$

f_1 f_2	1	2	3	4	5	6	7	8	9	10	15	20	30	50	100	200	500	∞	f_1 f_2
1	39.9	49.5	53.6	55.8	57.2	58.2	58.9	59.4	59.9	60.2	61.2	61.7	62.3	62.7	63.0	63.2	63.3	63.3	1
2	8.53	9.00	9.16	9.24	9.29	9.33	9.35	9.37	9.38	9.39	9.42	9.44	9.46	9.47	9.48	9.49	9.49	9.49	2
3	5.54	5.46	5.39	5.34	5.31	5.28	5.27	5.25	5.24	5.23	5.20	5.18	5.17	5.15	5.14	5.14	5.14	5.13	3
4	4.54	4.32	4.19	4.11	4.05	4.01	3.98	3.95	3.94	3.92	3.87	3.84	3.82	3.80	3.78	3.77	3.76	3.76	4
5	4.06	2.78	3.62	3.52	3.45	3.40	3.37	3.34	3.32	3.30	3.24	3.21	3.17	3.15	3.13	3.12	3.11	3.10	5
6	3.78	3.46	3.29	3.18	3.11	3.05	3.01	2.98	2.96	2.94	2.87	2.84	2.80	2.77	2.75	2.73	2.73	2.72	6
7	3.59	3.26	3.07	2.96	2.88	2.83	2.78	2.75	2.72	2.70	2.63	2.59	2.56	2.52	2.50	2.48	2.48	2.47	7
8	3.46	3.11	2.92	2.81	2.73	2.67	2.62	2.59	2.56	2.54	2.46	2.42	2.38	2.35	2.32	2.31	2.30	2.29	8
9	3.36	3.01	2.81	2.69	2.61	2.55	2.51	2.47	2.44	2.42	2.34	2.30	2.25	2.22	2.19	2.17	2.17	2.16	9
10	3.28	2.92	2.73	2.61	2.52	2.46	2.41	2.38	2.35	2.32	2.24	2.20	2.16	2.12	2.09	2.07	2.06	2.06	10
11	3.23	2.86	2.66	2.54	2.45	2.39	2.34	2.30	2.27	2.25	2.17	2.12	2.08	2.04	2.00	1.99	1.98	1.97	11
12	3.18	2.81	2.61	2.48	2.39	2.33	2.28	2.24	2.21	2.19	2.10	2.06	2.01	1.97	1.94	1.92	1.91	1.90	12
13	3.14	2.76	2.56	2.43	2.35	2.28	2.23	2.16	2.14	2.05	2.01	1.96	1.92	1.88	1.86	1.85	1.85	13
14	3.10	2.73	2.52	2.39	2.31	2.24	2.19	2.15	2.12	2.10	2.01	1.96	1.91	1.87	1.83	1.82	1.80	1.80	14
15	3.07	2.70	2.49	2.36	2.27	2.21	2.16	2.12	2.09	2.06	1.97	1.92	1.87	1.83	1.79	1.77	1.76	1.76	15
16	3.05	2.67	2.46	2.33	2.24	2.18	2.13	2.09	2.06	2.03	1.94	1.89	1.84	1.79	1.76	1.74	1.73	1.72	16
17	3.03	2.64	2.44	2.31	2.22	2.15	2.10	2.06	2.03	2.00	1.91	1.86	1.81	1.76	1.73	1.71	1.69	1.69	17
18	3.01	2.62	2.42	2.29	2.20	2.13	2.08	2.04	2.00	1.98	1.89	1.84	1.78	1.74	1.70	1.68	1.67	1.66	18
19	2.99	2.61	2.40	2.27	2.18	2.11	2.06	2.02	1.98	1.96	1.86	1.81	1.76	1.71	1.67	1.65	1.64	1.63	19
20	2.97	2.59	2.38	2.25	2.16	2.09	2.04	2.00	1.96	1.94	1.84	1.79	1.74	1.69	1.65	1.63	1.62	1.61	20
22	2.95	2.56	2.35	2.22	2.13	2.06	2.01	1.97	1.93	1.90	1.81	1.76	1.70	1.65	1.61	1.59	1.58	1.57	22
24	2.93	2.54	2.33	2.19	2.10	2.04	1.98	1.94	1.91	1.88	1.78	1.73	1.67	1.62	1.58	1.56	1.54	1.53	24
26	2.91	2.52	2.31	2.17	2.08	2.01	1.96	1.92	1.88	1.86	1.76	1.71	1.65	1.59	1.55	1.53	1.51	1.50	26
28	2.89	2.50	2.29	2.16	2.06	2.00	1.94	1.90	1.87	1.84	1.74	1.69	1.63	1.57	1.53	1.50	1.49	1.48	28
30	2.88	2.49	2.28	2.14	2.05	1.98	1.93	1.88	1.85	1.82	1.72	1.67	1.61	1.55	1.51	1.48	1.47	1.46	30
40	2.84	2.44	2.23	2.09	2.00	1.93	1.87	1.83	1.79	1.76	1.66	1.61	1.54	1.48	1.43	1.41	1.39	1.38	40
50	2.81	2.41	2.20	2.06	1.97	1.90	1.84	1.80	1.76	1.73	1.63	1.57	1.50	1.44	1.39	1.36	1.34	1.33	50
60	2.79	2.39	2.18	2.04	1.95	1.87	1.82	1.77	1.74	1.71	1.60	1.54	1.48	1.41	1.36	1.33	1.31	1.29	60
80	2.77	2.37	2.15	2.02	1.92	1.85	1.79	1.75	1.71	1.63	1.57	1.51	1.44	1.38	1.32	1.28	1.26	1.24	80
100	2.76	2.36	2.14	2.00	1.91	1.83	1.78	1.73	1.70	1.66	1.56	1.49	1.42	1.35	1.29	1.26	1.23	1.21	100
200	2.73	2.33	2.11	1.97	1.88	1.80	1.75	1.70	1.66	1.63	1.52	1.46	1.38	1.31	1.24	1.20	1.17	1.14	200
500	2.72	2.31	2.10	1.96	1.86	1.79	1.73	1.68	1.64	1.61	1.50	1.44	1.36	1.28	1.21	1.16	1.12	1.09	500
∞	2.71	2.30	2.08	1.94	1.85	1.77	1.72	1.67	1.63	1.60	1.49	1.42	1.34	1.26	1.18	1.13	1.08	1.00	∞

$\alpha = 0.05$

f_2 \ f_1	1	2	3	4	5	6	7	8	9	10	12	14	16	18	20	f_2
1	161	200	216	225	230	234	237	239	241	242	244	245	246	247	248	1
2	18.5	19.0	19.2	19.2	19.3	19.3	19.4	19.4	19.4	19.4	19.4	19.4	19.4	19.4	19.4	2
3	10.1	9.55	9.28	9.12	9.01	8.94	8.89	8.85	8.81	8.79	8.74	8.71	8.69	8.67	8.66	3
4	7.71	6.94	6.59	6.39	6.26	6.16	6.09	6.04	6.00	5.96	5.91	5.87	5.84	5.82	5.80	4
5	6.61	5.79	5.41	5.19	5.05	4.95	4.88	4.82	4.77	4.74	4.68	4.64	4.60	4.58	4.56	5
6	5.99	5.14	4.76	4.53	4.39	4.28	4.21	4.15	4.10	4.06	4.00	3.96	3.92	3.90	3.87	6
7	5.59	4.74	4.35	4.12	3.97	3.87	3.79	3.73	3.68	3.64	3.57	3.53	3.49	3.47	3.44	7
8	5.32	4.46	4.07	3.84	3.69	3.58	3.50	3.44	3.39	3.35	3.28	3.24	3.20	3.17	3.15	8
9	5.12	4.26	3.86	3.63	3.48	3.37	3.29	3.23	3.18	3.14	3.07	3.03	2.99	2.96	2.94	9
10	4.96	4.10	3.71	3.48	3.33	3.22	3.14	3.07	3.02	2.98	2.91	2.86	2.83	2.80	2.77	10
11	4.84	3.98	3.59	3.36	3.20	3.09	3.01	2.95	2.90	2.85	2.79	2.74	2.70	2.67	2.65	11
12	4.75	3.89	3.49	3.26	3.11	3.00	2.91	2.85	2.80	2.75	2.69	2.64	2.60	2.57	2.54	12
13	4.67	3.81	3.41	3.18	3.03	2.92	2.83	2.77	2.71	2.67	2.60	2.55	2.51	2.48	2.46	13
14	4.60	3.74	3.34	3.11	2.96	2.85	2.76	2.70	2.65	2.60	2.53	2.48	2.44	2.41	2.39	14
15	4.54	3.68	3.29	3.06	2.90	2.79	2.71	2.64	2.59	2.54	2.48	2.42	2.38	2.35	2.33	15
16	4.49	3.63	3.24	3.01	2.85	2.74	2.66	2.59	2.54	2.49	2.42	2.37	2.33	2.30	2.28	16
17	4.45	3.59	3.20	2.96	2.81	2.70	2.61	2.55	2.49	2.45	2.38	2.33	2.29	2.26	2.23	17
18	4.41	3.55	3.16	2.93	2.77	2.66	2.58	2.51	2.46	2.41	2.34	2.29	2.25	2.22	2.19	18
19	4.38	3.52	3.13	2.90	2.74	2.63	2.54	2.48	2.42	2.38	2.31	2.26	2.21	2.18	2.16	19
20	4.35	3.49	3.10	2.87	2.71	2.60	2.51	2.45	2.39	2.35	2.28	2.22	2.18	2.15	2.12	20
21	4.32	3.47	3.07	2.84	2.68	2.57	2.49	2.42	2.37	2.32	2.25	2.20	2.16	2.12	2.10	21
22	4.30	3.44	3.05	2.82	2.66	2.55	2.46	2.40	2.34	2.30	2.23	2.17	2.13	2.10	2.07	22
23	4.28	3.42	3.03	2.80	2.64	2.53	2.44	2.37	2.32	2.27	2.20	2.15	2.11	2.07	2.05	23
24	4.26	3.40	3.01	2.78	2.62	2.51	2.42	2.36	2.30	2.25	2.18	2.13	2.09	2.05	2.03	24
25	4.24	3.39	2.99	2.76	2.60	2.49	2.40	2.34	2.28	2.24	2.16	2.11	2.07	2.04	2.01	25
26	4.23	3.37	2.98	2.74	2.59	2.47	2.39	2.32	2.27	2.22	2.15	2.09	2.05	2.02	1.99	26
27	4.21	3.35	2.96	2.73	2.57	2.46	2.37	2.31	2.25	2.20	2.13	2.08	2.04	2.00	1.97	27
28	4.20	3.34	2.95	2.71	2.56	2.45	2.36	2.29	2.24	2.19	2.12	2.06	2.02	1.99	1.96	28
29	4.18	3.33	2.93	2.70	2.55	2.43	2.35	2.28	2.22	2.18	2.10	2.05	2.01	1.97	1.94	29
30	4.17	3.32	2.92	2.69	2.53	2.42	2.33	2.27	2.21	2.16	2.09	2.04	1.99	1.96	1.93	30
32	4.15	3.29	2.90	2.67	2.51	2.40	2.31	2.24	2.19	2.14	2.07	2.01	1.97	1.94	1.91	32
34	4.13	3.28	2.88	2.65	2.49	2.38	2.29	2.23	2.17	2.12	2.05	1.99	1.95	1.92	1.89	34
36	4.11	3.26	2.87	2.63	2.48	2.36	2.28	2.21	2.15	2.11	2.03	1.98	1.93	1.90	1.87	36
38	4.10	3.24	2.85	2.62	2.46	2.35	2.26	2.19	2.14	2.09	2.02	1.96	1.92	1.88	1.85	38
40	4.08	3.23	2.84	2.61	2.45	2.34	2.25	2.18	2.12	2.08	2.00	1.95	1.90	1.87	1.84	40
42	4.07	3.22	2.83	2.59	2.44	2.32	2.24	2.17	2.11	2.06	1.99	1.93	1.89	1.86	1.83	42
44	4.06	3.21	2.82	2.58	2.43	2.31	2.23	2.16	2.10	2.05	1.98	1.92	1.88	1.84	1.81	44
46	4.05	3.20	2.81	2.57	2.42	2.30	2.22	2.15	2.09	2.04	1.97	1.91	1.87	1.83	1.80	46
48	4.04	3.19	2.80	2.57	2.41	2.29	2.21	2.14	2.08	2.03	1.96	1.90	1.86	1.82	1.79	48
50	4.03	3.18	2.79	2.56	2.40	2.29	2.20	2.13	2.07	2.03	1.95	1.89	1.85	1.81	1.78	50
60	4.00	3.15	2.76	2.53	2.37	2.25	2.17	2.10	2.04	1.99	1.92	1.86	1.82	1.78	1.75	60
80	3.96	3.11	2.72	2.49	2.33	2.21	2.13	2.06	2.00	1.95	1.88	1.82	1.77	1.73	1.70	80
100	3.94	3.09	2.70	2.46	2.31	2.19	2.10	2.03	1.97	1.93	1.85	1.79	1.75	1.71	1.68	100
125	3.92	3.07	2.68	2.44	2.29	2.17	2.08	2.01	1.96	1.91	1.83	1.77	1.72	1.69	1.65	125
150	3.90	3.06	2.66	2.43	2.27	2.16	2.07	2.00	1.94	1.89	1.82	1.76	1.71	1.67	1.64	150
200	3.89	3.04	2.65	2.42	2.26	2.14	2.06	1.98	1.93	1.88	1.80	1.74	1.69	1.66	1.62	200
300	3.87	3.03	2.63	2.40	2.24	2.13	2.04	1.97	1.91	1.86	1.78	1.72	1.68	1.64	1.61	300
500	3.86	3.01	2.62	2.39	2.23	2.12	2.03	1.96	1.90	1.85	1.77	1.71	1.66	1.62	1.59	500
1000	3.85	3.00	2.61	2.38	2.22	2.11	2.02	1.95	1.89	1.84	1.76	1.70	1.65	1.61	1.58	1000
∞	3.84	3.00	2.60	2.37	2.21	2.10	2.01	1.94	1.88	1.83	1.75	1.69	1.64	1.60	1.57	∞

续表

f_2＼f_1	22	24	26	28	30	35	40	45	50	60	80	100	200	500	∞	f_1＼f_2
1	249	249	249	250	250	251	251	251	252	252	252	253	254	254	254	1
2	19.5	19.5	19.5	19.5	19.5	19.5	19.5	19.5	19.5	19.5	19.5	19.5	19.5	19.5	19.5	2
3	8.65	8.64	8.63	8.62	8.62	8.60	8.59	8.59	8.58	8.57	8.56	8.55	8.54	8.53	8.53	3
4	5.79	5.77	5.76	5.75	5.76	5.73	5.72	5.71	5.70	5.69	5.67	5.66	5.65	5.64	5.63	4
5	4.54	4.53	4.52	4.50	4.50	4.48	4.46	4.45	4.44	4.43	4.41	4.41	4.39	4.37	4.37	5
6	3.86	3.84	3.83	3.82	3.81	3.79	3.77	3.76	3.75	3.74	3.72	3.71	3.69	3.68	3.67	6
7	3.43	3.41	3.40	3.39	3.38	3.36	3.34	3.33	3.32	3.30	3.29	3.27	3.25	3.24	3.23	7
8	3.13	3.12	3.10	3.09	3.08	3.06	3.04	3.03	3.02	3.01	2.99	2.97	2.95	2.94	2.93	8
9	2.92	2.90	2.89	2.87	2.86	2.84	2.83	2.81	2.80	2.79	2.77	2.76	2.73	2.72	2.71	9
10	2.75	2.74	2.72	2.71	2.70	2.68	2.66	2.65	2.64	2.62	2.60	2.59	2.56	2.55	2.54	10
11	2.63	2.61	2.59	2.58	2.57	2.55	2.53	2.52	2.51	2.49	2.47	2.46	2.43	2.42	2.40	11
12	2.52	2.51	2.49	2.48	2.47	2.44	2.43	2.41	2.40	2.38	2.36	2.35	2.32	2.31	2.30	12
13	2.44	2.42	2.41	2.39	2.38	2.36	2.34	2.33	2.31	2.30	2.27	2.26	2.23	2.22	2.21	13
14	2.37	2.35	2.33	2.32	2.31	2.28	2.27	2.25	2.24	2.22	2.20	2.19	2.16	2.14	2.13	14
15	2.31	2.29	2.27	2.26	2.25	2.22	2.20	2.19	2.18	2.16	2.14	2.12	2.10	2.08	2.07	15
16	2.25	2.24	2.22	2.21	2.19	2.17	2.15	2.14	2.12	2.11	2.08	2.07	2.04	2.02	2.01	16
17	2.21	2.19	2.17	2.16	2.15	2.12	2.10	2.09	2.08	2.06	2.03	2.02	1.99	1.97	1.96	17
18	2.17	2.15	2.13	2.12	2.11	2.08	2.06	2.05	2.04	2.02	1.99	1.98	1.95	1.93	1.92	18
19	2.13	2.11	2.10	2.08	2.07	2.05	2.03	2.01	2.00	1.98	1.96	1.94	1.91	1.89	1.88	19
20	2.10	2.08	2.07	2.05	2.04	2.01	1.99	1.98	1.97	1.95	1.92	1.91	1.88	1.86	1.84	20
21	2.07	2.05	2.04	2.02	2.01	1.98	1.96	1.95	1.94	1.92	1.89	1.88	1.84	1.82	1.81	21
22	2.05	2.03	2.01	2.00	1.98	1.96	1.94	1.92	1.91	1.89	1.86	1.85	1.82	1.80	1.78	22
23	2.02	2.00	1.99	1.97	1.96	1.93	1.91	1.90	1.88	1.86	1.84	1.82	1.79	1.77	1.76	23
24	2.00	1.98	1.97	1.95	1.94	1.91	1.89	1.88	1.86	1.84	1.82	1.80	1.77	1.75	1.73	24
25	1.98	1.96	1.95	1.93	1.92	1.89	1.87	1.86	1.84	1.82	1.80	1.78	1.75	1.73	1.71	25
26	1.97	1.95	1.93	1.91	1.90	1.87	1.85	1.84	1.82	1.80	1.78	1.76	1.73	1.71	1.69	26
27	1.95	1.93	1.91	1.90	1.88	1.86	1.84	1.82	1.81	1.79	1.76	1.74	1.71	1.69	1.67	27
28	1.93	1.91	1.90	1.88	1.87	1.84	1.82	1.80	1.79	1.77	1.74	1.73	1.69	1.67	1.65	28
29	1.92	1.90	1.88	1.87	1.85	1.83	1.81	1.79	1.77	1.75	1.73	1.71	1.67	1.65	1.64	29
30	1.91	1.89	1.87	1.85	1.84	1.81	1.79	1.77	1.76	1.74	1.71	1.70	1.66	1.64	1.62	30
32	1.88	1.86	1.85	1.83	1.82	1.79	1.77	1.75	1.74	1.71	1.69	1.67	1.63	1.61	1.59	32
34	1.86	1.84	1.82	1.80	1.80	1.77	1.75	1.73	1.71	1.69	1.66	1.65	1.61	1.59	1.57	34
36	1.85	1.82	1.81	1.79	1.78	1.75	1.73	1.71	1.69	1.67	1.64	1.62	1.59	1.56	1.55	36
38	1.83	1.81	1.79	1.77	1.76	1.73	1.71	1.69	1.68	1.65	1.62	1.61	1.57	1.54	1.53	38
40	1.81	1.79	1.77	1.76	1.74	1.72	1.69	1.67	1.66	1.64	1.61	1.59	1.55	1.53	1.51	40
42	1.80	1.78	1.76	1.74	1.73	1.70	1.68	1.66	1.65	1.62	1.59	1.57	1.53	1.51	1.49	42
44	1.79	1.77	1.75	1.73	1.72	1.69	1.67	1.65	1.63	1.61	1.58	1.56	1.52	1.49	1.48	44
46	1.78	1.76	1.74	1.72	1.71	1.68	1.65	1.64	1.62	1.60	1.57	1.55	1.51	1.48	1.46	46
48	1.77	1.75	1.73	1.71	1.70	1.67	1.64	1.62	1.61	1.59	1.56	1.54	1.49	1.47	1.45	48
50	1.76	1.74	1.72	1.70	1.69	1.66	1.63	1.61	1.60	1.58	1.54	1.52	1.48	1.46	1.44	50
60	1.72	1.70	1.68	1.66	1.65	1.62	1.59	1.57	1.56	1.53	1.50	1.48	1.44	1.41	1.39	60
80	1.68	1.65	1.63	1.62	1.60	1.57	1.54	1.52	1.51	1.48	1.45	1.43	1.38	1.35	1.32	80
100	1.65	1.63	1.61	1.59	1.57	1.54	1.52	1.49	1.48	1.45	1.41	1.39	1.34	1.31	1.28	100
125	1.63	1.60	1.58	1.57	1.55	1.52	1.49	1.47	1.45	1.42	1.39	1.36	1.31	1.27	1.25	125
150	1.61	1.59	1.57	1.55	1.53	1.50	1.48	1.45	1.44	1.41	1.37	1.34	1.29	1.25	1.22	150
200	1.60	1.57	1.55	1.53	1.52	1.48	1.46	1.43	1.41	1.39	1.35	1.32	1.26	1.22	1.19	200
300	1.58	1.55	1.53	1.51	1.50	1.46	1.43	1.41	1.39	1.36	1.32	1.30	1.23	1.19	1.15	300
500	1.56	1.54	1.52	1.50	1.48	1.45	1.42	1.40	1.38	1.34	1.30	1.28	1.21	1.16	1.11	500
1000	1.55	1.53	1.51	1.49	1.47	1.44	1.41	1.38	1.36	1.33	1.29	1.26	1.19	1.13	1.08	1000
∞	1.54	1.52	1.50	1.48	1.46	1.42	1.39	1.37	1.35	1.32	1.27	1.24	1.17	1.11	1.00	∞

$\alpha = 0.01$

f_1 / f_2	1	2	3	4	5	6	7	8	9	10	12	14	16	18	20	f_1 / f_2
1	4052	4999	5403	5625	5764	5859	5928	5982	6022	6056	6106	6142	6169	6192	6209	1
2	98.5	99.0	99.2	99.2	99.3	99.3	99.4	99.4	99.4	99.4	99.4	99.4	99.4	99.4	99.4	2
3	34.1	30.8	29.5	28.7	28.2	27.9	27.7	27.5	27.3	27.2	27.1	26.9	26.8	26.8	26.7	3
4	21.2	18.0	16.7	16.0	15.5	15.2	15.0	14.8	14.7	14.5	14.4	14.2	14.2	14.1	14.0	4
5	16.3	13.3	12.1	11.4	11.0	10.7	10.5	10.3	10.2	10.1	9.89	9.77	9.68	9.61	9.55	5
6	13.7	10.9	9.78	9.15	8.75	8.47	8.26	8.10	7.93	7.87	7.72	7.60	7.52	7.45	7.40	6
7	12.2	9.55	8.45	7.85	7.46	7.19	6.99	6.84	6.72	6.62	6.47	6.36	6.27	6.21	6.16	7
8	11.3	8.65	7.59	7.01	6.63	6.37	6.18	6.03	5.91	5.81	5.67	5.56	5.48	5.41	5.36	8
9	10.6	8.02	6.99	6.42	6.06	5.80	5.61	5.47	5.35	5.26	5.11	5.00	4.92	4.86	4.81	9
10	10.0	7.56	6.55	5.99	5.64	5.39	5.20	5.06	4.94	4.85	4.71	4.60	4.52	4.46	4.41	10
11	9.65	7.21	6.22	5.67	5.32	5.07	4.89	4.74	4.63	4.54	4.40	4.29	4.21	4.15	4.10	11
12	9.33	6.93	5.95	5.41	5.06	4.82	4.64	4.50	4.39	4.30	4.16	4.05	3.97	3.91	3.86	12
13	9.07	6.70	5.74	5.21	4.86	4.62	4.44	4.30	4.19	4.10	3.96	3.86	3.78	3.71	3.66	13
14	8.86	6.51	5.56	5.04	4.70	4.46	4.28	4.14	4.03	3.94	3.80	3.70	3.62	3.56	3.51	14
15	8.68	6.36	5.42	4.89	4.56	4.32	4.14	4.00	3.89	3.80	3.67	3.56	3.49	3.42	3.37	15
16	8.53	6.23	5.29	4.77	4.44	4.20	4.03	3.89	3.78	3.69	3.55	3.45	3.37	3.31	3.26	16
17	8.40	6.11	5.18	4.67	4.34	4.10	3.93	3.79	3.68	3.59	3.46	3.35	3.27	3.21	3.16	17
18	8.29	6.01	5.09	4.58	4.25	4.01	3.84	3.71	3.60	3.51	3.37	3.27	3.19	3.13	3.08	18
19	8.18	5.93	5.01	4.50	4.17	3.94	3.77	3.63	3.52	3.43	3.30	3.19	3.12	3.05	3.00	19
20	8.10	5.85	4.94	4.43	4.10	3.87	3.70	3.56	3.46	3.37	3.23	3.13	3.06	2.99	2.94	20
21	8.02	5.78	4.87	4.37	4.04	3.81	3.64	3.51	3.40	3.31	3.17	3.07	2.99	2.93	2.88	21
22	7.95	5.72	4.82	4.31	3.99	3.76	3.59	3.45	3.35	3.26	3.12	3.02	2.94	2.88	2.83	22
23	7.88	5.66	4.76	4.26	3.94	3.71	3.54	3.41	3.30	3.21	3.07	2.97	2.89	2.83	2.78	23
24	7.82	5.61	4.72	4.22	3.90	3.67	3.50	3.36	3.26	3.17	3.03	2.93	2.85	2.79	2.74	24
25	7.77	5.57	4.68	4.18	3.86	3.63	3.46	3.32	3.22	3.13	2.99	2.89	2.81	2.75	2.70	25
26	7.72	5.53	4.64	4.14	3.82	3.59	3.42	3.29	3.18	3.09	2.96	2.86	2.78	2.72	2.66	26
27	7.68	5.49	4.60	4.11	3.78	3.56	3.39	3.26	3.15	3.06	2.93	2.82	2.75	2.68	2.63	27
28	7.64	5.45	4.57	4.07	3.75	3.53	3.36	3.23	3.12	3.03	2.90	2.79	2.72	2.65	2.60	28
29	7.60	5.42	4.54	4.04	3.73	3.50	3.33	3.20	3.09	3.00	2.87	2.77	2.69	2.62	2.57	29
30	7.56	5.39	4.51	4.02	3.70	3.47	3.30	3.17	3.07	2.98	2.81	2.74	2.66	2.60	2.55	30
32	7.50	5.34	4.46	3.97	3.65	3.43	3.26	3.13	3.02	2.93	2.80	2.70	2.62	2.55	2.50	32
34	7.44	5.29	4.42	3.93	3.61	3.39	3.22	3.09	2.98	2.89	2.76	2.66	2.58	2.51	2.46	34
36	7.40	5.25	4.38	3.89	3.57	3.35	3.18	3.05	2.95	2.86	2.72	2.62	2.54	2.48	2.43	36
38	7.35	5.21	4.34	3.86	3.54	3.32	3.15	3.02	2.92	2.83	2.69	2.59	2.51	2.45	2.40	38
40	7.31	5.18	4.31	3.83	3.51	3.29	3.12	2.99	2.89	2.80	2.66	2.56	2.48	2.42	2.37	40
42	7.28	5.15	4.29	3.80	3.49	3.27	3.10	2.97	2.86	2.78	2.64	2.54	2.46	2.40	2.34	42
44	7.25	5.12	4.26	3.78	3.47	3.24	3.08	2.95	2.84	2.75	2.62	2.52	2.44	2.37	2.32	44
46	7.22	5.10	4.24	3.76	3.44	3.22	3.06	2.93	2.82	2.73	2.60	2.50	2.42	2.35	2.30	46
48	7.20	5.08	4.22	3.74	3.43	3.20	3.04	2.91	2.80	2.72	2.58	2.48	2.40	2.33	2.28	48
50	7.17	5.06	4.20	3.72	3.41	3.19	3.02	2.89	2.79	2.70	2.56	2.46	2.38	2.32	2.27	50
60	7.08	4.98	4.13	3.65	3.34	3.12	2.95	2.82	2.72	2.63	2.50	2.39	2.31	2.25	2.20	60
80	6.96	4.88	4.04	3.56	3.26	3.04	2.87	2.74	2.64	2.55	2.42	2.31	2.23	2.17	2.12	80
100	6.90	4.82	3.98	3.51	3.21	2.99	2.82	2.69	2.59	2.50	2.37	2.26	2.19	2.12	2.07	100
125	6.84	4.78	3.94	3.47	3.17	2.95	2.79	2.66	2.55	2.47	2.33	2.23	2.15	2.08	2.03	125
150	6.81	4.75	3.92	3.45	3.14	2.92	2.76	2.63	2.53	2.44	2.31	2.20	2.12	2.06	2.00	150
200	6.76	4.71	3.88	3.41	3.11	2.89	2.73	2.60	2.50	2.41	2.27	2.17	2.09	2.02	1.97	200
300	6.72	4.68	3.85	3.38	3.08	2.86	2.70	2.57	2.47	2.38	2.24	2.14	2.06	1.99	1.94	300
500	6.69	4.65	3.82	3.36	3.05	2.84	2.68	2.55	2.44	2.36	2.22	2.12	2.04	1.97	1.92	500
1000	6.66	4.63	3.80	3.34	3.04	2.82	2.66	2.53	2.43	2.34	2.20	2.10	2.02	1.95	1.90	1000
∞	6.63	4.61	3.78	3.32	3.02	2.80	2.64	2.51	2.41	2.32	2.18	2.08	2.00	1.93	1.88	∞

续表

f_2 \ f_1	22	24	26	28	30	35	40	45	50	60	80	100	200	500	∞	f_1 \ f_2
1	6223	6235	6245	6253	6261	6276	6287	6296	6303	6313	6326	6334	6350	6360	6366	1
2	99.5	99.5	99.5	99.5	99.5	99.5	99.5	99.5	99.5	99.5	99.5	99.5	99.5	99.5	99.5	2
3	26.6	26.6	26.6	26.5	26.5	26.5	26.4	26.4	26.4	26.3	26.3	26.2	26.2	26.1	26.1	3
4	14.0	13.9	13.9	13.9	13.8	13.8	13.7	13.7	13.7	13.7	13.6	13.6	13.5	13.5	13.5	4
5	9.51	9.47	9.43	9.40	9.38	9.33	9.29	9.26	9.24	9.20	9.16	9.13	9.08	9.04	9.02	5
6	7.35	7.31	7.28	7.25	7.23	7.18	7.14	7.11	7.09	7.06	7.01	6.99	6.93	6.90	6.88	6
7	6.11	6.07	6.04	6.02	5.99	5.94	5.91	5.88	5.86	5.82	5.78	5.75	5.70	5.67	5.65	7
8	5.32	5.28	5.25	5.22	5.20	5.15	5.12	5.00	5.07	5.03	4.99	4.96	4.91	4.88	4.86	8
9	4.77	4.73	4.70	4.67	4.65	4.60	4.57	4.54	4.52	4.48	4.44	4.42	4.36	4.33	4.31	9
10	4.36	4.33	4.30	4.27	4.25	4.20	4.17	4.14	4.12	4.08	4.04	4.01	3.96	3.93	3.91	10
11	4.06	4.02	3.99	3.96	3.94	3.89	3.86	3.83	3.81	3.78	3.73	3.71	3.66	3.62	3.60	11
12	3.82	3.78	3.75	3.72	3.70	3.65	3.62	3.59	3.57	3.54	3.49	3.47	3.41	3.38	3.36	12
13	3.62	3.59	3.56	3.53	3.51	3.46	3.43	3.40	3.38	3.34	3.30	3.27	3.22	3.19	3.17	13
14	3.46	3.43	3.40	3.37	3.35	3.30	3.27	3.24	3.22	3.18	3.14	3.11	3.06	3.03	3.00	14
15	3.33	3.29	3.26	3.24	3.21	3.17	3.13	3.10	3.08	3.05	3.00	2.98	2.92	2.89	2.87	15
16	3.22	3.18	3.15	3.12	3.10	3.05	3.02	2.99	2.97	2.93	2.89	2.86	2.81	2.78	2.75	16
17	3.12	3.08	3.05	3.03	3.00	2.96	2.92	2.89	2.87	2.83	2.79	2.76	2.71	2.68	2.65	17
18	3.03	3.00	2.97	2.94	2.92	2.87	2.84	2.81	2.78	2.75	2.70	2.68	2.62	2.59	2.57	18
19	2.96	2.92	2.89	2.87	2.84	2.80	2.76	2.73	2.71	2.67	2.63	2.60	2.55	2.51	2.49	19
20	2.90	2.86	2.83	2.80	2.78	2.73	2.69	2.67	2.64	2.61	2.56	2.54	2.48	2.44	2.42	20
21	2.84	2.80	2.77	2.74	2.72	2.67	2.64	2.61	2.58	2.55	2.50	2.48	2.42	2.38	2.36	21
22	2.78	2.75	2.72	2.69	2.67	2.62	2.58	2.55	2.53	2.50	2.45	2.42	2.36	2.33	2.31	22
23	2.74	2.70	2.67	2.64	2.62	2.57	2.54	2.51	2.48	2.45	2.40	2.37	2.32	2.28	2.26	23
24	2.70	2.66	2.63	2.60	2.58	2.53	2.49	2.46	2.44	2.40	2.36	2.33	2.27	2.24	2.21	24
25	2.66	2.62	2.59	2.56	2.54	2.49	2.45	2.42	2.40	2.36	2.32	2.29	2.23	2.19	2.17	25
26	2.62	2.58	2.55	2.53	2.50	2.45	2.42	2.39	2.36	2.33	2.28	2.25	2.19	2.16	2.13	26
27	2.59	2.55	2.52	2.49	2.47	2.42	2.38	2.35	2.33	2.29	2.25	2.22	2.16	2.12	2.10	27
28	2.56	2.52	2.49	2.46	2.44	2.39	2.35	2.32	2.30	2.26	2.22	2.19	2.13	2.09	2.06	28
29	2.53	2.49	2.46	2.44	2.41	2.36	2.33	2.30	2.27	2.23	2.19	2.16	2.10	2.06	2.03	29
30	2.51	2.47	2.44	2.41	2.39	2.34	2.30	2.27	2.25	2.21	2.16	2.13	2.07	2.03	2.01	30
32	2.46	2.42	2.39	2.36	2.34	2.29	2.25	2.22	2.20	2.16	2.11	2.08	2.02	1.98	1.96	32
34	2.42	2.38	2.35	2.32	2.30	2.25	2.21	2.18	2.16	2.12	2.07	2.04	1.98	1.94	1.91	34
36	2.38	2.35	2.32	2.29	2.26	2.21	2.17	2.14	2.12	2.08	2.03	2.00	1.94	1.90	1.87	36
38	2.35	2.32	2.28	2.26	2.23	2.18	2.14	2.11	2.09	2.05	2.00	1.97	1.90	1.86	1.84	38
40	2.33	2.29	2.26	2.23	2.20	2.15	2.11	2.08	2.06	2.02	1.97	1.94	1.87	1.83	1.80	40
42	2.30	2.26	2.23	2.20	2.18	2.13	2.09	2.06	2.03	1.99	1.94	1.91	1.85	1.80	1.78	42
44	2.28	2.24	2.21	2.18	2.15	2.10	2.06	2.03	2.01	1.97	1.92	1.89	1.82	1.78	1.75	44
46	2.26	2.22	2.19	2.16	2.13	2.08	2.04	2.01	1.99	1.95	1.90	1.86	1.80	1.75	1.73	46
48	2.24	2.20	2.17	2.14	2.12	2.06	2.02	1.99	1.97	1.93	1.88	1.84	1.78	1.73	1.70	48
50	2.22	2.18	2.15	2.12	2.10	2.05	2.01	1.97	1.95	1.91	1.86	1.82	1.76	1.71	1.68	50
60	2.15	2.12	2.08	2.05	2.03	1.98	1.94	1.90	1.88	1.84	1.78	1.75	1.68	1.63	1.60	60
80	2.07	2.03	2.00	1.97	1.94	1.89	1.85	1.81	1.79	1.75	1.69	1.66	1.58	1.53	1.49	80
100	2.02	1.98	1.94	1.92	1.89	1.84	1.80	1.76	1.73	1.69	1.63	1.60	1.52	1.47	1.43	100
125	1.98	1.94	1.91	1.83	1.85	1.80	1.76	1.72	1.69	1.65	1.59	1.55	1.47	1.41	1.37	125
150	1.96	1.92	1.88	1.85	1.83	1.77	1.73	1.69	1.66	1.62	1.56	1.52	1.43	1.38	1.33	150
200	1.93	1.89	1.85	1.82	1.79	1.74	1.69	1.66	1.63	1.58	1.52	1.48	1.39	1.33	1.28	200
300	1.89	1.85	1.82	1.79	1.76	1.71	1.66	1.62	1.59	1.55	1.48	1.44	1.35	1.28	1.22	300
500	1.87	1.83	1.79	1.76	1.74	1.68	1.63	1.60	1.56	1.52	1.45	1.41	1.31	1.23	1.16	500
1 000	1.85	1.81	1.77	1.74	1.72	1.66	1.61	1.57	1.54	1.50	1.43	1.38	1.28	1.19	1.11	1 000
∞	1.83	1.79	1.76	1.72	1.70	1.64	1.59	1.55	1.52	1.47	1.40	1.36	1.25	1.15	1.00	∞

附表 6 F 检验临界值表(2)

$P\{F>\lambda\}=\alpha$，λ：临界值，f_1：第一自由度，f_2：第二自由度

α	f_2 \ λ \ f_1	1	2	3	4	5	6	7	8	9	10	12	15	20	30	60	120	∞
0.025	1	648	800	864	900	922	937	948	957	963	969	977	985	993	1000	1010	1010	1020
0.005		16200	20000	21600	22500	23100	23400	23700	23900	24100	24200	24400	24600	24800	25000	25200	25400	25500
0.025	2	38.5	39.0	39.2	39.2	39.3	39.3	39.4	39.4	39.4	39.4	39.4	39.4	39.4	39.5	39.5	39.5	39.5
0.005		199	199	199	199	199	199	199	199	199	199	199	199	199	199	199	199	199
0.025	3	17.4	16.0	15.4	15.1	14.9	14.7	14.6	14.5	14.5	14.4	14.3	14.3	14.2	14.1	14.0	13.9	13.9
0.005		55.6	49.8	47.5	46.2	45.4	44.8	44.4	44.1	43.9	43.7	43.4	43.1	42.8	42.5	42.1	42.0	41.8
0.025	4	12.2	10.6	9.98	9.60	9.36	9.20	9.07	8.98	8.90	8.84	8.75	8.66	8.56	8.46	8.36	8.31	8.26
0.005		31.3	26.3	24.3	23.2	22.5	22.0	21.6	21.4	21.1	21.0	20.7	20.4	20.2	19.9	19.6	19.5	19.3
0.025	5	10.0	8.43	7.76	7.39	7.15	6.98	6.85	6.76	6.68	6.62	6.52	6.43	6.33	6.23	6.12	6.07	6.02
0.005		22.8	18.3	16.5	15.6	14.9	14.5	14.2	14.0	13.8	13.6	13.4	13.1	12.9	12.7	12.4	12.3	12.1
0.025	6	8.81	7.26	6.60	6.23	5.99	5.82	5.70	5.60	5.52	5.46	5.37	5.27	5.17	5.07	4.96	4.90	4.85
0.005		18.6	14.5	12.9	12.0	11.5	11.1	10.8	10.6	10.4	10.2	10.0	9.81	9.59	9.36	9.12	9.00	8.88
0.025	7	8.07	6.54	5.89	5.52	5.29	5.12	4.99	4.90	4.82	4.76	4.67	4.57	4.47	4.36	4.25	4.20	4.14
0.005		16.2	12.4	10.9	10.1	9.52	9.16	8.89	8.68	8.51	8.38	8.18	7.97	7.75	7.53	7.31	7.19	7.08
0.025	8	7.57	6.06	5.42	5.05	4.82	4.65	4.53	4.43	4.36	4.30	4.20	4.10	4.00	3.89	3.78	3.73	3.67
0.005		14.7	11.0	9.60	8.81	8.30	7.95	7.69	7.50	7.34	7.21	7.01	6.81	7.61	7.40	6.18	6.06	5.95
0.025	9	7.21	5.71	5.08	4.72	4.48	4.32	4.20	4.10	4.03	3.96	3.87	3.77	3.67	3.56	3.45	3.39	3.33
0.005		13.6	10.1	8.72	7.96	7.47	7.13	6.88	6.69	6.54	6.42	6.23	6.03	5.83	5.62	5.41	5.30	5.19
0.025	10	6.94	5.46	4.83	4.47	4.24	4.07	3.95	3.85	3.78	3.72	3.62	3.52	3.42	3.31	3.20	3.14	3.08
0.005		12.8	9.43	8.08	7.34	6.87	6.54	6.30	6.12	5.97	5.85	5.66	5.47	5.27	5.07	4.86	4.75	4.64
0.025	12	6.55	5.10	4.47	4.12	3.89	3.73	3.61	3.51	3.44	3.37	3.28	3.18	3.07	2.96	2.85	2.79	2.72
0.005		11.8	8.51	7.23	6.52	6.07	5.76	5.52	5.35	5.20	5.09	4.91	4.72	4.53	4.33	4.12	4.01	3.90
0.025	15	6.20	4.77	4.15	3.80	3.58	3.41	3.29	3.20	3.12	3.06	2.96	2.86	2.76	2.64	2.52	2.46	2.40
0.005		10.08	7.70	6.48	5.80	5.37	5.07	4.85	4.67	4.54	4.42	4.25	4.07	3.88	3.69	3.48	3.37	3.26
0.025	20	5.87	4.46	3.86	3.51	3.29	3.13	3.01	2.91	2.84	2.77	2.68	2.57	2.46	2.35	2.22	2.16	2.09
0.005		9.94	6.99	5.82	5.17	4.76	4.47	4.26	4.09	3.96	3.85	3.68	3.50	3.32	3.12	2.92	2.81	2.69
0.025	30	5.57	4.18	3.59	3.25	3.03	2.87	2.75	2.65	2.57	2.51	2.41	2.31	2.20	2.07	1.94	1.87	1.79
0.005		9.18	6.35	5.24	4.62	4.23	3.95	3.74	3.85	3.45	3.34	3.18	3.01	2.82	2.63	2.42	2.30	2.18
0.025	60	5.29	3.93	3.34	3.01	2.79	2.63	2.51	2.41	2.33	2.27	2.17	2.06	1.94	1.82	1.67	1.58	1.48
0.005		8.49	5.80	4.73	4.14	3.76	3.49	3.29	3.13	3.01	2.90	2.74	2.57	2.39	2.19	1.96	1.83	1.69
0.025	120	5.15	3.80	3.23	2.89	2.67	2.52	2.39	2.30	2.22	2.16	2.05	1.94	1.82	1.69	1.53	1.43	1.31
0.005		8.18	5.54	4.50	3.92	3.55	3.28	3.09	2.93	2.81	2.71	2.54	2.37	2.19	1.98	1.75	1.61	1.43
0.024	∞	5.02	3.69	3.12	2.79	2.57	2.41	2.29	2.19	2.11	2.05	1.94	1.83	1.71	1.57	1.39	1.27	1.00
0.005		7.88	5.30	4.28	3.72	3.35	3.09	2.90	2.74	2.62	2.52	2.36	2.19	2.00	1.79	1.53	1.36	1.00

附表 7　符号检验表

$$P(S \leqslant S_\alpha) = \alpha$$

α / n	0.01	0.05	0.10	0.25	α / n	0.01	0.05	0.10	0.25	α / n	0.01	0.05	0.10	0.25
1					31	7	9	10	11	61	20	22	23	25
2					32	8	9	10	12	62	20	22	24	25
3				0	33	8	10	11	12	63	20	23	24	26
4				0	34	9	10	11	13	64	21	23	24	26
5			0	0	35	9	11	12	13	65	21	24	25	27
6		0	0	1	36	9	11	12	14	66	22	24	25	27
7		0	0	1	37	10	12	13	14	67	22	25	26	28
8	0	0	0	1	38	10	12	13	14	68	22	25	26	28
9	0	1	1	2	39	11	12	13	15	69	23	25	27	29
10	0	1	1	2	40	11	13	14	15	70	23	26	27	29
11	0	1	2	3	41	11	13	14	16	71	24	26	28	30
12	1	2	2	3	42	12	14	15	16	72	24	27	28	30
13	1	2	3	3	43	12	14	15	17	73	25	27	28	31
14	1	2	3	4	44	13	15	16	17	74	25	28	29	31
15	2	3	3	4	45	13	15	16	18	75	25	28	29	32
16	2	3	4	5	46	13	15	16	18	76	26	28	30	32
17	2	4	4	5	47	14	16	17	19	77	26	29	30	32
18	3	4	5	6	48	14	16	17	19	78	27	29	31	33
19	3	4	5	6	49	15	17	18	19	79	27	30	31	33
20	3	5	5	6	50	15	17	18	20	80	28	30	32	34
21	4	5	6	7	51	15	18	19	20	81	28	31	32	34
22	4	5	6	7	52	16	18	19	21	82	28	31	33	35
23	4	6	7	8	53	16	18	20	21	83	29	32	33	35
24	5	6	7	8	54	17	19	20	21	84	29	32	33	36
25	5	7	7	9	55	17	19	20	22	85	30	32	34	36
26	6	7	8	9	56	17	20	21	23	86	30	33	34	37
27	6	7	8	10	57	18	20	21	23	87	31	33	35	37
28	6	8	9	10	58	18	21	22	24	88	31	34	35	38
29	7	8	9	10	59	19	21	22	24	89	31	34	36	38
30	7	9	10	11	60	19	21	22	25	90	32	35	36	39

附表 8 秩和检验表

$$P(T_1 < T < T_2) = 1 - \alpha$$

n_1	n_2	$\alpha=0.025$		$\alpha=0.05$		n_1	n_2	$\alpha=0.025$		$\alpha=0.05$	
		T_1	T_2	T_1	T_2			T_1	T_2	T_1	T_2
2	4			3	11						
	5			3	13	6	6	26	52	28	50
	6	3	15	4	14		7	28	56	30	54
	7	3	17	4	16		8	29	61	32	58
	8	3	19	4	18		9	31	65	33	63
	9	3	21	4	20		10	33	69	35	67
	10	4	22	5	21						
						7	7	37	68	39	66
3	3			6	15		8	39	73	41	71
	4	6	18	7	17		9	41	78	43	76
	5	6	21	7	20		10	43	83	46	80
	6	7	23	8	22						
	7	8	25	9	24	8	8	49	87	52	84
	8	8	28	9	27		9	51	93	54	90
	9	9	30	10	29		10	54	98	57	95
	10	9	33	11	31						
4	4	11	25	12	24		10	66	114	69	111
	5	12	28	13	27						
	6	12	32	14	30	10	10	79	131	83	127
	7	13	35	15	33						
	8	14	38	16	36						
	9	15	41	17	39						
	10	16	44	18	42						
5	5	18	37	19	36						
	6	19	41	20	40						
	7	20	45	22	43						
	8	21	49	23	47						
	9	22	53	25	50						
	10	24	56	26	54						

附表 9   随机数表

03 47 43 73 86	36 96 47 36 61	46 98 63 71 62	33 26 16 80 45	60 11 14 10 95
97 74 24 67 62	42 81 14 57 20	42 53 32 37 32	27 07 36 07 51	24 51 79 89 73
16 76 62 27 66	56 50 26 71 07	32 90 79 78 53	13 55 38 58 59	88 97 54 14 10
12 56 85 99 26	96 96 68 27 31	05 03 72 93 15	57 12 10 14 21	88 26 49 81 76
55 59 56 35 64	38 54 82 46 22	31 62 43 09 09	06 18 44 32 53	23 83 01 30 30
16 22 77 94 39	49 54 43 54 82	17 37 93 23 78	87 35 20 96 43	84 26 34 91 64
84 42 17 53 31	57 24 55 06 88	77 04 74 47 67	21 76 38 50 25	83 92 12 06 76
63 01 63 78 59	16 95 55 67 19	98 10 50 71 75	12 86 73 58 07	44 39 52 38 79
33 21 12 34 29	78 64 56 07 82	52 42 07 44 38	15 51 00 13 42	99 66 02 79 54
57 60 86 32 44	09 47 27 96 54	49 17 46 09 62	90 52 84 77 27	08 02 73 43 28
18 18 07 92 45	44 17 16 58 09	79 83 86 19 62	06 76 50 03 10	55 23 64 05 05
26 62 33 97 75	84 16 07 44 99	83 11 46 32 24	20 14 85 88 45	10 93 72 88 71
23 42 40 64 74	82 97 77 77 81	07 45 32 14 08	32 98 94 07 72	93 85 79 10 75
52 36 28 19 95	50 92 26 11 97	00 56 76 31 38	80 22 02 53 53	86 60 42 04 53
37 85 94 35 12	83 39 50 08 30	42 34 07 96 88	54 42 06 87 98	35 85 29 48 39
70 29 17 12 13	40 33 20 38 26	13 89 51 03 74	17 76 37 13 04	07 74 21 19 30
56 62 18 37 35	96 83 50 87 75	97 12 25 93 47	70 33 24 03 54	97 77 46 44 80
99 49 57 22 77	88 42 95 45 72	16 64 36 16 00	04 43 18 66 79	94 77 24 21 90
16 08 15 04 72	33 27 14 34 09	45 59 34 68 49	12 72 07 34 45	99 27 72 95 14
31 16 93 32 43	50 27 89 87 19	20 15 37 00 49	52 85 66 60 44	38 68 88 11 80
68 34 30 13 70	55 74 30 77 40	44 22 78 84 26	04 33 46 09 52	68 07 97 06 57
74 57 25 65 76	59 29 97 68 60	71 91 38 67 54	13 58 18 24 76	15 54 55 95 52
27 42 37 86 53	48 55 90 65 72	96 57 69 36 10	96 46 92 42 45	97 60 49 04 91
00 39 68 29 61	66 37 32 20 30	77 84 57 03 29	10 45 65 04 26	11 04 96 67 24
29 94 98 94 24	68 49 69 10 82	53 75 91 93 30	34 25 20 57 27	40 48 73 51 92
16 90 82 66 59	83 62 64 11 12	67 19 00 71 74	60 47 21 29 68	02 02 37 03 31
11 27 94 75 06	06 09 19 74 66	02 94 37 34 02	76 70 90 30 86	38 45 94 30 38
35 24 10 16 20	33 32 51 26 38	79 78 45 04 91	16 92 53 56 16	02 75 50 95 98
38 23 16 86 38	42 38 97 01 50	87 75 66 81 41	40 01 74 91 62	48 51 84 08 32
31 96 25 91 47	96 44 33 49 13	34 86 82 53 91	00 52 43 48 85	27 55 26 89 62
66 67 40 67 14	64 05 71 95 86	11 05 65 09 68	76 83 20 37 90	57 16 00 11 66
14 90 84 45 11	75 73 88 05 90	52 27 41 14 86	22 98 12 22 08	07 52 74 95 80
68 05 51 18 00	33 96 02 75 19	07 60 62 93 55	59 33 82 43 90	49 37 38 44 59
20 46 78 73 90	97 51 40 14 02	04 02 33 31 08	39 54 16 49 36	47 95 93 13 30
64 19 53 97 79	15 06 15 93 20	01 90 10 75 06	40 78 78 89 62	02 67 74 17 33
05 26 93 70 60	22 35 85 15 13	92 03 51 59 77	59 56 78 06 83	52 91 05 70 74
07 97 10 88 23	09 98 42 99 64	61 71 62 99 15	06 51 29 16 93	58 05 77 09 51
68 71 86 85 85	54 87 66 47 54	73 32 08 11 12	44 95 92 63 16	29 56 24 29 48
26 99 61 65 53	58 37 78 80 70	42 10 50 67 42	32 17 55 85 74	94 44 67 16 94
14 65 52 68 75	87 59 36 22 41	26 78 63 06 55	13 08 27 01 50	15 29 39 39 43
17 53 77 58 71	71 41 61 50 72	12 41 94 96 26	44 95 27 36 99	02 96 74 30 83
90 26 59 21 19	23 52 23 33 12	96 93 02 18 39	07 02 18 36 07	25 99 32 70 23
41 23 52 55 99	31 04 49 69 96	10 47 48 45 88	13 41 43 89 20	97 17 14 49 17
60 20 50 81 69	31 99 73 68 68	35 81 33 03 76	24 30 12 48 60	18 99 10 72 34
91 25 38 05 90	94 58 28 41 36	45 37 59 03 09	90 35 57 29 12	82 62 54 65 60
34 50 57 74 37	98 80 33 00 91	09 77 93 19 82	74 94 80 04 04	45 07 31 66 49
85 22 04 39 43	73 81 53 94 79	33 62 46 86 28	03 31 54 46 31	53 94 13 38 47
09 79 13 77 48	73 82 97 22 21	05 03 27 24 83	72 89 44 05 60	35 80 39 94 88
88 75 80 18 14	22 95 75 42 49	39 32 82 22 49	02 48 07 70 37	16 04 61 67 87
90 96 23 70 00	39 00 03 06 90	55 85 78 38 36	94 37 30 69 32	90 89 00 76 33

53 74 23 99 67	61 32 28 69 84	94 62 67 86 24	98 33 41 19 95	47 53 53 38 09
63 38 06 86 54	99 00 65 26 94	02 82 90 23 07	79 62 67 80 60	75 91 12 81 19
35 30 53 21 46	06 72 17 10 94	25 21 31 75 96	49 28 24 00 49	55 65 79 78 07
63 43 36 82 69	65 51 18 37 88	61 38 44 12 45	32 92 85 88 65	54 34 81 85 35
98 25 37 55 26	01 91 82 81 46	74 71 12 94 97	24 02 71 37 07	03 92 18 66 75
02 63 21 17 69	71 50 80 39 56	38 15 70 11 48	43 40 45 86 98	00 83 26 91 03
64 55 22 21 82	48 22 28 06 00	61 54 13 43 91	82 78 12 23 29	06 66 24 12 27
85 07 26 13 89	01 10 07 82 04	59 63 69 36 03	69 11 15 83 80	13 29 54 19 28
58 54 16 24 15	51 54 44 32 00	62 61 65 04 69	38 18 65 18 97	85 72 13 49 21
34 85 27 84 87	61 48 64 56 26	90 18 48 13 26	37 70 15 42 57	65 65 80 39 07
03 92 18 27 46	57 99 16 96 56	30 33 72 85 22	84 64 38 56 98	99 01 30 98 64
62 93 30 27 59	37 75 41 66 48	86 97 80 61 45	23 53 04 01 63	45 76 08 64 27
08 45 93 15 22	60 21 75 46 91	98 77 27 85 42	28 83 61 08 84	69 62 03 42 73
07 08 55 18 40	45 44 75 13 90	24 94 96 61 02	57 55 66 83 15	73 42 37 11 61
01 85 89 95 66	51 10 19 34 83	15 84 97 19 75	12 76 39 43 73	64 63 91 08 25
72 84 71 14 35	19 11 58 49 26	50 11 17 17 76	86 31 57 20 18	95 60 78 46 75
83 78 28 16 84	13 52 53 94 53	75 45 69 30 96	73 89 65 70 31	99 17 43 48 76
45 17 75 65 57	28 4 19 72 12	25 12 74 75 67	60 40 60 81 19	24 62 01 61 16
96 76 28 12 54	22 01 11 94 25	71 96 16 16 83	68 64 36 74 45	19 59 50 88 92
48 31 67 72 30	24 02 94 03 63	38 32 36 66 02	69 36 38 25 39	48 03 45 15 22
50 44 66 44 21	66 06 58 05 02	03 15 54 35 02	42 35 48 96 32	14 52 41 52 48
22 66 22 15 86	26 63 75 41 99	58 42 36 72 24	58 37 52 18 51	03 37 18 39 11
96 24 40 14 51	23 22 30 88 57	95 67 47 29 83	94 69 40 06 07	18 16 36 78 86
31 73 91 61 19	60 20 72 93 48	93 57 07 23 69	65 95 39 69 58	56 80 80 19 44
78 60 73 99 84	43 39 94 36 45	56 69 47 07 41	90 22 91 07 12	78 35 34 08 72
84 37 90 61 56	70 10 23 98 05	85 11 34 76 60	76 48 45 34 60	01 64 18 39 96
36 67 10 08 23	98 93 35 08 86	99 29 76 29 81	33 34 91 58 93	63 14 52 32 52
07 28 59 07 48	89 64 58 89 75	83 85 62 27 89	30 14 78 56 27	86 63 59 80 02
10 15 83 87 60	79 24 31 66 56	21 48 24 06 93	91 98 94 05 49	01 47 59 38 00
55 19 68 97 65	03 73 52 16 56	00 53 55 90 27	33 42 29 38 37	22 13 88 83 34
53 81 29 13 39	35 01 20 71 34	62 33 74 82 14	53 73 19 09 03	56 54 29 56 93
51 86 32 68 92	33 98 74 66 99	40 14 71 94 58	45 94 19 38 81	14 44 99 81 07
35 91 70 29 13	80 03 54 07 27	96 94 78 32 66	50 95 52 74 33	13 80 55 62 54
37 71 67 95 13	20 02 44 95 74	64 35 04 05 72	01 32 90 76 14	53 89 74 60 41
93 66 13 83 27	92 79 64 64 72	28 54 96 53 84	48 14 52 98 94	56 07 93 89 30
02 96 08 45 65	13 05 00 41 84	93 07 54 72 59	21 45 57 09 77	19 48 56 27 44
49 83 43 48 35	82 88 33 69 96	72 36 04 19 76	47 45 15 18 60	82 11 08 95 97
84 60 71 62 46	40 80 81 30 37	34 39 23 05 38	25 15 35 71 30	88 12 57 21 77
18 17 30 88 71	44 91 14 88 47	89 23 30 63 15	56 34 20 47 89	99 82 93 24 98
79 69 10 61 78	71 32 76 95 62	87 00 22 58 40	92 54 01 75 25	43 11 71 99 31
75 93 36 57 83	56 20 14 82 11	74 21 97 90 65	96 42 68 63 86	74 54 13 26 94
38 30 92 29 03	06 28 81 39 38	62 25 06 84 63	61 29 08 93 67	04 32 92 08 09
51 29 50 10 34	31 57 75 95 80	51 97 02 74 77	76 15 48 49 44	18 55 63 77 09
21 31 38 86 24	37 79 81 53 74	73 24 16 10 33	52 83 90 94 76	70 47 14 54 36
29 01 23 87 88	58 02 39 37 67	42 10 14 20 92	16 55 23 42 45	54 96 09 11 06
95 33 95 22 00	18 74 72 00 18	38 79 58 69 32	81 76 80 26 92	82 80 84 25 39
90 84 60 79 80	24 36 59 87 33	82 07 53 89 35	96 35 23 79 18	05 98 90 07 35
46 40 62 93 82	54 97 20 56 95	15 74 80 08 32	16 46 70 50 80	67 72 16 42 79
20 31 89 03 43	38 46 82 63 72	32 14 82 99 70	80 60 47 18 97	63 49 30 21 30
71 59 73 05 50	08 22 23 71 77	91 01 93 20 49	82 96 59 26 94	66 39 67 98 60

附录二 ▶▶ 《水泥企业质量管理规程》

附件8　过程质量控制指标要求
（2011年1月1日起实施）
过程质量控制指标要求

序号	类别	物料	控制项目	指标	合格率	检验频次	取样方式	备注
1	进厂原材料	钙质原料	CaO、MgO	自定	≥80%	自定	瞬时	每月统计1次
			粒度					
			水分					
		硅铝质原料	SiO₂、Al₂O₃					
		铁质原料	Fe₂O₃					
		混合材料	物理化学性能	符合相应产品标准规定	100%	1次/（年·品种）	瞬时或综合	
			放射性					
			水分	根据设备要求自定		1次/批	瞬时	
		原煤	水分	自定	≥80%	1次/批		
			工业分析	自定				
			全硫	≤2.5%				
			发热量	自定				
		石膏	粒度	≤30mm（立磨自定）		自定或1次/批		
			SO₃	自定				
			结晶水	自定				
2	入磨物料	钙质原料	CaO	自定	≥80%	自定	瞬时	每月统计1次
			粒度	自定				
			水分	自定				
		硅铝质原料	SiO₂、Al₂O₃	自定				
		铁质原料	Fe₂O₃	自定				
		混合材料	品种和掺量	符合相应产品标准规定	100%	1次/月	瞬时或综合	
			水分	根据设备要求自定		1次/批	瞬时	
		原煤	水分	自定	≥80%			
			工业分析	自定				
			发热量	自定				
		熟料	粒度	≤30mm		自定		
			MgO①	≤5.0%	100%	1次/24h		
		石膏	粒度	≤30mm（立磨自定）	≥80%	自定		
			SO₃	自定		1次/月		

序号	类别	物料	控制项目	指标	合格率	检验频次	取样方式	备注
3	出磨生料	生料	$CaO(T_{CaCO_3})$	控制值±0.3%(±0.5%)	≥70%	分磨1次/h	瞬时或连续	每月统计1次
			Fe_2O_3	控制值±0.2%	≥80%	分磨1次/2h		
			KH 或 LSF	控制值±0.02(KH)　控制值±2(LSF)	≥70%	分磨1次/h～1次/24h		
			$n(SM)$、$p(IM)$	控制值±0.10	≥85%			
			80μm 筛余	控制值±2.0%		分磨1次/h～1次/2h		
			0.2mm 筛余	≤2.0%	≥90%	分磨1次/24h		
			水分	≤1.0%		1次/周		适用回转窑
			含煤量	控制值±0.5%		分磨1次/4h		适用立窑
4	入窑生料	生料	$CaO(T_{CaCO_3})$	控制值±0.3%（±0.5%)	≥80%	分窑1次/h	瞬时或连续	每季度统计1次
			分解率	控制值±3%	≥90%	分窑1次/周		适用旋窑
			KH 或 LSF	控制值±0.02(KH)　控制值±2(LSF)	≥90%	分磨1次/4h～1次/24h	瞬时	每季度统计1次
			$n(SM)$、$p(IM)$	控制值±0.10	≥95%		连续	
			全分析	根据设备、工艺要求决定	—	分窑1次/24h		
		生料球	水分	控制值±0.5%	100%		瞬时	适用于立窑,每月统计1次
			粒度分布	φ5～12mm 或自定	≥90%	自定		
			高温爆破率	≤10%	—			
			耐压力	≥500克/个	100%		瞬时或连续	
5	入窑煤粉	煤粉	水分	自定(褐煤和高挥发分煤水分不宜过低)	≥90%	1次/4h	瞬时或连续	每月统计1次
			80μm 筛余	根据设备要求、煤质自定	≥85%	1次/2h～1次/4h		
			工业分析（灰分和挥发分）	相邻两次灰分±2.0%	≥85%	1次/24h		
			煤灰化学成分	自定	—	1次/堆		
6	出窑熟料	熟料	立升重	控制值±75g/L	≥85%	分窑1次/8h	瞬时	旋窑
			f-CaO	≤1.5%		自定		旋窑
				≤3.0%		1次/4h		立窑
				≤3.0%	≥85%	1次/2h	瞬时或综合	白水泥
				≤1.0%		1次/2h		中热水泥
				≤1.2%		1次/2h		低热水泥
			全分析	自定	—	分窑1次/24h	瞬时或综合	每月统计1次
			KH	控制值±0.02	≥80%	分窑1次/8h～	综合样	
			$n(SM)$、$p(IM)$	控制值±0.1	≥85%	分窑1次/24h		
			全套物理检验	其中 28 天抗压强度 ≥50MPa(旋窑)，48MPa(立窑)	—	分窑1次/24h	综合样	

序号	类别	物料	控制项目	指标		合格率	检验频次	取样方式	备注
7	出磨水泥	水泥	$45\mu m$ 筛余	控制值±3.0%		≥85%	分磨1次/2h	瞬时或连续	$45\mu m$ 筛余，$80\mu m$ 筛余，比表面积可以任选一种。每月统计1次
			$80\mu m$ 筛余	控制值±1.5%			分磨1次/2h		
			比表面积	控制值±1.5m^2/kg			分磨1次/2h		
			混合材料掺量	控制值±2.0%		100%	分磨1次/8h		
			MgO②	≤5.0%			分磨1次/24h	连续	
			SO_3	控制值±0.2%		≥75%	分磨1次/4h	瞬时或连续	
			Cl^-	<0.06%		100%	分磨1次/24h	瞬时或连续	
			全套物理检验	符合产品标准规定，其中28天抗压富裕强度符合本表8出厂水泥规定		100%	分磨1次/24h	连续	
8	出厂水泥	水泥	物理性能	符合产品标准规定		100%	分品种和强度等级1次/编号		
				28d抗压富裕强度	≥2.0MPa	100%	分品种和强度等级1次/编号	综合样	通用硅酸盐水泥
					≥1.0MPa				白色硅酸盐水泥
					≥1.0MPa				中热硅酸盐水泥
					≥1.0MPa				低热矿渣硅酸盐水泥
					≥2.5MPa				道路硅酸盐水泥
					≥2.5MPa				钢渣水泥

序号	类别	物料	控制项目	指标		合格率	检验频次	取样方式	备注
8	出厂水泥	水泥	物理性能	28d 抗压强度控制值	目标值≥水泥标准规定值＋富余强度值＋3s③	100％	分品种和强度等级 1 次/编号	综合样	每季度统计 1 次
				28d 抗压强度月（或一统计期）平均变异系数	C_{V1}④≤4.5％（强度等级 32.5），C_{V1}④≤3.5％（强度等级 42.5），C_{V1}④≤3.0％（强度等级 52.5 及以上）	100％			
				均匀性试验的 28d 抗压强度变异系数	C_{V2}④≤3.0％		分品种和强度等级 1 次/季度		
			化学性能	符合相应标准规定		100％	分品种和强度等级 1 次/编号	综合样	每月统计 1 次
			混合材料掺量	控制值±2.0％		100％	分品种和强度等级 1 次/编号	综合样	每月统计 1 次
			水泥包装袋品质	符合 GB 9774 规定		100％	分品种 1 次/批	随机	每季度统计 1 次
			袋装水泥袋重	每袋净含量≥49.5kg，随机抽取 20 袋总质量（含包装袋）≥1000kg		100％	每班每台包装机至少抽查 20 袋		

① 入磨物料中熟料的 MgO 含量＞5.0％时，经压蒸安定性检验合格，可以放宽到 6.0％。

② 出磨水泥中的 MgO 含量＞5.0％时，经压蒸安定性检验合格，可以放宽到 6.0％。

③ $s = \sqrt{\dfrac{\sum (R_i - \bar{R})^2}{n-1}}$

式中　s——月（或一统计期）平均 28d 抗压强度标准偏差；

　　　R_i——试样 28d 抗压强度值，MPa；

　　　$\bar{R}$——全月（或全统计期）样品 28d 抗压强度平均值，MPa；

　　　n——样品数，n 不小于 20，当小于 20 时与下月合并计算。

④ $C_{Vi} = \dfrac{s}{\bar{R}} \times 100\%$，$i = 1,\ 2$

式中　C_{V1}——28d 抗压强度月（或一统计期）平均变异系数；

　　　C_{V2}——均匀性试验的 28d 抗压强度变异系数；

　　　s——月（或一统计期）平均 28d 抗压强度标准偏差；

　　　$\bar{R}$——全月（或全统计期）样品 28d 抗压强度平均值，MPa。

注：1. 当检验结果的合格率低于规定值时，应该增加检验频次，直到合格率符合要求。

2. 表中允许误差均为绝对值。

附录三 ▶▶ 《水泥取样方法》（GB/T 12573—2008）

1　范围

本标准规定了出厂水泥取样方法的术语和定义、取样工具、取样部位、取样步骤、取样量和样品制备与试验等。

本标准适用于出厂水泥的取样。

2　规范性引用文件

下列文件中的条款通过本标准的引用而成为本标准的条款。凡是注日期的引用文件，其随后所有的修改单（不包括勘误的内容）或修订版均不适用于本标准，然而，鼓励根据本标准达成协议的各方研究是否可使用这些文件的最新版本。凡是不注日期的引用文件，其最新版本适用于本标准。

GB 175 通用硅酸盐水泥

GB/T 4131 水泥的命名、定义和术语

3　术语和定义

GB 175 和 GB/T 4131 确立的以及下列术语和定义适用于本标准。

3.1　手工取样 manual sampling：用手工取样器采集水泥样品。

3.2　自动取样 automatic sampling：使用自动取样器采集水泥样品。

3.3　检查批 lot：为实施抽样检查而汇集起来的一批同一条件下生产的单位产品。

3.4　编号 lot number：代表检查批的代号。

3.5　单样 unit sample：由一个部位取出的适量的水泥样品。

3.6　混合样 composite sample：从一个编号内不同部位取得的全部单样，经充分混匀后得到的样品。

3.7　试验样 laboratory sample：从混合样中取出，用于出厂水泥质量检验的一份称为试验样。

3.8　封存样 retained sample：从混合样中取出，用于复验仲裁的一份称为封存样。

3.9　分割样 division sample：在一个编号内按每 1/10 编号取得的单样，用于匀质性试验的样品。

3.10　通用水泥 common cement：用于一般土木建筑工程的水泥。

4　取样工具

4.1　手工取样器

手工取样器可自行设计制作，常见手工取样器参见附录 A。

4.2　自动取样器

自动取样器可自行设计制作，参见附录 A。

5　取样部位

取样应在有代表性的部位进行，并且不应在污染严重的环境中取样。一般在以下部位取样：

a）水泥输送管路中；

b）袋装水泥堆场；

c）散装水泥卸料处或水泥运输机具上。

6 取样步骤

6.1 手工取样

6.1.1 散装水泥

当所取水泥深度不超过 2m 时，每一个编号内采用散装水泥取样器随机取样。通过转动取样器内管控制开关，在适当位置插入水泥一定深度，关闭后小心抽出，将所取样品放入符合 9.1 要求的容器中。每次抽取的单样量应尽量一致。

6.1.2 袋装水泥

每一个编号内随机抽取不少于 20 袋水泥，采用袋装水泥取样器取样，将取样器沿对角线方向插入水泥包装袋中，用大拇指按住气孔，小心抽出取样管，将所取样品放入符合 9.1 要求的容器中。每次抽取的单样量应尽量一致。

6.2 自动取样

采用自动取样器取样。该装置一般安装在尽量接近于水泥包装机或散装容器的管路中，从流动的水泥流中取出样品，将所取样品放入符合 9.1 要求的容器中。

7 取样量

7.1 混合样的取样量应符合相关水泥标准要求。

7.2 分割样的取样量应符合下列规定：

a) 袋装水泥：每 1/10 编号从一袋中取至少 6 kg；

b) 散装水泥：每 1/10 编号在 5 min 内取至少 6 kg。

8 样品制备与试验

8.1 混合样

每一编号所取水泥单样通过 0.9 mm 方孔筛后充分混匀，一次或多次将样品缩分到相关标准要求的定量，均分为试验样和封存样。试验样按相关标准要求进行试验，封存样按第 9 章要求贮存以备仲裁。样品不得混入杂物和结块。

8.2 分割样

每一编号所取 10 个分割样应分别通过 0.9 mm 方孔筛，不得混杂，并按附录 B 的要求进行 28 d 抗压强度匀质性试验。样品不得混入杂物和结块。

9 包装与贮存

9.1 样品取得后应贮存在密闭的容器中，封存样要加封条。容器应洁净、干燥、防潮、密闭、不易破损并且不影响水泥性能。

9.2 存放封存样的容器应至少在一处加盖清晰、不易擦掉的标有编号、取样时间和取样人的密封印，如只有一处标志应在容器外壁上。

9.3 封存样应密封贮存于干燥、通风的环境中。

10 取样单

样品取得后，应由负责取样人填写取样单，应至少包括以下内容：

a) 水泥编号；

b) 水泥品种；

c) 强度等级；

d) 取样日期；

e) 取样地点；

f) 取样人。

附录 A
（资料性附录）
水泥取样器

A.1   手工取样器

A.1.1   散装水泥取样器

散装水泥取样器示意图见图 A.1。

A.1.2   袋装水泥取样器

袋装水泥取样器示意图见图 A.2。

A.2   自动取样器

自动取样器主要适用于水泥成品及原料的自动连续取样，也适用于其他粉状物料的自动连续取样。示意图见图 A.3。

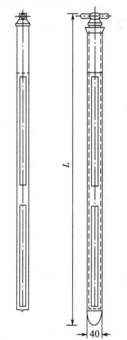

图 A.1   散装水泥取样器

$L=1000\sim2000mm$

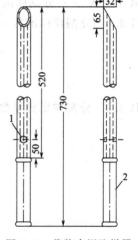

图 A.2   袋装水泥取样器

1—气孔；2—手柄

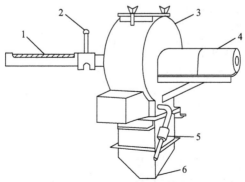

图 A.3   自动取样器

1—入料处；2—调节手柄；3—混料筒；4—电机；5—配重锤；6—出料口

附录 B
（规范性附录）
28 d 抗压强度匀质性试验

B.1　试验目的

评定单一编号水泥 28 d 抗压强度均匀性。

B.2　要求

B.2.1　分割样试验每季度进行一次，可任选一个品种、强度等级。

B.2.2　分割样取得后应立即进行试验，全部样品必须在一周内试验完毕。

B.2.3　单一编号水泥 28 d 抗压强度变异系数大于 3.0％时，应增加试验频次为每季度进行两次；如变异系数仍大于 3.0％时，则增加试验频次为每月进行一次。

B.2.4　增加试验频次直至单一编号水泥 28 d 抗压强度变异系数不大于 3.0％时，方可恢复为每季度一次。

B.2.5　增加试验频次时，一般应用同品种、强度等级的水泥。

B.3　变异系数的计算

B.3.1　分割样平均值 $\overline{X}$ 按公式（B.1）计算：

$$\overline{X} = \frac{1}{10}\sum_{i=1}^{10} X_i \tag{B.1}$$

式中　$\overline{X}$ ——分割样抗压强度值，MPa。

B.3.2　分割样标准差 s 按公式（B.2）计算：

$$s = \sqrt{\frac{\sum_{i=1}^{10}(X_i - \overline{X})^2}{10-1}} \tag{B.2}$$

B.3.3　分割样变异系数 C_V 按公式（B.3）计算：

$$C_V = \frac{s}{\overline{X}} \times 100 \tag{B.3}$$

附录四 ▶▶《评定水泥强度匀质性试验方法》（JC/T 578—2009）

1　范围

本标准规定了评定某一时期单一品种、单一强度等级水泥强度匀质性试验的取样、步骤、结果计算及评定准则和某一时期单一编号水泥强度均匀性试验的取样、步骤和结果计算。

本标准适用于通用水泥，中、低热水泥和抗硫硅酸盐水泥等具有 28d 抗压强度的水泥以及规定采用本方法的其他品种和龄期的水泥。

2　规范性引用文件

下列文件中的条款通过本标准的引用而成为本标准的条款。凡是注日期的引用文件，其随后所有的修改单（不包括勘误的内容）或修订版均不适用于本标准，然而，鼓励根据本标准达成协议的各方研究是否可使用这些文件的最新版本。凡是不注日期的引用文件，其最新版本适用于本标准。

GB/T 12573　水泥取样方法

GB/T 17671　水泥胶砂强度检验方法（ISO 法）（GB/T 17671—1999 idt ISO 679：1989）

3　术语和定义

下列术语和定义适用于本标准。

3.1　匀质性 uniformity

某一时期单一品种、单一强度等级水泥 28d 抗压强度的稳定程度。

3.2　均匀性 homogeneity

某一时期单一编号水泥 10 个分割样 28d 抗压强度的均匀程度。

4　方法原理

统计在某一时期单一品种水泥、单一强度等级和某一时期单一编号水泥的 28d 抗压强度，用标准偏差和变异系数表示该水泥的匀质性和均匀性。

5　取样

按 GB/T 12573 的规定进行取样。所有取样应由质量控制或检验人员执行。

6　步骤

6.1　强度试验

按 GB/T 17671 进行所有试样的强度试验。

6.2　匀质性试验

6.2.1　以月为单位，单一品种的任一强度等级水泥，每月应不少于 30 个连续编号，如不足 30 个编号，则与下月合并。以数理统计方法，统计水泥 28d 抗压强度的平均值、最高值、最低值、标准偏差和变异系数。

6.2.2　每 3 个（或 3 天）连续编号中至少有一个应做重复试验，直至有 10 个试样已重复试验为止。重复试验应与最初试验不是同一天。将重复试验的编号标记并记录结果，计算平均极差 $\bar{R}$，然后计算试验的标准偏差 s_e 和试验的变异系数 C_e。

6.2.3　当试验的变异系数 C_e 不大于 4.0% 时，则减少重复试验的频数为每 10 个（或

10 天）连续编号做一个重复试验（每月至少做一次重复试验）。当试验的变异系数 C_e 大于 4.0％时，则恢复每 3 个（或 3 天）连续编号做一个重复试验（至少做 10 个编号）。当试验的变异系数 C_e 大于 5.5％时，则应充分检验仪器和试验步骤是否符合规定要求。

6.3　均匀性试验

单一编号水泥强度均匀性试验步骤和计算按附录 A 进行。

7　计算及结果表示

7.1　强度平均值

强度平均值 $\overline{X}$ 按公式（1）计算，结果保留至小数点后一位。

$$\overline{X} = \frac{X_1 + X_2 + \cdots + X_n}{n} \tag{1}$$

式中：

$\overline{X}$——全部试样 28d 抗压强度平均值，单位为兆帕（MPa）；

X_1、X_2、$\cdots$、X_n——每一试样 28d 抗压强度，单位为兆帕（MPa）；

n——试样数量。

7.2　总标准偏差

总标准偏差 s_t 按式（2）计算，结果保留至小数点后两位。

$$s_t = \sqrt{\frac{\sum\limits_{i=1}^{n}(X_i - \overline{X})^2}{n-1}} \tag{2}$$

式中：

s_t——某一时期单一品种水泥的 28d 抗压强度总标准偏差，单位为兆帕（MPa）；

X_i——每一试样 28d 抗压强度，单位为兆帕（MPa）；

$\overline{X}$——全部试样 28d 抗压强度平均值，单位为兆帕（MPa）；

n——试样数量。

7.3　总变异系数

总变异系数 C_t 按式（3）计算，结果保留至小数点后两位。

$$C_t = \frac{s_t}{\overline{X}} \times 100 \tag{3}$$

式中：

C_t——某一时期单一品种水泥的 28d 抗压强度总变异系数，以百分数表示（％）；

s_t——某一时期单一品种水泥的 28d 抗压强度总标准偏差，单位为兆帕（MPa）；

$\overline{X}$——全部试样 28d 抗压强度平均值，单位为兆帕（MPa）。

7.4　重复试验

7.4.1　试验的标准偏差

试验的标准偏差 s_e 按式（4）计算，结果保留至小数点后两位，

$$s_e = 0.886\overline{R} \tag{4}$$

式中：

s_e——根据重复试验计算的试验的标准偏差，单位为兆帕（MPa）；

$\overline{R}$——重复试验强度值极差的平均值，单位为兆帕（MPa）；

0.886——同一水泥试样重复试验的极差系数。

7.4.2　试验的变异系数

试验的变异系数 C_e 按式（5）计算，结果保留至小数点后两位。

$$C_e = \frac{s_e}{\overline{X}_e} \times 100 \qquad (5)$$

式中：

C_e——根据重复试验计算的试验的变异系数，以百分数表示（%）；

s_e——根据重复试验计算的试验的标准偏差，单位为兆帕（MPa）；

$\overline{X}_e$——重复试验强度的平均值，单位为兆帕（MPa）。

7.5　标准偏差和变异系数

标准偏差 s_c 和变异系数 C_V 按式（6）和式（7）计算，结果保留至小数点后两位。

$$s_c = \sqrt{s_t^2 - s_e^2} \qquad (6)$$
$$C_V = \sqrt{C_t^2 - C_e^2} \qquad (7)$$

式中：

s_c——某一时期单一品种水泥的28d抗压强度标准偏差，单位为兆帕（MPa）；

s_t——某一时期单一品种水泥的28d抗压强度总标准偏差，单位为兆帕（MPa）；

s_e——根据重复试验计算的试验的标准偏差，单位为兆帕（MPa）；

C_V——某一时期单一品种水泥的28d抗压强度变异系数，以百分数表示（%）；

C_t——某一时期单一品种水泥的28d抗压强度总变异系数，以百分数表示（%）；

C_e——根据重复试验计算的试验的变异系数，以百分数表示（%）。

8　评定报告

评定报告应至少包括以下内容：

——生产企业名称；

——水泥品种及强度等级；

——试验结果（平均强度、强度最大值、最小值、标准偏差和变异系数）；

——试验日期、化验室统计员和实验室负责人签字、实验室名称（盖章）。

9　评定准则

单一品种水泥以28d抗压强度的标准偏差 s_c 和变异系数 C_V 作为评定水泥强度匀质性的依据，同时参考其他品质指标的情况。

单一编号水泥10个分割样强度均匀性应符合相关标准和规定的要求。

附录 A

（规范性附录）

单一编号水泥强度均匀性试验

A.1　取样

按 GB/T 12573 进行取样。所有取样应由质量控制或检验人员进行。在正常生产情况下每季度取样一次，生产工艺或品种发生变化时，应改变取样周期。

A.2　步骤

每个品种水泥随机抽取一个编号，按 GB/T 12573 方法取 10 个分割样，在 2～3 天内按 GB/T 17671 进行强度试验，并计算强度平均值、标准偏差和变异系数。

A.3　计算及结果表示

A.3.1　强度平均值

强度平均值 $\overline{X}_{\text{分割样}}$ 按式（A.1）计算，结果保留至小数点后一位。

$$\overline{X}_{分割样} = \frac{X_{分割样1} + X_{分割样2} + \cdots + X_{分割样10}}{n} \tag{A.1}$$

式中：

$\overline{X}_{分割样}$——10 个分割样 28d 抗压强度的平均值，单位为兆帕（MPa）；

$X_{分割样1}$、$X_{分割样2}$、$\cdots$、$X_{分割样10}$——每个分割样的 28d 抗压强度值，单位为兆帕（MPa）；

n——分割样数量，$n=10$。

A.3.2　标准偏差

标准偏差 $s_{分割样}$ 按式（A.2）计算，结果保留至小数点后两位。

$$s_{分割样} = \sqrt{\frac{\sum_{i=1}^{n}(X_{分割样i} - \overline{X}_{分割样})^2}{n-1}} \tag{A.2}$$

式中：

$s_{分割样}$——分割样 28d 抗压强度标准偏差，单位为兆帕（MPa）；

$X_{分割样i}$——每个分割样的 28d 抗压强度值，单位为兆帕（MPa）；

$\overline{X}_{分割样}$——10 个分割样 28d 抗压强度平均值，单位为兆帕（MPa）；

n——分割样数量，$n=10$。

A.3.3　变异系数

变异系数 $C_{V分割样}$ 按式（A.3）计算，结果保留至小数点后两位。

$$C_{V分割样} = \frac{s_{分割样}}{\overline{X}_{分割样}} \times 100 \tag{A.3}$$

式中：

$C_{V分割样}$——分割样 28d 抗压强度变异系数，以百分数表示（%）；

$s_{分割样}$——分割样 28d 抗压强度标准偏差，单位为兆帕（MPa）；

$\overline{X}_{分割样}$——10 个分割样 28d 抗压强度平均值，单位为兆帕（MPa）。

附录 B

（资料性附录）

重复试验计算示例

重复试验计算示例见表 B.1。

表 B.1　重复试验计算示例

日期	编号	28 d 抗压强度/MPa		极差 R
		试验	重复试验	MPa
略	略	……		
		54.7	53.9	0.8
		53.2	53.6	0.4
		54.2	54.7	0.5
		52.1	52.6	0.5
		54.2	54.8	0.6
		53.1	54.3	1.2
		52.3	53.4	1.1
		52.4	52.1	0.3
		55.4	54.9	0.5
		53.0	52.2	0.8
		……		
平均值/MPa		—	$\overline{X}_e = 53.7$	$\overline{R} = 0.67$
试验的标准偏差 s_e/MPa		$s_e = 0.866\overline{R} = 0.886 \times 0.67 = 0.59$		
试验的变异系数 C_e/%		$C_e = \dfrac{s_e}{\overline{X}_e} \times 100 = 0.59/53.7 \times 100 = 1.10$		

附录五 ▶▶《通用水泥质量等级》（JC/T 452—2009）

1 范围

本标准规定了通用水泥质量等级的评定原则和划分，水泥实物质量等级的技术要求和水泥质量等级评定。

本标准适用于符合 GB 175《通用硅酸盐水泥》规定的各品种水泥和采用本标准的其他品种水泥的产品质量等级评定和质量认证。

2 规范性引用文件

下列文件中的条款通过本标准的引用而成为本标准的条款。凡是注日期的引用文件，其随后所有的修改单（不包括勘误的内容）或修订版均不适用于本标准，然而，鼓励根据本标准达成协议的各方研究是否可使用这些文件的最新版本。凡是不注日期的引用文件，其最新版本适用于本标准。

GB 175 通用硅酸盐水泥

3 质量等级的评定原则

3.1 评定水泥质量等级的依据是产品标准和实物质量。

3.2 为使产品质量水平达到相应的等级要求，企业应具有生产相应等级产品的质量保证能力。

4 质量等级的划分

4.1 优等品

水泥产品标准必须达到国际先进水平，且水泥实物质量水平与国外同类产品相比达到近5年内的先进水平。

4.2 一等品

水泥产品标准必须达到国际一般水平，且水泥实物质量水平达到国际同类产品的一般水平。

4.3 合格品

按我国现行水泥产品标准组织生产，水泥实物质量水平必须达到现行产品标准的要求。

5 质量等级的技术要求

5.1 水泥实物质量在符合相应标准的技术要求基础上，进行实物质量水平的分等。

5.2 通用水泥的实物质量水平根据 3d 抗压强度、28d 抗压强度、终凝时间、氯离子含量进行分等。

5.3 通用水泥的实物质量应符合表 1 的要求。

6 水泥质量等级评定

6.1 水泥企业可按本标准实物质量等级的要求，以出厂水泥试验结果确定相应的产品等级。结果符合 5.3 表 1 中相应等级所有指标要求的判为相应等级品。任一项不符合要求的降为下一等级品。

6.2 当水泥企业确定产品等级为优等品、一级品或合格品，并在包装袋上印有相应质量等级时，质量管理部门（即第三方机构）应按企业确定等级进行考核、监督。不合格者不得在产品包装或其他形式上标识。

6.3 水泥产品实物质量水平的验证由省级或省级以上国家认可的水泥质量检验机构负责进行。

6.4 水泥产品的质量管理、认证、统计、监督按有关规定进行。

表 1 通用水泥的实物质量

项目		质量等级			
		优等品		一等品		合格品
		硅酸盐水泥 普通硅酸盐水泥	矿渣硅酸盐水泥 火山灰质硅酸盐水泥 粉煤灰硅酸盐水泥 复合硅酸盐水泥	硅酸盐水泥 普通硅酸盐水泥	矿渣硅酸盐水泥 火山灰质硅酸盐水泥 粉煤灰硅酸盐水泥 复合硅酸盐水泥	硅酸盐水泥 普通硅酸盐水泥 矿渣硅酸盐水泥 火山灰质硅酸盐水泥 粉煤灰硅酸盐水泥 复合硅酸盐水泥
抗压强度	3d ≥	24.0MPa	22.0 MPa	20.0 MPa	17.0 MPa	符合通用水泥各品种的技术要求
	28d ≥	48.0 MPa	48.0 MPa	46.0 MPa	38.0 MPa	
	≤	$1.1\bar{R}$ [①]	$1.1\bar{R}$ [①]	$1.1\bar{R}$ [①]	$1.1\bar{R}$ [①]	
终凝时间/min≤		300	330	360	420	
氯离子含量/%≤		0.06				

① 同品种同强度等级水泥 28d 抗压强度上月平均值，至少以 20 个编号平均，不足 20 个编号时，可两个月或三个月合并计算。对于 62.5（含 62.5）以上水泥，28d 抗压强度不大于 $1.1\bar{R}$ 的要求不作规定。

参 考 文 献

[1] 王毓芳，郝凤. 统计技术基本原理 [M]. 北京：中国计量出版社，2001.

[2] 王毓芳，郝凤. 过程控制与统计技术 [M]. 北京：中国计量出版社，2001.

[3] 王毓芳，郝凤. ISO 9000 常用统计方法 [M]. 北京：中国计量出版社，2002.

[4] 袁建国. 抽样检验原理与应用. 北京：中国计量出版社，2002.

[5] 肖惠，张玉柱. GB/T 2828.1—2003《计数抽样检验程序 第 1 部分：按接收质量限（AQL）检索的逐批检验抽样计划》理解与实施 [M]. 北京：中国标准出版社，2003.

[6] 王永遂，陆吉祥. 材料试验和质量分析的数学方法. 北京：中国铁道出版社，1990.

[7] 徐凤翔. 水泥质量与数理统计浅说 [M]. 北京：中国建材工业出版社，1993.

[8] 李明豫，丁卫东. 水泥企业化验室工作手册（2002 版）[M]. 江苏：中国矿业大学出版社，2002.

[9] 丁美荣. 水泥质量及化验技术 [M]. 北京：中国建材工业出版社，1992.

[10] 中国建筑材料科学研究院水泥所. 水泥及其原材料化学分析 [M]. 北京：中国建材工业出版社，1995.

[11] 中国建筑材料科学研究院. 建筑材料测试技术与管理 [M]. 北京：中国建材工业出版社，1995.

[12] 张绍周. 水泥化验员培训教材 [M]. 北京：中国建材工业出版社，2002.

[13] 汪荣鑫. 数理统计 [M]. 陕西：西安交通大学出版社，1986.

[14] 中国建筑材料科学研究院. 水泥物理检验 [M]. 第 3 版. 北京：中国建筑工业出版社，1985.

[15] 冯师颜. 误差理论与实验数据处理 [M]. 北京：科学出版社，1964.

[16] 张福昌. 产品验收中的数理统计方法 [M]. 北京：中国对外经济贸易出版社，1987.

[17] 盛骤，谢式千，潘承毅. 概率论与数理统计 [M]. 第 3 版. 北京：高等教育出版社，2001.

[18] 龙包庚. 统计技术与测量不确定度的评定及应用 [M]. 北京：中国计量出版社，2010.

[19] 耿维明. 测量误差与不确定度评定 [M]. 北京：中国质检出版社，2011.

[20] 周富臣，王生辉，易英，周鹏翔. 常用数理统计方法及应用实例 [M]. 北京：中国计量出版社，2006.

[21] 林景星，陈丹英. 计量基础知识 [M]. 北京：中国计量出版社，2012.

[22] 张玉柱，丁亢兴. GB/T 2828.1—2012《计数抽样检验程序 第 1 部分：按接收质量限（AQL）检索的逐批检验抽样计划》理解与实施 [M]. 北京：中国质检出版社，中国标准出版社，2012.

[23] GB 175—2007/XG 1—2009 通用硅酸盐水泥.

[24] GB/T 176—2008 水泥化学分析方法.

[25] GB/T 2828.1—2012 计数抽样检验程序. 第 1 部分：按接收质量限（AQL）检索的逐批检验抽样计划.

[26] GB/T 2828.4—2008 计数抽样检验程序. 第 4 部分：声称质量水平的评定程序.

[27] GB/T 2828.11—2008 计数抽样检验程序. 第 11 部分：小总体声称质量水平的评定程序.

[28] GB/T 2829—2002 周期检验计数抽样程序及表（适用于对过程稳定性的检验）.

[29] GB/T 4883—2008 数据的统计处理和解释正态样本离群值的判断和处理.

[30] GB/T 6378.1—2008 计量抽样检验程序 第 1 部分：按接收质量限（AQL）检索的对单一质量特性和单个 AQL 的逐批检验的一次抽样方案.

[31] GB/T 6378.4—2008 计量抽样检验程序. 第 4 部分：对均值的声称质量水平的评定程序.

[32] GB/T 6379.1—2004 测量方法与结果的准确度（正确度与精密度）第 1 部分：总则与定义.

[33] GB/T 6379.2—2004 测量方法与结果的准确度（正确度与精密度）第 2 部分：确定标准测量方法重复性与再现性的基本方法.

[34] GB/T 6379.6—2009 测量方法与结果的准确度（正确度与精密度）第 6 部分：准确度值的实际应用.

[35] GB/T 8054—2008 计量标准型一次抽样检验程序及表.

[36] GB/T 8170—2008 数值修约规则与极限数值的表示和判定.

[37] GB/T 9774—2002 水泥包装袋.

[38] GB 12573—2008 水泥取样方法.

[39] JC/T 452—2009 通用水泥质量等级.

[40] JC/T 578—2009 评定水泥强度匀质性试验方法.

[41] 水泥企业质量管理规程（工业和信息化部公告，2011 年 1 月 1 日起实施）.